AN INTRODUCTION TO
SOCIAL WELFARE

사회복지학개론

도광조 김금자 곽미정 오현숙 이영희 정명희 공저

양 성 원

머리말

우리나라 사회복지는 어디로 가고 있는가를 고민해본다. 과연 복지국가의 방향인가 아니면 신자유주의의 연장선상에 아직도 머물고 있는가. 최근 우리 사회에서는 저출산·고령화와 이에 따른 인구절벽·도시소멸, 이에 연결될 수밖에 없는 '커뮤니티 케어' '사회서비스원' 등이 크게 이슈가 되고 있다. 부의 양극화, 문화와 여가의 양극화, 삶의 질의 양극화는 더욱 심화되고 있는 상황이고, 개인 자신들의 삶의 질만을 생각하고, 개인주의적인 면이 팽배한 현실이지만 분배와 공동체에 대한 논의들 또한 많이 이루어지고 있다. 어떤 방향으로 우리 사회가 나아가야 할 것인가, 우리 사회복지가 어떤 방향으로 나아가야 할 것인가가 참으로 고민된다. 나아가 최근 남북 간의 여러 가지 협력들이 기반이 되어 통일이 된다면 또한 우리 사회복지는 어떤 것을 준비해야 할 것인지, 어떠한 방향성을 가져야 할지를 함께 생각해보아야 할 시점이기도 하다.

중요한 사실은 이 같은 우리 사회의 현실을 우리 사회복지계에서 이론적으로 담아내지 못하는 부분이 크다는 것이다. 우리 사회 고유의 사회복지이론과 지식체계, 가치체계에 기반한 우리 사회복지의 지향점과 방향을 제시하고 있지 못하다. 그렇지만 계속 고민하고, 연구하고, 많은 사람들이 사회복지에 대해 지금 이상으로 관심을 가져주고, 공동체를 생각하는 분위기가 무르익고 있다. 한편으로는 한국 사회복지의 지향점과 방향을 담아낼 수 있는 고유한 지식체계를 만들어낼 수도 있지 않을까라고 기대해 본다.

함께 여러 교수님들이 참여하여 누구나가 쉽게 접근할 수 있는, 현장 중심의 개론서를 집필해야 한다는 생각을 가졌고, 그동안 강의하면서 부족하다고 생각한 부분들, 준비해 둔 자료들, 최근의 경향들이나 이슈들을 쉽게 표현하려고 노력했다. 그렇지만 급격하게 변화하는 사회복지 현장의 현실을 담아내기에는 여러 가지로 역부족인 것 같다. 통계의 부족, 하루가 다르게 바뀌는 정부의 사회복지관련 정책들과 법령들로 인해 그 한계는 분명한 것 같다. 정말로 누구나가 아주 쉽게 이해할 수 있는 교양도서로서의 사회복지 개론서를 새롭게 준비해야겠다는 생각이 든다.

이 책의 구성은 한국사회복지대학교육협의회의 「사회복지학교과목지침서」 체제를 따랐다. 1장에서 3장까지를 사회복지의 개관으로 묶었고, 4장에서 5장까지는 사회복지방법론으로 묶어 거시적 실천방법과 미시적 실천방법을 다루었다. 6장에서 12장까지는 사회복지분야론으로 묶었고, 13장에서는 한국사회복지의 전망과 과제로 묶었다.

마지막으로 집필에 함께 동참해 주신 교수님들께 감사드리고 집필과정에서 자료를 준비해주고, 수정해야 할 부분을 지적, 수정해 준 대학원생들에게 큰 감사를 드리고 싶다. 졸고이지만 계속적인 지지와 격려를 보내주고, 출판을 허락하신 양성원 강철원 사장님과 직원들께도 심심한 감사를 표한다.

2019년 2월

대표저자 도광조

차 례

PART 3 사회복지분야론

PART 1

사회복지의 개관

사회복지의 총괄적인 내용들을 다루었다. 사회복지에 대해 '어려운 사람들을 도와주는 일'이라는 일반적인 생각들에서부터 전문적인 사회복지의 개념, 지향가치, 역사를 논의한다.

사회복지는 사회문제를 예방·완화·해결함으로써 사회구성원 각자의 사회적·재정적·건강 및 여가욕구를 충족시키고, 각자의 사회적 기능을 잘 수행할 수 있도록 하는 제도와 서비스, 프로그램 등의 체계를 말한다. 사회복지의 역사는 구빈의 역사라고 할 만큼 빈곤을 포함한 사회문제를 해결하고자 했고, 산업사회 이후 나타난 다양한 사회적 위험이나 문제들, 최근의 새로운 사회문제들을 해결하고자 함으로써 그 범주는 매우 포괄적이다.

사회복지학은 다양한 이론적 기반들을 활용하고, 전문적인 원조기술체계, 인간존엄의 가치를 동시에 추구하는 학문이다.

CHAPTER

1 사회복지란 무엇인가?

Introduction to social Welfare

1. 사회복지의 일반적 의미
-복(福)이 두 개인 상태와 이를 위한 노력-

일반적으로 사회복지(Social Welfare)가 무엇인가라고 하면 대부분의 사람들은 '어렵게 사는 사람들을 도와주는 활동' 정도로 이야기한다. 사회복지의 의미를 파악하기 위해서는 사회와 복지의 의미를 파악할 필요가 있다(사회+복지).

우선 복지(Welfare)를 보자. 복지는 한자어로 福(복 복)+祉(복 지)이다. 복이 두 개인 만큼 큰 행복을 의미한다. 아주 큰 복된 상태를 일컫는다. 사전적 의미로 보면 '잘해 가다'에서 유래된 안녕상태(well-being), 행복인 것이다. 더 세련된 용어로 '삶의 질이 충분히 확보된 상태 또는 생활에서 안정적이고 안락하고, 만족한 상태'를 의미한다.

또한 복지는 달성해야 할 목표 · 이념 · 이상적인 상태를 의미하기도 하지만 이러한 상태를 달성하기 위해 노력하는 구체적인 실천적 과정으로서의 의미도 포함한다(그림 1-1 참조).

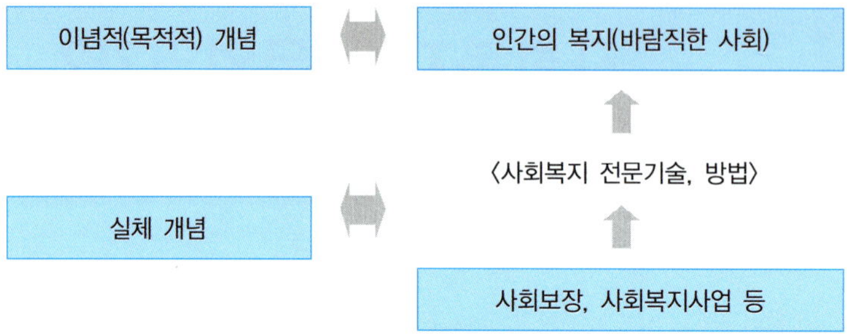

자료 : 전국대학사회복지교육협의회 편(1999: 13).

[그림 1-1] **사회복지의 개념**

그러면 사회(Society)는 무엇인가? 사회는 두 사람 이상이 모인 집단으로서 공동체의 의미를 함축하고 있다. 두 사람 이상의 사람들이 집단을 형성하기 위해서는 상호작용과 관계가 전제되어야 할 것이다. 사회공동체의 의미 속에는 관계의 의미를 가지고 있다. 사전적 의미로 보더라도 '친구와 사귐', '교제'의 의미를 가지고, 교제의 결과인 사람들의 모임이라는 의미를 가진 것이다.

사회복지는 상호 관계에 놓여 있는 공동체가 공동체 전체의 복된 상태 또는 공동체 내의 복된 상태에 미달된 일단의 집단(그룹)들, 개인들의 복되고 만족한 상태를 위해 함께 노력한다는 의미를 가지고 있다.

2. 사회복지는 사회적 욕구, 사회문제, 사회적 위험을 해결하려는 노력

앞서 말했듯이 사회복지를 말할 때 일반적으로 '어렵게 사는 사람들을 도와주는 활동' 정도로 이야기한다. 그렇다면 어렵게 사는 사람들을 무조건 국가가, 사회가 도와주는 것이 복지인가? 이것도 복지일 수 있다. 하지만, 무조건 · 많이 도와줄 수도 없겠지만, 중요한 것은 이들의 삶의 근본(원)적인 문제해결이 중요할 것이다. 이들의 삶이 어렵게 된 데는 개인적인 게으름이나 개인적인 질병, 나태함, 실수 등에 기인하기도 하지만, 대부분은 자본주의 사회에서 사회적인 원인에 기인한다고 볼 수 있다.

어느 날 갑자기 전세가가 올라가서 열심히 일했지만 빈곤으로 전락한다든지, 대대로 가난해서 교육을 제대로 받지 못해 열등한 삶을 살게 된다든지, 열심히 회사를 위해 충성했지만 IMF외환위기로 인한 대량구조조정으로 갑작스럽게 실직이 된 가장이라든지 사회적인 기능, 구조가 잘못되어서 어려움에 처하는 경우가 대부분인 것이다. 이러한 상황에서 상호부조, 자선 등으로 사람들의 빈곤과 고통을 경감시키기도 하지만, 국가나 사회가 사회구성원인 개인이 최소한 생활을 영위할 수 있도록 하고, 보건위생과 환경, 주택 및 교육을 받을 수 있도록 해야 할 것이다. **사회복지는 결국 사회문제나 사회적 위험, 사회적 욕구**[1]**를 완화·해결해 궁극적으로 모든 사람들이 인간답고 행복해질 수 있도록 하는 법, 제도, 프로그램, 서비스 등을 의미한다. 물론 사회복지는 당장 실직가정이 되어 어려움에 처한 저소득가정이나 인간생존에 필수적인 기본욕구를 충족하지 못하는 가정이나 생활에 불편함을 가진 저소득 장애인, 저소득 노인, 저소득 아동 및 청소년들의 당장의 어려움을 완화하는 부분도 분명 포함한다.** 사회복지는 욕구나 문제 중에서도 인간생활·생존에 필수적인 기본욕구나 사회적 욕구, 사회문제, 사회적 위험에 대응하기 위한 사회제도인 것이다.

김상균 외(2008)에서도 "사회복지는 인간이 전 생애를 걸쳐 직면하게 되는 여러 가지 욕구(social needs), 문제(social problems), 위험들(social risks)를 해결하여 보다 높은 삶의 질을 도모하려는 노력과 연관되고, 사회복지의 주요 관심사는 제도, 법, 프로그램 등"이라고 설명했고, 미국사회복지사협회(NASW: National Association of Social Works)에서도 사회

1) **사회적 위험**은 실업, 빈곤, 재해, 노령, 질병, 이혼 증가, 가족해체 증가 등 사회생활과정에서 누구에게나 보편적으로 나타날 수 있는 위험이고 개인적 원인에 의한 것보다는 사회구조적인 모순에 의해 나타날 수 있는 위험들을 말한다. **사회적 욕구**는 사회가 공동의 노력을 통해 해결하려는 욕구로서 인간의 다양한 욕구들 중에서 보다 더 기본적인 성질을 가진 것과 관련되고, 더 이상 개인적 노력에 맡겨두어서는 안 되는 그러한 욕구들을 말한다. 예컨대, 노인이나 아이들을 돌보는 일은 더 이상 개인이나 개별가정에 맡겨서는 안 되고 사회가 해결하고 떠맡아야 할 부분이 되었다. 하비(Harvey, 1978: 102)는 가능한 사회적 욕구 영역으로 ① 음식, ② 주택, ③ 의료보호, ④ 교육, ⑤ 사회적·환경적 서비스, ⑥ 소비자보호, ⑦ 오락적 기회, ⑧ 유쾌한 이웃관계, ⑨ 교통시설 등을 들고 있다(박경일 외, 2010). 따라서 사회적 욕구는 사회변동으로 인해 계속 변화한다.

복지를 "사회의 존속을 위해 필수적인 사회적, 경제적, 교육적 및 보건적 요구를 충족할 수 있도록 사람들을 돕는 국가의 프로그램, 급여 및 서비스들의 체계"로 정의했다(Zastrow, 백종만 외 역, 2006).

또한 사회복지는 사회문제를 해결하는 데 초점을 맞춰 정의되기도 한다. 사회사업사전(Encyclopedia of Social Work, 1971)에서는 사회복지를 "인지된 사회문제를 예방하고 완화하거나 또는 문제해결에 기여함으로써 개인, 집단, 가족, 조직 및 지역사회의 복지를 직접적으로 향상시키고자 하는 민간과 정부기관의 광범위한 조직적 활동"으로 정의하기도 했다(박경일 외, 2010).

다시 말해, 사회가 유지 · 존속되기 위해서는 구성원들의 기본적인 욕구가 충족되어야 하고, 누구든지 인간은 기본욕구를 충족시키기 위해 노력한다. 그렇지만 여러 가지 사회문제나 사회적 위험들로 인해 개인들의 기본적인 욕구충족이 어려울 수 있다. 사회문제나 사회적 위험들은 개인의 잘못(책임)보다는 상대적으로 사회제도나 구조 · 기능상의 결함과 실패 혹은 현대사회의 구조적 특성에 기인하고, 사회구성원 대부분에게 보편적으로 발생할 가능성이 많고, 그 영향력 또한 보편적이어서, 다수의 사람들이 기본적인 욕구를 충족하기 어려운 상태에 놓이게 한다. 이때 국가나 사회는 그러한 사회문제와 사회적 위험들을 예방, 완화, 해결함으로써 구성원들의 기본욕구나 사회적 욕구를 충족시킬 수 있어야 할 것이다. 개인의 기본욕구충족이 개인차원에서 여의치 못할 때 국가나 사회가 정책과 법률에 근거해 다양한 서비스와 프로그램으로 구성원들이 기본욕구를 충족할 수 있도록 원조하게 되고, 이러한 집단적 원조체계가 사회복지인 것이다.

전통적으로 사회복지는 인간의 생존에 필요한 기본욕구를 스스로 충족시키지 못하는 사람들의 욕구를 충족시키기 위한 장치로 마련된 것이다. 그러나 시간이 지나면서 사회구성원들 모두가 생존의 욕구를 넘어서서 문화적 욕구 등 삶의 질을 높이기 위한 욕구들이 늘어나고 있다(최선화, 2007). 사회가 산업화될수록 사회적 위험이 증대되고, 사회적 욕구가 증대하기 때문에, 과거 농업사회의 가족 또는 소규모 집단(친척, 교회, 이웃 등)을 통한 상부상조형 기본욕구 충족방식은 더 이상 유효하지 않고, 보다 공식적이고 제도에 기반한 사회복지욕구 충족방식으로 정착 · 강화되어야 한다.

사회적 욕구, 사회문제, 사회적 위험에 대응하기 위한 장치로서의 사회복지를 예를 들어서 설명해 보자. 우리나라는 1997년 외환위기를 겪으면서 사회 · 경제 전반의 구조조정이 확대되었고, 그 과정에서 의도치 않은 대량실업사태가 발생했다. A노동자는 평소 직장에서 열심히 일을 했지만, 구조조정 대상이 되어 실업상태에 들어가게 되었다. 갑작스런 가장의 실업으로 A노동자 가정은 파탄지경에 이르게 되었고, 각종 기본적인 욕구를 충족시키지 못하는 상황에 직면하게 되었다. A노동자의 실업은 본인의 잘못에 기인한 것도 아니고 사회경제적인 변화과정에서 나타난, 그 책임소재를 가릴 수 없는 누구나가 피해를 볼 수 있는 사회적 위험인 것이다. 더욱 중요한 사실은 대량실업사태로 인해 다수의 가정들이 파탄지경에 놓이게 되었다는 것이다. 이러한 사회적 위험에 직면한 A노동자가정을 비롯한 실업자가정이 파탄되도록 내버려 둘 것인가? A노동자를 비롯한 실업자가정의 기본욕구는 이미 사회적 욕구가 되었고, 국가나 사회는 계속 유지 · 존속 · 발전하기 위해서는 구성원들의 사회적 욕구를 충족시켜야 할 것이다. 사회가 공동으로 책임지고 다양한 정책과 법률에 기반한 복지서비스와 프로그램을 통해 A가정을 비롯한 실업자가정의 기본욕구를 충족시킬 수 있도록 해야 한다는 것이다.

[오늘날 사회복지가 담당하는 기능]

- 고아들에게 가정을 찾아준다.
- 알코올중독자나 마약중독자를 재활시킨다.
- 정서적 문제를 지닌 사람들을 치료한다.
- 노인들의 삶을 보다 의미 있게 만든다.
- 신체장애나 정신장애를 지닌 사람들에게 직업재활서비스를 제공한다.
- 가난한 사람의 재정적 욕구를 충족시킨다.
- 범법행위를 저지른 청소년과 성인들을 재활시킨다.
- 모든 차별과 억압을 제거한다.
- 맞벌이부부를 위해 아동보육서비스를 제공한다.
- 아동학대와 배우자학대를 포함한 가정 내 폭력에 대처한다.

- 재정적 욕구를 지닌 사람들의 의료 및 법률적 긴급사항들을 충족시켜 준다.
- 여러 가지 개인적 · 사회적 곤경을 겪은 개인이나 집단을 대상으로 상담한다.
- AIDS 환자와 그 가족 및 친구들에게 서비스를 제공한다.
- 모든 연령층의 집단을 대상으로 오락 및 여가서비스를 제공한다.
- 화재나 폭설 · 태풍 등과 같은 재난을 겪은 가족을 위해 서비스를 제공한다.
- 노숙자를 위해 적절한 주거지를 제공한다.
- 실업자에게 직업훈련과 고용기회를 제공한다.
- 모든 아동과 성인들의 정상적인 성장과 발달을 지원하고 고양하기 위한 프로그램을 제공한다.
- 결혼이주여성 및 이주노동자, 기타 소수집단에 속한 사람들의 특수한 욕구를 충족시킨다.
- 개인, 집단, 가족, 조직 및 지역사회의 역량을 강화하여 그들의 환경을 개선하도록 한다.

자료 : Zastrow, 백종만 외 역(2006).

사회복지는 욕구가 충족되지 않은 사람에게 욕구를 충족시켜주는 활동으로 본다면, 그리고 사회가 지속 · 발전되어감에 따라 생존에 필요한 욕구가 계속 변화 · 확대되어 간다고 본다면, 어느 범위까지, 어떻게 충족시킬 것인가가 관건이 된다. 이에 따라 현대사회복지의 개념정의는 달라질 수 있을 것이다.

3. 사회복지의 정의 : 광의적 · 협의적 사회복지

사회복지의 의미 규정은 시대적 · 역사적 · 사회적 상황과 철학, 이념을 반영하고 있고, 학자들의 관점에 따라 다르기 때문에 일률적으로 정의내리기는 힘들다. 일반적으로 사회복지를 규정하는 데 있어 광의의 사회복지와 협의의 사회복지로 구분해서 볼 수 있다. 광의적 · 협의적 구분은 사회복지의 대상이나 복지수준과 정도, 범위 등의 기준에 의한 것이다. 물론 사회복지 개념을 규정할 때 다른 개념 틀(예를 들어, 보충적 · 잔여적 개념과 제도적 개념, 한정적 개념과 광의적 개념 등)에 의거하여 구분하기도 한다.

1) 광의적 사회복지 개념

광의적 사회복지 개념은 사회구성원 전체를 대상으로 한다는 점, 예방적 접근, 제도적 접근, 사회문제를 예방·완화·해결하고, 인간생활의 전 국면에 걸치는 기본적 욕구(need) 충족 등으로 구성된다. 즉, 사회성원 전체의 복지를 정부나 사회가 책임을 지는 것을 의미한다. 따라서 한 사람의 복지와 안녕과 관련되는 사회보장(수입), 보건, 의료·건강, 영양, 주택, 고용, 교육 등의 기본 욕구를 충족시키기 위해 사회가 수행하는 지속적·제도적·조직적인 활동을 포함한다.

로마니쉰(John M. Romanyshyn)은 그의 저서 『사회복지, 자선에서 정의로』(1971: 3)에서 사회복지를 "개인과 사회 전체의 복지 촉진에 기본적이고 직접적으로 관계되는 모든 형태의 사회적 개입을 의미한다. 사회복지는 여러 사회문제의 해결과 예방, 인적 자원의 개발, 인간생활의 질적 향상 등과 직접 관련되는 일체의 시책과 과정을 포함한다. 또한 사회복지는 개인과 가족에 대한 사회적 서비스의 제공뿐 아니라 이를 위한 여러 사회제도를 강화시키거나 개선시키는 노력을 포함하는 것"으로 규정하고 있다.

또한 프리드랜더와 앱트(Friedlander & Apte, 1980: 4)는 "사회복지란 국민의 복지를 도모하고, 사회질서를 원활히 유지하는 데 필요하다고 생각되는 사회적 욕구를 충족시키기 위한 제반 시책으로서의 법, 프로그램, 급여와 서비스를 포함하는 제도"라고 했다.

광의적 사회복지의 개념은 모든 국민의 최상의 복지와 안녕의 상태를 위해 사회(민간 차원의 노력 포함)가 지속적·제도적·조직적으로 노력하는 모든 체계와 과정을 포괄한다. 그렇지만 광의적 사회복지의 개념은 현실적으로 달성하기 어려운 부분이 있고, 이상(Idea)에 가까울 수 있기 때문에 다소 소극적으로, 현실적으로 가능한 의미로서 광의적 사회복지의 개념을 제시해 볼 수 있다. 최상의 복지보다는 비복지에 떨어지지 않도록 생활의 제 측면에서 최저의 기초적 요건을 확보, 충족시키기 위한 노력·시책으로 개념화해 볼 수 있다.

광의적 사회복지의 개념은 윌렌스키와 르보(Wilensky & Lebeaux)의 제도적 사회복지 개념과 일맥상통한다.[2] 이들은 사회복지의 기능을 '잔여적인 것(the residual)'과 '제도적인 것(the institutional)'으로 구분하였다.[3] 현대의 산업사회에서는 핵가족화가 불가피하고, 가족기능이 약화(가족의 질적인 변화)되기 때문에 아동의 양육과 노인, 장애인의 보호 및 그들의 사회화를 가족이 전적으로 책임지기 어렵고, 경제적 변동(시장요소[4]) 또한 다양한 요소에 영향받음으로써 뜻하지 않은 실직과 빈곤을 경험할 가능성이 높아지기 때문에(누구나가 비복지적 상태가능성) 개인의 비복지적인 상태 또는 복지적 상태를 사회 전체적이고 독립적인 제도로서 보장해야 한다는 점에서 사회복지의 제도적 기능을 설명했다. 기본적으로 자본주의사회에서 인간의 욕구는 가족과 시장경제 체제를 통해 충족되도록 만들어졌지만, 이러한 제도를 통해 욕구충족에 실패하거나 어려움을 겪는 사람들을 위해 국가가 인간의 기본적 생존을 유지할 수 있도록 하는 독립된 사회복지제도를 제공해 여타 제도들의 기능을 보완해야 한다는 것이다.

사회복지제도는 명실상부하게 다른 사회제도들과 독립적으로 사회구성원 간의 상부상조의 기능을 수행하게 되고, 개인과 가정의 경제적 · 사회적 안정을 도모하는 수단으로 작용하게 된다는 것이다. 또한 이들은 사회복지는 제도적인 것으로 이행하고 있고, 제도적인 접근방법이 바람직한 것으로 설명했다. 영국의 구빈법 이래 전통적으로 사회복지제도는 잔여적 · 보충적 성격이 강했으나, 산업화의 진전과 더불어 제도적 성격이 강조되고 있다.

광의적 사회복지 개념과 제도적 사회복지 개념에서는 사회복지 문제를 발생시킨 근본적인 원인을 사회구조적인 책임으로 간주하고 사회문제의 발생을 예방하고 경감시

2) 광의적 사회복지의 개념과 제도적 사회복지의 개념은 완전히 일치하는 의미는 아니다. 광의 · 협의의 사회복지개념은 복지의 수준과 정도, 범위, 대상을 기준으로 하는 개념이고, 제도적 · 잔여적 개념은 사회복지의 기능을 기준으로 하는 개념이기 때문이다. 보완적 · 잔여적 기능이란 가족이나 시장경제 등이 정상적으로 기능을 수행하지 못할 때 이에 대처하는 사회복지의 기능(안전망 기능)을 말하며, 제도적 기능이란 현대의 산업사회에 있어서 사회복지가 수행하는 정상적이며 우선적인 기능(일차적 기능)을 말한다(장인협, 1990: 34).

3) 상부상조의 기능을 수행하는 사회복지제도가 다른 제도들과 어떠한 관계를 갖는가 또는 사회복지제도가 수행하는 상부상조의 기능이 다른 사회제도들의 기능과 어떤 관계를 갖느냐(보충 · 보완적이냐, 독립적이냐)에 따라 잔여적 · 제도적인 것으로 분류하였다.

4) 인간은 생활 속에서 필요한 것을 가족(자급자족)과 시장(교환)이라는 자연적인 생활자원의 획득경로를 통해 얻게 된다. 따라서 생활에 필요한 소득과 가사서비스 등을 기본적으로는 가족과 시장으로부터 획득 · 구매하게 된다.

키는 방법으로 사회개혁이나 혁신 등의 접근을 선호한다. 다시 말해 개인이 어떤 문제를 가지게 되어 정상적인 생활을 유지하기 어려워 도움이 필요한 경우, 이를 개인의 실패, 개인의 노력 부족, 개인의 인성과 태도 부족 등의 개인적인 결함에 기인한다고 보지 않고, 개인이 이 같은 문제를 가지기 전에 사회가 충분한 서비스를 제공해서 문제를 사전에 예방하지 못했다는 점에 초점을 맞춘다. 그럼으로써 구조적 · 제도적 · 정책적인 변화를 통해 개인들의 정상적인 생활을 유지할 수 있도록 해야 한다는 입장을 취한다.

2) 협의적 사회복지 개념

협의적 사회복지는 사회복지의 대상을 제한된 사회적 약자계층(사회문제, 사회적 위험, 사회적 욕구 등에 특히 취약)이나 요보호대상자들로 한정하고, 달성해야 할 복지수준, 정도나 상태, 범위에 있어서도 소극적이고, 한정적인 의미를 가지고 있다. 사회적 · 경제적 생활곤란자 또는 장애인, 노인, 아동 등 사회적 약자나 요보호대상자들에게 기본적인 생활이 유지될 수 있도록 국가나 사회(공공과 민간)가 보호, 보장, 치료, 재활, 예방 정책과 서비스를 제공하는 것이다. 물론 이들의 정상적인 사회생활이 가능한 수준과 범위 설정의 문제를 내포하지만, 최상의 복지나 안녕상태를 가정하고 있지는 않다. 클라인(Philip Klein)은 그의 저서(1968: 7)에서 사회복지를 "스스로의 노력으로는 자신이나 그 부양가족의 물질적 생활이나 건강을 유지하기 곤란하거나 불가능한 개인 또는 가족들에게 특정한 서비스를 제공하는 행정"이라고 규정하고 있다.

협의적 사회복지 개념은 윌렌스키와 르보(Wilensky & Lebeaux, 1965: 138-139)의 잔여적 · 보충적 사회복지 개념과 그 맥을 같이한다. 이들은 사회기능의 정상적 공급원으로서의 가족이나 시장경제가 제 기능을 원활히 수행치 못할 경우에 파생되는 문제를 보완 내지는 해소하기 위한 임시적 제도 · 기능으로서 잔여적 사회복지의 개념을 제시했다.

현대 산업사회에서 개인은 누구나 가족이나 시장경제가 제 기능을 원활히 수행하지 못해서건, 개인적 결함으로 인해서건 정상적인 궤도를 이탈해 낙오자 내지는 일탈자가 될 수 있고, 그런 경우 사회로부터 최소한도의 보호를 받아야 한다. 이럴 때 사회복지제도가 보충적 · 잔여적 · 임시적으로 기능함으로써 다른 제도들의 기능을 보충한다는 것이다. 사회복지제도는 평상시에는 가족이나 시장경제가 제대로 그 기능을 수행하기 때문에 불필요하고, 일시적으로 다른 주요 제도들이 그 기능을 제대로 수행하지 못할 때 일시적 · 임시적 · 보충적 · 잔여적으로 필요할 뿐이라는 것이다. 잔여적 사회복지제도는 다른 제도를 보충할 뿐이고 가족이나 시장기구로부터 탈락된 자들에게 정상적인 사회활동을 유지할 수 있도록 보호, 치료, 예방의 정책이나 방법을 활용하는 경우이므로 대상도 한정적이고, 예외적인 것이다.[5] 대상이 문제를 가지는 것도 개인적인 결함이나 사고, 불행한 상황 속에서 보편적으로 누구나 가지는 문제가 아니라 예외적으로 발생하는 것이므로 이를 해결하는 수단도 개별적인 접근방법에 입각해야 한다는 개념이다.[6]

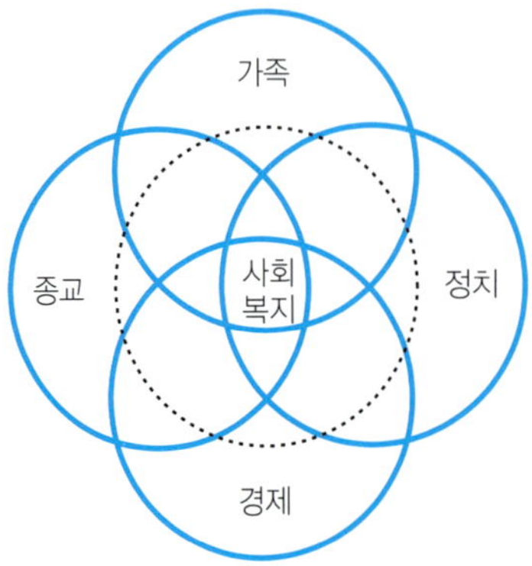

잔여적 개념(안전망 기능)

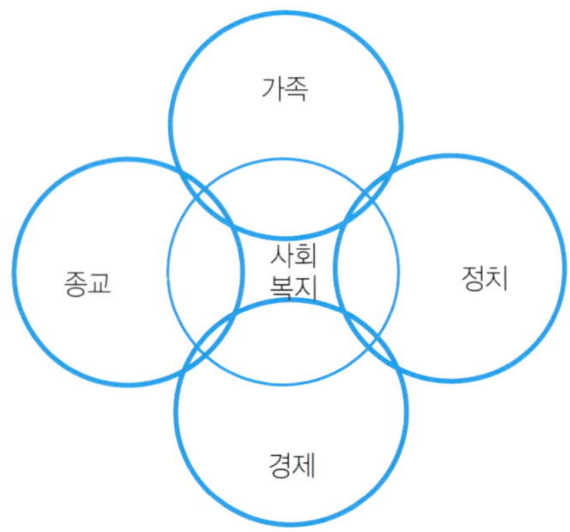

제도적 개념(일차적 기능)

[그림 1-2] **사회복지의 잔여적 · 제도적 개념**

5) Ryan(1971)은 사회복지의 이념적 토대를 근거로 예외주의(exceptionalism)와 보편주의(universalism) 입장에서 접근하였다(박종삼, 2000 재인용).

6) 사회복지문제를 인식하고, 접근하는 데 대한 관점은 시대적 · 사회적 가치와 지향, 사회적 상황 등을 반영해 왔다. 시대에 따라 사회를 개혁 · 변화시키는 것이 사회복지로 본 경우도 있었고, 문제를 가진 개인이나 집단, 가족들의 기능 향상 및 변화로 보는 경우도 있었다.

길버트와 스펙트(Neil Gilbert & Harry Specht, 1974: 6-8)는 윌렌스키와 르보(Wilensky & Lebeaux)의 보충적 · 잔여적 개념과 제도적 개념을 원용하여 사회복지를 제도적인 관점에서 앞의 [그림 1-2]와 같이 설명했다.

잔여적 개념의 사회복지제도는 안전망(safety net) 기능만을 수행함으로써 정치, 경제, 가족, 종교제도가 충족시켜 주지 못하는 개인적 욕구들을 일시적으로 충족시켜 주고, 주요 제도들이 미처 해결하지 못한 문제들만을 다룬다는 점을 강조하고 있다. 사회복지제도는 점선으로 그려져 있어 아직 제도적 위치를 뚜렷이 확보하지 못하고 있으며 각 제도의 교차지역(사선 부분)에 위치하여 고유의 영역을 갖지 못함으로써 정체성을 지니지 못하고 있다.

반면 제도적 개념의 사회복지제도는 상부상조의 가치를 바탕으로 사회의 제일선 기능을 수행함으로써 기존의 다른 사회제도들과 꾸준히 상호작용하면서 사회의 중요한 제도로서의 위치를 확보하고 있다. 사회제도로서의 위치를 확보하고 있음을 실선으로 보여주고 있고, 다른 제도들과 중복 영역을 가짐과 동시에 연결도 시켜 주면서 다른 어떤 제도들과 공유하지 않는 독자적 영역도 가지고 있다. 따라서 사회복지를 제도적 개념으로 해석하게 되면 다른 사회제도들과 대등한 규모와 기능을 가지고 오히려 중앙에 위치하여 선도적 · 중추적 역할을 수행하게 된다(김융일, 1986).

이렇게 제도적인 관점에서 볼 때 사회복지는 잔여적 개념의 소극적인 입장에서 벗어나 적극적 입장에서의 사회통합기능을 지니게 된다. 그리고 제도적인 사회복지 개념은 다음과 같은 성격을 지니게 된다. 첫째, 사회복지서비스는 사회구성원 모두에게 제공된다. 둘째, 사회보장이나 학교서비스 같은 경우에는 시작되는 시기가 있기는 하지만 일반적으로 서비스 제공에 대한 시기 제한이 없다. 셋째, 서비스를 받는 것에 대한 낙인이 없다. 넷째, 서비스대상자가 되는 것에 대한 사회적 압력이 없다(김기태 외, 1999: 9).

사회복지의 개념을 광의적 개념과 협의적 개념으로 구분했지만, 이러한 구분도 사회복지의 현실을 설명하는 데는 부족할 수 있다. 협의적 개념은 사회복지의 대상과 범주를 좁게 보고 있고, 특히 잔여적 개념에서는 일면 개별적이고 비공식적인 서비스활동만을 사회복지활동에 포함하는 인상을 가짐으로써 사회복지가 주변적 · 한정적으로,

다른 사회제도들에 비해 상대적으로 별로 중요하지 않는 듯하게 인식될 수 있다. 광의적 개념도 현실과는 다소 차이를 보일 수 있다. 대상과 범주를 지나치게 넓게 봄으로써 사회복지의 정체성 확보에 어려움을 가질 수 있다. 또한 공식적인 사회복지를 중시함으로써 비공식적인 사회복지서비스 활동 등을 포괄할 수 없는 약점을 가진다.

4. 사회복지와 사회제도
-사회의 지속성 확보를 위한 필요조건으로서 사회복지제도-

사회 또는 국가가 지속적으로 유지되기 위해서 사회복지제도는 필수적으로 요구된다. 제도로 마련되어 있어 각종 생활의 어려움을 겪는 사람들을 도와주고, 더 나은 삶을 재생산할 수 있도록 원조할 수 있어야 한다는 것이다. 사회에는 잘 사는 사람, 행복한 사람만이 존재하는 것이 아니기 때문이다.

사회제도(social institute)는 '사회+제도'다. 사회는 두 사람 이상이 모인 집단으로서 공동체의 의미를 담고 있고, 나 혼자 살아가는 것이 아니라 함께 공동으로 살아간다는 의미를 함축하고 있다. 제도는 인간생활에 꼭 필요한 기능들에 대한 공동체 구성원들의 공식적인 약속으로서의 의미를 갖는다. 공동생활을 한다는 것은 구성원들 모두가 자신의 욕구대로 살아서는 안 된다는 의미와 일정한 질서 속에서 생활에 기본적인 욕구들이 충족되어야 한다는 의미를 담고 있고, 함께 살아가기 위해 전체 구성원들에게 요구되는 질서가 있다는 것이다.

사회제도는 사회가 지속적으로 유지될 수 있도록 사회질서를 계속 유지하기 위해 인간생활에 꼭 필요한 기능들이 현실 내에서 구현되는 데 있어 사회구성원들이 공식적으로 마련하고 있는 비교적 안정된 행위양식체계이고 규범체계이다. 사회제도는 기본적으로 인간생활에 필요한 기능 및 구성원들의 기본적 욕구를 충족시켜 사회질서를 유지하고자 하는 의도를 가지고 있다.

사회제도의 성격을 살펴보면, 첫째, 포괄성(All-Inclusiveness)이다. 사회의 각 제도들은 비록 여러 종류로 분화되어 독자적인 영역을 구축하고 있지만 각 제도들은 사회와 관련된 모든 부분들의 행태와 다른 제도들의 성격 및 요소를 포괄하고 있다. 예를 들어, 가족제도 내에서도 경제제도와 정치제도적인 요소를 포함하고 있다. 둘째, 침투성(Pervasiveness)이다. 각 사회제도들의 성격은 병존하는 다른 제도들에 침투한다는 것이다. 따라서 한 제도의 성격이 변하면 다른 제도들의 성격에 영향을 미쳐 다른 제도들의 성격도 변화한다. 예를 들어, 경제제도에서 첨단산업을 육성하는 쪽으로의 변화가 이루어지면, 교육제도에 있어서도 자연과학적 지식이 우선하는 행태로 변화하는 모습을 볼 수 있다. 셋째, 지속성(Stability)이다. 사회제도의 성격은 쉽게 파괴 · 변화되지 않는다는 것이다. 비록 외형적인 모습은 변하더라도 제도적인 행동은 한번 설정되면 사회적 습관 및 가치체계화됨으로써 한 제도의 근본을 흔들 정도로 근본적인 변화는 일어나지 않는 경향을 가진다(Turner, 1972; 현승일, 1992; 김경동, 1990).

사회가 하나의 공동생활의 단위로서 유지 · 존속 · 발전하기 위해 꼭 필요한 기능을 일반적으로 **사회의 기능적 요건**이라고 한다. 공동체로서의 국가 또는 사회가 이러한 기능들을 제공하고, 규정할 수 있을 때 공동체는 계속 유지 · 존속될 수 있다. 가장 기본적으로 공동체가 존속하기 위해서는 공동체 구성원들의 재생산기능들이 확보되어야 한다. 이를 규정하고 있는 것이 가족제도이다. 또한 구성원들의 의식주를 해결하기 위해 환경에 적절히 작용해서 자원을 획득하고, 이 자원을 어떻게 분배, 소비할 것인가에 대한 약속들이 있어야 한다. 이를 규정하는 것이 자원의 생산 · 소비 · 분배 · 유통을 규정하는 경제제도이다. 그리고 집단구성원들이 생활양식을 갖출 수 있도록 개인성원을 사회성원으로 사회화시키는 기능들이 있어야 한다. 가족제도나 각종 사회화기관을 포함하는 교육제도 등이 이러한 기능들을 수행한다. 공동체의 질서를 유지해 가야 할 필요성이 있기 때문에 공동체의 규범을 만들고, 이를 지키도록 강제하는 기능들이 있어야 한다. 이를 담당하는 제도들이 법제도이고 정치제도이다.

탈코트 파슨즈(Parsons, 1960)는 사회체계의 기능적 요건으로 AGIL도식을 설명한 바 있다. 사회체계가 균형을 유지하고, 지속적으로 발전하기 위해서는 적응기능(Adaptation), 목표달성기능(Goal Attainment), 통합기능(Integration), 잠재적 유형유지 및 긴장관리기능(Latent Pattern maintenance or Tension Management)을 수행하여야 한다는 것이다. 적응기능은 환경적 적응을 일컫는바, 사회체계는 외부환경 또는 자연으로부터 자원을 얻어 그 자원을 보존 · 분배할 능력을 갖추어야 한다는 것이다. 이런 기능을 담당하는 제도가 경제제도이다. 목표달성기능은 사회체계는 목표를 설정하고 그 우선순위를 정해 구성부분들을 동원하여 그 목표를 달성할 능력을 갖추어야 한다는 것이다. 이런 기능을 담당하는 제도가 정부를 포함한 정치제도이다. 통합기능은 사회체계는 부분들의 활동을 통합 · 조정(내적인 갈등 조정 · 해결 등 포함)하여 효과적인 균형상태를 성취할 수 있는 능력을 갖추어야 한다는 것이다. 법제도나 도덕 등의 규범이 담당하는 부분이다. 잠재적 유형유지 또는 긴장관리기능은 사회체계는 각 부분요소들이 그에 적당한 행위유형을 계속 유지할 수 있도록 하고(문화적 유형 유지), 부분 간의 긴장이나 사회적 긴장을 관리함으로써 그 사회체계의 유형을 지속시킬 수 있는 능력을 갖추어야 한다는 것이다. 교육제도나 종교제도가 기여하는 부분이다.

일반적인 사회의 기능적 요건에 덧붙여 사회가 생긴 이래 가지게 된 지배-피지배관계 내에서 또는 다른 제도들이 원활히 작동하지 못함으로써 개인구성원의 욕구가 충분히 충족될 수 없는 상황이 될 수밖에 없고, 이런 상황에 국가 또는 사회는 충분히 대처할 수 있어야 한다. 이러한 기능을 담당하고 규정하는 것이 사회복지제도이다. 공동체 내의 삶의 과정에서는 여러 가지 사유(예 : 질병, 사망, 사고, 실업 등)로 자력으로 생활할 수 없는 경우나 공동체의 평균적인 삶의 상태보다 떨어지는 경우가 있을 수 있다. 개인은 이러한 상태를 극복하기 위해 노력할 것이고, 공동체는 공동체 전체적인 차원에서 개인들의 노력을 뒷받침할 수 있어야 할 것이다. 과거 전통사회에서는 이러한 기능들을 가족과 친척, 이웃, 교회, 자선단체 등과 같은 일차집단에 의해 수행되었지만 현대 산업사회에서는 정부, 민간사회복지단체, 경제단체, 자조집단 등 이차집단으로 옮겨지게 되었다. 특히 현대 산업사회에서는 과거 전통사회와는 달리 변화가 급격하게 이루어짐으로써 자발적이든 비자발적이든, 개인적 결함에서든 사회적 결함에서든 정상적이고 평균적인 삶에서 벗어나 낙오 · 탈락되어 최소한의 보호라도 받아야만 하는 경우가 상존할 수밖에 없다. 따라서 사회구성원들의 복지상태를 구현하기 위한 공동체 차원의 노력이 제도로 정착되어 모든 구성원들이 혜택을 누림으로써 공동체의 유지·발전의 가능성이 확보되어야 하고[7] 사회복지제도는 다른 사회제도들의 성격과 방향, 변화를 충분히 수렴하면서 독립적인 사회제도로 정착될 수 있어야 한다.

길버트와 스팩트(Gilbert & Specht, 1974: 4-5)는 공동체로서의 국가와 사회가 그 구성원들에게 제공해야 하는 주요 기능으로 ① 생산·분배·소비의 기능(경제제도), ② 사회화 기능(가족제도), ③ 사회통제기능(정치제도), ④ 사회통합기능(종교제도), ⑤ 상부상조의 기능(사회복지제도)으로 분류한 바 있다(최일섭·정은, 2006: 13 재인용).

5. 사회복지와 유사개념

현대적 의미의 사회복지라는 용어는 서양에서는 20세기 전후부터 사용하기 시작했고, 우리나라에서도 1940년대 이후부터 사용되어 왔다. 특히 우리나라에서는 1950년대 6·25전쟁 이후 외국의 민간원조단체(외원단체)들이 전후 전쟁고아 등의 구호 및 지역사회개발사업에 원조함으로써 사회사업(social work)이라는 용어가 더 많이 사용되었고, 1947년 이화여자대학교에 기독교사회사업학과가 개설되고 몇몇 대학교에서 사회사업학과를 개설함으로써 사회사업이라는 용어가 보편적으로 사용되었다. 그후 1980년대 이후 사회복지(social welfare) 용어가 사회사업을 대치하고 보편적으로 사용되어 왔다.

사회사업과 사회복지 개념의 구분이 이루어져야 할 것이다. 또한 우리나라 사회복지의 역사가 짧기 때문에 일본과 미국을 비롯해 다른 나라에서 사용되는 용어와 개념들이 혼용되고 있는 실정이어서 몇 가지 개념들을 구분해 볼 필요가 있다. 일반적으로 사회보장, 사회복지서비스, 사회서비스, 최근 들어 사회안전망 등의 용어들이 함께 혼

7) 일반적으로 사회제도를 분류할 때 원초적 제도와 파생적 제도로 구분하고, 원초적 제도로 가족, 정치, 종교, 경제, 교육제도를 포함시키고, 후생복지나 기술체계, 대중통신, 여가, 오락 등을 파생적 제도에 포함시킨다.

합되어 사용되고 있으므로 이들에 대한 간단한 구분이 필요하다.

1) 사회사업

사회복지(social welfare)와 사회사업(social work)이란 용어는 같은 의미로 사용되기도 하지만 여러 면에서 다른 의미와 방향성을 가지고 있다. 미국에서는 '사회사업'을 사용하는 경향이고, 영국에서는 '사회서비스(social service)'라는 용어를 사용하는 경향이다. 일본의 경우는 영국, 미국과는 달리 '사회복지'라는 용어를 사용한다.

미국 사회복지의 영향을 크게 받아 왔던 우리나라에서는 '사회복지'와 '사회사업'을 함께 사용해 왔고, 국가정책적 입장에서는 '사회복지'를, 교육 · 실천현장 면(각 대학교에서는 사회사업학과 명칭 사용)에서는 '사회사업'이라는 용어를 사용해 왔다. 1970년대 이후 한국사회의 사회문제에 대한 제도적 · 정책적 틀이 강조되면서 '사회복지'라는 보다 큰 틀을 사용하기에 이르렀다. 1980년대에 이르러 '사회복지'라는 용어로 통일되는 경향을 나타냈고, 각 대학교 사회사업학과도 사회복지학과로 명칭 변경하는 모습을 보여 왔다.

The 13th international social work conference(Pre-conference report, 1966; 장인협, 1990: 30 재인용)에서는 사회복지란 인간의 행복을 증진시키기 위해서 정부나 민간이 제반 프로그램이나 서비스 또는 시설을 통해 사회적 장애(social dysfunction)를 예방하고 경감시키기 위한 체계적 · 조직적 노력이고, 사회사업은 개인 · 가정 · 집단 · 지역사회에 대한 서비스 형태의 조력과 구호활동이라고 규정하였다.

또한 프리드랜드와 앱트(Friedlander & Apte, 1980)도 "사회사업은 인간관계에 대한 과학적 지식과 기술을 토대로 개인이나 집단, 지역사회로 하여금 사회적 혹은 개인적 만족과 자립성을 갖도록 원조하는 전문적 서비스"라고 규정하면서 사회복지라는 말은 전문사회사업보다 광범위한 의미를 내포하고 있다고 보았다. 이런 면에서 볼 때 사회복지는 사회사업의 의미를 포함하면서 제도나 정책이라는 면을 중시하고 있으며, 사회사업은 보다 실질적이고 전문적인 활동과 실천을 중시하고 있다.

사회사업은 사회복지제도에 의해 안내되는 '계획된 변화활동(planned change activities)'

을 통해 개인, 집단, 지역사회의 사회적 기능을 향상시키는 도구적인 전문직이다. 사회사업은 인간이 환경과의 상호작용 · 관계가 여의치 못해 사회적 기능이 떨어짐으로써 현재 여러 가지 문제를 가지게 되었다는 입장에서, 인간과 환경과의 관계를 원만하게 함으로써 사회적 기능을 회복시킬 수 있고, 문제를 해결해 갈 수 있다는 입장에 있다. 여기서 환경은 생활환경일 수 있고, 크게 사회일 수도 있다. 사회사업은 인간이 생활환경과 원만하게 상호작용할 수 있도록 하고, 나아가 사회와의 관계에서도 주어진 사회적 기능을 원만하게 수행할 수 있도록 개입해서 원조하고, 생활환경이나 사회의 상황을 조성하는 전문적인 활동이다.

사회사업적 활동은 전문적 지식과 기술을 강조하는 것으로서 인간과 그 환경 사이의 상호작용을 구성하고 있는 사회적 관계형성에 초점을 둔다. 이 활동은 첫째, 손상된 능력의 재활(사회적 기능의 회복),[8] 둘째, 사회적 · 개인적 자원의 제공,[9] 셋째, 사회적 역기능의 예방(Boehm, 1958)의 세 가지 기능으로 나누어 볼 수 있다. 사회사업은 개인, 집단 그리고 지역사회가 자원을 잘 활용하도록 도와 인간문제를 경감시킨다. 또한 클라이언트의 사회적 기능을 향상시킬 수 있도록 클라이언트의 능력과 장점을 개발한다. 물론 사회사업은 인간의 잠재력 발휘를 제한하는 사회적 가치나 정책이 있을 때 이를 변화시키는 노력도 기울인다(한국임상사회사업학회, 2006: 23).

사회복지와 사회사업의 특성을 간단히 요약하면 다음 〈표 1-1〉과 같다.

8) 회복(restoration)의 기능은 치료적이며 재활적인 것으로 사회적 관계의 붕괴나 상호작용과정에서 입은 손상의 요인들을 발견하여 통제하거나 제거하고자 하는 것이다(장인협, 1990: 35).

9) 자원의 제공은 사회적 자원개발과 조정, 개인적 능력의 개발 및 자원 활용능력의 강화를 의미하고, 사회적 역기능의 예방은 정상적인 사회적 기능 수행에 저해되는 조건이나 상황을 조기에 발견하여 통제, 제거하는 것을 의미한다.

〈표 1-1〉 사회복지와 사회사업의 특성

구 분	사회복지	사회사업
어 의 적	이상 면을 강조	실천 면을 강조
목 적 적	바람직한 사회	바람직한 인간
대 상 적	일반, 전체	개별, 부분, 특정
방 법 적	제도와 정책, 고정적	지식과 기술, 역동적
기 능 적	예방적, 사전적	치료적, 사후적

자료 : 장인협(1990: 35).

2) 사회보장

사회보장(social security)은 국민들의 정상적인 사회생활을 사회 또는 국가가 보장한다는 의미이다. 더 구체적으로 개인이나 가족이 뜻하지 않게 질병, 실업, 부양자의 사망, 노령, 장애, 사고, 출산, 빈곤 등 생활의 위험에 직면하여 소득의 중단 · 상실이 있게 되어 정상적인 생활을 유지할 수 없는 경우 국가가 최저한의 이전 생활을 보장하는 종합적 · 체계적인 시책과 제도를 말한다. 그래서 질병이 발생하여 소득이 중단되면 질병수당으로, 치료비 때문에 지출이 늘어나는 것은 건강보험으로 해결하고, 실업으로 인해 일시적으로 소득이 중단되면 실업보험으로 보장해 주고, 노령 · 장애 · 가구주의 사망으로 소득이 장기적으로 중단되는 경우에는 국민연금으로 해결하는 것을 말한다.

사회보장은 생활의 위험에 직면한 개인이나 가족을 주로 물질적 · 경제적인 측면에서 보장하는 경우를 말한다. 그렇지만 어떤 나라에서는 사회보장을 좀더 넓게 해석하여 비물질적인 측면의 서비스를 포함한 사회생활을 보장하는 수준까지 포함하는 경향을 보이고 있고, 우리나라에서도 사회보장의 개념에 경제적 보장뿐 아니라 각종 비물질적인 사회복지서비스(아동, 노인, 장애인 등을 대상으로 하는)도 포함하는 체계를 갖추고 있다(김태성 · 김진수, 2001: 17). 우리나라의 사회보장기본법 제3조는 사회보장을 "질병 · 장애 · 노령 · 실업 · 사망 등의 사회적 위험으로부터 모든 국민을 보호하고 빈곤을 해소하며 국민생활의 질을 향상시키기 위하여 제공되는 사회보험 · 공공부조 · 사회복지서비스 및 관련 복지제도를 말한다"고 명시하고 있다.

3) 사회(적) 서비스, 사회복지서비스

사회(적) 서비스(social service)는 영국에서 많이 사용하는 용어이고, "전 국민의 물질적, 정신적, 사회적 최저생활의 확보를 위한 공·사의 사회적 제반 서비스의 총칭이다"(Wilensky & Lebeaux, 1965). 사회복지의 광의적 개념에 해당하는 의미로 볼 수 있다. 인간 개개인에게 경제적·사회적으로 필요한 것을 가능한 최대로 보장해 주려는 목적을 가진 서비스로 적절한 생활조건, 동등한 기회부여, 가능한 최고의 자부심, 존엄, 사상의 자유, 다른 사람의 권리를 방해하지 않으면서 행동하는 것 등을 보장하는 사회적, 국가적 서비스를 총칭하는 것이다(Friedlander & Apte, 김한주 역, 1985: 13).

칸(Kahn, 1973)은 사회적 서비스의 영역으로 소득보장, 의료, 주택, 교육, 협의의 사회서비스 등을 들고 있고, 힐(Hill)은 사회적 서비스 영역으로 사회보장, 사적 서비스, 보건, 교육, 고용, 주거 등을 들고 있다(남세진·조흥식, 1995: 22). 여기에서 협의의 사회서비스 또는 사적 서비스를 우리나라에서는 사회복지서비스로 부른다.

우리나라에서 사회복지서비스는 사회보험, 공공부조와 함께 사회보장제도의 구체적 실현을 위한 사회적 프로그램 중 하나이다. 사회복지서비스는 사회보험 및 공공부조가 물질적 보장을 주된 내용으로 하는 데 비해, 물질적 보장에 더하여 비물질적 보장을 내용으로 하는 개별 차원의 사회적 서비스(대인적 사회서비스)[10]를 의미한다. 사회복지서비스는 대상범주에 따라 노인복지서비스, 장애인복지서비스, 아동복지서비스 등으로 나누어진다. 우리나라 사회보장기본법에서는 사회복지서비스를 "국가·지방자치단체 및 민간부문의 도움을 필요로 하는 모든 국민에게 상담·재활·직업소개 및 지도·사회복지시설 이용 등을 제공하여 정상적인 사회생활이 가능하도록 지원하는 제도"(제3조)라고 정의하고 있다.

10) 이를 개별적인, 대인적인 사회서비스(personal social service)라고도 한다. 개별·대인적 사회서비스는 생활상의 문제에 직면한 개인, 가족, 집단에 대해 직접적인 상호관계에 기반하여 신변의 보살핌이나 상담, 조언 등을 내용으로 하는 시설복지 및 재가복지서비스, 정보제공, 자원연결, 교육 등의 개별적인 서비스를 제공하는 것을 의미한다.

4) 사회안전망

우리나라에서는 1997년 말 IMF(International Monetary Fund) 외환위기 이후 경제구조의 변화 등에 따라 실업자가 증가하는 등 사회환경의 변화에 의해, 즉 개인별 능력차가 아닌 사회구조의 변화에 따라 증가하는 빈곤, 실업, 노령, 산업재해 등의 사회적 위험[11]에 대해서 사회제도적으로 대응할 필요가 있다는 사회적 요구가 높아지면서 기초생활보장제도의 도입, 사회보험 급여범위의 확대, 적극적 노동시장정책 강화 등의 정책적 대응이 모색되기 시작하였고, 사회안전망에 대한 논의가 사회적으로 일어나기 시작하였다.

광의로 볼 때, 사회안전망이란 실업, 질병, 노령, 빈곤 등 사회적 위험으로부터 국민을 보호하기 위한 제도적 장치로서 국민연금, 건강보험, 고용보험 및 산재보험, 노인장기요양보험 등 5대 사회보험과 공공부조 및 서비스, 긴급복지지원제도, 보완적 장치로서 공공근로사업, 취업훈련(직업훈련) 등을 포괄한다. 일반적으로 1차 사회안전망으로 사회보험을, 2차 사회안전망으로 공공부조와 사회복지서비스를, 3차 안전망으로 위기상황에 대한 긴급지원 및 구호제도로 구분하고 있다.[12] 사회안전망은 대량실업, 재해, 전시 등의 국가 위기상황에서 국가가 국민에게 기초생활을 보장해 줌으로써 이들이 안정된 사회생활을 할 수 있도록 하는 역할을 수행하고, 가장 큰 목적은 빈곤의 예방과 제거에 있다.

사회안전망의 목적은 모든 사회적 위험에 대한 '포괄성'과 사회구성원 모두에게 적용되는 '보편성'을 실현하고 '국민복지기본선(National Welfare Minimum)'을 보장하는 데 있다. 즉 주거, 의료, 생계보호, 보육, 복지시설서비스 등 복지욕구 전반에 걸쳐 국가가 공적 사회보장제도를 통해 보장해 줄 수 있는 급여수준을 설정하는 것으로, 사회보험과 공적부조 및 사회복지서비스 부분에 있어서 일정수준 이하인 기존 제도의 급여를

11) 국제노동기구(ILO)는 1944년 필라델피아 총회에서 '노령', '장애', '사망', '질병'(상병), '출산', '업무산업재해', '실업', '아동양육', '질병' 등 9가지를 소득 감소 내지 상실시키는 사회적 위험으로 규정한 바 있다.

12) 1차 사회안전망〈국민연금 전국민 확대('99), 건강보험 365일로 급여확대('00), 고용보험 1인 이상 사업장 확대('98), 산재보험 1인 이상 사업장 확대('00)〉/ 2차 사회안전망〈국민기초생활보장제 도입('00), 의료급여 차상위계층으로 확대('05), 취약계층 사회복지서비스의 확대〉/ 3차 사회안전망으로 긴급지원제도('06)를 실시하였다.

기본적인 선으로 끌어올려야 한다는 것이다(Daum 백과사전, 서강훈, 사회복지용어사전, 2013).

6. 한국사회에서 사회복지의 대략적 범주(사례)

① 국민기초생활보장제도에 의한 공적 부조, 차상위계층에 대한 보호 · 지원, 보건복지콜센터(희망의 전화 129), 긴급구호제도, 자활지원사업, 푸드뱅크, 노숙인 및 부랑인 보호사업 등

② 사회보험 관련 : 국민연금(특수직역 연금 포함), 건강보험, 고용보험, 산업재해보장보험, 장기요양보험 등

③ 노인복지 관련 : 기초노령연금, 노인일자리사업, 노인취업지원사업, 재가노인복지서비스(주간보호센터, 단기보호센터, 가정봉사원파견사업, 식사배달 및 밑반찬배달 등), 노인건강진단사업, 노인여가시설지원(경로당 등), 노인의 집 운영, 노인복지시설서비스, 경로우대 실시, 노인종합복지관 등의 노인복지 관련 서비스 프로그램, 노인장기요양보험 등

④ 장애인복지 관련 : 장애인생활안정 지원(장애수당, 장애아동 부양수당, 자녀교육비 지원, 의료비 지원, 자립자금 대여, 보장구 지급 등), 장애인복지시설 운영(장애인생활시설, 직업시설, 장애인복지관, 주 · 단기보호시설, 장애인재활정보센터, 장애인공동생활가정, 생산품판매시설, 재활 병 · 의원, 시각장애인심부름센터, 수화통역센터 등 운영), 장애인이동권 보장 및 공공요금 할인, 각종 감면제도, 장애인복지관의 장애인 관련 서비스 프로그램 등

⑤ 여성복지 관련 : 저소득 모 · 부자가정 지원, 모자보건사업(임산부 및 영유아 건강검진 등), 출산지원사업(불임부부 지원사업, 저소득층 산모 · 신생아 도우미 지원사업 등), 여성장애인 관련서비스, 여성교육, 결혼 이주여성 및 자녀교육 지원, 여성복지시설 운영 및 서비스(모자보호시설, 모자자립시설, 미혼모시설, 성폭력상담소 등)

⑥ 아동복지 관련 : 아동가정보호사업(국내 · 외 입양사업, 가정위탁사업, 소년 · 소녀가정보호 지

원 등), 아동학대 보호 · 지원, 아동급식 지원, 지역사회아동 보호, 그룹홈 보호, 아동복지시설 운영 및 서비스(보육원, 일시보호시설, 아동보호전문기관, 지역아동센터, 공부방 등), 복지관 등의 아동복지 관련 서비스 프로그램 등

⑦ 청소년복지 관련 : 건전한 청소년 활동지원사업(청소년 어울마당 등), 청소년보호 · 선도 및 지원사업(청소년상담복지센터 운영, 청소년유해환경 정화 활동 등), 청소년문화센터 및 문화공간 관련사업, 방과 후 아카데미, 방과 후 공부방 및 학습지도, 학교사회복지, 복지관 등의 청소년복지 관련 서비스 프로그램

⑧ 자원봉사자 양성, 활용, 관리 등과 관련한 사업(자원봉사센터 운영, 자원봉사종합관리시스템 운영 등)

⑨ 병원 및 정신병원에서의 사회복지사업(의료사회사업, 정신의료사회사업, 정신건강사회복지사업 등)

⑩ 기타 보육사업, 건강가정지원 등의 가족복지사업, 산업현장에서의 복지서비스(예 : 기업체의 사내상담소 운영), 교정복지(예 : 교도소 재소자들에 대한 각종 상담 및 출소 후 안정적인 생활계획 및 지도, 사후관리 등)

⑪ 사회복지전담공무원 확충, 학교사회복지사의 비전, 사회복지시설 및 기관의 확대, 기업체복지재단 확대(예 : 삼성복지재단, LG복지재단, 아산복지재단 등), 사회복지재단 확대(예 : 초록우산어린이재단, 아름다운 재단 등), 각종 유료사회복지시설 확대(실버타운 등), 군(軍) 사회복지 확대, 저출산고령화 대비 관련, 보건-복지-노동 연계 복지의 추진, 사회복지공동모금회의 사회복지사업 지원 확대, 대학사회봉사센터 확대 등

⑫ 최근에는 인터넷 중독, 게임중독, 에이즈, 건강한 노화와 안락사, 인간복제, 인공수정으로 인한 대리모 문제, 동성애 등 새로운 사회적 위험과 문제에 대한 사회복지 실천적 개입의 필요성 증대

참고문헌

김경동(1990). 『현대의 사회학』. 박영사.

김기태 · 박병현 · 최송식(1999). 『사회복지의 이해』. 박영사.

김상균 · 최일섭 · 최성재 · 조흥식 · 김혜란(2001). 『사회복지개론』. 나남출판.

김상균 · 최일섭 · 최성재 · 조흥식 · 김혜란 · 이봉주 · 구인회 · 강상경 · 안상훈(2008). 『사회복지개론』. 나남출판.

김융일(1986). "사회복지의 정의에 관한 연구". 『사회과학연구』. 성심여자대학 인간 및 사회복지연구소.

김태성 · 김진수(2001). 『사회보장론』. 청목출판사.

남세진 · 조홍식(1995). 『한국사회복지론』. 나남.

박경일 · 김경호 · 서화정 · 윤숙자 · 이명현 · 이상주 · 이재모 · 전광현 · 조수경(2010). 『사회복지학강의』. 양서원.

장인협(1990). 『사회복지학 개론』. 서울대학교출판부.

전국대학사회복지교육협의회 편(1999). 『사회복지개론』. 유풍출판사.

최선화(2010). 『풀어쓴 사회복지실천기술』. 공동체.

최일섭 · 정은(2006). 『현대사회복지의 이해』. 공동체.

한국임상사회사업학회 엮음(2006). 『사회복지개론』. 신정출판.

현승일(1992). 『사회학』. 박영사.

Friedlander, W. A. & Apte, R. Z.(1980). *Introduction to Social Welfare*. Englewood Cliffs, New Jersey: Prentice-Hall.

Friedlander, W. A. & Apte, R. Z., 김한주 역(1985). 『사회복지개론』. 법문사.

Gilbert, N. & Specht, H.(1974). *Dimensions of Social Welfare*(5th ed.). Englewood Cliffs. N.J.: Prentice-Hall.

Klein, P.(1968). *From Philanthropy to Social Welfare*. San Francisco: Jossey-Bass.

Parsons, T.(1960). *Structure and Process in Modern Societies*. IL: The Free Press.

Romanyshyn, J. M.(1971). *Social Welfare, Charity to Justice*. New York: Random House.

Turner, J. H.(1972). *Patterns of Social Organization*. New York: McGraw-Hill.

Wilensky, H. L. & Lebeaux, C. N.(1965). *Industrial Society and Social Welfare*. New York: Free

Press.

Zastrow, C. 백종만 외 공역(2006). 『사회복지개론』. 시그마프레스.

Daum 백과사전, 서강훈(2013). 『사회복지용어사전』. 이담북스.

CHAPTER

2 사회복지가 지향하는 가치와 목표

Introduction to social Welfare

일반적으로 가치(values)는 값어치 또는 사물이 지니고 있는 쓸모를 일컫는 말이고, 인간의 모든 욕구나 관심의 대상이나 목표가 되는 것들을 통칭하는 말이기도 하다. 가치라는 용어는 '강함, 승리 혹은 그럴 만함'을 의미하는 라틴어 'valere'로부터 나왔다. 바람직한 상태를 나타내는 믿음과 신념이고, 여러 수단적 행동들 중에서 선택을 할 때 영향을 미치는 규범적 기준이 되는 것이다.

사회복지는 가치를 기반으로 하는 학문이다. 그런데도 불구하고 지금까지 많은 연구에서 지식과 기술, 기법 등을 강조하는 경향이었다. 어떻게 하면 빈곤과 각종 사회문제, 개인적인 문제를 해결할 수 있을 것인가에 골몰해 왔다. 궁극적인 '인간'에 대한 가치를 간과하거나 무시한 채 다양한 지식과 기술, 접근방법 등에 천착해 왔고, 사회복지교육 또한 이러한 점에 더 주안점을 두어 왔다. 인간에 대한 또는 인간의 삶에 대한 구체적인 가치와 윤리[1]에 대한 연구 · 개발이 이루어져야 할 것이다.

사회복지의 가치[2]와 목표는 사회구성원 모두의 복된 상태를 만들어 가기 위한 노력으로서의 사회복지가 추구하고, 지향하는 바람직한 상태를 일컫는다. 즉, 어떤 상태가 가장 복된 상태인가에 대한 물음일 수도 있고, 복된 상태를 만들어 가는 데 있어 어떠

1) 사회복지가치와 관련한 사회복지윤리는 사회복지의 가치를 구체적으로 실현하는 행동지침이나 원칙을 의미한다.

2) 지금까지 사회복지학에서 가치논의는 사회사업 또는 사회복지실천(미시적 접근)과 사회복지정책(거시적 접근)의 양자 간에 통합적으로 전개되어 오지 못했다. 사회복지 실천적 접근에서는 사회복지실천 윤리(social work ethics)를 중심으로 가치논의가 이루어졌고, 사회복지정책에서는 다양한 사회복지이념(social welfare ideology)을 중심으로 논의를 전개시켜 왔다.

한 점에 주안점을 두어야 할 것인가에 대한 답일 수도 있다. 사회복지의 가치와 목표는 지향성, 구체성, 도달가능성이라는 면에서 다소 차이가 있을 수 있다. 목표가 가치보다는 더 구체적일 수 있고, 현실지향적이라 할 수 있다. 이 책에서는 구체적으로 구분하지 않고, 현대사회의 사회복지가 추구하는 큰 틀의 가치와 목표에 대해서 요약해본다.

1. 인간 그 첫 번째 언어 – 존엄한 인간

사회복지가 지향하는 가장 본질적인 가치는 인간존엄, 즉 존엄한 인간을 실현해야 한다는 것이다. 세상의 각 개인은 생긴 모습이나 처한 환경, 성장과정이 같은 사람은 한 사람도 없다. 그렇듯이 우리 인간은 전 세계의 60억분의 1인 사람들이다. 세상에서 다이아몬드를 좋고, 귀하다고 여기지만, 세상에서 단 하나는 아니다. 하나가 아닌데도 우리는 다이아몬드를 얼마나 귀하게 여기는가? 하물며 우리 인간 각 개인은 세상에서 유일한 존재이다. 얼마나 귀하고, 존귀한 존재인가? 우리나라 헌법 제10조에서도 "모든 국민은 인간으로서 존엄과 가치를 가지며 행복을 추구할 권리를 가진다"라고 선언하고 있다. 우리는 사회복지마인드를 강조한다. 사회복지마인드는 결국 사회복지를 구현하는 데 있어 어떤 마인드를 가질 것이고, 어떤 선택적인 상황에서 어떤 마인드가 중요하게 인식되어야 하는가에 대한 것이다. 바로 사회복지 마인드라 할 때 가장 중심에 있는 것이 존엄한 인간인 것이다. 존재와 존재의 가치에 대한 존귀함이 그 중심에 있다.

공동체 구성원 모두의 행복을 위한 공동체 구성원들의 모든 노력인 사회복지는 바로 이 존엄한 인간을 실현하는 것이다. 모든 사람이 세상에 단 하나뿐인 존엄한 존재인 것이다. 나름의 특성과 욕구, 능력을 가진, 그리고 나름의 성장과정과 환경을 가진 그런 존엄한 인간인 것이다.

존엄한 인간은 존엄하게 취급되어져야 한다. 존엄한 인간의 존재가 실현될 수 있어야 한다. 사회복지는 바로 이 존엄한 인간의 실현인 것이다. 한 사람 한 사람이 모두 존엄하기 때문에 똑같이(동등하게) 가치있는 인간이고, 존엄하게 취급되어야 할 것이다. 또한 나름의 특성과 욕구, 능력, 성장과정과 환경을 가진 존엄한 인간이 이 존엄성을 자유롭게 실현시킬 수 있어야 할 것이다. 자유와 평등[3]의 가치를 의미하고, 이는 존엄한 인간 가치 내에 포함된 본질적인 가치이다.

나아가 존엄한 인간은 사회적 존재이다. 사회적 · 공동체적 틀 속에서 존엄의 가치가 실현될 수 있다. 공동체 전체의 행복과 공동체 내의 다른 구성원의 존재에 대한 가치가 존중될 때 존엄한 인간가치의 온전한 실현이 가능하다. 공동체의식 또는 사회적 연대의 가치다. 공동체 구성원들 누구든지 처할 수 있는 사회적 위험에 공동체 구성원 모두가 함께 협력하는 사회적 책임과 공동체 내의 다른 사람들의 자유를 침해하지 않는 사회적 의무를 포함한다. 대표적인 사회적 위험이라고 할 수 있는 빈곤, 질병, 노령, 산업재해 등에 대해 국가(공동체)적 차원에서 마련되고 있는 사회보험제도들은 이러한 사회적 위험에 대한 공동의 협력과 책임을 전제로 한 사회적 연대의 가치실현이다.

2. 자립과 자활을 통한 인간다운 삶의 확보[4]

인간의 존엄성 또는 존엄한 인간은 인간다운 삶이 보장될 때 확보될 수 있다. 인간다운 삶은 무엇이며, 그 경계는 어디까지인가? 인간다운 삶이란 시대와 상황에 따라 변할 수 있는 개념이고, 국가와 사회에 따라 다르다고 볼 수 있다. 인간다운 삶이란 일

3) 헌법 제10조 제1항에서 "모든 국민은 법 앞에 평등하다. 누구든지 성별 · 종교 또는 사회적 신분에 의하여 정치적, 경제적, 사회적, 문화적 생활의 모든 영역에 있어서 차별을 받지 아니 한다"라고 명시하고 있다.

4) 인간의 존엄성 실현가치를 사회복지의 궁극적인 가치라고 본다면, 자립과 자활을 통한 인간다운 삶의 실현과 사회정의의 실현은 본질적 가치를 실현하는 수단적 의미를 담고 있는 하위가치라 할 수 있고, 자립과 자활을 통한 인간다운 삶의 실현은 사회복지실천전문가들의 지향가치라고도 볼 수 있으며, 사회정의의 실현은 사회적 수단가치라고도 볼 수 있다.

반적으로 건강하고 문화적인 생활로 규정한다. 건강은 육체적 건강뿐 아니라 정신적인 건강을 포함하고, 문화적인 생활은 그 시대의 삶의 양식을 향유할 수 있는 생활을 의미한다. 내가 좋아하는 것은 사회복지대상자들(client)도 좋아하고, 내가 하고 싶은 것은 그 대상자들도 하고 싶은 것이다.

개인의 인간다운 삶을 확보하기 위해서는 개인이 자립적인 생활을 영위할 수 있어야 한다. 타인이나 사회에 의존하면서 인간다운 삶을 확보하기는 어렵다. 사회복지현장의 실천과정에서 특별히 강조하는 구체적 목표로서 개인의 자활과 자립은 대단히 중요하다. 이는 바로 인간다운 삶의 실현을 위한 가장 중요한 첫 단추이기 때문일 것이다. 자활과 자립은 개인이 스스로 주도적으로 자신의 삶을 결정 · 선택하고, 꾸려가고, 책임진다는 의미이다. 사회복지실천과정(social work practice)에서 대상자(client)들의 자기결정권의 원칙을 중요시하는 것은 바로 이런 맥락에 기반을 둔다.

자활 · 자립의 목표 실현을 통한 인간다운 삶을 개인이 확보하고, 국가(사회)가 보장하는 데 있어 개인의 정신적 · 육체적 · 사회적 성장은 기본적인 과제다. 사회복지는 모든 인간은 무한히 발달하고 성장할 수 있는 잠재력이 있다는 전제를 수용하면서 각 개인의 성장을 도모하고 그 잠재력을 최대한 개발 · 발전시켜야 한다. 개인의 성장잠재력은 각자 고유하며, 환경과의 상호작용 속에서 충분히 개발될 수 있다. 국가 또는 사회는 개인의 성장잠재력을 발달시킬 수 있도록 환경적 여건 마련에 주력해야 한다. 최근 사회복지실천과정에서 클라이언트의 역량강화 또는 강점지향적 접근, 임파워먼트(empowerment) 등이 중요하게 인식되고 있다.

3. 사회정의의 실현

사회정의의 실현은 기본적으로 빈곤을 완화 · 해결하고, 억압받고 박탈된 소외계층의 복지를 향상시켜 올바른 사회를 만드는 것이고, 배분적 정의를 실현하는 것을 의미한다. 부(돈), 권력, 기회와 같이 사회적으로는 중요하지만 한정된 자원을 공정하게 배분함으로써 존엄한 인간가치를 실현하고자 하는 것이다. 사회정의(social justice)는 사회의 모든 성원이 똑같은 기본권리, 보호, 기회, 의무, 사회적 혜택을 받는 이상적인 상태이다(로버트 L. 바커, 중앙사회복지연구회 역, 1996: 115). 이 가치와 목표는 평등가치를 보다 구체적으로 구현하는 것으로서 결과적 평등, 개인의 노력과 기여 · 욕구 · 능력에 따른 자원의 차등적 분배(공평한 처우), 과정적 기회의 평등을 모두 포괄하는 것이다.

물론 특정 자원을 근거로 한 사회적 불평등과 이로 인한 생활양식의 차이 등은 인류 역사상 보편적인 현상이고, 사회정의를 완전히 실현시킨다는 것은 현실적으로 불가능하다. 그렇지만 지속적인 부와 권력, 기회 등의 자원 재분배를 통해 사회적 불평등을 완화시키는 것이 사회정의를 구현하는 과정이고, 사회복지의 지향가치이자 목표인 것이다.

참고문헌

고수현(2005). 『사회복지실천윤리와 철학』. 양서원.

도광조(2005). 『사회복지실천론』. 양서원.

로버트 L. 바커. 중앙사회복지연구회 역(1996). 『사회사업사전』. 이론과 실천.

박석돈(2004). 『사회복지학개론』. 삼우사.

서미경 · 김영란 · 박미은(2005). 『사회복지실천윤리』. 양서원.

이효선(2003). 『사회복지 윤리와 철학의 이해』. 학지사.

임춘식 외(2007). 『사회복지학개론』. 공동체.

장인협(1990). 『사회복지학개론』. 서울대학교 출판부.

Friedlander, W. A. & Apte, R. Z. 김한주 역(1985). 『사회복지개론』. 법문사.

Gilbert, N. & Specht, H.(1974). *Dimensions of Social Welfare*(5th ed.). Englewood Cliffs. N. J.: Prentice-Hall.

CHAPTER

3 사회복지의 역사

Introduction to social Welfare

1. 사회복지역사에 관심을 기울이는 의미

우리가 역사에 관심을 두는 것은 역사 속에서 현재와 미래의 삶의 방향을 조망해 보기 위해서일 것이다. 모든 역사적 사실들은 그 사실들이 나타나지 않으면 안 되었던 사회적 배경과 상황이 있기 마련이고 그러한 상황 속에서 결정(역사적 사실이나 사건)의 결과들이 있을 것이다. 이러한 과거 역사적 사실들의 사회적 배경과 상황, 결정의 결과를 전반적으로 이해함으로써 현재의 제도나 정책에 대한 의미를 찾고 나아가 미래에 대한 전망이나 예측도 할 수 있을 것이다. 또한 우리가 역사에 관심을 기울이는 것은 역사 속에서의 일정한 법칙성, 어떠한 조건 아래에서의 규칙성을 찾아볼 수 있기 때문이다. 이러한 법칙이나 규칙을 발견한다면 미래의 예측가능성은 그만큼 커질 수 있다.

사회복지적 사실들도 마찬가지로 토대가 되는 사회적 배경과 상황, 조건들 속에서 발생하였다. '어떠한 상황하에서 일정 결과로서 A라는 사회복지적 사실들이 나타났다면, 현재의 상황에서는 어떠한 결과가 나타날 것인가?' 사회복지제도, 정책, 가치, 추구방향, 경향성 등의 발달에 대해 관심을 가져야 하는 이유일 것이다.

사회복지의 역사연구의 의의는 다음과 같다(감정기 외, 2002: 21-22).

첫째, 현대사회에 이르러 정착된 사회복지의 생성 및 발달과정 그리고 역사적 특성을 이해할 수 있다는 점이다. 사회복지의 본격적 등장과 발전은 산업혁명과 더불어 근대자본주의의 생성 및 발전과 궤를 같이 해왔다. 실제로 오늘날 많은 국가가 시행하고 있는 복지제도들은 산업혁명 이후 자본주의 발전과정에서 대량으로 발생하여 사회적 위협요인으로 등장한 문제들과 그 속에 사는 사람들의 욕구에 대한 대응이라고 할 수 있다. 자본가와 노동자 간의 빈부격차가 심화되고 빈곤문제가 사회문제화되면서 빈곤이 개인적 원인이라기보다 사회적 요인에 의한 것으로 간주되어 빈곤문제에 대한 책임이 국가와 사회에 있다는 사상과 더불어 각종 공적 구제제도가 생겨났다. 이후 급속한 도시화와 산업화를 거치면서 개인의 빈곤화 가능성은 더욱 커지는 데 반해 보다 많은 사람들이 복지혜택에서 제외됨에 따라 새로운 복지제도가 요구되었고, 전 국민을 대상으로 하는 조직적이고 계획적인 사회복지제도와 정책이 실시되기에 이르렀다. 사회구성원에 대한 복지가 국민의 기본권과 국가의 의무 차원에서 제공되는 현대적 관점의 사회복지제도는 산업화과정의 자본주의의 변화와 사회복지 변화를 함께 고려하는 속에서 이해되어야 할 것이다.

둘째, 과거의 사회문제 및 사회적 욕구 그리고 이에 대응했던 사회복지제도 및 프로그램의 등장과 변천과정에서 나타난 성공 및 실패원인, 조건 배경 등에 대한 지식을 확보함으로써 현재의 사회복지정책, 제도, 프로그램 개발에 활용할 수 있다. 선진국의 경험과 그들의 사회복지 역사를 검토하는 것도 우리에게 일어난 문제는 물론이고 일어날 수 있는 문제에 효과적으로 대비할 수 있게 해준다.

셋째, 우리에게 적합한 사회복지제도 발달에 관한 이론을 개발하는 데 중요한 단서를 얻을 수 있다. 이는 사회복지의 역사를 연구하는 과정에서 사회복지제도의 변천 혹은 발전에 내재하는 모종의 법칙성을 발견할 수 있음을 의미한다.

2. 사회복지역사에 대한 개괄

-빈곤에 인류는 어떻게 대처했나 : 영 · 미의 발달과정 중심-

1) 고대사회 - 공동체적 상부상조

인류의 역사는 빈곤에 대한 투쟁의 역사이고, 사회복지의 역사는 구빈의 역사라고 할 만큼 사회가 형성된 이래 빈곤은 가장 큰 사회적 위험 또는 사회문제로 인식되어 왔고, 각 사회는 그 시대적인 상황과 철학적 기반 등에 따른 대응책들을 모색해왔다.

사회복지의 변화와 발전의 양상은 그 시대의 사회구조나 사상적 흐름을 반영한다. 수렵 · 채집생활과 공동생산, 공동소유, 공동분배가 이루어지던 역사 이전시대를 포함한 고대사회는 기본적으로 종족이나 씨족공동체생활을 했고, 목축과 정주농업생활과 잉여생산이 이루어짐에 따라 지배계급과 피지배계급으로의 계급분화(농민과 군무에 전념하는 귀족으로의 계급분화)가 이루어졌고, 토지 · 가축 등 부(富)의 편재와 집중을 낳게 되었다. 고대사회는 문명[1]에 따라 사회적 위협이나 불안(천재지변, 가난한 자, 환자 등)에 대처하는 방식의 차이를 가졌지만, 대체로 왕에 의한 공공복지(절대군주의 지배 하에서 노동력을 동원하고, 농민을 보호하기 위한 수단으로서 공공복지)나 공동체 내의 자연발생적인 상부상조, 종교적 의무에 기반한 자선과 박애[2] 등에 의해 대처해 가는 모습이었다.[3]

---

1) 기원전 6,000년에서 기원전 3,000년경 티그리스강과 유프라테스강 유역의 메소포타미아 문명, 인더스강 유역의 인도 문명, 나일강 유역의 이집트 문명, 황하강 유역의 중국 문명을 4대 문명 발상지로 일반적으로 본다. 문명의 발상이라는 것은 국가권력의 체계화가 이루어졌다는 의미이다. 메소포타미아와 이집트 문명은 관개치수가 최대의 국가적 사업이었으므로 강력한 절대군주가 군림하였다. 중국과 인도 문명은 강력한 통일국가를 형성하지는 못했다(중국은 기원전 1,500년경에 왕조가 출현, 1,000년경 주나라 출현). 고대사회는 고대 그리스와 로마시대를 포함한다.

2) 서양문화의 기원은 고대 희랍(그리스)에 있다. 그리스의 역사는 기원전 3,500년경으로 거슬러 올라갈 수 있지만, 세계사적으로 중요한 시기는 고전고대로 총칭되는 그리스 · 로마시대 초기에 속하는 BC 8~BC 4세기이다. 고대 그리스 문화의 핵심원리는 종교(기독교)다. 기독교적 자선의 경우 AD 361년(콘스탄티누스 황제)에 기독교가 공인된 이래 교회는 빈곤자의 구제에 적극적이었고, 6세기경부터는 수도원이 다목적보호시설(구빈원)의 기능을 수행하였다. 또한 고대그리스인들의 핵심 정치이념도 조화 속의 통일이었다. 조화된 공동생활을 강조하고, 계급이나 부로 인해 차별받지 않고, 적극적으로 참여할 수 있고, 개인의 타고난 역량이 실현될 수 있는 기회를 발견할 수 있는 사회구현이었다(권오구, 1994).

3) 이 외에도 로마시대에는 정치적 엘리트들의 정치적 고려(투표권)에 의한 불규칙적인 시여(施輿)나 부유한 로마

2) 중세봉건제사회 - 구빈법 시대

신분적 계층과 종교가 중요한 사회적 역할을 수행하는 **중세봉건제사회**[4]에서는 자선, 동정심, 박애 등에 근거한 자선사업과 길드조합(동업조합)원들 간의 상호부조 등에 기반해서 빈곤 등의 사회적 위험에 대처했다.[5] 중세 초기 빈농들이나 도시빈민들, 도망친 노예, 부랑자 등은 농노(農奴)[6]로 편입되어 최소한이지만 생존을 유지할 수 있었고, 그 외의 빈민들은 교회의 종교적 자선에 의존했다. 중세의 빈민구제는 주로 기독교국의 교회[7]를 통해 시행되어져 왔으며, 그것은 교회에서의 시여 · 수도원에서의 부조(수도원을 구빈원으로 활용하기도 함) 등과 같은 형태로 전개되었다. 이와 동시에 개인도 종교적 동기에서 빈민들에게 자선을 베풀었는데,[8] 자선은 기도 및 단식, 영적인 은총 등과 함께 기독교의 본질 그 자체였다(Webb, 김동국 역, 1994: 32 재인용).

그렇지만 중세기의 교회와 수도원의 무조건적인 자선과 시여는 빈민들의 의존심 강화, 자선의 중첩, 자금의 남용 등의 문제를 남기기도 했고, 중세 말까지 계속해서 자선에 대해 국가(왕권, 귀족)와 갈등하는 상황을 나타내었다. 즉 국가는 귀족들과 영주의 편에서 농노들이 계속 영지에서 일하기를 원했고, 그럼으로써 빈민들이 장원에 포함될

시민들이 불규칙하게 베푸는 식량이나 급식, 연회(사유재산의 과시로 볼 수 있다), 장사나 제조업에 종사하는 집단이 협회(꼴레지아, Collegia)를 결성하여 상호부조하는 경우, 국가적인 부조 프로그램(예 : 장차 병사가 될 소년들에 대한 부조) 등이 있었다(감정기 외, 2002 참조).

4) 서양 중세라고 하면 고대 그리스 · 로마시대와 근대 르네상스와의 중간시대, 즉 5세기 말부터 봉건사회가 해체되는 15세기까지를 말한다. 고대 그리스, 로마시대는 노예제사회를 형성했으나 계속적인 노예들의 봉기 등에 의해 봉건제(농노제)사회가 형성. 봉건제는 476년 로마제국 붕괴 이전에 로마지역에서 출현. 7C 초부터(대략 610년) 유럽 전역으로 확대. 봉건제는 10세기경 거의 완성. 봉건제는 임금 밑에서 여러 제후가 땅을 영유하면서 그 영내의 정치권, 경제권, 군사권을 결합한 통합적 지배권을 갖는 국가조직이고, 왕과 신하 사이에 봉토의 급여와 군무의 봉사를 통하여 사적, 인격적, 계층적으로 결합된 제도를 말한다. 봉건영주의 영지를 장원(莊園)이라 하고, 장원은 중세사회의 세포라 할 수 있고, 하나의 통합성을 가진 독립된 자급자족(자연경제체제)의 소사회였다(김동국, 1986; 권오구, 1994 참조).

5) 물론 고대사회와 마찬가지로 중세사회에서도 왕에 의한 공공복지가 이루어졌다.

6) 농노는 노예보다는 자유로웠지만, 경제적 · 정치적 · 인격적인 측면에서 자유를 구속받았다. 그렇지만 이로 인해 최소한의 생활을 보장받았다.

7) 세속적 권력과 종교적 권력을 함께 지닌 중세교회(로마제국의 멸망 이후 종교개혁 전까지 신권이 왕권보다 우위)는 자체 행정기구를 갖추고 있을 정도여서 실상은 국가와 다름없었고, 교회의 자선과 왕에 의한 공공복지는 구분되지 않았다. 교회는 16세기 종교개혁으로 인해 교회재산과 영토 몰수, 수도원 해산, 교회의 자선을 중단하였다(감정기 외, 2002: 114-115).

8) 그렇지만 기독교인들의 자선은 종교적 의무이행이었으므로 빈민의 개별적 · 사회적 상태는 고려치 않았고, 자선의 동기도 자선을 베푸는 사람의 구원이었지 자선을 받는 사람 그 자체에 대한 관심은 거의 없었다.

수 있도록 구걸행위를 금지시키기도 했고, 일할 수 있는 구걸자들에게 자선을 억제하는 모습을 보였다.

또한 중세봉건제사회를 특징짓는 사회조직인 길드, 즉 상인과 수공업자들의 조합(상인길드 11세기 중엽, 수공업길드 12, 3세기)이 조합원들과 그 가족들에 대해 상부상조하는 구제제도가 기술자들의 빈곤을 보호해 주었다. 길드의 구호활동으로는 사망한 회원에 대한 장례, 질병, 사고, 노령으로 인한 빈곤을 완화시키기 위한 정기적인 부조금의 지급, 재난에 의한 재산피해에 대한 성금전달 등이 있었다. 길드는 주로 도시(도시민은 주로 수공업자들과 상인들로 양분)에 거주했고, 도시[9]는 봉건영주의 보호 · 육성하에서 강력히 성장하고 대부분이 영주로부터 자치권을 획득했고, 그 중 강력한 도시는 인구 증가 등으로 완전한 도시공화국으로까지 발전하기도 하였다.

구빈정책의 발전의 기초-엘리자베스 구빈법 시대

중세유럽사회에서는 다양한 갈래로 빈민들을 구제했지만, 기본적인 구제행태는 자선과 시여(개인적 · 종교적 자선과 시여)였고, 지극히 개인적 책임을 강조하는 빈곤관이었다.

빈곤에 대한 공적 구제를 국가책임으로 인정한 최초의 법은 1601년 영국 엘리자베스(엘리자베스 1세, 여왕, 재임기간 1558~1603) **구빈법**(Elizabethan Poor Law, 종종 '구(舊)구빈법(Old Poor Law)'으로도 칭함)이다. 엘리자베스 구빈법은 당시 노동력을 관리해야 할 필요와 중세 말 빈민들의 절대적인 수 증가 및 대중궁핍의 심화로 무언가 정부당국에 의한 보편적인 대책이 필요하다는 인식하에 이전에 산발적인 구빈입법들을 집대성해서 성문화한 법이다.

엘리자베스 구빈법은 ① 중앙집권적 빈민통제체제를 갖추었다.[10] ② 빈곤에 대한 가족책임원칙 고수, 즉 가족이나 친척들이 돌보지 못하는 빈민들에 대해서만 교구의 구빈책임원칙을 유지했다. 가족이 있는 빈민들은 구제대상에서 제외하였다. ③ 노동능력에 따라 빈민들을 구분하여 대처했다. 즉, 노동능력이 있는 빈민과 노동능력이 없는 빈민, 요

9) 로마제국의 멸망 이후 점차 중앙집권적 권력이 붕괴되고 점차 지방분권이 가속화됨에 따라 도시가 쇠퇴하고 무역과 통상이 거의 소멸했다. 그러나 봉건제가 확대 · 정착되던 시점인 10C를 전후해서 장원의 농업기반에서 상업과 수공업이 분리 · 발전하였고, 이들이 주로 도시에 거주함으로써 도시의 성장이 이루어졌다. 봉건제사회에서 기본적으로 봉건영주와 농노 · 상공업자들의 관계는 대립적이었다.

10) 교구단위의 빈곤구제를 의미. 교구를 빈민구호의 말단 행정단위로 삼고, 빈민감독관(민생위원)에게 구빈행정의

보호아동으로 빈민을 구분하여 노동능력이 있는 빈민은 교정원이나 노역장에 수용해서 노동하게 하고 이들에 대해 자선을 금하고, 이주도 제한하였다. 노동능력이 없는 병자나 노약자, 정신이상자 등은 구빈원에 수용·보호함(indoor relief)을 원칙으로 하되, 거주할 집이 있으면 원외구제(outdoor relief)할 수 있도록 했고(시설 외 구제의 금지 및 엄격한 제한원칙), 기아나 고아 등 요보호아동들에게는 위탁보호나 도제살이를 제공하였다. 이런 점에서 볼 때 엘리자베스 구빈법은 빈민을 체계적으로 분류하여 노동력을 조직적으로 활용하고자 한 것으로써 생산력 향상과 관리의 편의를 동시에 도모한 제도였다(감정기 외, 2002: 131-132).

엘리자베스 구빈법은 빈민구제에 대한 책임이 국가에 있다는 점을 처음으로 인정했다는 점에서 역사적 의미를 담고 있고, 나아가 복지국가의 출현과 무관하게 볼 수는 없지만, 빈민의 권리에 대한 인식보다는 빈민을 어떻게 체계적으로 통제할 것인가[11]에 목적이 있고, 그 방법이 억압적인 행태를 보였으며, 가족부양을 우선하는 잔여적 모형을 취했기 때문에 복지국가의 출발로 보기는 힘들 것이다.

3) 근대시민사회 초기－신구빈법과 민간자선사업의 전문화

산업혁명(1770~1830, 18세기 중엽 영국에서 시작된 기술혁신과 이에 수반하여 일어난 사회·경제구조의 변혁)과 더불어 시작된 근대시민사회[12]에서는 자유방임사상과 자유주의경제를 지향함으로써 개인의 자유와 권리를 최대화하는 입장이었고, 근대자본주의가 확대됨으로써 자본가계층과 노동자계층 간의 빈부의 격차 심화, 실업과 빈곤, 질병, 범죄 등과 같은 사회문제를 야기하게 되었다.[13] 자본제하에서 자본가는 건강하고 값싼 노동력 확보

책임을 부과. 구빈원을 지도·감독하고 교구민에 대한 구빈세 명목의 과세권한 부여. 종교개혁으로 수도원이 해산되고, 중세적 사회구조가 붕괴되면서 빈곤구제가 전통적인 자발적 자선으로부터 교구단위의 강제조세에 기반한 구빈행정으로 전환됨을 의미. 영국에서 교구단위의 빈곤구제가 시작된 것은 15세기경. 교구는 종교적 단위였지만, 이전부터 일부 행정적 기능을 담당했고, 16세기 초부터 교구민에 대한 과세권을 가지면서 구빈을 위한 행정조직으로서 역할을 하였다.

11) 골칫거리라는 측면도 있고, 귀족들의 노동력 수급의 문제점을 해결하고자 하는 측면도 있었다.

12) 근대시민사회는 중세사회 상공업자들이 중심이 된 도시거주자들(이후 Bourgeois로 발전)의 사상적 무기인 계몽주의 사상에 기반하여 성립되었다. 근대시민사회의 시작을 18세기 말로 본다면 16~18C 유럽은 중세봉건제 사회로부터 근대시민사회로 이행하는 과도기로 볼 수 있다.

13) 근대자본주의 초기 노동자들의 빈곤은 과거의 빈곤과는 다른 '새로운 빈곤'이었다. 중세 영주들은 농노들에게 생활 전반에 대해 최소한의 보호 의무를 지니고 있었으나 산업혁명 후 자본가들은 노동자들에게 임금만 지불하

를 통해 노동비용을 최소화함으로써 이윤을 극대화하려 하고, 노동자들은 저임금노동과 열악한 노동조건, 장시간 노동, 노동재해, 기계도입에 의한 노동자 해고 · 실업 등과 같은 문제를 가짐으로써 이전과는 전혀 다른 새로운 빈곤상황에 놓이게 된다. 노동자들은 노동조합을 만들고, 노동자의 계급의식이 강화되면서 새로운 빈곤상황에 대응하는 구빈체제를 요구하기에 이르렀고, 정부도 빈민에 대한 정책적 개입의 필요성을 인식하게 되었다(*산업혁명으로 인한 변화에 구빈민법 체계의 효과적인 대응 미비, 특히 노동운동 확대).

이에 따라 영국을 비롯한 여러 국가들에서는 공장법(1819)을 제정하는 등 노동자들을 보호하는 입법들이 있었지만, 자유방임적 성격의 법제들이었고, 다분히 구빈 억제적 성격(대표적으로 1834년 신구빈법)을 가지며, 자유경쟁하에서의 개인의 책임을 강조하는 입장이었다. 이에 따라 구빈행정의 공동화를 초래했고, 그 공백은 **민간사회복지를 활성화시키는** 계기가 되었다. 민간사회복지는 1800년대 초부터 개인이나 민간 차원의 자선사업과 박애사업을 중심으로 더욱 조직적으로 발달해가는 모습을 보였다.

새로운 빈곤에 대한 대응-신구빈법 시대

영국에서는 근대산업혁명기의 새로운 빈곤에 대처하기 위해 신구빈법을 1834년 제정했다. 신구빈법에서 추구한 기본 입법원칙에 대한 해석으로 자주 인용되는 원칙은 ① 열등처우의 원칙(the principle of less eligibirity), ② 작업장활용의 원칙(the principle of workhouse system), ③ 균일처우의 원칙[14](the principle of national uniformity)이다.

1834년 신구빈법이 제정되고, 법 규정에 의해 발족된 '구빈법위원회'의 활동과정에서도 이러한 원칙에 입각해서 활동이 이루어졌다고 보고되고 있다. 이런 점에서 볼 때 신구빈법도 엘리자베스 구빈법과 마찬가지로 개인의 도덕적 결함으로 인해 빈곤이 발생한다는 '개인주의적 빈곤 죄악관'을 그 기본 법리로 삼고 있었다는 점을 알 수 있다(김동국, 1994: 187-197).

면 그만이었다. 낮은 임금, 과다노동, 여자와 아동노동으로 확대되었다.

14) 전국적 통일의 원칙이고, 구빈의 중앙당국과 지방당국의 역할을 통해 전국적으로 동일한 수준과 범위의 구빈을 한다는 의미이다.

민간사회복지활동의 발전–자선사업의 조직화: 자선조직협회

신구빈법이 시행된 이후에도 영국에서는 빈민들의 수는 증가하고, 도시로의 이주가 급증해 갔고, 도시의 빈민가 형성이 날로 증가해 갔다. 자본주의의 폐해는 더욱 심화됨으로써 당시 개정 구빈법(신구빈법) 체제하의 구빈행정은 이를 감당하기에 역부족이었고, 당시의 자조와 절약을 강조하는 시대정신(특히 청교도들은 가난은 게으름의 결과로 믿음)과 맞물린 구빈행정의 공백이 나타나고, 구빈행정에 대한 비판이 쏟아졌다. 이 즈음에 이전부터(1800년대 초부터) 일부의 개혁 민간인들이 중심이 되어 활동해오던 자선단체들의 자선활동들이 본격적으로 전개되었고, 공적인 구빈체계의 공백을 메워 갔다. 박애정신에 기초한 민간단체, 종교단체와 사회단체, 그리고 개인들이 자선기관과 자선단체를 만들어 빈민구제활동을 활발하게 전개했고 그 수(數)도 급증했다.

그렇지만 자선단체의 적극적인 활동과 수적인 증가에도 불구하고 난립한 자선단체들의 활동은 정보 및 공조의 부재, 자선방법의 부재 등으로 무원칙, 무계획, 비효율, 구제의 중복에 의한 낭비 등 무책임하게 전개되었다. 당시의 자선단체는 조직화하지도 않았고, 업무의 조직화도 전혀 이루어지지 않았다. 따라서 자선단체들 간의 조정자 역할을 위해 1869년 런던에 최초로 **자선조직협회**(Charity Organization Society : COS)가 창립되었다. 자선조직협회는 주로 지역단위로 결성되었다.

자선조직협회는 기본적으로 빈민을 구제받을 자격이 있는 빈민과 구제받을 자격이 없는 빈민(노동능력이 있으면서 나태나 정신적 · 도덕적 결함을 가진 빈민, 이들은 공적 구제를 받을 수 있도록 원조)으로 구분하였고, 물자와 금품제공, 정보 및 상담제공, 빈민들의 구제등록을 실시하였고, 여러 구제기능들 간의 조정역할을 수행했다. 자원봉사인력인 우애방문자(friendly visitor)들이 빈곤가정을 방문하여 빈곤의 원인을 조사하여 판단하고 분류하는 활동, 도덕적인 감화활동, 정보제공 및 상담활동 등의 역할을 수행했다.

자선조직협회에서 주로 활동하던 우애방문자들은 주로 중산층 주부들이었고, 빈곤가족을 방문하여 가정생활지도, 아동교육, 가계경제에 대한 조언 등을 제공했고, 빈민들에게 중산층 기독교인의 도덕적 의무와 가치관으로 교화시키는 것을 큰 역할로 삼았다(Pumphrey & Pumphrey, 도광조, 2005: 40 재인용). 우애방문자들은 구호를 받을 가치가 있는 빈곤자에게는 도움을 제공한 반면 일할 능력이 있는 거지, 알코올 중독자, 창녀 등에게는 도움을 제공하지 않음으로써 '일하지 않으면 먹지도 말라'는 도덕적 의무를 강조하였다. COS의 활동은 이후 개별사회사업 또는 사회복지실천의 기초를 이루었고, 지역단위의 자선활동의 조직화와 조정활동이 지역사회조직(Community Organization)의 모태가 되었다.

민간사회복지활동의 발전-인보관 운동

COS보다는 다소 늦게 출발했지만 이후 사회사업 발전에 크게 공헌한 **인보관운동**(Settlement House Movement)도 당시 대표적인 민간 차원의 활동으로 꼽을 수 있다. 인보관운동은 문제를 가진 빈민지역에서 빈민과 함께 거주하면서 주변환경의 개선과 빈민의 도덕적 교화에 힘쓴 지역사회운동이다. 최초의 인보관은 토인비 홀(Toynbee Hall)로서 당시 개혁지향적이었던 아놀드 토인비(Arnold Toynbee, 1852~1883)의 헌신적이었던 인보운동을 기리기 위해 1884년 런던의 빈민·노동자 가(街)에 Samuel Barnett 부처의 지도에 따라 대학생들의 손으로 세워졌다. 인보관은 빈민들에 대한 원조나 부조보다는 빈민지역사회 및 사회개혁을 강조했고, 탁아, 급식, 아동과 청소년의 클럽활동, 레크리에이션, 교양강습 등의 프로그램을 제공했고, 사회개혁활동으로는 빈민의 조직화와 의식화 활동, 빈민보호를 위한 입법활동 등의 정치참여활동을 전개했다. 인보관운동은 이후 집단사회사업의 출발점이 되었고, 빈민들의 조직화 활동이 지역사회조직(Community Organization)의 발전에 토대가 되었다.

미국의 구빈정책과 민간사회복지의 전문화

미국은 1492년 콜럼버스가 아메리카 대륙을 발견한 이래에 1620년 메이플라워(Mayflower) 호를 타고 영국의 청교도 일파들이 신천지를 찾아 아메리카 동해안 매사추세츠 주를 개척하면서 그 역사가 시작된다. 1775년 독립전쟁이 시작되었고, 1783년 독립이 승인됨으로써 독립연방국가로 출발하였다. 미국은 독립 후에도 프랑스·에스파냐·멕시코 등으로부터 영토를 획득하여 1848년에는 거의 현재와 같은 대륙국가로 발전하였다.

미국은 기본적으로 개척의 역사를 가지고 있다.[15] 미국이주민들은 기본적으로 청교도들이므로 '일하지 않으면 먹지도 말라', 자조와 절약, 개인의 자유와 평등을 강조하는 입장이기 때문에 빈곤에 대한 태도에 있어서도 보수적이었다. 개인적 노력의 결과이고 개인적 책임이라는 입장이다. 개척의 역사 속에서 열심히 땅을 개간하지 않은 사람들이 빈곤한 사람들이라고 생각하는 경향이었다. 빈민에 대한 사회적 책임보다는 개인적 책임을 강조하는 입장이었다.

15) 17세기 초 이래로 미국에 이주한 사람들은 주로 영국으로부터 온 식민지 개척자들이었으며 그들은 모국의 법제나 관습을 그대로 받아들였다. 일반적으로 종교의 자유와 보다 나은 경제적 생활기반을 찾기 위해 모험을 단행한 활력있는 사람들이었다. 따라서 넓은 땅과 풍부한 자원 속에서 누구나 열심히 일하기만 하면 생활안정과 복지를 누릴 수 있다는 자수성가 사상이 지배적이었으며, 개인의 자립정신을 강조하였다. 오늘날 개인주의 전통 정신의 밑바탕이 되었다(장인협, 1990: 94-95).

또한 19C 미국도 산업화가 진전되고 무한경쟁사고가 확산되면서 저임금·미성년자 노동·산업재해 등의 자본주의적 노동착취현상이 심해졌고, 빈부의 격차도 심해졌다. 인구의 도시집중, 도시빈곤지역의 범죄 등 심각한 사회문제에 직면했고, 19C 말에는 경제불황과 세계로부터의 지속적인 이민증가(대부분 비숙련)로 인한 대도시 빈민증가 등에 대한 새로운 대책이 마련되지 않으면 안 되었다. 다른 한편으로 이 시기 미국 노동자 및 농민들이 급진적으로 조직화되기 시작했다. 이에 대해 자유주의적 시장경제를 중시해 온 미국으로서는 이러한 문제에 대한 국가의 개입보다는 자발적인 민간활동에서 그 해결의 실마리를 찾았다.

민간자선기관들이 급격히 증가했고, 영국처럼 민간기관들의 활동은 조직적이지 못하고, 서비스의 중복, 목적의식 결여 등의 문제를 가졌다. 1877년 뉴욕 버팔로에 Samuel Humphreys Gurteen 목사에 의해 미국 최초의 자선조직협회가 설립됨으로써 민간활동이 활발하게 조직적으로 전개되기에 이르렀고, 미국 사회사업의 역사가 시작되었다고 볼 수 있다. 자선조직협회는 사회의 비우호적인 분위기 속에서도 빈민명부를 작성하고, 원조요청자들의 자격심사 및 구호물품을 제공하는 역할을 했고, 사회복지 관련 집단 및 조직 통합, 기록 보존, 사회조사 영역의 개척, 훈련프로그램의 개발, 대학과의 연대 구축 등 사회복지전문직을 재생산하기 위한 활동을 전개했다. 자선조직협회의 활동은 영국에서 시작되었지만 미국에서 그 꽃을 피웠다고 해도 과언이 아닐 정도로 활동의 범위와 수준이 방대했다.

그리고 영국과 마찬가지로 도시 빈곤지역의 비위생, 부도덕, 범죄, 무질서 속에서 생활하고 있는 빈민들의 지역사회 환경을 개선하고, 도덕적으로 향상시키고, 자조정신을 갖도록 하기 위한 인보관운동도 전개되었다. 1889년 Jane Adams에 의해 시카고 빈민가에 Hull House가 최초로 설립되면서 본격적인 인보사업을 전개하게 되었다. 인보관은 미국 전역에 설치되었으며, 지역주민 스스로 문제를 해결할 수 있도록 돕는 전문사회사업의 집단사회사업, 사회조사, 지역사회조직으로 발전하였다. 일반적으로 인보사업도 영국에서 시작되었지만 미국에서 꽃을 피웠다고 보기도 한다.

이후 민간사회사업활동은 전문화를 꾀했고, 1898년 미국 최초의 사회복지 전문인력 훈련과정이 뉴욕자선조직협회에 의해 현재의 콜럼비아 대학의 전신인 뉴욕자선학교에서 실시되었다. 1900년에는 필라델피아 자선조직협회의 총책임자가 된 리치몬드(Mary Richmond)가 사회사업에 관한 이론과 실천방법을 체계화한 『사회진단(*Social Diagnosis*)』, 『개별실천이란 무엇인가?(*What is social case work?*)』를 저술 출판했다(김만두 외 감수, 1999: 2598). 1921년에는 전국적인 전문직 조직인 미국사회사업가협회(AASW : American Association of Social Workers)가 결성되었다.

4) 근대시민사회 성숙기-빈곤의 사회성 인식

근대시민사회는 시민의 자유와 권리를 강조하는 입장으로서 시간이 갈수록 노동자들의 정치적·사회적 힘이 강화되었고, 빈민들의 상황이 더욱 나빠지는 상황이 전개되면서 점차 빈곤을 보는 시각이 달라졌다(사회적 책임에 대한 인식 확대). 독일과 영국을 비롯한 유럽 국가들에서는 국가가 일정 부분의 빈곤에 대해 보장하는 사회보장제도들이 사회보험제도를 중심으로 강화되는 모습을 보였다. 세계에서 가장 먼저 1883년 독일 비스마르크 재상이 '질병보험법'을 제정했고, 1884년 산재보험법, 1889년 요양·폐질 보험법을 제정함으로써 강제적 사회보험을 근간으로 하는 복지국가의 기틀을 마련했다.

영국은 제1차 세계대전과 1929년 이후 대공황, 제2차 세계대전을 겪으면서 실업과 빈곤, 불황을 심대하게 겪게 되었고, 사회보장제도 확립의 필요성과 사회보장제도 확립에 있어서 국가의 적극적인 개입이 필수조건임을 새롭게 인식했다. 특히 공황은 빈곤의 발생이나 구제가 개인 차원의 문제가 아니라 사회보장의 성격임을 현실적으로 인식시키는 계기가 되었고, 자유방임 사상과 이에 기반한 부르주아지 계급의 사회철학인 근면, 자조, 절제론, 빈민구제사업은 국가보다는 자선단체가 자발적으로 행하는 것이 가장 효과적이라는 생각들을 사라지게 하는 계기가 되었다. 영국은 대공황과 두 차례의 세계대전을 겪으면서 확실히 빈곤에 대한 국가적 책임을 포함한 사회보장이념이 정립되었다.

제2차 세계대전[16]을 치루면서 처칠 정부는 종전 이후의 사회재건에 대응하기 위한 조치를 취했고, 그 결과 William Beveridge경에 의해 '사회보험 및 관련 서비스(Social Insurance and Allied Services)'에 관한 보고서가 1942년 만들어짐으로써 영국 복지국가의 기틀이 마련되었고, 전후 국민보험의 기초 및 복지국가[17]를 떠받치는 일련의 원칙과

16) 현대 사회보장제도를 확립하는 데 결정적인 역할을 하게 된 계기는 제2차 세계대전이었다. 제2차 세계대전은 사회적·경제적 신분이 어떠하든 간에 빈곤의 위험에서 제외될 수 없다는 것을 인식시켜 주었으며 세계 대다수 국가들은 빈곤에 빠지지 않을 수 없었다. 전쟁의 파괴는 심각한 주택문제, 식량문제, 연료문제 등을 불러일으켰으며, 특히 전시하의 배급제도는 국가가 전적으로 개입한 구빈제도였다(권오구, 1994: 104).

17) 오늘날 우리가 복지국가라고 부르는 역사적 실체로서의 자본주의적 국가의 변형체는 대공황과 두 차례의 세계대전을 겪으면서 1945년을 전후하여 대략 1950년 이전에 완성하였다.

전제들을 제공했다.

미국 역시 1929년 대공황과 제2차 세계대전을 겪으면서 빈곤의 사회성을 확실히 인식하게 되었다. 루스벨트(Franklin D. Roosevelt) 대통령[18]은 대공황이 시작되면서 높은 실업률, 소비의 감소, 불황의 심화, 파업과 폭동확대 등의 위기극복을 위해 뉴딜(New Deal) 정책을 시행하였다. 뉴딜정책은 부흥(recovery), 구제(relief), 개혁(reform)을 골자로 하고 있어서 3R정책이라고도 한다. 이 정책에 의하여 실업자에게 일자리를 제공하는 각종 공공사업[19]이 실시되었고, 각종 사회 · 노동입법, 연방정부 주도의 경제보장제도의 수립 등이 이루어졌으며, 1935년에는 사회보장법[20]이 제정되었다. 개인적인 빈곤관을 가졌던 미국으로서는 사회보장법을 제정함으로써 빈곤의 개인책임 관념이 서서히 퇴색되도록 했다. 유럽 국가들(특히 1942년 영국, 베버리지 보고서)에 있어서도 복지국가시대[21]가 열리게 되었다. '요람에서 무덤까지'의 사회적 보호 속에서 보람있는 삶을 살 수 있다는 자신감이 서구사회를 지배하게 되었다. 오늘날과 같은 완전한 현대적 의미의 사회복지제도가 확립 · 확대된 것이다.

18) 루스벨트 대통령은 정부가 사회문제에 책임이 있다고 생각했고, 해리 홉킨스(Harry Hopkins)와 함께 직접적인 구호보다는 땅을 팠다가 다시 메우는 일일지라도 어떤 형태로든 일을 갖고 있게 하는 것이 바람직하다는 견해를 가지고 있었다. 또한 케인즈 경제학, 즉 소비자에게 돈이 있으면 구매가 증가되어 경제가 상승구조를 타게 될 것이라는 견해를 신뢰했다. 그는 농업 생산품을 줄이고 실직자들을 공공근로를 통해 제조업을 지원하고, 실직자를 고용하도록 함으로써 이를 실현하고자 했다.

19) 노동진흥 프로그램을 통해 도로 · 다리 · 도서관 건설, 벽화 칠하기, 실직 예술가 · 배우 · 작가 · 음악가를 위한 프로젝트 등 25만여 개의 프로젝트에 실직 노동자들을 임시 고용하여 빈곤구호보다 높은 임금을 주었다.

20) 미국의 사회보장법은 뉴딜정책의 소산물로서 탄생한 것이며, 동법은 비록 당시에 포괄적인 사회보장의 체계를 마련하지는 못하였으나 사회보장법이란 용어를 세계 최초로 사용한 점에서 유명하다(소련은 1918년 사회보장이란 명칭 사용)(권오구, 1994: 101).

21) 일반적으로 서구사회에서 복지국가의 시작을 강제적 사회보험제도가 등장한 때로 본다. 서구 각국에서 사회보험제도가 도입되기 시작한 것은 대개 19세기 후반에서 20세기 초반까지의 시기다. 이 시기는 산업화의 진척에 따라 자본의 독점화가 진행되는 가운데 자본주의의 구조적 특성에서 비롯되는 문제들(실업, 질병, 노령, 재해 등)이 부각되던 때이고, 각종 사회적 위험에 대한 국가적 개입의 첫 출발점이 되는 때이다.

베버리지 보고서(Beveridge Report)-영국 복지국가의 출발점

베버리지 보고서는 국민생활의 불안요인인 5대 사회악(惡)으로 궁핍(결핍, want), 질병(disease), 무지(ignorance), 불결(squalor), 나태(idleness)를 들고, 특히 빈곤(궁핍, 결핍)을 벗어날 수 있는 사회보장계획(사회보장의 궁극적인 목표는 궁핍해소라는 입장)을 포함하였다.

이러한 사회보장을 이루는 프로그램으로 ① 일원화되고 포괄적이며, 적절한 사회보험 프로그램(강제적인 사회보험), ② 사회보험으로 충분히 보호받지 못한 사람들을 돕기 위한 국가 차원의 공적부조 프로그램을 제시했다. 사회보험을 기반으로 한 소득보장에 초점을 두고 있으며, 국가가 제공하는 사회보장의 목표를 국민최저선 달성에 두었다.

이러한 사회보장 프로그램을 제대로 수행하기 위한 전제로서 ① 둘째 자녀부터 매주 급여를 주는 아동수당(지금은 가족수당 : family allowance라고 불림, 임금과 자녀 수의 불균형을 조정하기 위해), ② 전 국민에 대한 포괄적인 무료 보건 및 재활서비스(예방, 치료, 재활 포함), ③ 공공사업을 통해 경제위기 시의 대량 실업을 방지하기 위한 완전고용을 유지하는 프로그램(대량실업의 방지이지 실업의 완전한 소멸의미는 아님)을 제시했다. 베버리지는 사회보험을 시행(절차)하는 데 있어 6가지 원칙(*사회보장의 6가지 원칙으로 보기도 함)을 제시했다(Friedlander & Apte, 김한주 역, 1985: 64-65 재인용).

① 행정의 일원화(unification of administrative responsibility : 행정책임의 통합원칙)
② 대상범위의 포괄성(comprehensiveness : 포괄성의 원칙, 사회보험 적용인구나 니드의 범위 포괄)[22]
③ 보험료의 균일한 납부(flat rate of contribution : 정액기여의 원칙, 소득의 높고 낮음에 관계없이 동일한 보험료)
④ 급여의 균일한 지급(flat rate of benefits : 정액급여의 원칙, 사회적 위험 종류와 과거 소득과 상관없이 국민최저선 동일)
⑤ 수혜자의 기본적 욕구 충족을 위한 급여의 적절성(adequate benefits : 급여의 충분성의 원칙, 급여기간과 급여수준이 충분한 정도)
⑥ 대상인구의 분류(classification : 피보험자 구분의 원칙 : 피보험자를 6개 계층[23]으로 분류하여 사회보험 적용 시 상이한 기반에 따른 욕구나 환경을 고려해야 함)

베버리지 보고서는 무엇보다도 최저생활수준 보장을 권리로 규정하고, 사회보장의 개념이 노동계급 중심에서 전 국민을 대상으로 하는 보편적 개념으로 변화되는 데 큰 역할을 하였고, 전 세계 사회보장제도의 확립에 큰 영향을 미쳤다.

22) 베버리지는 이러한 점에서 8개 주요 궁핍원인(기본욕구 primary needs)을 제시하고, 그 각각의 원인에 대처할 수 있는 포괄적인 사회보장 프로그램을 제시하였다. 8가지는 실업, 장애, 생계상실, 퇴직, 여성의 결혼관련 니드

5) 복지국가의 위기 대처 – 신자유주의와 제3의 길 모색

1960년대까지 경제적 풍요를 누리던 서구 복지국가들은 1973년 석유산유국들의 석유생산 감소로 기름값의 상승과 더불어 석유파동(oil shock)을 겪게 되면서 위기를 맞게 되었다. 경기침체, 대량실업, 국가(정부)의 심각한 재정적자 등의 경제적 위기를 맞게 되었고, 이로 인한 복지국가에 대한 신뢰감이 무너지기 시작했다. 영국도 예외가 아니었으며 정부의 재정지출, 특히 사회보장지출을 억제해야 한다는 여론이 비등(沸騰)했다.

1979년 탄생한 대처 정부(1979~1991)는 신보수주의 · 신자유주의[24] 이념에 기초하여 복지제공에 대한 국가책임을 축소하고, 복지다원주의를 중시했고, 결과적으로 공공부문의 역할을 축소(작은 정부 지향, 시장경제에 대한 국가규제 완화, 시장경제에 대한 믿음, 사회복지 분야에 대한 시장원리 도입)하고 민간부문의 역할을 강화하였다(대처리즘 Thatcherism). 보편주의보다는 선별주의(진정으로 생활이 곤란한 자에 한정)에 초점을 맞춘 단순한 복지급여보다는 생산적 복지(workfare)를 강조하는 입장을 취했다. 과도한 사회복지지출이 경제성장을 둔화시키고, 정부의 재정위기를 불러오고, 근로의욕의 상실을 가져왔다는 신념체계를 기반으로 복지비용을 삭감하고, 공공서비스를 포함한 공공부문의 민영화 및 기업에 대한 규제완화, 지방정부의 역할 축소, 노조를 포함한 사회세력의 약화 등의 정책기조를 견지하였다(김상균 외, 2002: 196).

미국도 역시 1980년대 레이건 정부의 레이거노믹스(Reaganomics)는 경제 불황, 높은 실업률, 사회보장의 적자 재정문제를 해결하기 위해 복지예산을 축소하는 등 복지국가의 위기 또는 후퇴를 가져와 사회복지제도 및 정책에서의 보수주의적 접근기조가 확산되었다(신보수주의적 접근). 신자유주의적 세계화(globalization : global economy 지구경제화)라는 개념과 함께 신자유주의가 확대되었다. 레이건 정부의 사회복지정책은 사회복지의 민영화에 초점이 맞춰졌고, 민간서비스제공자와의 서비스계약형태 확대, 상업적 서비스제공자들과의 사적인 시장성장 자극 등 복지다원주의 체제를 지향하는 것이었다.

(결혼, 출산, 남편소득 중단, 과부, 별거, 집안일 못함 등), 장제, 아동양육, 질병 등이다.

23) 피고용자, 기타 소득자(고용자와 자영업자), 주부, 기타 근로연령자, 근로연령미만자, 근로연령만기 퇴직자 등 6개 계층으로 분류, 각 계층에게 공통된 욕구와 각 계층에게만 고유한 욕구를 제시하였다.

24) 신자유주의는 1990년대 세계화 개념이 강조되면서 더욱 부상했다.

1990년대 미국은 기관 간 협동과 조정을 통한 사회서비스의 효과적인 전달과 사회복지체계의 시장화(민영화)를 더욱 진전시켰고, 1996년 클린턴 행정부에서는 60여 년간 미국 공공복지의 근간을 이루어온 AFDC(요부양아동가족부조)를 폐지하고, '빈곤가족 일시부조 프로그램(Temporary Assistance for Needy Families : TANF)을 실시했다. 이 프로그램은 생산적 복지를 지향하는 것으로 빈곤가족이라도 일생에 걸쳐 최대 60개월(5년) 동안만 수급이 가능하도록 하였고, 수급기간 동안 수급자와 주정부의 노력으로 일을 가져야 한다는 조건을 부과하는 근로연계 프로그램이다. 이와 같이 미국의 1980년대 이후 미국 사회복지체계는 자유주의 시장경제 이념에 기초한 보수주의정책을 계속 유지하고 있다(신자유주의). 미국사회복지는 기본적으로 이후 계속 근로연계복지를 기반으로 발전해 갈 것이고, 복지다원주의적 입장, 사회복지의 민영화를 통해 정부의 사회복지책임 축소와 주정부 · 지역사회 · 공동체 차원의 지역사회복지를 지향할 것이다.

이에 비해 영국의 경우는 1997년 Tony Blair의 노동당 집권 이후 '제3의 길'이라는 새로운 정책노선을 추구하면서 사회민주주의의 현대화의 틀(시장경제를 수용하면서도 국가, 정부역할 강조, 활력있는 시민사회와 정부 · 기업 · 시민사회 간의 파트너십 강조)로 적극적인 복지사회 건설을 주장하였다. '제3의 길'은 경제 영역에 대해 국가가 적극적으로 개입하고 국민의 복지를 권리로서 보장하는 사회민주주의의 길(제1의 길 : 전통적 개념의 복지국가, 고부담–고복지–저효율)이 국가 차원에서 더 이상 유지 불가능함을 밝히고 있다. 또한 국가의 시장개입을 최소화하여 작은 정부를 지향하면서 시장의 자율을 최대로 보장할 것을 주장하는 신자유주의의 길(제2의 길, 고효율–저부담–불평등)도 그대로 수용할 수 없다고 본다(Giddens, 박찬욱 역, 2000).

'제3의 길'은 기존의 사회민주주의 복지정책과 신자유주의 복지정책의 틀을 벗어나 변증법적으로 새로운 복지패러다임을 형성하고자 하는 시도이다. 사회민주주의는 복지국가의 위기를 가져왔고, 신자유주의는 사회적 부의 절대적 크기를 증가시키는 데는 기여했지만, 빈부격차를 심화시키는 문제점을 노출시킴으로써 사회민주주의(복지국가, 평등)와 신자유주의(시장, 경쟁)의 장점을 결합하고 단점을 시정한 제3의 이념을 추구한다. 즉, 복지국가의 원칙은 그대로 두면서 수행방법을 개혁한다는 입장에서 시장의 효율(생산적 복지)과 사회복지의 형평(공정한 기회균등과 분배적 정의실현, 공동체적 입장)을 동시에 추구하고, 이 과정에서 사회보장과 재분배에 관심을 기울이는 동시에 경제적 부를 창출하는 적극적인 복지시민의 역할을 강조한다(비정부기구 NGO 혹은 시민운동단체를 통한 감시, 관리강화). 정부와 기업, 시민사회의 적극적인 파트너십에 기초한 새로운 복지패러다임을 추구한다는 것이다.

현대사회의 빈곤을 포함한 사회적 위험에 대한 대처노력으로서의 사회복지제도는 국가에 의한 공적부조와 사회보험체계에 입각해 있고, 전문적인 민간사회복지체계에 기반해 있다. 특히 지역사회보호, 공동체의 회복과 지역사회 복지네트워크를 강조함으로써 대처노력의 효율성을 강조하고 있다.

이상과 같이 고대사회에서 현대사회에 이르기까지 빈곤에 대한 대처방법, 나아가 근·현대적인 사회복지의 방향변화를 개략적으로 살펴보았다. 그 방향성과 구체적인 지향이 계속 변화해 왔다는 점을 알 수 있었다. **로마니쉰**(Romanyshyn, 장인협 역, 1990: 77 재인용)은 사회복지의 변천과정을 다음과 같이 포괄하여 설명하고 있다. 즉 경제적 결핍의 산업화 이전의 사회에서 고도로 복잡하고 상호의존적 산업화 이후의 사회로 변천해 옴에 따라 제반욕구에 대한 사회적 개입의 인식이 점점 확대되고 있다. ① 사회복지의 보충적 모형에서 제도적 모형으로, ② 자선에서 시민의 권리로, ③ 특수성에서 보편성으로, ④ 최저조건에서 최적조건의 지급이나 서비스로, ⑤ 개인의 변화에서 사회개혁으로, ⑥ 민간지원에서 공공지원으로, ⑦ 빈민복지에서 복지사회 구현으로 발전해 간다는 것이다. 그렇지만 각 국가의 사회복지 발달양상은 그 시대의 사회구조, 정치적·경제적·사회적·문화적·종교적·이념적 요인 등 복합적인 상호작용의 산물이기 때문에 인류역사를 통해 본 사회복지 발달의 경향성을 나타낸 것으로 보아야 한다.

3. 우리나라의 사회복지 발달

근대적인 사회복지(국가나 사회의 책임) 발달이라는 면에서 볼 때 우리나라의 사회복지 발달의 역사는 그리 오래되지 않았다. 1960년대를 기점으로 본다면 약 40~50년 정도의 역사를 가지고 있다. 그렇지만 우리나라는 전통사회에서 이미 왕가의 인정(仁政)에 의한 민생구휼이나 상부상조의 전통(계, 두레, 향약 등)에서 그 유래를 찾아볼 수 있다. 우리나라 전통사회에서는 흉년, 천재지변, 전쟁, 질병(전염병 등) 등 유사시를 대비하는 구휼제도들이 있었고, 빈곤자나 불구자 등에게 관곡을 지급하여 연명할 수 있도록 하는 비상시(非常時)적인 제도나 왕가의 행위들이 있었다.

근대적인 사회복지에 있어서도 서구사회와는 다른 발달과정을 거쳤다. 1960년대 이후 본격적으로 시작된 경제성장드라이브로 인한 압축적인 성장·발전은 사회정의나 도덕, 윤리, 공동체에 대한 의식성장이 이루어지지 못하도록 했다. 따라서 분배와 평등을 이념으로 하는 사회복지는 무늬만 복지였지 내용적인 면에서는 후진성을 면치 못하였다. 국민들도 가난을 극복하는 과정에서 수단과 방법을 가리지 않게 되었고, 이기주의적인 행태들이 자리함에 따라 공동체 또는 이웃에 대한 생각을 할 수 없었고, 국가에서도 '그저 우는 아이 젖 준다'는 식의 시혜적이고, 통제적인 시각에서 복지를 바라보았다. 그렇지만 1980년대 후반 사회의 민주화의 물결과 경제성장의 가시적인 성과가 있으면서 그 내용을 갖추기 시작했고, 특히 1997년 IMF 외환위기 이후 복지문제에 특별히 관심을 기울이게 되었다.

또한 우리나라 사회복지는 미국 사회복지의 영향을 크게 받아 빈곤의 원인을 다분히 개인적인 결함으로 인식하였고, 접근방법도 개인의 문제나 결함해결에 초점을 맞추게 되었다. 근대화과정의 과도기적인 발전에 안주하면서 주변 이웃의 문제에 눈을 감았고, 사회복지학계나 사회복지현장에 있어서도 정치적인 힘의 부재와 사회복지에 대한 정체성 확보의 어려움으로 근본적인 사회개혁보다는 근시안적인 빈곤개인문제에 초점을 맞출 수밖에 없었고, 국가적인 차원보다는 민간 차원에서의 발전이라는 한계 내에서 활동할 수밖에 없었다.

1) 전통적 구제사업의 전개(전통사회의 구제사업, 조선 말까지)

우리나라 전통사회는 고대, 삼국시대, 고려시대, 조선시대를 걸쳐오면서 절대왕정에 기반해 있었고, 흉년이나 천재지변과 같은 일들이 왕의 부덕에 기인한다고 여겼기 때문에 각종 민생구휼제도들이 존재했었다. 현재 우리나라 전통사회의 민생구휼과 상부상조제도나 행위들에 대한 연구가 많지 않다. 역사적 기록들이 모두 한문으로 되어 있으므로 해서 그 연구들이 충분치 못한 현실이다.

삼국시대에는 사궁(四窮)이라고 해서 환(鰥, 홀아비), 과(寡, 과부), 고(孤, 고아), 독(獨, 자식 없는 사람)에 대한 구휼·구빈제도들이 있었고, 고려시대에는 빈곤한 농민에 대한 구빈대책으로 의창, 상평창[25] 등을 설치하여 구제했고, 대비원, 혜민국 등을 설치하여 빈곤한 환자를 치료해 주었다. 조선시대도 의창, 상평창이 계속 존속하고, 사창이라는 민간의 자발적인 구빈창고가 설치되기도 했다. 사창(社倉)은 백성이 공동으로 저축하여 상부상조하는 민간의 자발적인 구빈기구였다. 대비원[26]은 조선시대에도 병자나 굶주린 사람이나 행려자를 치료하고 음식과 의복을 제공하였고, 혜민국도 혜민서로 고쳐서 계속해서 서민의 질병 치료를 제공했다.

조선시대 말엽부터 민간사회복지시설이 설립되기 시작했다. 1888년 프랑스교회 신부에 의해 설립된 천주교회고아원이 개설되었고, 이어서 종교단체의 육아, 구료사업이 소규모지만 확산되었다. 1888년 천주교회고아원이 우리나라에서 근대적인 성격을 띤

25) 의창은 고려 성종 5년(986년)에 최초로 만들어졌다. 농민구제를 위해 각 지방에 설치한 창고로 춘궁기에 농민에게 곡식을 대여하고 추수 후 이를 회수하는 진대곡(賑貸穀)을 비축하는 창고이다. 1525년(중종 20년) 폐지되었다. 상평창은 곡가(穀價) 조정을 위해 국가에서 설치한 창고로 풍년이 들어 곡가가 떨어지면 국가는 곡물을 사들여 곡가를 올리고, 흉년이 들어 곡가가 폭등하면 국가는 상평창의 곡물을 풀어서 곡가를 떨어뜨려 곡가 변동에 따라 생활을 위협받는 일반 농민을 보호하려는 의도로 만들어졌다. 고려 성종 12년(993년)에 처음으로 설치되었고, 조선시대도 존속되었으며, 1608년(선조 41년) 선혜청(宣惠廳)으로 개칭되었다.

26) 대비원(大悲院)은 고려시대와 조선시대의 구료기관(救療機關)으로 1049년 설립되었고, 개경의 동쪽, 서쪽 두 곳에 있었다고 해서 동서대비원으로 칭하였다. 1414년(태종 14년)에 동서활인원(東西活人院)으로 개칭되었고, 1466년(세조 12년)에 다시 활인서(活人署)로 개칭되었다.

사회복지사업 내지 육아사업의 시초라고도 볼 수 있을 것이다(구자헌, 1991).

일제시대 빈곤정책은 기본적으로 식민통치의 합리화 및 일본천황의 인정을 강조하고(황민화정책의 일환) 식민지 국민들의 반일행동을 억제시키려는 목적이 있었다. 그 대상에 따라 노동능력이 없는 빈민 또는 일시적으로 각종 재해를 당한 사람들을 대상으로 하는 구호사업이 단편적 · 임시적으로 이루어졌고, 노동능력이 있는 빈민들에 대한 각종 행정조치들이 행해졌다. 특별히 사회복지정책 차원에서 의미가 있는 부분은 방면위원제도와 1944년 제정된 조선구호령이다. 방면위원제도는 빈민조사를 통한 빈민구호 목적으로 1927년부터 실시했고, 빈민의 생활상태 조사, 상담지도, 호적정리, 직업알선, 보건구호 등의 활동을 통해 미비하지만 개별실천(Casework)적인 의미를 담아낼 수 있었다. 그렇지만 방면위원제도도 빈민의 동태 파악 · 통제, 식민통치의 합리화에 궁극적인 목적이 있었다.

1944년 전시동원체제에 대한 군사력으로서의 인력동원을 궁극적인 목적으로 하는 조선구호령을 제정 · 실시하였다. 조선구호령은 근대적 의미의 공공부조의 출발이라 할 수 있으며, 생활보호제도(1961년 생활보호법이 제정)의 법적 근거가 되었다. 조선구호령은 65세 이상 노쇠자, 13세 이하의 유아, 임산부, 불구 · 폐질 · 질병 · 상이 · 기타 정신 또는 신체의 장애로 인해 노동하기에 지장이 있는 자로 적용대상을 규정했고, 생활부조, 의료부조, 조산부조, 생업부조 등의 급여내용을 규정하였다. 구호는 신청주의에 의해 실시되며, 이를 심사하기 위한 자산조사를 실시하고, 구호는 거택보호를 원칙으로 규정했다.[27] 1945년 해방 이전 민간의 사회복지사업은 서양 기독교나 지주 또는 부자들의 자선박애사업, 민족주의자들의 향토적 계몽사업 등이 있었다(박종삼 외, 2002).

27) 한국사회복지사에 대해서는 하상락(1994)를 참조할 것.

2) 근대적 사회복지제도의 도입(정부 수립~1960년대 이전 시기)

이 시기는 미군정(1945년 해방 후 3년간), 정부 수립(1948), 한국전쟁(1950~53)을 거쳐 1962년 제3공화국 시작 전까지로 볼 수 있다. 이 시기는 국가 전체가 절대적인 빈곤 속에 놓여 있었다고 해도 과언이 아니었다. 해방 후 미군정기간 동안 산업생산의 부진, 귀환동포 및 월남민의 유입 등으로 빈곤이 보편화되었고, 한국전쟁은 그나마 모든 것들을 잿더미로 만들어 수백만 명의 피난민, 전재민, 전쟁고아 등을 발생시켰다.

미군정기 공공부조정책은 일제식민지시대와 큰 차이가 없었다. 미군정은 일제시대 조선구호령을 형식적으로 계승하면서 공공부조의 대상으로 노동능력을 상실한 빈민으로 제한했고, 그나마도 부조기준이 명확치 않아 자선과 시혜의 차원을 넘지 못했다. 최소한의 생계유지, 보건위생, 응급주택공급 등의 사업을 전개할 뿐이었다.

미군정은 1949년에 끝이 났으나 국가는 빈곤상태를 벗어나지 못했다. 한국전쟁 이후는 특히 전쟁고아들, 전쟁피해자들을 비롯한 구호대상자가 급증하였고, 정부의 재정이 부족함에 따라 이들을 구호하기 위한 외국원조단체들의 활동이 활발하게 전개되었다. 이들의 활동은 다분히 자선적 차원에 머물렀다. 고아원, 모자원, 양로원 등 수용시설이 증가하는 모습을 보이기도 했다. 외원단체들의 시설보호와 물자구호, 민간 차원의 자선적 활동이 우리나라 근대적 사회복지사업의 초기모습으로 볼 수 있다.

이 시기에 사회복지교육이 시작되었다. 1947년 우리나라 최초로 이화여자대학교에 기독교 사회사업학과가 설치되었고, 그 후 1953년 YMCA연맹 후원으로 중앙신학교(현 강남대학교의 전신)에 사회사업학과가 개설되었고, 국립대학으로는 최초로 서울대학교 대학원에 사회사업학과가 설치(1958)되었다. 우리나라 사회복지교육에 있어 사회사업이 먼저 소개됨으로써 이후 한국 사회복지의 사회사업적인 경향성 내지는 사회복지실천적인 경향성을 나타내는 계기가 되기도 했다. 1952년에는 한국사회사업연합회가 창립되었고, 1961년에는 사단법인 한국사회복지사업연합회로 개칭되어 이때부터 사회복지라는 용어가 공식적으로 우리나라에 등장하게 되었다(박종삼 외, 2002: 45).

3) 근대적 사회복지의 제도화(1960년대~1990년대)

1960년대 제3공화국(박정희 정권)에서는 경제개발 5개년계획이 수립되어 국가정책의 핵심이 되었고, 국가주도의 산업화정책이 추진되었다. 공업화가 진전되면서 절대빈곤의 수준은 많이 완화되어 갔고, 절대적인 빈곤수준에 놓여 있던 빈곤자들에 대한 공공부조로서 생활보호법과 의료보호법이 제정되었다. 사회보험으로 공무원연금법, 군인연금법, 산업재해보상보험법, 사회복지서비스 관련 아동복지법과 사회복지사업법이 제정되었다. 공공부조, 사회보험, 사회복지서비스를 포함한 사회보장의 제도적 기반을 구축하였다. 그렇지만 이 같은 사회복지정책들은 경제개발 우선정책에 밀려 실질적으로는 활발하게 전개되지는 못했다. 1970년대에는 의료보험법이 제정되었고, 1980년대 초에는 노인복지법, 장애인복지법이 제정되었다.

이후 많은 사회복지 관련법들이 제·개정되었지만, 국가의 사회복지정책들은 큰 발전을 보이지는 못했고, 여전히 민간사회복지단체, 사회복지수용시설 중심의 사회복지서비스의 비중이 컸다. 국민들의 사회복지에 대한 인식수준도 매우 낮았다.

4) 사회복지의 확대(1990년대 말 이후)

우리나라 사회복지에 있어서 큰 변화를 가져온 사건이 1997년 말 IMF 외환위기였고, 이 시기를 기점으로 한국 사회복지의 전환기를 맞이했다. 외환위기 이후 폭발적인 실업과 가족해체, 결식아동이 급증함에 따라 사회안전망에 대한 인식과 논의가 활발하게 전개되었고, 김대중 정부는 고용보험과 실업 및 빈곤대책을 확대하였고, 국민연금을 전 국민으로 확대·실시하였으며, 국민기초생활보장법 제정, 의료보험급여를 365일로 확대하는 등 사회안전망 구축을 위한 노력을 전개했다. 김대중 정부는 사회복지에 있어서 생산적 복지 개념을 제시했고, 이후 자립·자활에 대해 특히 강조하는 모습을 보였다. 생산적 복지는 시혜적 차원의 복지가 아니라 개인·지역사회의 자활을 지원하고, 인프라를 구축함으로써 자활을 지원하는 '소비적'과 반대되는 개념으로 볼 수 있다.

외환위기 이후 민간사회복지기관과 시설복지에 있어서도 많은 변화가 있었다. 양적인 확대는 물론이고 질적으로 더욱 전문화되는 계기가 되었다. 특히 1998년부터 사회복지공동모금회법을 기초로 한 사회복지공동모금제도가 실시되고, 민간기업 사회복지재단들의 사회복지시설에 대한 지원과 독자적인 사회복지사업 전개에 따라 전문적인 사회복지 프로그램에 대해 관심을 기울이게 되었다.

2003년 참여정부(노무현 정권)에서는 2003년 7월 사회복지사업법을 개정하여 우리나라 사회복지서비스의 개념과 위상, 전달체계 및 서비스 제공구조 등에 일대 변혁을 가져왔다. 2003년 사회복지사업법 개정내용을 포함한 이후 변화의 흐름은 신자유주의적 경향성을 확연히 드러내었다는 점이다. 장기화된 경기불황, 장기실업과 가족해체 및 위기가정의 증가, 급진적인 노령화 등 복지수요의 다양화와 질적인 측면의 수요변화 등에 대응하기 위해 지역혁신, 지방의 자율성과 책임성 강화를 통한 지역사회복지 확대 및 지역사회복지자원들 간의 연계·협력(네트워크 시스템) 강화 등의 흐름이다. 구체적으로 사회복지서비스와 보건의료서비스의 연계, 지역사회복지계획 수립(2006년 말 완료), 사회복지사업의 지방이양(2005년부터 추진), 사회복지사업의 지방이양과 동시에 사회복지사업에 지원되는 보조금은 포괄보조의 분권형식을 취하여 재정분권을 추진하는 등의 형태로 나타나고 있다. 민간의 사회복지참여를 활성화시키고, 시장적 전략(자유경쟁)을 기반으로 사회복지를 확대하는 모습을 보이고 있다.

1980년대 서구 복지국가들은 위기를 극복하기 위해 복지예산의 삭감과 급여축소(사회부문 지출비용은 증가하지만 증가율 감소, 복지급여를 노동과 연계, 직업훈련·직업창출정책 등의 적극적인 노동시장정책, 감세정책)의 증가, 민영화와 각종 규제완화, 지방정부의 역할변화 그리고 사회세력의 분화(노동조직의 분화) 등을 시도하였다(감정기 외, 2002: 275-288). 이러한 서구 복지국가들의 위기타개 방향을 우리나라는 그대로 적용하고 있다. 여기에서 중요한 사실은 우리나라가 서구 유럽사회와 같은 복지국가의 경험을 하지 않았다는 점이다. 서구 유럽사회는 복지국가를 지향하는 데 있어 많은 요소들이 작용했고, 그 기간도 상당히 오래 걸렸고, 복지국가 경험을 통해 복지국가의 긍정적인 면을 누려본 경험이 있고, 그 경험이 축적되었다는 점이다. 그런데 우리나라는 이 같은 과정을 전혀 거치지 않고,

복지국가 위기를 극복하기 위한 움직임에 동참하고 있다는 것이다. 우리나라 사회복지의 전면적인 후퇴상황을 생각해 볼 수 있다.

참고문헌

감정기 · 최원규 · 진재문(2002). 『사회복지의 역사』. 나남출판.

구자헌(1991). 『한국사회복지사』. 홍익제.

권오구(1994). 『사회복지발달사』. 홍익제.

김기원(2003). 『한국사회복지정책론』. 나눔의 집.

김동국(1986). 『사회복지사』. 에바다출판사.

김동국(1994). 『서양사회복지사론』. 유풍출판사.

김만두 외 감수(1999). 『사회복지대백과사전』. 나눔의 집.

김상균 · 최일섭 · 최정재 · 조흥식 · 김혜란(2002). 『사회복지개론』. 나남출판.

도광조(2005). 『사회복지실천론』. 양서원.

로버트 L. 바커. 중앙사회복지연구회 역(1996). 『사회사업사전』. 이론과 실천.

박광덕(1998). 『현대사회복지정책론』. 박영사.

박병현(2005). 『사회복지정책론』. 학현사.

박종삼 외(2002). 『사회복지학개론』. 학지사.

세계일보(2006. 8. 16). 세계는 지금－미국복지개혁 10년 성과와 과제.

윤혜미(2000). "미국의 복지개혁과 공공부문 사회복지사의 역할의 변화". 2000년 한국사회복지학회 춘계학술대회자료집.

장인협(1990). 『사회복지학개론』. 서울대학교 출판부.

하상락(1994). 『한국사회복지사론』. 박영사.

한국복지연구회(1994). 『사회복지의 역사』. 이론과 실천.

Friedlander, W. A. & Apte, R. Z.(1974). *Introduction to Social Welfare*. Englewood Cliffs. New Jersey: Prentice-Hall.

Friedlander, W. A. & Apte, R. Z. 김한주 역(1985). 『사회복지개론』. 법문사.

Giddens, A. 박찬욱 역(2000). 『질주하는 세계』. 생각의 나무.

Giddens, A. 윤선구. "세계화와 그에 대한 한국적 대응". 박찬욱 역(2000)『질주하는 세계』. 생각의 나무.

Reid, P. Nelson. "사회복지의 역사". NASW. 김만두 외 감수(1999).『사회복지대백과사전』. 나눔의 집.

Romanyshyn, J. M.(1971). *Social Welfare. Charity to Justice*. New York: Random House.

Webb, S. & B. *English Poor Law History*. 김동국 역 (1994).『서양사회복지사론』. 유풍출판사.

PART 2

사회복지방법론

사회복지를 어떻게 구현해 갈 것인가에 대한 논의로서 사회복지 방법론은 크게 **거시적 방법**(macro)과 **미시적 방법**(micro)으로 분류해 볼 수 있다. 거시적으로는 전 국민을 대상으로, 전 국민의 생활의 모든 측면들을 포괄해서 한 차원 업그레이드시켜 가는 측면에서의 접근, 법과 제도, 정책적으로 접근해 가는 것을 말하고, 사회복지정책, 사회복지행정, 지역사회복지 등의 방법들을 포함할 수 있다.

미시적으로는 일단의 그룹이나 가족, 어려움을 겪고 있는 개인들을 대상으로 구체적으로 접근해서 원조하는 방향으로 접근해 가는 면이 있을 수 있고, 사회복지실천, 사회복지실천기술, 사례관리 등을 포함한다. 물론 이 두 가지 접근을 지원하는 지원적 방법으로 사회복지조사와 통계 등이 포함될 수 있다.

CHAPTER

4 사회복지의 거시적 실천방법

Introduction to social Welfare

1. 사회복지정책

1) 사회복지정책의 의미

사회복지정책이란 사회복지+정책이다. 우선 정책이란 무엇인가? 정책은 일반적으로 특정한 목적과 목표를 달성하기 위하여 필요한 행동들에 관한 지침·원칙·계획·조직화된 노력이고, 국가기관의 법적·제도적 움직임을 의미한다. 정책은 법률로 제정되어 행정규칙으로 규범화되고, 정부조직에 적용되는 법적인 지지를 받는 원칙, 계획, 과정, 행동방침이다(Dear, 김만두 외 감수, 1999: 2569).

최근 급격한 노령화와 저출산 현상은 우리 사회의 화두이고, 우리 사회가 시급히 해결해야 할 숙제임에 틀림없다. 저출산고령화 대책으로 정부는 보육료 지원, 노인일자리사업추진 등 다양한 정책들을 내놓았다. 결국 저출산과 급격한 고령화로 인한 사회문제를 해결하기 위해 정부가 다각도로 검토하여 마련한 정책들인 것이다.

사회복지정책은 사회복지문제를 해결하여 복지목표를 달성하기 위해 필요한 행동들에 관한 방침과 원칙, 구체적인 계획인 것이다. 그렇다면 사회복지정책은 어디까지 포함하며, 어떤 내용을 주로 사회복지정책이라고 하는가? 이는 사회복지의 범주와 관련되어 있기 때문에 일률적으로 규정하기는 어렵다. 일반적으로 좁게 사회복지서비스정책만을 포함하기도 하고, 보다 넓게 소득보장, 교육, 주택, 건강과 의료, 개별적 사회서비스를 포함하기도 한다. 또한 최광의로 노동시장 · 고용 · 실업정책, 조세정책을 포함시키기도 한다. 우리나라 현실에서는 사회복지정책을 비교적 좁게 해석하는 경향을 보이고 있다. 생활빈곤자, 노인, 아동, 청소년, 모자 · 부자가정, 장애인 등의 삶을 최소한으로 보장하기 위한 서비스적인 면과 소득보장, 고용, 보건의료, 교육, 주택과 관련된 면에 한정해서 보는 경향들이 강하다. 일반적으로 사회복지정책의 주요 분야는 소득보장, 건강, 교육, 주택, 개별사회적 서비스의 다섯 가지로 구성된 것으로 본다. 다소 영역을 확대한다면 여기에 조세정책, 노동시장정책을 포함한다(송근원 · 김태성, 1995).

2) 사회복지정책의 전제

(1) 제한된 자원

정책은 문제를 전제로 하고, 문제를 해결하기 위한 정책은 어떠한 형태로든 인간생활에 영향을 미치게 된다. 어떤 정책으로 인해 혜택을 보는 사람들이 있는 반면 그러한 혜택을 충분히 누리지 못하는 사람들도 있다. 어떠한 현대사회도 다양하고 변화하는 구성원들의 요구를 모두 충족시키고, 모든 사람들을 충족시킬 수 있는 방법을 갖지 못하고, 앞으로도 결코 요원할 수밖에 없다. 이는 바로 자원의 문제와 관련이 있다. 인류가 가진 자원은 한정되어 있다. 물적 · 인적 자원 모두 한정되어 있고, 이러한 자원을 분배하기 위한 정부의 움직임이 정책인 것이다. 사회복지정책은 대부분 소외된 사람들, 상대적으로 힘이 없는 사람들에 대해 정부나 다양한 주체들이 자원을 제공해야만 하는 부분이기 때문에 자원, 구체적으로 예산부족이 정책형성 및 발전과정에 걸림돌이 될 수 있다. 이러한 점에서 공공 사회복지정책은 제한된 자원을 분배하기 위한 정부의 도구라고 할 수 있다.

(2) 끊임없는 욕구의 재생산 및 발전

사회복지정책의 두 번째 전제는 개인과 사회의 욕구가 계속 팽창하고, 변화한다는 것이다. 서 있으면 앉고 싶고, 앉아 있으면 눕고 싶고, 누워 있으면 자고 싶은 것처럼 우리의 욕구 또한 계속 확대 · 변화되어 간다.

(3) 합의의 어려움과 대립

사회복지정책은 인간생활의 만족과 불만족을 가져올 수 있는 자원분배과정이기 때문에 그 정책에 대한 사회 각 이해집단 간의 합의는 대단히 어렵다. 최근 의약분업과정에서 약사회와 의사회의 갈등이 첨예했던 예를 들 수 있다. 우리 사회에서 분배와 성장을 선순환논리로 접근할 것인가 아니면 성장우선을 통해 분배와 복지를 이뤄낼 것인가에 대한 끊임없는 논의와 갈등은 합의에 이르기 어려운 부분이다. 또한 어떤 문제를 우선시할 것이고, 실행방법은 어떻게 할 것인가에 대한 합의를 이끌어내는 것도 참으로 힘들다.

3) 사회복지정책형성과 발전에 영향을 미치는 요소

(1) 경제정책과 경제수준

사회복지정책은 역사적으로 볼 때 경제와 밀접한 관련을 가지고 발전해 왔다. 서구사회의 지난 역사 속에서 경제적 호황기에는 개인의 변화(실천적 경향)에 초점이 맞춰지지만, 불황기에는 주변 환경의 구조적 문제에 더 많은 초점이 맞추어졌었다. 루스벨트 대통령이 대공황기 케인즈식 경제학, 즉 소비자에게 돈이 있으면 구매가 증가되어 경제가 상승구조를 타게 될 것이라는 견해에 따라 실직자들을 공공작업에 고용하고 제조업을 지원하여 실직자를 고용하도록 함으로써 대공황기의 사회적인 어려움을 극복한 사실이 있다. 1980년대 이후 신자유주의의 이념적 조류에 따라 자유시장경제를 지향하면서 사회복지 예산을 삭감하는 등 사회복지를 후퇴시키는 모습들에서 그 예를 볼 수 있다.

역사적으로 보면 경제성장을 위해 사회복지정책을 시행해온 것도 사실이다. 안정된 사회상황 속에서 건강한 경제성장을 도모하기 위해 당근으로 사회복지에 관심을 가진 경우도 있었고, 인권 및 시민의식의 향상으로 복지수준 향상을 도모하기도 했지만, 사회복지 또는 빈민들의 삶에 대한 천착이 크지 않았던 것이 사실이다.

사회복지를 이야기할 때 경제성장과 분배 중 어떤 것을 우선할 것인가를 많이 논의해 왔고, 이에 따른 주장들도 많았다. 사회복지는 분배불평등을 극복하고, 공동체 모두가 잘 살아가자는 의미를 담고 있기 때문이고, 성장지향론자들은 경제성장을 먼저 이룩하고, 그 열매로 또는 그 부수적인 효과로 복지는 향상될 수밖에 없다는 입장을 취해 왔다. 그렇지만 다른 입장은 성장과 분배를 함께 도모해야 한다는 입장이다. 성장과 분배의 선순환이 이루어짐으로써 인간적인 삶이 뒷받침되는 성장을 도모할 수 있다는 것이다.

(2) 정치적 수준과 정치행태

사회복지정책은 국가의 정치적 수준 및 정치력에 의해 영향을 충분히 받는다. 역사적으로 보더라도 보수당이 집권하느냐, 노동당이 집권하느냐는 사회복지정책에 중요한 관건이 되었다. 노동자들이 정당을 형성해서 노동자들에게 유리한 사회복지정책을 관철시켰던 사실들이 영국의 복지국가 형성과정에서 알 수 있다.

정책(policy)은 어원적으로는 정치(politics)와 같은 의미를 가진다. 정책은 정책결정자의 정치적 결정인 것이다. 특히 사회복지정책은 민주적 정치행태가 자리 잡게 되면 더욱 정치와 밀접한 관련성을 가진다. 따라서 국민들은 선거라는 정치행위를 통해 사회복지정책형성 및 발전에 영향을 미칠 수 있어야 한다. 최근 우리나라를 보면 정치인들이 선거 당시에는 복지에 대한 공약을 많이 내세우고 있지만, 정작 중요한 사회복지를 담당하고 있는 사람들의 정치적인 의식과 행태발전은 이루어지지 않고 있다. 사회복지사 노동조합조차도 제대로 형성되지 못하는 현실이다.

(3) 인간존엄에 대한 성숙한 시민의식(민주주의 발전 정도)

정치와 경제가 사회복지정책에 영향을 미치지만 무엇보다 중요한 사실은 민주적 시민의식이 얼마나 발전되어 있는가일 것이다. 인간존엄과 자유, 평등, 참여에 대한 주체적인 인식, 권리와 의무에 대한 인식수준이 사회복지정책의 발전에 크게 영향을 미친다. 정부나 지방정부가 분배정의를 실현할 수 있는 정책을 형성한다 하더라도 시민들이 차별과 불평등을 당연한 것으로 여기고, 주체적인 권리행사를 제대로 하지 않고, 자신과 관계되는 것은 자유, 평등해야 하지만 남에 대해서는 자유, 평등하지 않게 생각하는 이기적인 생각을 하게 된다면 사회복지정책은 발전하기 어려울 것이다. 최근 우리나라에서는 각 이해집단들의 비민주적인 '자기이익 챙기기'가 여전히 난무하고 있다.

4) 사회복지정책과정

사회복지정책은 복지문제를 해결하여 사회복지목표를 달성하기 위한 정부의 구체적인 행동지침이다. 그렇다고 모든 복지문제가 사회복지정책으로 제시·발전되지는 않는다. 일반적으로 일정한 복지문제가 광범위하게 존재해서, 문제를 가진 개인이나 사회구성원 다수들의 피해가 심할 때 정부는 그러한 문제를 정책문제로 채택해서 심도있는 논의와 분석과정을 통해 대안들을 마련하고, 공청회 등을 통해 정책을 결정하게 된다. 이러한 과정들이 일반적인 사회복지정책 형성과정일 것이다.

사회복지정책과정에 대해서는 많은 학자들의 다양한 의견들이 제기되고 있지만, ① 정책의제의 형성, ② 정책대안의 형성, ③ 정책의 결정, ④ 정책의 집행, ⑤ 정책의 평가의 단계로 나누어 설명하면 다음과 같다.

(1) 사회복지 정책의제[1](議題)의 형성

사회복지 정책의제의 형성은 일정한 복지문제를 정부 차원에서 논의할 문제로 만드는 것을 의미한다. 세상에는 인간의 삶과 관련된 문제는 얼마든지 많다. 이 중에는 많은 사람들에 의해 주목받는 문제들도 많다. 이러한 문제들이 모두 정책의제로 형성되는 것은 아니다. 우리 사회가 해결해야 할 문제들 중 어떤 문제가 정책의제로 형성되기 위해서는 우선 이슈(issue)화되어야 한다. 이슈화란 많은 사회구성원들로 하여금 관

1) 회의에서 의논할 문제.

심을 가지도록 하고, 해결해야 할 문제로 인식하도록 하는 것을 말한다. 사회복지문제가 이슈화되기 위해서는 문제로 인해 고통을 받는 사람(클라이언트), 사회복지전문가, 정치인, NGO 기관 전문가, 지역전문가, 언론 등의 노력이 있어야 한다. 문제가 얼마나 심각하며, 문제의 원인은 어떤 데서 연유하며, 해결하지 않으면 어떠한 결과를 낳을 것이며, 해결의 방안은 어떠해야 하는지 등을 사회에 알려야 하고, 많은 사람들이 주목할 수 있도록 노력해야 한다. 사회복지전문가들의 노력이 절대적으로 요구되는 부분이기도 하다. 이 과정에서 언론의 역할은 많은 사람들이 주목할 수 있도록 하는 데 절대적인 영향을 미친다는 점을 염두에 두어야 한다.

이렇게 복지문제가 사회적으로 이슈화되면 정부기관에서 관심을 가지게 되고, 정부의 정책의제로 채택될 가능성이 높다. 물론 이렇게 이슈화된 문제들도 정부의 정책의제로 다루어지지 않는 경우도 많다. 정부가 정책의제로 채택할 수 있도록 정치적 행위를 할 수도 있고, 언론을 활용할 수도 있고, 정치인들을 설득하는 노력도 할 수 있을 것이다.

(2) 사회복지정책대안의 형성 및 검토

사회복지정책대안의 형성 및 검토과정은 정부기관이 의제가 된 복지문제를 해결할 수 있는 가능한 대안들을 찾고, 대안들의 장 · 단점을 파악하여 비교 · 검토하는 과정을 말한다. 물론 이 과정에는 문제의 심각성, 문제를 둘러싸고 있는 환경 파악 및 분석, 목표 설정 등의 과정들이 포함된다. 일반적으로 정부기관에서는 이 과정에서 특별한 위원회를 형성하든지, task force team을 조직해서 대안들을 개발하곤 한다.

개발된 여러 가지의 정책대안들 중 어떤 대안이 목적이나 목표에 부합하는지, 가장 효과적 · 효율적인가를 비교 · 분석하게 되는데, 이 과정에서 비용편익분석(cost-benefit analysis)이나 비용효과분석(cost-effective analysis) 등의 방법을 사용하게 된다. 비용편익분석은 정책으로 인해 발생할 수 있는 모든 직 · 간접적인 비용과 편익(이익이나 효용)을 현재 가치화된 화폐가치로 계산하여 분석하는 방법이고, 비용효과분석은 총비용대 총효과를 비교 · 분석하는 방법으로 비용편익분석과 같이 각종 편익을 화폐가치로 계산하지는 않는다.

(3) 사회복지정책의 결정

정책결정단계는 최종적으로 정책결정자가 몇 가지 정책대안들(대안검토과정에서 어느 정도 스크린 된 대안들) 중 어느 하나의 대안을 선택·결정하는 과정이다. 대안의 선택과정 이외에도 여러 가지 대안이나 이미 결정된 사항들의 집행에 관한 우선순위(priority)를 확정하는 과정 또는 우선순위를 매기기 위하여 대안이나 결정사항들을 비교·분석하는 과정 역시 정책결정과정으로 볼 수 있다(송근원·김태성, 1995: 120).

특히 사회복지정책을 결정하는 과정에서 공청회나 시범사업을 실시함으로써 정책대안들 간의 구체적인 비교·분석이 이루어지기도 한다. 행정도시법안을 결정짓기 위해 각 지역별로 공청회를 통해 주민들의 의견을 수렴하고, 구체적인 환경 내에서 일어날 수 있는 일 등을 청취하는 예를 생각해 볼 수 있다. 시범사업이란 최종적으로 정책결정이 되기 전 일정한 단위에서만 시범적으로 법안의 내용을 실시해 보는 경우를 말한다. 대표적인 예로 전국 80여 개 초·중·고등학교에서 시범사업하고 있는 학교사회사업이나 노인장기요양보험 같은 경우를 생각해 볼 수 있다. 이러한 시범사업 과정에서 처음부터 생각하지 못한 점을 짚어 볼 수 있는 이점이 있고, 주민의 여론을 파악할 수 있고, 환경여건을 조성하는 등의 효과를 가져올 수 있다. 실제로 사회복지법안 중 노인수발보험(현재는 노인장기요양 보험)의 경우 공청회와 시범사업 결과를 분석하는 과정에서 노인수발뿐 아니라 장애인 수발에 대한 논의들이 포함되는 모습을 보였다.

(4) 사회복지정책의 집행

사회복지정책의 집행이란 결정된 사회복지정책이나 프로그램을 구체적으로 현실 내에서 실행하는 단계를 말한다. 사회복지정책의 집행과정에서 관건은 의도한 목적이나 목표를 효과적으로, 효율적으로 수행해가는 것이다. 때로 일정한 사회복지정책이 목표한 바와는 다른 방향으로 집행이 이루어지는 경우가 있다. 똑같은 일이라도 맡는 사람이 누구냐에 따라서 그 결과는 충분히 달라질 수 있다는 비근한 예를 생각해 볼 수 있다.

사회복지정책을 집행해 가는 데 있어 영향을 미칠 수 있는 요소는 상당히 많다. 물론 정책대안 형성과정과 결정과정에서 이러한 영향요소들이 어느 정도 예측되어 그 영향이 감안된(통제된) 정책이 마련되었을 수도 있지만, 전혀 뜻하지 않은 변수들이 작용하는 경우도 많다. 정책입안자들의 예측이 잘못되어서 그럴 수도 있고, 정책입안자들의 예측과는 별개로 정책대상자들의 의도적·비의도적 태도변화 등 다양한 요소들이 작용해서 전혀 생각지 못한 결과들이 나타날 수도 있다.

사회복지정책의 집행과정에 영향을 미치는 요소는 정책 내재적 요인과 정책 환경적 요인, 정책 행태적 요인 등 다양할 수 있다(송근원·김태성, 1995: 161-170).

사회복지정책의 내재적 요인은 형성된 정책의 내용과 관련된 요인들로서, 정책목표의 타당성과 구체성, 현실적인 달성가능성, 목표 달성을 위해 동원된 정책수단 및 절차, 서비스 형태 등의 요인들일 것이다.

사회복지정책의 환경적 요인은 정치, 경제, 사회적 상황변화 등과 관련된, 정책집행과는 다소 간접적으로 관련을 맺고 영향을 미치는 환경적 요인들일 것이다. 정책 환경적 요인들은 정책결정자나 정책담당자가 사전에 의도적으로 통제하기 어려운 까닭에 그 영향력은 의외로 집행하고 있는 사회복지정책의 성공 여부에 크게 영향을 미칠 수 있다. 정책집행과정에서 의외의 경제적 형편의 변화나 정치적 지형변화 등 다양한 환경적 변수들을 예로 들 수 있다. 정책 행태적 변인은 정책집행에 관여하는 정책참여자들의 정책수행행태와 관련된 변인들을 말한다. 정책집행기관의 구태의연한 태도나 가치, 의지, 전문성 결여, 관련기관들 간의 협력 부족, 이러한 행태들에 동참하거나 아니면 해결에 대한 강력한 의지와 조직화로 함께하는 클라이언트들과 사회복지전문가 또는 NGO 전문가 등의 활동변인들이 포함될 수 있다.

(5) 사회복지정책의 평가

사회복지정책의 평가는 집행과정이나 집행결과에서 충분히 목표한 바(문제의 해결 정도)를 달성했는가를 가늠해보는 과정을 말한다. 평가과정은 사회복지정책과정의 정보를 수집, 분석, 해석하는 활동을 포함한다(모니터링). 평가는 정책을 입안할 때부터 어떻게 실시할 것인가를 정해 놓는 경우가 대부분이다.

사회복지정책 평가는 집행과정에서 중간점검을 위해 수시 · 정기 평가가 있을 수 있고, 집행결과를 가지고 그 정책의 성공과 실패원인을 밝혀냄으로써 기존의 정책을 지속할 것인가 중단할 것인가, 확대할 것인가와 축소할 것인가를 결정짓는 평가가 있을 수 있다.

사회복지정책 평가과정에서 평가자는 많은 경로를 통해 가능한 많은 정보를 수집하여 정확히 분석 · 해석해야 한다. 이를 위해서는 평가의 기준과 방법을 명확히 설정하여야 한다. 일반적으로 사회복지정책의 평가기준으로 많이 쓰이는 것은 정책 프로그램의 목표나 클라이언트의 요구 또는 만족도와 관련된 기준들이다. 예컨대, 능률성(efficiency), 효과성(effectiveness), 사회적 형평성(equity), 반응성(responsiveness, 클라이언트들의 만족도 등), 적절성(appropriateness), 적정성(adequacy)[2] 등을 들 수 있다.

사회복지정책의 평가결과는 피드백을 통해서 기존 정책을 보완하여 그 효과성을 증대시키는 데 기여할 수도 있고, 새로운 사회복지정책을 형성하는 데 있어서도 중요한 자료를 제공할 수 있기 때문에 더욱 중요하다. 사회복지정책의 평가는 피드백과정(환류과정)을 거쳐 새로운 정책에 영향을 미쳐 더 새롭고, 클라이언트(지역주민, 국민들)에 더 부합하는 사회복지정책을 형성시키는 데 그 의미를 둔다.

5) 사회복지정책분석의 요소들과 지향가치들

사회복지정책의 분석은 형성과정(시점)과 상관없이[3] 바람직한 대안을 찾기 위해, 여러 가지 대안들 중 우선순위를 정하기 위해, 집행과정을 전반적으로 평가해보기 위해 정부에서 시행하는 사회복지정책 계획과 집행과정, 결과를 비교 · 분석하는 지적인 활동을 말한다.

2) 적절성은 문제해결을 위해 사용한 수단이나 방법들이 바람직한 정도, 수준이었는가? 적정성은 문제해결의 정도이고, 문제를 일으킨 욕구나 가치 등을 만족시키는가?

3) 정책분석을 좁게 해석해서 정책결정 전에 여러 대안들 중 바람직한 대안 또는 우선순위를 정하기 위해 이루어지는 지적인 활동으로 보는 경향도 있지만, 정책분석은 정책결정단계에서만 필요한 것이 아니라 정책의 초기단계인 욕구의 발견에서부터 정책의 집행과 실천에 이르는 전체과정에서 필요하다.

길버트와 테렐(Gilbert & Terrell)은 사회복지정책의 분석틀을 제시하였는데, 사회복지정책의 내용을 이루는 4가지 주요차원을 제시했다.

첫째, 사회적 할당(social allocation)의 기초는 무엇인가?(대상체계, 누구에게 줄 것인가?)

둘째, 할당되는 사회적 급부(social provision)의 형태는 무엇인가?(급여체계, 무엇을 줄 것인가?)

셋째, 이들 급부의 전달을 위한 전략(the strategies of the delivery)은 무엇인가?(전달체계, 어떻게 전달할 것인가?)

넷째, 이들 급부를 위한 재원조달 방법(the methods of financing)은 무엇인가?(재원체계, 어떻게 재원을 마련할 것인가?) 등이다(Gilbert, Specht, & Terrell, 신원식, 2000 재인용). 한마디로 누구에게 어떠한 급여를 어떠한 방법으로 전달하고, 그 재원은 어떻게 충당할 것인가에 대한 구체적인 결정원칙, 지침이라고 볼 수 있다.

다음은 사회복지정책의 내용을 이루는 4가지 차원인 할당(대상체계), 급여(급여체계), 전달(전달체계), 재원(재원체계)에 대해 살펴본다(표 4-1 참조).

〈표 4-1〉 산출연구의 분석틀

정책선택의 차원	내 용	구체적인 선택
할당(allocation): 급여대상	누구에게 줄 것인가?	• 보편주의와 선택주의 • 귀속적 욕구, 보상, 진단적 구분, 자산조사에 의한 욕구[4]
급여(benefit): 급여형태	무엇을 줄 것인가?	• 현물과 현금 • 기회, 서비스, 재화, 증서(vouchers)와 세금공제(tax credits), 현금, 권력
전달(delivery): 전달체계	어떻게 전달할 것인가?	• 공공전달체계와 민간전달체계 • 민영화와 상업화
재정(finance): 재원조달방법	어떻게 재원을 마련할 것인가?	• 조세, 기부금(자발적 기여), 이용료(fees, 요금)

자료 : Gilbert & Terrell(2002).

4) **귀속적 욕구**(attributed need)에 의한 할당원리는 시장에 존재하는 기존의 제도에 의해서는 충족되지 않는 욕구를 공통적으로 가진 사람들(집단)에 속할 것을 조건으로 하는 할당 원리. **보상**(compensation)에 의한 할당원리는 사회 · 경제적으로 특별한 혹은 일정한 공헌을 한 사람들의 집단 또는 사회로부터 부당한 피해를 입은 사람들의 집단에 속할 것을 조건으로 하는 할당 원리. **진단적 구분**(diagnostic differentiation)에 의한 할당원리는 각 개별적 사

할당은 사회복지급여를 "누구"에게 줄 것인가라는 급여의 대상 선정과 관련이 있다. 대상 선정과 관련한 원칙으로 보편주의 입장과 선택주의 입장으로 나눌 수 있다. 특정인을 기준으로, 특정 기준에 부합하는 사람만 선택되는 경우가 선택주의 입장(예 : 자산조사를 통해 일정수준 이하의 사람들에게만 급여제공)이고, 보편주의는 급여대상자를 한정하지 않고 구성원 모두를 대상으로 급여를 제공하는 경우이다(예 : 건강보험이나 국민연금 등). 구체적 현실에서는 자산조사에 의한 대상자 선정, 보상(경제적 기여를 했다고 인정되는 특정 인구집단 등)에 근거한 대상자 선정, 진단(전문가의 판단)적 구분에 의한 대상자 선정, 귀속적 욕구(어떤 공통집단에 속하는 사람들은 모두 동일하게 욕구를 가진다는 입장)에 근거한 대상자 선정(예 : 65세 이상 노인에게 지급하는 노인교통수당) 등이 이루어진다.

급여는 "무엇"을 제공할 것인가인데, 전통적으로 현금과 현물이 논의되었고, 기회, 서비스, 증서(vouchers 서비스이용권, 예 : 식품쿠폰, 일정한 용도 내에서 수급자에게 선택권 부여), 상담, 권익보호 등이 포함될 수 있다. 최근 우리나라에서는 사회복지사업법을 개정(2003. 7)하여 사회복지서비스 이용권에 대한 법적 근거를 마련하고, 본격적으로 사회복지서비스 이용권(바우처)제도를 도입하고 있다. 바우처는 수급자가 일정한 용도 내에서 원하는 재화나 서비스를 자유롭게 선택할 수 있게 해주는 급여형태로서 현금급여와 현물급여의 장점들을 살릴 수 있는 제3의 급여형태이고, 현금급여와 현물급여의 중간적인 성격을 띤다. 현금급여의 장점인 소비자 선택의 자유를 제한적이지만 살릴 수 있고, 현금급여의 단점인 무제한 선택의 자유에서 발생하는 비합리적 선택의 문제를 어느 정도 줄일 수 있다. 특히 바우처는 수급자의 선택을 가능케 함으로써 공급자 간의 경쟁을 통해 재화나 서비스의 질을 높일 수 있는 면도 있다.

전달체계는 "어떻게" 전달할 것인가에 관한 것으로 사회복지서비스의 공급자와 소비자를 연결시키는 조직체계를 말한다. 전통적으로 공공부문과 민간부문으로 나눌 수 있다. 공공부문은 중앙정부와 지방자치단체를 들 수 있고, 민간부문은 개인, 비영리단체, 기업 등을 들 수 있다. 전통적으로 공공부문이 중요시되었지만, 신자유주의가 팽배한

례에 대해 전문가가 어떤 재화 혹은 서비스를 특별히 필요로 하는가를 판단할 것을 조건으로 하는 할당 원리. **자산조사에 의한 욕구에 기초한 자격조건**(means-tested need)이란, 한 개인이 필요한 재화나 서비스를 구입할 능력이 없음을 나타내는 증거를 기초로 하여 수급자격을 판정하는 것을 말한다.

1980년대 이후는 민간부문의 전달체계역할이 커져 가고 있다. 전통적으로 중앙정부가 급여자격, 급여형태, 재원 등에 대한 모든 결정을 하고, 지방정부가 구체적으로 서비스나 급여를 전달하는 체계였다. 우리나라와 같이 민간부문의 역할이 큰 경우에서 보면 공공부문에 의한 전달은 전문성, 통합성, 접근성, 적절성 등에서 다소의 문제를 가질 가능성이 있다.

재원체계는 사회복지정책 수행에 필요한 재원을 어떻게 마련할 것인가에 관련되는 것으로 크게 공공재원조달방식과 민간조달방식으로 나눌 수 있다. 공공재원조달방식은 조세, 이용자부담, 사회보험료 등을 통한 방식이 있고, 민간조달방식은 후원금, 기부금, 회비, 모금, 수입사업 등의 방법이 있을 수 있다.

또한 길버트와 테렐(Gilbert & Terrell)은 사회복지정책내용 분석에서 기본적으로 검토되어야하는 3가지 가치인 평등성, 형평성, 사회적 적정성을 제시했다. 평등(equality)은 수적 평등(모든 사람에 대한 동등한 대우·몫 전제)과 비례적 평등(유사한 사람에게 유사한 대우, 각자의 실적이나 공적에 따라 몫이 주어진다)을 포함하지만, 여기서 평등은 수적 평등 의미하고, 비례적 평등은 형평(equity)을 의미한다. 형평은 공평한 대우(공헌에 기초, 반만 일했으면 반만 받을 자격)를 받아야 한다는 점을 일컫고, 근로동기를 유지해야 한다는 주장을 지지하는 것이다. 적정성(adequacy)은 일정한 수준의 물질적 · 정신적 복리를 제공해야 한다는 것으로 적절성에 대한 기준은 시간과 환경에 따라 다양하다.

2. 사회복지행정

1) 사회복지행정의 의미

사회복지행정(social welfare administration)은 사회복지+행정이다. 행정은 원래 정책을 집행하는 일과 관련되고, 정책을 집행하는 기관 및 조직에서 이루어지는 총체적인 활동이다. 정책을 구체적으로 실현하기 위한 각급 기관 및 조직의 행위(체계)이고, 관리(management), 운영과 관련된 용어다. 정책을 집행하기 위해서 조직을 구성·개편하고, 각종 프로그램을 계획하여 서비스를 산출하는 과정인 것이다. 행정은 모든 종류의 조직에서 이루어지고 있는 보편적인 활동이다. 그것이 정부조직에서 이루어질 경우 공공행정이라 하고, 기업의 경우는 경영이라 하며, 교육의 분야에서는 교육행정이라 한다.

사회복지행정은 사회복지정책을 구체적인 서비스로 전환하는 과정이고, 구체적인 유·무형의 서비스로 전환하여 수혜자에게 전달하는 공·사적인 과정으로서 사회복지시설이나 기관, 조직에서의 서비스과정과 서비스전달체계[5] 모두를 포함한다. 사회복지행정은 사회복지정책을 구체적인 사회복지서비스로 전환시키는 데 필요한 사회복지조직에서의 총체적인 활동(Patti, 1983; 박경일 외, 2010 재인용)이고, 사회복지서비스를 적절히 제공하는 데 필요한 모든(諸) 관리행위를 말한다. 기관 및 시설의 정책개발, 예산관리, 인적·물적 자원관리, 서비스 제공 및 개발, 후원개발, 홍보, 평가 및 모니터링 등의 다양한 관리행위들을 포함한다. 또한 사회복지서비스를 적절히 제공하려면 서비스 전달과정이나 서비스 제공조직이 전문적, 효율적이어야 할 것이다. 따라서 사회복지서비스 전달체계 또한 사회복지행정에 포함된다.

사회복지행정의 개념은 다루는 기능적 영역에 따라 협의적 개념과 광의적 개념으로 규정하는 두 가지 방향이 존재해 왔다. **협의의 사회복지행정**은 사회사업행정(social work administration)으로 불리기도 한다. 전통적 개별사회사업과 집단사회사업, 지역사회조직과 같이 하나의 사회복지실천의 개입방법으로 보는 입장인데, 전통적인 세 가지 방법들과 같이 사회사업행정은 사회사업서비스를 계획하여 전달하는 사회사업조직과 조직구성원을 대상으로 변화를 이루어가는 과정(사회복지조직 구성원에 대한 계획된 개입)인 것이다. 조직의 운영과 기능을 촉진시킴으로써 간접적으로 클라이언트체계의 변화를 초래할 수 있다는 입장이다. 이런 맥락에서 사회복지행정은 사회복지조직 관리자의 활동과 관련되어 있으며, 사회복지조직과 사회복지요원들이 효과적으로 서비스를 기획·실천·평가하도록 지원해주는 사회사업의 중요한 방법(성규탁, 1994: 1)이고, 사회복지조직

5) 사회복지서비스들이 기획되어 최종적으로 서비스 수급자들에 이르기까지의 구조와 과정이다(김영종, 2005: 373).

의 운영과 목표달성을 위하여 관리자의 사회사업적 가치, 지식, 기술, 리더십을 반영하여 조직의 목표를 기획하여 실천하고 성과를 평가하는 체계적인 관리활동(임춘식 외, 2007: 155)이다. 협의의 사회복지행정은 공·사를 막론하고 사회복지대상자들의 사회적 기능을 강화하기 위한 사회복지서비스를 전달하는 데 초점을 두고 있고, 사회복지조직의 목적을 성취하기 위해 인적·물적 자원을 효율적으로 활용하는 과정에 그 강조점을 둔다.

사회복지행정의 개념은 사회복지개념의 변화에 따라 다소 변화하고 있고, 보다 넓게 확대되고 있다. **광의의 사회복지행정**은 관리자의 조직관리·운영과 사회사업적 지식과 기술, 가치를 반영하는 실천적 의미로서의 사회복지행정의 개념정의보다는 사회복지조직에서의 전문인력들의 총체적 활동과정, 즉 사회복지정책을 사회복지서비스로 전환시키는 데 필요한 사회복지조직의 총체적인 활동(Patti, 1983: 25)을 말한다. 관리자뿐 아니라 조직구성원 모두의 협동적이고 조정적인 노력을 모두 포함한다는 것이다. 사회로부터 주민복지 향상의 책임을 위임받은 것은 관리자뿐 아니라 사회복지조직 전체이고, 목표달성의 책임이 조직의 모든 구성원에게 공유되기 때문이다.

또한 **최광의의 사회복지행정**은 공공행정을 포함하여 사회서비스와 관련된 행정영역(예 : 보건행정, 교육행정 등)을 포함하기도 한다. 행정이라고 하면 공공행정, 즉 공공기관에서 그 목적을 달성하기 위해 이루어지는 다양한 활동체계로 생각하는 경우가 많다. 그래서 사회복지행정을 사회복지서비스와 관련된 공공행정으로 이해하는 경우가 많다.

그렇지만 역사적으로 사회복지행정은 특히 민간 사회복지조직의 복지서비스 전달에 초점을 두고 발전해 왔기 때문에, 공공행정(복지행정)과는 별개로 연구, 취급되어 왔다.

2) 사회복지행정의 영역과 활동

사회복지행정의 범위 또는 영역은 대체로 세 가지로 구분할 수 있다. 첫째, 정책의 형성, 둘째, 전달조직체의 관리, 셋째, 사회를 위한 서비스 실시이다. 다시 말해 사회로부터 위임받은 임무를 수행할 정책을 세우고, 이 정책을 수행할 조직체를 구성·관리하고 그 공익사업을 사회현장에서 실천하는 것이다. 이 세 가지 영역을 그림으로 나타내면 [그림 4-1]과 같다(성규탁, 1994: 8; 김영종, 2005: 42).

[그림 4-1]에서 보면 **사회복지정책을 형성하는 것**도 사회복지행정의 범주로 포함시켰다. 그렇지만 사회복지행정을 서비스대상자들에게 양질의 서비스를 제공하기 위한 사회복지 조직구성원 모두의 협동적이고, 조정적인 노력으로 규정한다면, 정책형성은 조직의 목적이나 목표를 달성하기 위한 조직정책의 형성으로 볼 수 있고, 조직정책들 간의 우선순위 결정이 될 것이다. 정책형성에서는 자원동원, 다른 기관들과의 연계 및 네트워크, 지역사회의 인구사회적 변동, 지역사회 요구 및 클라이언트들의 욕구 등이 중요한 관심사가 될 수 있다.

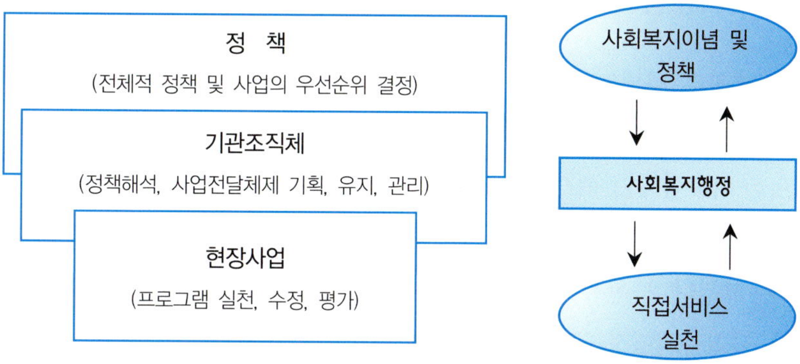

[그림 4-1] 사회복지행정 영역의 테두리와 사회복지행정의 위치

기관조직체는 사회복지정책 및 정책방향의 해석과 조직관리를 포함한 서비스 전달체계 기획, 유지, 관리, 자원활용의 계획 등의 행위들을 수행하게 된다. 특히 기관조직체는 양질의 서비스 전달을 위한 조직관리를 수행하게 되는데, 페티(Patti, 1983: 33-42)는 사회복지행정관리자들이 맡게 되는 구체적인 업무활동으로 기획, 정보처리, 통제, 통합·조정, 평가, 협상, 옹호, 인력배치, 모니터링, 공급, 대외활동, 직접서비스, 예산활동 등을 들었다.

현장사업은 클라이언트들에게 직접적으로 서비스를 제공하는 면이다. 서비스 프로그램의 조정 및 수정, 프로그램 수행에 대한 평가, 사례관리, 서비스 점검 등이 중심이 된다.

최근 우리나라 사회복지행정에 있어서 큰 변화를 시도하고 있는 부분은 서비스 전달체계 개선의 부분이다. 공적인 서비스 전달체계를 사회복지사무소를 중심으로 전환하는 체계, 지역사회복지협의체에 기반한 서비스 연계논의, 공동모금제도에 대한 논의 등이다. 또한 조직을 효율적으로 관리하기 위한 사회복지업무 매뉴얼 제작, 조직경영에 대한 부분, 마케팅, 홍보, 조직문화, 사회복지서비스 마케팅 등에 대한 논의도 한창 진행 중에 있다.

3) 사회복지행정의 특수성

사회복지행정은 서비스대상(전체 주민 또는 클라이언트 등)에 대해 최고의, 양질의, 효율적인 서비스를 제공하기 위한 조직 내의 움직임이고 총체적인 노력의 과정이고, 조직을 기반으로 이루어지기 때문에 행정의 기술과 방법은 일반행정과 유사하다. 특히 행정과정을 통해 효과성과 효율성을 달성하고자 한다는 점에서도 일반행정과 크게 다르지 않다. 그러나 사회복지조직이 추구하는 가치와 목표가 일반행정조직과는 다르기 때문에 사회복지행정 주체들에게는 행정적 이론과 기술을 어떻게 사회복지적 고유가치들을 실현하기에 적절한 행정원리들로 변화시켜 나갈 것인가가 매우 중요한 과제이다(박종삼 외, 2002: 103).

사회복지행정이 이루어지는 사회복지조직은 일반적으로 사회복지 목적을 가진 공공행정조직(지방자치단체)과 민간사회복지기관들을 포괄한다. 민간사회복지기관들은 주로 공공행정기관으로부터 사회복지서비스 제공을 위탁[6](위임)받아 운영되고, 종합사회복지

6) 사회복지시설들은 대부분 민간에게 위탁 운영되고 있다. 우리나라 정부의 전체 민간위탁의 35% 정도를 사회복지 분야가 차지할 정도이다. 사회복지시설이 민간에게 위탁되는 것의 장점은 첫째, 민간 간의 경쟁을 통해 서비스를 능률적으로 제공할 수 있다는 것. 둘째, 민간은 공공에 비해 절차상의 제약으로부터 상대적으로 자유롭고 새로운 운영기법 도입이 쉽다는 점. 셋째, 전문성을 높임으로써 클라이언트의 욕구에 보다 신속하게 대응이 가능하다는 것. 넷째, 사회복지서비스의 제공을 다원화함으로써 다양한 서비스 제공이 가능하다는 것이다(박정호, 2003: 93).

관, 각종 사회복지관련 센터, 각 분야별 생활시설, 사회복지관련 단체, 인간봉사조직체 등이 포함된다. 이러한 사회복지조직들은 그 성격이나 목표, 지향가치 등에서 다른 일반 행정조직들과는 차이를 가지고, 특수성을 가진다.

첫째, 대상의 차별성이다. 사회복지조직의 주된 활동 대상은 문제나 욕구를 가진 사람들(클라이언트) 나아가 어떠한 변화를 필요로 하는 사람들이라는 것이다.[7] 물론 다른 행정조직에서도 사람이 대상이 될 수 있지만, 사회복지조직의 대상자들은 문제나 욕구를 가진 사람들이라는 것이다. 주목할 부분은 '문제나 욕구를 가진, 변화를 필요로 하는'과 '사람'이라는 것이다.

사회복지조직의 활동은 사람이 대상이고, 문제나 욕구를 가진 사람이다. 다른 물질이나 사물과는 달리 사람은 서비스 전달과정에 반응하고, 그럼으로써 영향을 미치고, 참여하는 특성을 가진, 도덕적 가치를 지닌 인간이기 때문에 서비스과정에서 도덕적 정당성을 요구받게 된다. 나아가 문제나 욕구를 가진 사람에게는 서비스 행태에 따라 크게 변화될 수 있고, 생존과도 관련되기 때문에 더욱 도덕적 정당성이 요구된다. 따라서 사회복지조직의 사회복지사는 기술을 적용하고 활동하는 과정에서 제한적일 수밖에 없고, 목적과 방법 활용에서 제한된다. 과학적으로 입증된 수단과 방법을 활용해야지 실험대상이 될 수는 없을 것이다. 그리고 사회복지조직에서는 클라이언트의 문제나 욕구완화 및 해결, 변화를 위해 관계성의 원리에 기반을 두고 있고, 인간관계기술에 크게 의존한다. 사회복지행정과정에서는 조직의 전문 인력과 대상 클라이언트와의 관계의 성격과 질이 더욱 중요해진다(사회복지조직에서는 client–worker의 관계가 중심이다). 만약 조직활동의 원재료가 물질이라면 동일한 과정을 거친다면 동일한 결과를 가져올 것이지만, 사회복지조직은 사람을 원재료로 하고, 클라이언트–사회복지사의 상호 관계를 기반으로 하기 때문에 같은 과정을 적용하더라도 다양하고 생각하지 못한 결과를 가져올 수 있다.

또한 대상이 사람이고, 사람들의 변화가 중요한 목표이기 때문에 문제나 욕구의 완

7) 사회복지조직에 투입되는 원료가 사람이고, 이로부터 산출되는 것도 역시 사람이다. 사회복지행정의 클라이언트는 투입(input)인 동시에 산출(output)이다.

화 및 해결, 변화 등 서비스 결과에 대해 효과성 검증의 표준척도 개발이 어렵고, 다양한 요인들이 작용할 수 있으므로 활동에 대한 평가가 어렵다. 나아가 조직의 활동결과인 서비스의 효과성 · 생산성 검증을 위한 평가기준 및 방법에서 다른 조직들과 다를 필요도 있다.

대상의 차별성이라는 점(문제와 욕구를 가진 사람이고, 그럼으로써 사회복지조직에서의 활동은 단순히 서비스를 제공하는 차원이 아니고 서비스를 통해 인간의 변화를 도모하는 과정)에서 하센펠드(Hasenfeld)는 사회복지조직에서의 활동을 '변형과정(transformation process)'으로 표현했고, 빈터(Vinter)는 학교, 정신병원, 상담진료소, 교도소와 같이 사회화와 사회적 통제를 하는 조직체들을 '사람을 변화시키는(people-changing) 조직체'라고 이름 붙였다(Vinter, 성규탁 역, 1994: 4 재인용).

둘째, 사회복지행정에서의 서비스의 차별성을 들 수 있다. 사회복지조직에서의 서비스는 대상자들의 사회적 기능 향상, 잠재력 · 역량 실현, 변화와 발전의 의미를 함축하고 있고, 가급적 대상자들과 직접 접촉하면서 서비스를 전달 · 제공한다. 단순한 서비스의 제공이 아니라 제공되는 서비스를 통해 대상자들의 삶의 어떠한 부분에 기여(변화와 발전)할 수 있는가에 대한 의미를 담고 있다는 것이다. 따라서 서비스 제공에 있어서 다른 어떤 조직보다도 서비스 종류나 전달방법 등에 있어서 어느 정도의 융통성을 필요로 한다. 다시 말하면 서비스가 일률적 · 획일적이어서는 곤란하다는 것이다. 나아가 사회복지행정에서의 서비스는 클라이언트와의 관계에 기반한 개별적 서비스임으로 해서 더욱 융통성과 유연성이 있어야 한다. 그렇지만 융통성은 자의적인 면을 내포하기도 한다. 하센펠드(Hasenfeld)는 이러한 측면에서 '클라이언트의 순종(의존, client compliance, powerless clients)'과 '클라이언트와 사회복지사 간의 관계의 중심이 사회복지사에 있게 되고, 사회복지사의 관계 지향적 활동을 조직이 통제하기 어렵다는 점, 그럼으로써 사회복지조직들은 사회복지사들의 클라이언트와의 관계의 신뢰성과 공평성을 확보하기 위해 사회복지사들의 서비스 행위나 기록, 모니터링, 슈퍼비전 등에 관한 규범이나 절차 등의 내부 메커니즘들을 마련한다'고 지적했다(Hasenfeld(ed), 1992: 16-20).

셋째, 재정 원천의 차별성이다. 사회복지조직들은 사회의 안녕을 위한 어떤 목적을 달성하기 위해, 클라이언트의 복지를 유지 · 증진하도록 사회 또는 외부집단으로부터 위임과 지원을 받아 운영된다. 사회복지조직의 재정은 국가나 지방자치단체 등 공적인 재정원천과 민간지역사회의 인적, 물적 자원의 후원에 기반한다. 재정의 투명성과 효율성, 적절성 등이 특별히 요구된다. 또한 사회복지조직은 주로 외부로부터 운영자금을 지원받기 때문에 환경의 변화에 쉽게 영향 받을 수 있고, 결과적으로 환경에 의존적이 될 수밖에 없다. 요구는 많고, 제공해야 할 서비스는 많은데, 재정은 항상 빈약할 수밖에 없는 것이다. 따라서 사회복지조직에서는 지속적인 계획과 집행의 어려움을 가진다.

4) 사회복지서비스 전달체계

사회복지행정에서는 개개의 조직체를 관리 · 운영하는 것도 중요하지만 서비스를 수요자에게 전달하는 구조와 과정인 전달체계의 구성 및 관리, 전달체계 내의 연계 · 통합도 중요하다. 사회복지서비스 전달체계란 '지역사회적 맥락에서 사회복지급여를 공급하는 자들 간의 조직적인 연계는 물론이고 서비스공급자와 소비자들 간을 연결시키기 위한 조직적 장치'이다(Gilbert & Specht, 김영종, 2005: 371 재인용). 한 마디로 사회복지서비스가 수요자들에게 이르는 전체적인 구조와 과정, 체계를 의미한다. 서비스 전달체계를 제대로 이해하려면 서비스공급자(전달자)와 소비자(고객, 대상)가 상호 관계를 이루면서 서비스를 직접 전달하는 절차는 물론이고 서비스 전달을 기획, 지원, 관리하는 행정체계도 동시에 이해해야 한다. 서비스의 기획, 지원, 관리의 기능을 하는 서비스 전달을 위한 행정체계와 서비스를 직접 전달하는 기능을 하는 서비스 전달의 집행체계를 동시에 고려해야 한다는 것이다.

우리나라 사회복지서비스 전달체계는 서비스 종류에 따라 다른 모습을 보이긴 하지만, 대체로 중앙정부–광역시 · 도–시 · 군 · 구의 공공서비스 전달체계와 민간서비스 전달체계가 혼합되어 있다. 공공전달체계로부터 민간서비스기관들이 위탁받아 운영되고 있는 체제가 대부분이기 때문이다. 물론 사회보험이나 공적부조의 경우는 공공서비스 전달체계에 의존하고 있고, 민간기관들 간의 서비스연계체제 구축과 공공과 민간의 결합에 의한 서비스 네트워크 구축도 중요한 전달체계의 모습이다.

사회복지수요자들은 여러 복합적인 문제를 가지고 있는 경우가 많고, 다양한 욕구를 가지고 다양한 상황에 놓여 있기 때문에 사회적 욕구의 양과 질을 적절하게 파악하여 적절한 서비스 전달체계를 구성하는 것은 매우 중요하고, 사회복지목적을 효과적·효율적으로 달성하는 데 성패를 좌우하는 기준이 될 수 있다. 효과적인 서비스 전달체계를 갖추어야 할 필요가 있는 것이다.

효과적인 서비스 전달체계를 구축하는 원칙은 다음과 같다(Gates, 김영종 역, 2005: 383-387 재인용, 효과적인 서비스 전달체계가 갖추어야 할 조건).

첫째, **충분성**(Comprehensiveness, **포괄성**)이다. 지역사회의 대인적 혹은 사회적 문제들을 해결하기 위해서 충분한 양, 충분한 질, 충분한 기간의 서비스 제공이 이루어져야 한다는 것이다. 사회복지대상자들의 욕구는 다양하고, 복잡하며, 지역사회 문제들도 복잡 다양하다. 사회복지서비스는 이러한 복잡 다양한 욕구와 문제들을 다룰 수 있도록 충분히 포괄적으로 제공될 수 있어야 한다는 것이다.

둘째, **접근성**(Accessibility)이다. 서비스를 필요로 하는 사람들이 서비스를 활용하는 데 아무런 장애가 없어야 한다는 것이다. 일반적으로 물리적인 거리, 경제적인 부담, 개인적 동기와 인식(예 : 복지관은 영세민, 국민기초생활보장수급자들만 도와주는 곳이라는 인식) 등이 작용할 수 있다.

셋째, **연속성**(Continuity, **계속성**, **연계성**, **지속성**)이다. 전달체계 내의 모든 기관과 프로그램들이 서로 간에 얼마나 밀접하게 근접해 있는지를 나타내는 것이다. 개인의 특정 욕구 이전 서비스와 이후 서비스가 잘 연결되어 있어야 한다는 점과 복합적인 욕구를 가진 개인을 다루기 위해 다른 조직들과의 연결이 잘 되어야 한다는 점을 포함한다.

넷째, **비파편성**(Defragmentation, **비단편성**, **통합성**)이다. 연속성과 관련된 기준이고, 서비스의 편중이나 누락에 초점을 둔다. 서비스가 파편화되어 기관 내에서 프로그램 간, 기관 간 연계가 되지 않아 지역사회에 유사한 서비스가 산재하고, 서비스 간 갭이 존재하고, 그럼으로써 서비스의 중복을 가져오는 경우를 방지해야 한다는 것이다. 프로그램 간, 기관 간에 유기적으로 연결되어 클라이언트의 욕구와 필요에 대해 통합적으로 서비스를 제공함으로써 서비스 편중이나 누락을 방지해야 한다.

다섯째, **책임성**(accountability)이다. 전달체계에 주어진 사회적 위임과 기대들을 전달체계가 적절하게 소화하는지 여부이다. 충분히 효과성과 효율성을 달성할 수 있는 전달체계여야 하고, 클라이언트의 개별적이고 독특한 욕구들에 적절히 반응하고, 이용자들의 불만을 최소화해야 한다는 것이다.

이 외에도 학자에 따라서 전문성(서비스의 핵심 업무는 전문가가 담당)의 원칙, 평등성(대상자들의 성별, 연령, 소득, 지역, 종교에 관계없이 서비스 제공)의 원칙, 적절성(대상자들의 욕구 충족 및 자활과 재활에 충분한 서비스 양과 질, 기간 담보)의 원칙, 지역사회 참여의 원칙(지역사회 자원 활용), 기능분담의 체계성의 원칙(상부–중간–하부로 연결되는 기능상의 분담이 체계성과 일관성 유지) 등을 포함하고 있다.

5) 사회복지행정의 주요과정

사회복지행정은 양질의 사회복지서비스를 제공하기 위한 사회복지조직구성원들의 총체적인 활동이고 서비스활동을 지원하는 과정으로서, 그 과정에는 관리자들의 조직유지 및 관리활동이 중요하게 자리한다. 관리자들의 과업내용으로는 서비스 기획, 인적자원 개발, 재정관리, 마케팅, 홍보, 자원 개발 및 지역자원 간 네트워킹 등이 있을 수 있다.

(1) 서비스 기획

사회복지행정조직에서 지역사회를 포함한 클라이언트에 대한 서비스를 기획하는 데 있어서 가장 중요한 부분은 지역사회의 욕구를 파악하는 것이고, 욕구에 기반한 조직서비스 목표를 설정하는 것이 중요하다. 조직의 목표, 지향 더 나아가 조직의 사명(mission)을 세우는 일이다. 지역사회의 가려운 부분이 무엇이고, 문제의 소지가 있는 부분은 무엇인가에 충실한 조직의 서비스기획은 지역사회의 인정과 합의, 참여를 이끌어내는 데 중요한 역할을 한다.

(2) 인적자원 개발

인적자원 개발은 사회복지조직구성원들이 직무를 충실히 수행할 수 있도록 지원하는 과정이다. 구성원들의 요구와 특성에 따른 업무배분, 직무완성도를 높일 수 있는 전문성 강화(교육훈련), 인정(포상이나 승진) 등이 포함될 수 있다. 적절한 업무배분을 위해서는 각 직무에 대한 분석이 선행되어야 할 것이다. 적절한 직무분석을 통한 업무배분이 이루어질 때 구성원들의 직무만족은 물론이고 조직의 업무효율성이 높아질 수 있고, 궁극적으로 클라이언트에 대한 양질의 서비스가 제공될 수 있을 것이다.

사회복지조직들은 다양한 클라이언트를 대상으로, 다양한 개입과정을 거칠 수 있다. 그러므로 개입의 전문성이 충분히 확보될 필요가 있다. 사회복지사는 팔방미인이어야 한다는 말은 그만큼 많은 전문적 지식을 요한다는 의미이다. 따라서 조직구성원들의 전문성을 배가할 수 있는 기회를 충분히 제공하고, 활동을 계속 재생산할 수 있도록 충분한 휴식을 제공할 수 있어야 한다. 서비스 수요와 욕구는 많고, 제공해야 할 서비스도 많은 상태에서 기능적 재생산이 어려울 정도로 근무를 계속하게 되면 소진(Burnout)될 수밖에 없을 것이다.

(3) 재정관리

사회복지조직의 재정관리는 재원 확보와 재정의 효율적 관리를 포함한다. 사회복지조직은 기본적으로 정부 및 지방정부의 보조금에 의존하고 있고, 그러한 보조금도 지속성을 확보하기 어려운 것이 현실이다. 따라서 서비스의 유지와 개발, 조직의 안정성에의 한계를 가진다. 사회복지조직의 재원은 정부보조금, 기부금, 이용료 수입, 각종 복지재단에의 사업제안(proposal)에 의한 지원금 등이다. 사회복지조직 관리자와 조직구성원들은 지역사회에 보다 많은 양질의 서비스를 제공하기 위해 다양한 재원확보 노력을 해야 한다.

또한 여러 통로를 통해 확보된 재정을 효율적으로 관리·운영할 필요도 있다. 재정의 투명성 · 적절성 · 건전성(도덕성) · 비용효과성이 확보될 수 있어야 한다.

(4) 마케팅

마케팅(marketing)은 생산자(기업)가 상품 또는 서비스를 시장에서 소비자에게 유통시키는 데 관련된 모든 체계적 경영활동으로 제품 개선과 개발, 시장조사, 모니터링, 홍보를 포함한 판매촉진활동 등을 포함한다. 마케팅 개념은 전통적으로 생산자(영리조직)와 소비자의 관계 내에서 이루어지는 활동으로 간주되어 왔지만, 최근에는 비영리조직의 서비스 품질개선과 관련하여 비영리조직에 대해서도 마케팅 개념을 도입하는 경향이다. 사회복지조직을 포함한 비영리조직에서도 소비자(이용자 혹은 클라이언트)와의 관계, 객체로서의 상품(서비스)의 존재, 시장 및 경쟁의 존재 등을 포함함으로써 마케팅 개념은 적극적으로 도입될 필요가 있다. 사회복지조직이 지금까지 필요한 자원봉사자를 모집하고, 더 많은 후원자를 개발하고, 후원금을 확보하기 위해 기관소개 팸플릿이나 정기적 소식지 발간, 서비스 및 조직이미지 개선노력 등 다양한 노력을 해왔다는 사실은 마케팅이라는 용어를 사용하지 않았다 하더라도 이미 오래 전부터 마케팅을 실행해 오고 있음을 보여주는 단면이기 때문에 체계적으로 마케팅 개념과 다양한 기법을 도입, 활용할 필요성과 가능성은 충분하다.

최근 사회복지조직들은 인적 · 물적 자원을 활용, 개발(후원자 개발이나 모금활동)하기 위해 적극적으로 마케팅 개념을 도입할 필요를 인식하고 있고, 적극적으로 대응하고 있는 현실이다. 사회복지조직의 마케팅은 기관의 소비자인 클라이언트, 재원제공자, 자격부여기관 및 전체 사회가 사회복지조직에 대해 좀더 많은 관심과 요구를 갖도록 하고, 조직의 서비스를 보다 많이 이용할 수 있도록 하기 위한 제반활동으로 이해할 수 있다(신복기 외, 2004: 376-378).

(5) 홍보

사회복지조직은 지역사회 주민들에게 양질의 서비스를 제공하기 위해서 지역주민들과의 적극적인 유대관계를 유지할 수 있어야 한다. 따라서 지역주민들에게 조직의 서비스에 대한 정보를 제공하는 등의 서비스홍보는 아주 중요하다. 그럼으로써 지역사회에서의 조직의 정체성이 확보될 수 있다. 특히 조직 내에서 관리자는 조직과 조직의 서비스에 대한 적극적인 홍보관리자로 활동할 수 있어야 한다. 사회복지조직들이 시행하고 있는 서비스를 적절하게 기사화할 수 있는 능력을 갖추는 것이 필요하다. 적극적인 홍보를 위해서는 적극적인 홍보매체를 개발 · 활용해야 할 것이다.

(6) 자원개발 및 지역자원 간 네트워킹

사회복지조직들은 지역주민 혹은 국민들로부터 사회복지서비스에 대한 책임을 위임받고 있다. 주민들의 서비스욕구에 적극적으로 대응할 수 있어야 하고, 이를 위해서는 적극적인 자원 개발이 필요하다. 적극적인 인적 · 물적 자원의 개발은 물론이고, 지역사회에서 서비스를 제공할 수 있는 기관들과의 연계를 개발 · 활용함으로써 효율적인 서비스제공의 책임을 완수할 수 있어야 한다. 서비스를 효율적 · 적극적 · 총체적으로 제공하기 위해 지역자원 간 네트워킹의 중요성은 아무리 강조해도 지나침이 없다. 지역자원 간 네트워킹의 주 역할자는 역시 조직관리자일 것이다. 한국사회의 사회복지분위기에서 조직원들은 조직관리자의 지도 · 지휘를 받아야 하고, 자율성의 정도가 그렇게 높지 못하기 때문이다.

3. 지역사회복지

지역사회복지(community welfare)는 '지역사회+복지'다. 지역사회 차원에서 복지활동을 전개하는 것으로, 지역사회를 대상으로 지역사회를 더 살기 좋게 만들어가는 노력 또는 지역주민들의 삶의 질을 변화 · 향상시키는 모든 노력들을 포괄한다.

지역사회복지라는 개념이 우리나라에 들어오게 된 것은 1980년대 이후라고 볼 수 있다. 그 이전에는 전통적인 사회복지(사회사업)방법론으로서 지역사회조직 개념을 사용했고, 1970년대 지역사회개발의 일환으로 새마을운동이 본격적으로 전개되면서 지역사회조직과 지역사회개발이라는 용어가 지역사회를 중심으로 하는 연구용어로 사용되기 시작했고, 1980년대 초부터 지역을 중심으로 지역주민에게 직접적으로 서비스를 제공하는 영국과 일본의 지역복지서비스 개념이 소개되면서 우리나라에서도 지역복지서비스를 포함하여 지역사회복지라는 넓은 개념으로 소개되기 시작했다. 80년대 후반부터 지역사회복지관이 확대되면서 지역사회복지 개념들이 현장에서 적용되기 시작했고, 지방자치제의 실시와 함께 지역사회복지는 더욱 부각되고 있다(김범수, 2005: 35-38). 또한 신자유주의적 이념 조류와 복지국가의 위기 또는 후퇴에 따른 복지예산 삭감에 따라 공동체가 강조되고, 지역사회보호(장애인 및 노인의 증가)라는 측면이 강조되면서 지역사회복지 개념은 더욱 중요한 사회복지방법으로 제시되고 있다.

1) 지역사회복지란?

지역사회복지는 우선 지역사회를 대상으로 하는 노력 · 활동이고, 복지를 어떻게 규정하느냐에 따라 그 개념과 범주는 달라질 수 있다. 지역사회는 보는 관점에 따라 다양하게 규정될 수 있지만 기본적인 관점은 물리적 장소의 개념을 함축하고 있다. 주거나 생계를 위해 제한된 공간(생활공간)을 공유하며, 이러한 공간 속의 생활과정에서 생겨난 특징적인 행동양식 또는 문화를 함께 공유하는 공동체로 규정해 볼 수 있다.

지역사회복지를 일반적으로 개념화해보면, 앞서 보았듯이 지역사회를 대상으로 지역사회를 더 살기 좋게 만들어가는 노력 또는 지역주민들의 삶의 질을 변화 · 향상시키는 모든 노력을 의미한다. 지역사회복지활동을 이렇게 본다면 전문적인 사회복지방법으로서의 지역사회복지의 정체성 혼란을 가져올 수 있다. 즉 지역사회를 더 살기 좋게 만들거나, 지역주민들의 삶의 질 향상 노력은 어느 특수 전문 분야에 국한되는 것이 아니고 사회사업, 공중보건, 성인교육, 공공행정, 도시계획, 정신건강 등의 전문가들과 민간단체나 정치단체의 자원봉사자들에 의해 광범위하게 수행될 수 있다. 노인자원봉사자들이 지역청소년들의 문화전승에 대한 교육을 한다든지, 지역사회의 정신건강 캠페인에 참여한다든지, 지역사회의 각종 천재지변으로 인한 피해에 봉사활동을 한다든지, 낙선운동을 한다든지, 브라질의 꾸리찌바라는 도시를 생태환경도시로 가꾸어가는 데 도시계획전문가가 기여하는 부분 등 다양한 분야에서 다양하게 지역사회 주민들의 삶의 질을 향상시킬 수 있는 활동들이 포함될 수 있을 것이다.

지역사회복지활동을 이렇게 일반적으로 본다면, 반드시 전문적인 활동이라고 말할 수는 없으며, 고대사회에 있어서의 자연발생적인 민간활동(예컨대, 두레, 품앗이 등)에서부터 오늘날의 민간자선활동, 지역개발운동(새마을 운동이나 4H클럽 등) 그리고 전문사회복지사들의 지역사회조직사업 등 다양한 분야의 여러 활동들이 포함된다. 이러한 일반적이고, 포괄적인 개념화는 전통적인 지역사회 차원의 상호부조의 행태를 사회복지의 영역으로 포함시키는 데는 매우 유용하지만, 지역사회복지를 전문가의 개입에 의한 전문사회복지실천방법으로 인식시키는 데는 한계가 있다.

현대사회의 각종 문제들은 그 규모와 성격이 자선적이고 비조직적 · 비전문적인 노력으로는 해결하기 힘든 것이 대부분이기 때문에 보다 과학적이고 조직적이고 계획적인 전문 노력이 필요하게 된다(최일섭, 1996: 25). 전문사회복지실천방법으로서의 **지역사회복지**는 지역사회 주민들의 삶의 질을 향상시키기 위해 전문사회복지사들이 사회복지적 지식과 기술을 활용하여 조직적이고 체계적으로 개입하여 계획된 지역사회 변화 목표를 달성하고자 하는 의도적이고 합리적인 과정으로서 지역사회의 문제나 위험을 해결하고, 지역구성원들의 욕구를 해결하기 위한 프로그램, 서비스, 정책 등으로 정의해 볼 수 있다.

이러한 관점에서 와일(Weil, 1996)은 지역사회복지실천[8]의 구체적인 기술을 조직화(organizing), **기획**(planning), **개발**(development), **변화**(change)로 분류하고 있다. 여기서 '**조직화**'란 이웃, 지역사회, 지역, 국가, 나아가서 세계의 사회정의와 사회조건의 향상을 위하여 사람들이 함께 하도록 하는 것을 의미한다. '**기획**'은 서비스의 통합과 자원 할당을 위해서 조직 간의 기획을 통한 지역사회의 서비스로부터 사회정책의 기획 및 실행

8) 최근에는 전문사회복지사의 구체적이고 전문적인 개입기술적인 측면을 강조하는 실천방법으로서의 의미를 강조하여 지역사회복지실천(community welfare practice)으로 개념화하는 경향이다.

에 이르는 서비스 기획과정 및 기술을 포함하는 개념이다. '**개발**'은 빈곤지역이나 소외계층의 사회환경을 보호하고 삶의 조건을 개선하기 위한 사회적, 경제적 지속가능한 개발노력을 의미한다. 한편 '**변화**'는 교육적 캠페인으로부터 서비스 강화나 정책변화를 위한 연대, 사회정의를 위한 사회운동에 이르는 사회행동 및 사회변화 전략을 일컫는 말이다(정무성, 1997).

지역사회복지는 이전까지 **지역사회조직**(community organization : CO) 측면에서 개념화해 오기도 했다. 지역사회 주민들의 삶의 질 향상이라는 목표를 가지고 지역사회문제를 해결하고 주민의 복지욕구를 충족시키기 위해 공공과 민간의 협력을 강조하면서, 활동을 강조하는 전문적인 서비스와 방법이고(오정수·류진석, 2006: 33-34), 나아가 사회복지사들의 전문적인 개입을 통해 지역사회를 조직화하고, 지역통합 및 지역공동체를 실현하는 움직임을 포함하고 있다. 지역주민들의 적극적인 참여를 기반으로 지역사회를 재편하고, 지역사회를 더욱 촘촘하게 만들며, 지역사회의 각종 문제들을 지역주민 스스로 효과적으로 대처할 수 있는 역량을 강화하고, 자원을 조직화하는 노력으로 지역사회복지를 정의해 오기도 했다. 우리나라 사회복지관사업 중 **지역사회조직사업에 포함되는 부분은** 주민조직화(조직체 형성 및 운영, 주민협력체, 녹색가게, 쓰레기 재활용운동, 아나바다 시장 등) 및 교육, 복지네트워크 구축, 주민복지 증진, 자원봉사자 양성 및 후원자 개발·조직 등이다.

또한 지역사회복지를 '재가복지서비스를 중심으로 환경개선서비스, 지역사회주민의 조직화활동, 지역사회를 중심으로 지역사회 주민에 대한 생활문제의 전반적인 것을 도모하는 포괄적 개념'(김범수, 2005: 37. 일본은 1960년대 고령화사회에 진입하면서 시설복지를 중심으로 하는 사업에서 지역사회를 중심으로 하는 재택복지사업을 지역복지의 범주에 포함시킴)으로 정의함으로써 지역사회조직(화)을 근간으로 주민들의 문제해결능력 및 지역사회역량을 강화하는 면(지역사회조직)과 재가복지서비스에 초점을 두는 일본의 지역복지[9](community welfare) 개

9) 아베시로(阿部志郎)는 '지역복지는 지역 내의 공공기관과 민간기관이 협동하여 각종 사회복지를 위한 시책과 시설 등의 자원을 동원함으로써 지역의 복지욕구를 충족시킴과 동시에 주민참여에 의한 사회복지활동을 조직화하여 지역의 복지를 실현해 가는 구체적 노력의 총체'라고 했다(이영철, 2003: 74 재인용). 일본의 지역복지는 커뮤니티 케어(community care, 지역사회보호)에 기본이념을 두고 지역주민들의 구체적인 협동에 의해 복지를 실현하는 지역조직화활동에 초점을 둔다. 커뮤니티 케어는 재가복지를 의미하는 것이고, 시설보호를 대치하는 보호

념을 원용하여 정의하기도 한다. 최근 우리나라에서도 사회복지관 사업을 '지역조직화기능', '서비스제공기능', '사례관리기능'으로 재편하면서 서비스제공기능 내에 지역사회보호사업을 포함하고, 지역사회조직화 기능을 전면에 배치함으로써 지역사회조직화 역량을 더욱 강조하고 있다.

결론적으로 지역사회복지를 정의해보면, **지역사회복지는 지역사회 내의 사회적 약자들의 삶을 보호·보장하고, 지역사회를 재편(역량강화, 조직화, 자원의 조직화)해서 지역사회의 각종 문제해결 역량을 갖출 수 있도록 하는 전문사회복지 실천방법**으로 정의해 볼 수 있다.

2) 지역사회복지는 어떤 배경을 가지고 등장했는가?(등장배경)

지역사회복지의 근원은 시설복지와 재가복지에 관련된다. 사회복지발달사에서 보더라도 구빈원(poor house)의 폐해에 대한 개선책으로서 입소시설인 구빈원과 지역사회 내에서의 자립을 중심으로 한 지역사회복지가 전개되었다. 이러한 점에서 영국 지역사회복지의 역사적 기원은 1601년 엘리자베스 구빈법으로 볼 수 있다. 이 법은 최초의 사회복지제도로 당시 지방행정기관인 지역의 교구단위에 요보호 인구를 보호하는 책임을 부과하였다는 측면에서 지역사회복지의 기원으로 볼 수 있다. 그렇지만 보다 전문화된 지역사회복지는 지역의 요보호대상자 가정을 방문하여 구체적인 원조를 제공한 자선조직협회운동, 빈민지역에 거주하면서 교육문화활동과 사회문제의 조사활동을 통하여 사회문제를 해결하고자 노력한 인보관운동에서 그 기원을 찾아볼 수 있다(김태진 외, 2000).

또한 영국에서는 1920~30년대 정신장애인 치료와 처우에서 약물요법의 발전과 함께 시설수용방식을 탈피하고 지역사회를 중심으로 한 치료와 서비스가 효과적이라는 의견들이 제기되었고, 지역사회보호(community care)이론이 제기되었다(1920~30년대). 이후

형태로 사회적 보호를 필요로 하는 사람의 가정이나 가정과 유사한 지역사회 내 일정한 환경에서 서비스를 제공하는 사회적 보호의 형태이다(김성이 외, 1997: 108).

1946년 제정된 국민보건서비스법이나 1948년 제정된 아동복지법에서도 서비스대상자들을 가능하면, 병원이나 시설에 수용하는 것보다는 병원이나 이용시설에 통원케 하거나 재가서비스를 제공하는 것을 우선으로 했다. 그리고 시설병(hospitalism)과 탈시설화(deinstitutionalization)에 대한 이론들도 지역사회복지를 중요하게 인식시키는 역할을 했다(시설수용방식에 대한 반성). 이렇게 본다면, 지역사회복지를 더욱 강조하게 된 것은 입소시설에서 나타난 문제점을 개선하기 위하여 지역사회를 중심으로 나타난 시설의 개방화 · 사회화, 지역사회를 기반으로 한 재가복지의 등장과 관련된다고 볼 수 있다.

또한 지역사회복지가 강조 · 확대되는 데 있어서는 고령화사회의 도래를 포함해 현대사회의 구조적 · 기능적 변화와 함께 사회복지대상자들이 크게 증가되었다는 점이 중요하게 작용했다. 우리나라에서도 노인뿐 아니라 장애인, 결손가정 아동 등 사회복지대상자들이 증가하면서 지역사회를 중심으로 한 재가복지봉사센터가 설치되었다.

지역사회복지가 중요하게 인식된 것은 1970~80년대 신자유주의의 이념적 조류에 기인한다고 볼 수도 있다. 영국의 지역사회보호(community care) 모델은 1920~30년대에 정신장애인의 시설처우에 대한 반성과 약물요법의 진보와 함께 지역사회에서의 치료 · 처우의 필요성과 가능성이 강조되면서 1970년대 이후 활발히 진행되었고, 1980년대와 90년대 신보수주의 이념을 바탕으로 급속히 확산되었다.

또한 우리나라는 1995년 6월부터 본격적으로 실시된 지방자치제도에 기반하여 지역사회복지가 보다 중요하게 인식되었다. 지역주민들 스스로 책임의식을 가지고, 지역사회 문제에 주체적으로 참여할 수 있는 기회를 가질 수 있기 때문에 지역사회복지를 활성화시키는 좋은 계기가 될 수 있었다(김범수, 2006: 38-40).

3) 지역사회복지의 모델들은 어떤 것들이 있나?

지역사회복지를 실천하는 초기모델은 자선조직협회의 활동과 인보관운동이다. 자선조직협회의 활동과 인보관운동은 지역사회복지 초기모델로 간주되지만 전문성이 인정되는 것은 아니었다. 그렇지만 이러한 활동이 기반이 되어서 1970년대까지 지역사회복지활동은 활발히 진행되었으나 1980년대 들어서면서 예산 삭감 등 보수주의적 사회복지정책 지향으로 인해 지역사회복지는 그 전문성에 있어서는 다소 위축된 모습을 보이기도 했다. 그렇지만 보수주의 정권하에서 사회복지 예산이 삭감되는 가운데 지역사회복지 전략들은 오히려 다양하게 개발되었다. 특히 축소된 예산으로 질적인 수준이 떨어지지 않는 사회복지서비스를 제공하기 위해 사회복지기관들은 자조집단을 형성하고 자원봉사를 조직화하는 노력을 경주하였다. 지역사회복지기관들의 프로그램 실행에 있어서 창의성과 조직의 혁신이 증진되는 계기가 되었다.

최근의 지역사회복지 동향은 **정상화**(normalization)[10]의 이념을 기초로 한 지역중심의 대인서비스, 재가복지의 활성화, 자조(self-help)를 강조하는 모델 확산, 자원의 효율적 활용을 위한 네트워크 구축 등으로 요약할 수 있다. 미국은 지역사회복지를 구체적 · 전문적으로 실천하는 방법을 지역사회조직으로 개념화했고, 영국은 지역사회보호의 형태로 발전시켰고, 일본은 재택복지로 구체화하였는데, 복지대상자들을 수용시설보다는 지역사회 안에서 통합적으로 인권적 상황에서 처우하는 것이 효과적이라는 정상화 이념의 실현에 따른 것이다(정무성, 1997: 34-36).

(1) Rothman의 지역사회조직모델

Rothman(1995)[11]은 지역사회조직을 세 가지 독특한 유형, 즉 지역사회개발(locality development), 사회계획 및 정책(social planning/policy), 사회행동(social action)으로 구분하였다.

'지역사회개발'모델(지역사회 주민의 능력 향상과 통합, 공동체의식 개발이 목표)은 지역사회의 문제나 욕구를 다룰 때 주민들의 자조정신을 강조하는 형태이다. 따라서 주민들이 문제를 스스로 해결할 수 있는 능력을 강화시켜 주는 데 역점을 두고, 문제의 파악 및 해결과정에 있어 주민들의 광범위한 참여를 장려한다. 구체적으로는 주로 교육적인 방법

10) 어떠한 아동, 장애인이라도 특별시 하지 않고 보통의 인간으로 처우해 가는 것을 말하고, 모든 사람들은 그 어떤 이유로부터 차별받지 않고 동등한 지위와 권리를 가지고 있다는 것을 의미한다(보호주의에 대한 공격이고, 인권회복의 의미). 이러한 이념에 기초해 탈시설화, 시설의 사회화가 진행되고 있고, 재가복지활동이나 지역사회보호활동이 이루어지고 있다.

11) 로스만(Rothman)은 1967년 논문에서는 사회계획모델, 지역사회개발모델, 사회행동모델로 구분하였는데, 1987년에는 지역사회개발모델, 사회계획모델, 사회행동모델에 사회개혁모델을 추가하였으며, 1995년에는 사회계획모델에 정책을 연계시켜서 지역사회개발모델, 사회계획 및 정책모델, 사회행동모델로 제시하였다.

을 통해 주민들 가운데 지도자를 양성하고 그 지도력을 개발하여 지역사회 문제에 주민들이 협력적으로 일할 수 있는 분위기를 조성하는 것을 강조하게 된다. 이 모델에서 전문가는 조력자, 조정자, 문제해결기술 훈련자의 역할을 담당하게 된다.

'사회계획 및 정책'모델(지역사회의 구체적인 문제해결이 목표)은 각종 지역사회 문제를 해결하는 데 있어 합리적인 면을 강조한다. 따라서 전문가가 개입하여 지역사회사업의 과정을 주도해 나가고 욕구가 있는 주민들에게 물자와 서비스를 제공함으로써 주민들은 수혜자의 역할에 머무르게 된다. 현대 사회계획은 고도의 자료분석 기법들이 활용되는데, 전문가는 자료를 수집, 분석하여 전망을 하고 그에 입각한 프로그램의 계획과 평가까지를 담당하게 된다.

'사회행동'모델(지역사회의 불균형한 권력관계와 자원배분의 변화가 목표)은 지역사회의 억압받고 소외된 주민들이 사회정의와 정치적 공평성의 입장에서 사회, 정치, 경제적으로 보다 나은 처우를 받을 수 있도록 해주는 활동을 말한다. 따라서 지역사회의 기존 제도나 상태에 대한 근본적인 변화를 추구한다. 항의나 시위, 협상 등이 문제를 해결하기 위한 수단으로 이용되기도 한다(정무성, 1997, 2000; 오정수・류진석, 2006).

(2) 한국의 지역사회복지실천모델 - 지역사회자원개발모델

지역사회자원개발모델은 지역사회복지시설과 기관이 부족한 정부보조금(subsidy, grant)이나 인력을 보충해 나가기 위해 시설의 경영자와 사회복지사가 합심해서 후원금을 확보하고 자원봉사인력을 확보해 나가는 방법을 말한다. 영국, 미국, 일본 등의 경우, 사회복지시설 및 기관들은 정부에서 지원받는 운영비로 시설을 운영하는 데 큰 무리가 없기 때문에 지역사회자원개발 및 동원에 적극적이지 않다.

(3) 한국의 지역사회복지실천모델 - 재가복지서비스모델

우리나라는 1992년부터 재가복지봉사센터를 운영하고 있다. 재가복지서비스 사업은 영국의 지역사회보호사업과 일본의 재택복지사업으로부터 영향을 받은바 크지만, 현재 가정봉사원파견사업, 주간보호사업, 단기보호사업 중심의 재가복지사업을 수행하고 있다.

4) 지역사회복지의 실천주체 및 현장

(1) 지역사회복지관

사회복지관이란 지역사회를 기반으로 일정한 시설과 전문 인력을 갖추고 지역주민의 참여와 협력을 통하여 지역사회복지문제를 예방하고 해결하기 위하여 종합적인 복지서비스를 제공하는 시설을 말한다(보건복지부, 2016).

사회복지관은 전문사회복지의 태동기의 인보관의 활동과 같은 의미를 담고 있다. 우리나라에서는 1921년 서울에 태화여자관이 시초였고, 1983년 사회복지사업법 개정으로 사회복지관 운영에 대해 국고보조가 이루어졌으며, 1989년 '사회복지관 설치 · 운영규정'이 만들어짐으로써 사회복지관 발전에 큰 전환점을 이루었다. 또한 1989년 '주택건설촉진법' 등에 의해 저소득층 영구임대아파트 건립 시 일정 규모의 사회복지관 건립을 의무화함[12]으로써 사회복지관이 급격하게 증가하는 계기가 되기도 했다. 현재 전국에 450여개의 사회복지관이 운영되고 있다.

사회복지관은 사회복지서비스 욕구를 가지고 있는 모든 지역사회주민을 대상으로 보호서비스, 재가복지서비스, 자립능력 배양을 위한 교육훈련 등 그들이 필요로 하는 복지서비스를 제공하고, 가족기능 강화 및 주민 상호 간 연대감 조성을 통한 각종 지역사회문제를 예방 · 치료하는 종합적인 복지서비스 전달기구로서 지역사회 주민의 복지증진을 위한 중심적 역할을 수행하여야 한다는 목표를 가지고 있다.

사회복지관 사업의 대상은 지역사회에서 사회복지서비스 욕구를 가지고 있는 모든 지역주민들이고, 특히 ① 국민기초생활보장 수급자, 차상위계층 등 저소득 주민, ② 장애인, 노인, 한부모가족 및 다문화가족, ③ 직업 및 취업알선이 필요한 사람, ④ 보호와 교육이 필요한 유아 · 아동 및 청소년, ⑤ 그 밖에 사회복지관의 사회복지 서비스를 우

12) 제6공화국(1988~1992, 노태우 정권) 정부에서 저소득층 주택난 해결을 위해 주택 200만 가구 건설을 추진하였다.

선 제공할 필요가 있다고 인정되는 사람들을 우선대상으로 한다(보건복지부, 2016).

사회복지관은 기본적으로 지역사회의 특성과 지역주민들의 복지서비스욕구에 기반하여 사업을 수행하는 것을 원칙으로 하지만, '사례관리기능(사례발굴, 사례개입, 서비스연계)', '서비스제공기능(가족기능강화, 지역사회보호, 교육문화, 자활지원 등 기타)', '지역조직화기능(복지네트워크구축, 주민조직화, 자원개발 및 관리)' 등을 공통적으로 추진하고 있다.

(2) 사회복지공동모금회

사회복지공동모금회(Community Chest of Korea)[13]는 1998년 11월 사회복지법인 전국 공동모금회 설립, 1999년 3월 중앙 및 16개 지회체제 확립의 역사를 가진 국내 최대의 민간모금 및 배분기관이다. 과거 연말이면 관주도 또는 방송국 등에서 불우이웃돕기모금행사를 전개했고, 행사의 성금이 보건복지부와 지방자치단체의 선심성 행정에 사용되었지만, 이제 이러한 성금이 사회복지공동모금회로 들어와 합리적이고, 전문적인 배분절차를 통해 필요한 곳에 배분되고 있다.

사회복지공동모금회법[14](2004년 일부 개정된 법률) 제2조에 보면 사회복지공동모금이란 사회복지사업 기타 사회복지활동의 지원에 필요한 재원을 조성하기 위하여 이 법에 의하여 기부금품을 모집하는 것을 말한다.

사회복지공동모금회는 사회복지사업과 활동 지원에 필요한 재원을 조성하는 민간법인이고, 광역자치단체 이상의 단위에 지회를 두고 있다. 사회복지공동모금회의 주요사업은 역시 모금과 배분이다. 모금된 재원을 사회복지사업이나 활동에 합리적이고 객관적으로 배분해야 한다.

13) 우리나라 사회복지공동모금회에서는 이 용어 사용. chest는 가슴, 흉곽 뜻도 있지만, 금고 또는 자금 등의 의미를 가진다. 초창기 미국에서 이 용어를 사용하였다. 1950년대에 유나이티드 펀드(United Fund), 현재는 유나이티드 웨이(United Way)로 사용한다. 일본과 우리나라에서는 커뮤니티 체스트(Community Chest)로 사용하고 있다.

14) 1997년 '사회복지공동모금법' 제정, 1999년 '사회복지공동모금회법'으로 법명을 개정하였다. 이후 3차례 개정이 있었다. 참고로 모금과 관련된 법으로 '기부금품 모집 및 사용에 관한 법률(2007. 5)'이 있다. 이 법은 기부금품 모집자의 제한과 국가나 지방자치단체의 기부금품 모집제한의 의미를 담고 있다. '사회복지공동모금회법'은 이 법의 적용을 받지 않는다. 이 법은 1951년 '기부금품모집금지법', 1995년 '기부금품 모집규제법'으로 전면 개정되었고, 2007년 '기부금품 모집 및 사용에 관한 법률'로 전면 개정되었다.

사회복지공동모금회는 지역사회복지실천을 가능케 하는 간접적인 역할을 하는 기관이지 직접적인 복지사업을 운영하는 기관은 아니다. 다양한 방법에 의해 모금을 해서 지역사회복지관을 비롯한 사회복지기관 및 사회복지사업 기관들의 지역사회복지활동을 원조하는 역할을 수행한다.

(3) 사회복지협의회와 지역사회보장협의체

사회복지협의회(Korea National Council on Social Welfare, 한국사회복지협의회)는 지역사회의 민간 사회복지기관 · 시설 · 단체들이 지역사회의 사회복지문제를 함께 협의하고 조정하는 기구를 말한다.[15] 지역사회 단위의 사회복지문제나 각 지역사회의 공통적인 사회복지문제를 함께 해결하기 위해 여러 시설과 기관들이 연합하여 연계 · 협의 · 조정하는 기구이다.

각 사회복지시설이나 기관들은 맡은바 역할과 기능을 가짐으로써 지역사회 전체의 사회복지문제 해결에 접근하기 힘든 부분이 있다. 지역사회의 시설이나 기관단위에서 해결할 수 없는 사회복지문제들 또는 지역주민들의 복지욕구를 충족 · 해결하기 위해서 공 · 사의 기관과 시설 또는 개인들을 동원 · 협력하고, 조정 · 지원함으로써 지역사회 주민 전체의 복지 향상을 도모하는 조직체를 말한다. 지역사회 주민 전체의 복지욕구를 조사한다든지, 이러한 욕구조사에 기반한 지역사회복지 방향과 계획을 제시한다든지 하는 것이 가장 기본적인 부분일 것이다.

사회복지협의회는 1952년 한국사회사업연합회라는 명칭으로 출발해서 1970년에 한국사회복지협의회로 명칭이 변경되었다. 1980년대에 16개 광역시와 도 단위에 사회복지협의회가 설립되었고, 1990년대 이후 상당수의 기초자치단체단위의 사회복지협의회가 설립된 상황이다.

사회복지협의회는 현재 지역단위의 욕구조사를 시행한다든지, 사회복지사들의 역량강화를 위한 각종 교육사업, 지역자원체계 정리, 나아가 도 단위 지방자치단체의 각

15) 일반적으로 협회(association)는 소속회원이나 회원기관들의 입장을 옹호하기 위한 연합체를 말한다. 따라서 협의회(council)와는 다른 개념이다.

사회복지시설 · 기관에 대한 지원을 측면에서 지원 · 후원하는 역할을 담당하고 있다. 한국사회복지협의회의 주요사업으로는 정보관리, 사회복지봉사활동인증관리, 시설평가, 교육 · 훈련, 조사연구 등을 포함하고 있다.

지역사회보장협의체는 기본적으로 네트워크형 조직구조를 통해 당면한 지역사회보장의 현안문제를 해결하자는 근본적인 취지를 가진 민 · 관 협의 · 조정 · 심의기구다. 지방분권의 흐름과 지역사회 특성에 맞는 사회보장체계수립, 맞춤형 통합복지의 기반 마련이라는 필요를 충족시키기 위해 중앙정부 차원의 획일적 접근을 벗어나 지역사회 중심의 사회보장계획수립과 이의 운영을 위한 실질적인 지역사회 내 네트워크 구축, 지역사회 공동체기능 회복, 복지사각지대 및 자원발굴 · 연계기능 등을 강조하면서 추진되었다.

2003년 7월 '사회복지사업법' 개정에 근거기반을 두고 지역사회복지협의체가 광역단위와 기초자치단체단위에 거의 모두 설치되었고, 2015년 7월 「사회보장급여의 이용 · 제공 및 수급권자 발굴에 관한 법률」(이하 '사회보장급여법'으로 약칭)로 설치운영의 법적 기반이 바뀌면서 지역사회보장협의체로 변경되었고, 읍면동단위의 지역사회보장협의체 구성 · 운영이 추가되었다. 지역사회보장협의체는 대표협의체, 실무협의체, 실무분과, 읍면동 지역사회보장협의체로 구성된다.

지역사회보장협의체는 ① 지역사회보장계획 수립 · 시행 · 평가에 관한 사항, ② 지역사회보장지표에 관한 사항, ③ 시군구의 사회보장급여 제공에 관한 사항, ④ 시군구의 사회보장 추진에 관한 사항, ⑤ 읍면동 지역사회보장협의체 구성 및 운영에 관한 사항, ⑥ 그 밖에 위원장이 필요하다고 인정하는 사항, ⑦ 지역사회보장협의체 운영에 관한 사항 등을 심의 · 건의 · 자문하는 기능을 갖는다(보건복지부, 2017, 지역사회보장협의체 운영 안내).

(4) 자원봉사센터

자원봉사센터는 자원봉사활동의 모든 것이 이루어지는 자원봉사활동의 중심기관이다. 지역주민이 지역사회복지에서 주체적인 역할을 수행하기 위한 가장 보편적인 방법이 자원봉사활동이고, 지역주민들의 지역사회복지를 위한 자원봉사활동을 체계적으로 통합하고 활성화하는 기관이 자원봉사센터이다.

자원봉사센터는 자원봉사자를 적극적으로 다양한 방법으로 발굴(모집)해서 교육시키고, 자원봉사활동을 원하는 수요기관에 적절하게 파견하고, 자원봉사자의 적성과 흥미에 걸맞는 봉사활동을 지속적으로 수행할 수 있도록 격려 · 지원하고, 적극적으로 자원봉사 수요처를 발굴하여 자원봉사자들과 연결함으로써 자원봉사활동의 수요와 공급을 조절하는 기관이다.

우리나라에서는 행정자치부가 주관하여 2006년 자원봉사활동기본법을 제정함으로써 자원봉사센터를 전국 광역단위와 기초단위에 모두 설치했다.[16] 이 법에서 자원봉사활동은 개인 또는 단체가 지역사회 · 국가 및 인류사회를 위하여 대가없이 자발적으로 시간과 노력을 제공하는 행위로 규정하고, 자원봉사센터를 자원봉사활동의 개발 · 장려 · 연계 · 협력 등의 사업을 수행하기 위하여 법령과 조례 등에 의하여 설치된 기관 · 법인 · 단체로 규정하고 있다(자원봉사활동기본법).

그렇지만 우리나라에서는 자원봉사활동을 다양한 정부부처에서 관장하고 있다. 중 · 고등학생들의 봉사활동을 교육인적자원부가, 여성들의 봉사활동을 여성가족부가, 일반성인들의 봉사활동을 행정자치부가, 복지 관련 봉사활동을 보건복지부가 관장하여 자원봉사활동 창구가 다양하게 형성되어 있다. 자원봉사활동의 활성화에 많은 저해요인으로 작용하고 있는 현실이다.

복지 분야 자원봉사활동은 지역사회 내 각 사회복지기관 및 시설에서 자체적으로 꾸려가고 있고, 복지관 부설 재가복지봉사센터에서 복지 분야 자원봉사활동의 상당부분이 이루어지고 있다. 이념형적으로 본다면 자원봉사센터에서 자원봉사자를 모집 · 교육 · 파견 · 보상하고, 사회복지기관이나 시설에서 필요한 자원봉사자를 요구하는 것이 가장 정상적이겠지만 현실은 전혀 그렇지 않는 양상이다.

자원봉사활동은 지역사회의 문제를 해결하고, 지역사회 주민들을 조직화하고, 지역

16) 실제로는 2006년 이전에 이미 행정자치부 훈령에 근거 각 지방자치단체에 250여 개의 자원봉사센터가 설립되어 있었다.

사회 자원들의 조직화 및 네트워크화의 가능성을 충분히 담보하고 있다. 지역사회복지 또는 지역사회조직에 있어 자원봉사활동의 적극적인 활용이 모색되어야 한다.

5) 우리나라 지역사회복지(실천)의 과제와 전망

최근 우리나라에서도 신자유주의적 흐름과 지방분권 · 지방화 등의 흐름에 따라 지역사회복지 또는 복지공동체를 강조하고 있고 사회복지 영역 중 가장 큰 관심을 받는 분야이다. 따라서 지역사회복지에 대한 한국적인 이론 정립이 필요한 시점이다. 서구의 지역사회복지이론을 모방, 이식시키는 것이 아니라 한국 지역사회 주민들의 실제적인 생활경험을 통해서 분출되는 문제제기와 이러한 문제들을 해결해가는 독자적인 전략과 기술개발이 이루어져야 할 것이고, 독자적인 이론기반과 모형, 실천의 틀이 만들어져야 할 것이다. 나아가 지역사회의 독특한 문화기반 위에서 다른 지역과 구분되는 지역사회복지모형들이 실현될 필요가 있다. 모든 지역에 획일적인 지역사회복지의 실천이 이루어진다면 결코 다양성의 발전과 이를 통한 더 큰 발전은 가져오기 힘들 것이다. 그 지역의 독특한 문화적 기반 위에 차별적인 지역사회복지 문화를 보유할 수 있어야 한다는 점이다.

우리나라의 사회복지의 형태와 내용은 아직도 획일성을 면치 못하고 있다. 서울의 복지관 프로그램과 대구의 복지관 프로그램, 농촌지역의 프로그램이 하나같이 유사한 면들을 보이고 있다. 전혀 차별적이지 못하다. 지역사회복지는 기본적으로 지역적 특성을 강조한다. 지역적 특성을 살리는 지역사회복지의 실천이 이루어지기 위해서는 지역사회의 문제 진단과 지역사회 주민들의 욕구를 정확히 반영할 수 있어야 한다. 단순히 지역주민들에 대한 욕구조사에 기반한다면 지역주민들의 욕구를 정확히 파악해내기 힘들다. 지역사회의 다양한 측면에 대한 이해에 기반해서 지역주민들의 성향과 문화를 파악하고, 다양한 자료를 활용한 지역주민들의 욕구분석이 이루어질 필요가 있다.

또한 지역사회복지에서는 지역주민들의 적극적인 참여, 주민들의 연대와 통합이 주된 이념이라 할 수 있다. 지역주민들 간, 지역자원들 간의 연계와 통합, 네트워크(네트워킹[17])가 지역사회복지공동체를 만들어 가는 데 중요한 수단이 될 수 있다. 사회복지사들은 자신들의 직업에 대해 '사랑과 희생, 봉사정신을 가지지 않으면 수행할 수 없는 일'로 생각하는, 직업에 대한 소명의식이 남다르다. 이는 직업수행에 있어 중요한 부분이기도 하지만 배타성을 견지할 수 있는 가능성도 존재한다. 예를 들어, 사회복지 영역에 종사하고 있는 사람들이나 사회복지 분야 자원봉사자들은 새마을 단체나 각종 사회단체와 그 회원들을 경원시하는 경향들이 있다. 뭔가 깨끗하지 못하고, 형식적이라고 생각하는 경향들이 있다. 지역사회복지의 틀은 지역사회 주민들의 협동 · 공동체 · 연대에 초점을 맞추지 않으면 결코 성공할 수 없다.

지역사회복지를 제대로 실천하기 위해서는 지역사회복지 전문가의 양성이 시급하다. 일반(generalist) 사회복지사보다는 지역사회복지에 전문적인(specialist) 사회복지사를 양성할 수 있는 체계를 갖추어야 한다. 지역사회복지를 통한 지역사회공동체 형성과 지역사회 발전을 도모하기 위해서는 지역사회의 다양한 측면들을 분석해내는 능력을 필요로 하기 때문이다.

참고문헌

김범수 · 신원우(2006). 『지역사회복지론』. 공동체.

김성이 외(1997). 『비교지역사회복지』. 한국사회복지관협회.

김영종(2005). 『사회복지행정』. 학지사.

김영화 · 공정원 · 박태정 · 장경은(2005). 『사회복지정책론』. 삼우사.

김태진 외(2000). 지역사회복지 발전과정 분석. 한국사회복지학회 춘계학술대회자료집.

류상열(2004). 『지역사회복지론』. 형설출판사.

17) 네트워크는 사회복지서비스 조직을 운영하고, 서비스를 생산 · 전달하는 데 필요한 자원을 교환 · 공유하고, 서비스 연계 및 서비스 통합을 위해 형성된 체계적이고 협력적인 관계망을 의미한다. 네트워킹은 이러한 관계망을 형성하기 위한 제반 활동을 의미하고, 사회복지서비스의 네트워킹은 정보공유, 자원공유, 서비스 조정과 연계, 통합서비스 제공에의 협력, 공유에 기반한 새로운 서비스 개발 등의 의미를 함축하고 있다. 네트워크의 이점은 공공과 민간, 서비스조직들 간의 파트너십에 기초한 상호보완적 관계를 통해 서비스 전달의 시너지효과를 거둘 수 있다.

박경일 · 김경호 · 서화정 · 윤숙자 · 이명현 · 이상주 · 이재모 · 전광현 · 조수경(2010). 『사회복지학강의』. 양서원.

박정호(2003). 『사회복지정책론』. 학지사.

박종삼 외(2002). 『사회복지학개론』. 학지사.

보건복지부(2016). 사회복지관 운영관련 업무처리 안내.

보건복지부(2017). 지역사회보장협의체 운영안내.

성규탁(1994). 『사회복지행정론』. 법문사.

송근원 · 김태성(1995). 『사회복지정책론』. 나남출판.

신복기 · 박경일 · 장중탁 · 이명현(2004). 『사회복지행정론』. 양서원.

신원식(2000). "사회복지 정책분석의 통합적 방법모색과 그 적용". 경북대학교 대학원 박사학위논문.

오석홍(1991). 『조직학의 주요이론』. 경세원.

오정수 · 류진석(2006). 『지역사회복지론』. 학지사.

이영철(2003). 『지역사회복지실천론』. 양서원.

임춘식 외(2007). 『사회복지학개론』. 공동체.

정무성(1997). "지역사회복지실천모델에 관한 이론적 고찰". 『1997년 추계학술대회자료집』. 한국사회복지학회.

정무성(1997). "지역사회복지의 전망과 과제". 『2002 춘계학술대회자료집』. 한국사회복지학회.

최일섭(1996). 『지역사회복지론』. 서울대학교 출판부.

최일섭 · 류진석(1997). 『지역사회복지론』. 서울대학교 출판부.

현외성(2003). 『사회복지정책강론』. 양서원.

황성철(2001). "임파워먼트 모델과 사회복지조직관리". 한국사회복지행정과 임파워먼트. 한국사회복지행정학회 추계학술대회 자료집.

Dear, R. B.(1999). "사회복지정책". 김만두 외 감수. 『사회복지대백과사전』. 나눔의 집.

Gates, B.(1980). *Social Program Administration: The Implementation of Social Policy*. Englewood Cliffs. NJ: Prentice-Hall.

Gilbert, N. & Terrel, P.(2002). *Dimensions of Social Welfare Policy*. Allyn and Bacon.

Gilbert, N., Specht, H., & Terrel, P.(1993). *Dimensions of Social Welfare Policy*. New Jersey: Prentice-Hall. Inc.

Hasenfeld, Y.(ed.)(1992). *Human Services As Complex Organization*. Newbury Park. CA: Sage

Publication.

Patti, R.(1983). *Social Welfare Administration: Managing Social Programs in a Developmental Context*. Englewood Cliffs, NJ: Prentice-Hall.

Taylor, F. W. 박진우 역(1994). 『과학적 관리의 원칙』. 박영사.

CHAPTER

5 사회복지의 미시적 실천방법

Introduction to social Welfare

사회복지의 미시적 실천방법은 한 마디로 어려움을 겪고 있는 클라이언트를 대상으로 직접 만나서, 상호작용하면서, 충분한 신뢰관계의 기반 위에서 클라이언트의 현재 상황의 어려움을 함께하는 것을 말한다. 이때 클라이언트는 개인이나 가족, 집단 등이 될 수 있다. 경제적인 어려움을 비롯한 사회적 관계의 어려움을 갖는 대상자들인 것이다.

82세 독거 할머니가 후처로 들어와서 남편이 죽은 이후 그 자녀들로부터 버림받고 혼자서 살아가고 있는 경우, 사회복지사가 개입해서 신체적 건강과 정신적 · 사회적 건강함을 가지고 행복하게 살아갈 수 있는 여건을 함께 만들어 가는 과정은 전형적인 경우라고 할 수 있다. 이 할머니에게 신체적 건강을 위해 의료적 서비스를 제공 또는 연결하고, 가족을 비롯한 사회적 관계망의 재구조화를 통해 가족과 이웃과의 유대를 강화하면서 다른 사람들과 어울림을 가질 수 있도록 하고, 경제적으로 국민기초생활보장 수급자가 될 수 있는 방법을 모색해 보는 것이 중요하다.

두 형제(중 1과 초등 4학년)가 소년소녀가정을 꾸리고 살아가는 가정에 사회복지사가 개입하는 경우도 생각해 볼 수 있다. 아버지는 죽고, 어머니는 정신질환으로 정신요양원에 들어간 경우다. 두 형제의 집도 마을과는 다소 떨어진 외딴 집이다. 사회복지사가 처음 찾았을 때 방안은 어지럽혀져 있고, 동생만이 집에서 컴퓨터게임에 열중하고 있는 모습이다. 이 가정에 사회복지사가 어떻게 개입해서 어떠한 도움을 줄 수 있는지를 알아보는 것이 미시적 실천을 규정하는 데 충분한 도움이 될 수 있을 것이다.

가출을 여러 번 시도한 경험을 가진 고등학생 여자아이를 둔 가정에 개입해서 가족의 커뮤니케이션 양식을 변화시키고, 가족구성원들의 관계구조를 변화시켜 가는 모습, 고등학교 교사인 아버지와 아들이 함께 살고 있는 가정에서 아동학대가 일어나는 현장, 은둔형 외톨이로 5년 이상 지난 대상자들이 함께 자리할 수 있도록, 그리고 그들 가족들을 한자리에 모일 수 있도록 해서 자조모임을 구성하고, 그 집단을 이끌어가는 사회복지사의 모습, 학교현장에서 갖가지 어려움을 겪고 있는 아이들에게 다가가서 아이들의 어려움을 함께하면서 가정과 지역사회와 함께 아이가 양질의 교육을 받을 수 있도록 여러 측면에서 도움을 제공하는 모습 등 너무나 다양한 모습을 생각해 볼 수 있다.

사회복지의 미시적 실천방법은 그 대상이나 실천방법 및 범위를 기준으로 개별사회사업, 집단사회사업, 지역사회조직 등으로 분류해서 발전되어 왔다. 그렇지만 1970년대 들어서 대상자들의 문제는 어떤 한 부분에서만 접근해서 될 문제가 아니고 총체적, 통합적, 보다 전문적[1]으로 접근해야 할 문제라는 인식이 확산되면서 사회복지실천이라는 용어를 사용함으로써 전통적인 사회사업방법으로 인식, 발전되어 왔던 개별사회사업과 집단사회사업, 지역사회조직 등이 사회복지실천으로 통합되었다(통합방법론적 접근 시도). 우리나라에서도 1980년대 사회사업이라는 용어가 사회복지로 바뀌어지고, 개별사회사업과 집단사회사업을 사회복지실천으로 통합하였다.

1. 사회복지실천이란?

사회복지실천(social work practice)이란 개인이나 가족, 집단 또는 지역사회를 대상으로 전문사회복지사가 직접적 또는 간접적 서비스를 통해 대상자의 욕구를 충족시키고 당

1) 여기서 전문적으로 접근한다는 의미는 전문적인 지식, 기술과 기법 등을 사용한다는 의미일 수도 있지만, 개인적·가정적 차원의 문제에 개입하는 데 있어 과연 개별적인 접근을 시도할 것인가 아니면 지역사회 차원에서 접근할 것인가를 전문적으로 판단하는 능력을 말한다. 만약 어떤 사람이 취업기회의 부족이나 차별로 상처를 받고 자존감을 상실한 경우라면 지역사회 차원에서 접근해야지 심리적 상담이나 경제적 원조를 행하는 것은 적절하지 못한 접근이 될 수도 있기 때문이다.

면한 문제를 해결하도록 돕는 전문적인 활동을 일컫는다. 사회복지실천은 개인, 집단, 지역사회를 대상으로 그들이 적절한 사회적 기능을 수행할 수 있도록 개별적 · 제도적으로 원조하는 활동이다.

사회복지사들의 위의 개입사례 속에서 사회복지실천의 의미를 찾을 수 있을 것이다. 첫째, 사회복지사와 클라이언트(대상자) 간의 신뢰로운 관계(rapport)를 형성한다는 점이다. 직접 만나서 상호작용을 통해 관계를 형성한다는 것이다. 이 과정에서 관계형성의 전문적인 지식이나 기술, 기법들이 사용된다.

둘째, 사회복지사는 대상자들에게 서비스 연결, 정보제공, 교육, 상담, 지지망 형성 등의 직접적인 서비스를 제공하고, 자조집단 구성, 지역사회의 조직화, 지역사회자원의 네트워크화 등의 간접적인 서비스를 제공함으로써 클라이언트의 욕구를 충족시키고 클라이언트의 당면한 문제를 해결하는 것을 원조한다. 사회복지사는 문제해결을 돕는 사람이지 문제해결을 주도하는 입장은 아니다. 원조자의 입장이고, 클라이언트와 함께 문제를 해결한다는 입장을 견지한다.

셋째, 사회복지사는 개인, 집단, 지역사회의 사회적 기능을 회복, 향상시키는 활동에 주력한다. 개인의 손상된 기능이나 능력의 회복 및 치료는 물론이고 집단구조와 과정의 개량, 지역사회구조와 과정의 변화를 통해서 개인이나 가족, 집단, 지역사회의 기능을 회복 · 향상시키고 그들로 하여금 적절한 기능을 수행할 수 있는 환경적 여건을 조성함으로써 문제를 해결하고 문제에 대처할 수 있는 능력을 신장시키려 한다.

2. 사회복지실천의 구성요소와 관련된 체계

사회복지실천에 있어서 기본적인 구성요소는 무엇인가? 우선 전문사회복지사가 있어야 할 것이고, 원조대상인 문제와 어려움을 가진 클라이언트가 있다. 또한 클라이언트에 대해 서비스를 제공하는 기관 및 조직, 서비스와 서비스 제공과정이 포함될 것이다.

사회복지사가 학대받는 아동에 대해 복지관에서 제공하는 쉼터에 일단 분리 거주시키고, 아동에 대한 자료수집과 상담과정을 거치고, 아버지에 대한 상담과정을 통해 지역사회복지시설(아동시설)에 연결시키고, 사례관리하는 서비스 과정들이 있을 수 있다.

펄만(Perlman)은 사회복지실천에 포함되는 구성요소로서 4P의 개념을 제시했다. 즉, 문제(Problem)를 가진 사람(Person, 클라이언트, 사회복지대상자 등으로 지칭)은 어떠한 장소(Place)로부터 그 문제를 해결하기 위한 도움을 구하며, 이러한 도움은 일정한 과정(Process)을 통해 제공된다. 이후 펄만은 전문가의 개념(Professional)과 물질적 재화, 기회, 사회적 지지 등을 지칭하는 제공물(Provision) 개념을 추가해서 6P 개념으로 확장시켰다(Perlman, 1986: 254).

사회복지사는 사회복지실천현장에서 클라이언트 체계들과만 활동하는 것이 아니라 클라이언트 체계의 문제에 영향을 미치는 주변의 많은 체계들과 함께 활동하게 된다.

핀쿠스와 미나한(Pincus & Minahan, 1973)은 사회복지사가 실천현장에서 함께 활동하게 되는 체계를 4가지 체계로 분류, 제시했다. 클라이언트 체계, 변화매개체계, 표적체계, 행동체계이고, 콤프톤과 갤러웨이(Compton & Gallaway, 1999)는 여기에 전문가체계를 추가하였다(도광조, 2005: 76).

① 클라이언트 체계

클라이언트는 서비스나 도움이 필요해 사회복지사나 사회복지기관에 도움을 요청하고, 서비스를 제공받는 개인, 집단, 지역사회를 말한다. 클라이언트 체계는 클라이언트와 그 문제해결에 잠재적으로 영향을 주는 환경에 있는 사람들을 말한다. 핵가족을 클라이언트로 본다면 확대가족, 이웃, 목사, 교사 등을 포함한다.

② 변화매개체계

사회복지사가 서비스를 통해 원조와 자원을 제공하는 조직, 기관, 지역사회 사회복지시설을 말한다. 사회복지사가 변화매개체계일 수도 있다.

③ 표적체계

클라이언트 체계의 변화목표를 성취하기 위해 변화되거나 영향을 미쳐야 할 개인,

집단, 지역사회를 말한다.

④ 행동체계

사회복지사가 요구되는 변화를 성취하기 위해 함께 할 수 있는 지역사회 자원으로 이웃, 가족, 학교, 전문가, 청소년단체 등이 포함된다.

⑤ 전문가체계

사회는 계속해서 변화하고, 사회복지현장도 변화한다. 변화하는 상황에서 사회복지사의 실천에 관한 지식과 기술도 변화해야 한다. 사회복지현장에서 사회복지사로 하여금 변화하는 상황에 적절한 전문적인 지식과 기술을 쌓을 수 있도록 하는 조직체계들을 말한다.

3. 사회복지실천에 있어 관계형성

사회복지실천에 있어서 클라이언트(대상자)와의 관계형성은 대단히 중요하다. 특히 직접적인 상호작용과정에서 호의적이고 신뢰로운 관계를 형성하는 것은 그 자체가 대상자의 욕구를 충족시키고, 문제를 해결하는 과정일 수도 있지만, 실천과정 전반에 있어 기반을 이룬다는 점에서도 매우 중요하다. 사회복지대상자들은 소외되고, 상처를 가진 사람들이기 때문에 만남 그 자체가 소중하고, 만나서 대화하고, 자신이 충분히 다른 사람들로부터 받아들여지고 있다는 느낌을 가지는 것 자체만으로도 문제해결의 실마리를 찾을 수 있기 때문이다.

사회복지실천관계는 일반적인 대인관계와는 달리, 의도적인 목적을 가지고 있고, 시간제한적이면서, 객관성을 유지해야 하는 관계이고, 모든 것이 허용되는 관계가 아닌 통제된(윤리적인) 관계의 특성을 가지는 전문적인 관계이다. 그렇지만 사회복지실천관계에서 사회복지사와 대상자 간에는 좋은 관계, 신뢰로운 관계를 형성해야 한다(rapport).

사회복지실천과정에서 신뢰로운 관계는 서로가 그 능력을 인정하는 관계를 말한다. 사회복지사는 클라이언트의 변화능력에 대한 믿음을 가지고, 클라이언트는 사회복지사의 원조능력에 대한 믿음을 가지는 경우를 말한다. 이와 같이 좋은 관계를 형성하기 위해 감정이입, 수용, 존중, 무조건적인 긍정적 존중, 진실성 등이 일반적으로 강조되고 있다.

비에스텍(Biesteck, 1957)은 사회복지실천에서의 관계의 일곱 가지 원칙 내지 기본원리를 제시했다(도광조, 2005).

첫째, **개별화(Individualization)의 원리**이다. 누구든지 세상에 단 한 사람으로 취급받고 싶어하는 인간의 기본욕구에 기초한 원리로서 인간은 각기 다른 특성들을 가지고 있기 때문에 각 개인의 독특한 자질을 이해하고, 그 특성에 맞게 관계를 하고, 개입과 실천이 이루어져야 한다는 것이다. 보편성에 반대되는 원리일 수 있다.

둘째, **의도적인 감정표현의 원리(Purposeful expression of feeling)**이다. 클라이언트가 가진 문제가 어떤 문제이든 감정적 · 정서적인 부분은 포함되어 있고, 그 감정을 겉으로 표출하는 것만으로도 해결의 실마리가 풀릴 수도 있는 것이다. 감정표현은 클라이언트에게 긴장을 완화시켜 심리적 안정감을 가질 수 있도록 함으로써 자신의 문제에 더 객관적일 수 있도록 한다. 클라이언트의 감정과 정서는 슬픔과 분노, 기쁨 등의 정서일 수도 있고, 나아가 자신의 입장에서 비난받게 될지도 모르는 부정적인 감정일 수도 있다. 따라서 사회복지사는 클라이언트의 자유로운 감정표현을 위해 편안하고 허용적인 분위기를 이끌어가야 할 것이고, 클라이언트의 감정표현을 의도적으로 자극할 필요가 있다.

셋째, **통제된 정서적 관여 및 몰입(Controlled emotional involvement)의 원리**이다. 사회복지사는 클라이언트가 표현한 감정에 민감하게 대응하고, 충분히 감정이입해서 그 반응을 보임으로써 클라이언트와의 정서적 관계를 유지해야 한다. 그렇지만 사회복지사는 객관성을 잃어서는 안 된다는 것이다. 클라이언트의 감정표현에 함께 함몰되어 클라이언트와의 원조관계에서 사회복지사의 입장을 망각하지 않도록 클라이언트의 감정표현에 자신 스스로는 통제적이어야 한다는 것이다.

넷째, **수용(Acceptance)의 원리**이다. 클라이언트를 있는 그대로 받아들이는 것을 말한다. 인간은 누구나 가치있는, 쓸모있는 인간으로 받아들여지기를 원한다. '바람직하지 못한 행동을 했기 때문에 너는 쓸모없는 무가치한 인간이야'로 받아들여지고 싶어하지 않는다. 수용은 인간으로서의 가치를 인정하는 것이지 행동에 대한 동의는 아니다.

다섯째, **비심판적인 태도(Nonjudgemental attitude)의 원리**이다. 인간은 누구나 자신의 처지나 곤란, 행동에 대해 심판받고 싶어하지 않고, 비난받고 싶어하지 않는다. 클라이언트의 문제의 원인이 그들 환경에 의한 것이든 혹은 성격에 의한 것이든 간에 클라이언트에게 책임이 있다는 것을 비판, 판단하지 않는 것을 의미한다. 이러한 상황에서 우리는 '그럴 수도 있지 뭐'라는 말을 생각할 수 있다. 자신의 처지나 곤란한 상황, 불가피한 행동에 대한 이해가 필요한 것이다.

여섯째, **클라이언트의 자기결정의 원리(Self-determination)**이다. 클라이언트의 삶에 있어서 주인공은 클라이언트이고, 자신의 삶에 대한 결정주체이다. '내 인생은 나의 것'이다. 사회복지실천과정에서 클라이언트의 자기결정에 바탕을 둔 원조과정이 바람직한 것이다.

일곱째, **비밀보장의 원리(Confidentiality)**이다. 인간은 누구든 자기 개인적인 사실이나 치부에 해당하는 내용이 다른 사람들에게 알려지지 않기를 원한다. 사회복지실천과정 중 알게 된 클라이언트에 대한 정보나 개인적인 사항을 누출시키지 않는 것은 사회복지사의 윤리적인 의무이고, 성공적인 사회복지실천관계를 유지하기 위해 반드시 필요하다. 심지어 클라이언트를 돕기 위해서 불가피하게 클라이언트에 대한 정보를 공개해야 하는 경우에도 클라이언트의 동의와 최소한의 제공에 그쳐야 한다. 그렇지만 어디까지 비밀을 보장할 것인가에 대한 윤리적인 딜레마는 남는다.

4. 사회복지실천에서의 면접과 면접의 기초기술

사회복지실천과정에서의 면접은 전문적 지식과 기술을 가진 사회복지사가 클라이언트와 그의 문제를 이해하고 원조한다는 목적을 가지고 의도적으로 이끌어 가는 전문적인 대화를 말한다. 면접은 클라이언트와의 대화과정에서 정보를 얻기 위해 구체적인 서비스를 제공하는 과정에서 주로 이루어진다. 자스트로(Zastrow, 1995)는 사회복지면접을 사회력과 사회조사를 위한 정보수집 면접, 진단을 위한 사정 면접, 치료적 면접으로 구분 · 설명했다.

사회복지현장에서 사회복지사는 클라이언트들이 현재 어려움을 가지고 있고, 이미 많은 상처를 안고 있는, 그래서 자신감이 떨어져 있고, 극히 불안한 상황에 놓여 있다는 점을 인식할 필요가 있고, 사회복지실천 관계형성 기법들을 충분히 활용할 필요가 있다. 특히 클라이언트를 처음 만나 이루어지는 초기면접(intake)은 대단히 중요하다. 일반적인 대인관계에서도 첫인상이 중요하듯이 클라이언트와 사회복지사 간에 이루어지는 초기면접과정에서 첫인상 또는 첫 느낌 나아가 이에 기초한 관계형성은 이후의 사회복지실천과정에 큰 영향을 미치기 때문이다.

일반적으로 초기면접과정에서는 클라이언트의 문제양상, 문제가 일어나는 상황, 문제와 관련된 가족적 · 사회적 배경, 개인의 성장발달사에 초점이 맞춰진다. 대부분의 사회복지시설이나 기관에서는 자체적인 초기 면접기록지를 활용하는데, 대체적으로 사회경제적인 특성(예 : 나이, 성별, 연령, 종교, 결혼상태 등), 현재의 문제와 이전 이러한 문제 경력, 병력, 가족력 및 가족관계, 개인력(성장발달과정, 학교생활, 교우관계, 결혼생활 등), 사회력(직장력) 등의 내용이 포함된다.

면접은 의사소통의 한 형태이고, 언어적 · 비언어적인 의사소통을 포함한다. 특히 클라이언트들은 여러 가지 이유로 충분한 자기표현을 하지 못하는 경우가 많기 때문에 면접과정에서 비언어적인 의사소통을 살피는 것(관찰)은 사회복지사에게 아주 중요한 부분이다. 비언어적인 메시지는 개인의 용모, 자세, 얼굴표정, 행동, 손짓, 몸짓, 말투, 음조, 심지어 침묵도 포함한다. 비언어적인 메시지는 의도적인 경우도 있긴 하지만 비의도적으로 이루어지는 경우가 많기 때문에 내면의 의미를 잘 드러내 준다. 따라서 사회복지사는 클라이언트의 비언어적인 메시지에 민감할 필요가 있고, 비언어적 의사소통에 사용되는 상징들(예 : 손을 떨고 있다는 것은 두려움의 표현인지, 수치심의 표현인지 등)의 의미에 익숙할 필요가 있고, 비언어적인 메시지에 반응해 줄 필요가 있다.

1) 적극적 경청

사회복지실천과정에서 경청은 가장 기본적인 자세이자 기술이다. 경청은 '잘 듣는다'는 의미를 가지고 있다. 그냥 상대방의 이야기를 멍청하게 듣고 있는 것이 잘 듣는 것은 아니다. 상대방의 이야기에 적극적으로 반응하면서 상대방이 자신의 이야기에 집중하고 있다는 것을 느낄 수 있도록 하는 것을 말한다. 사회복지대상자들은 삶의 주인공으로 살지 못했고, 누구도 자신의 이야기를 귀담아 들어주는 사람이 없었던 소외된 사람들이기에 경청은 실천과정의 시작부터 종결까지 대단히 중요하다.

경청은 상대방에 대해 관심을 기울이는 것에서부터 시작된다. 관심 기울이기는 상대방을 적극적으로 수용하는 자세에서 출발한다. 상대방의 외모를 비롯한 다양한 특성들에 대한 관심과 관심이 있다는 진심어린 표현에서 출발한다. 비판적, 교조적, 비난조의 표현과 표정, 말투는 바람직하지 않다. 상대방의 이야기와 표정, 말투에 집중하고, 상대에 대해 알고 싶어하는 자세와 편안한 자세로, 상대의 눈을 응시하면서 온화한 눈길을 보내면서, 미소를 머금을 필요가 있다. 또한 상대방의 이야기에 집중하고 있다는 언어적 · 비언어적 표현을 해줄 필요가 있다. "와!", "그래서?", "맞아, 그랬지", "많이 힘들었겠군요", 박수를 친다든지 등 '내가 충분히 당신의 이야기에 집중하고 있다'는 표현을 해줄 필요가 있고, 상대가 자신의 이야기에 사회복지사가 귀를 기울이고 있다고 느낄 수 있도록 해줄 필요가 있다.

적극적으로 상대방의 지각과 감정에 민감하고, 반영(reflect)해 줄 필요가 있고, 반영은 즉각적으로, 정확하게(솔직), 진실되게 이루어져야 한다. 지각과 감정반영을 한 박자 늦게 한다든지, 부정확하게 한다든지, 충분한 내적인 공감 없이 의례적으로 한다든지 하는 것은 바람직하지 않다.

때로 질문을 해서 자신의 이야기를 더욱 신나게 이야기할 수 있도록 해야 한다. 그렇지만 질문을 너무 많이 한다거나, 고압적 내지는 심문조의 질문은 바람직하지 않다.

클라이언트가 자신의 감정과 지각을 충분히 표현할 수 있도록 질문도 개방형 질문을 하는 것이 바람직하다.

적극적 경청은 잘 듣는 것에서 더 나아가 상대방이 이야기하지 않는 사실이나 감정, 차마 이야기하지 못하는 감정이나 사실도 적극적으로 듣고, 이해하려는 자세와 기술인 것이다.

2) 면접과정에서의 유의점[2)]

(1) 클라이언트의 이야기를 차단하지 않기

클라이언트의 말을 가급적 중간에서 차단하지 않는 것이 정보를 더 많이 확보할 수 있고, 사회복지사에 대한 신뢰관계 형성에 도움이 된다.

(2) "왜"라는 질문 피하기

"왜"라는 질문은 가급적 피하는 것이 좋다. "왜"라는 질문은 상대방의 기분을 상하게 할 수 있고, 비난과 추궁의 의미를 담고 있기 때문이다. "왜"보다는 "어떻게"를 활용하는 것이 좋다. "왜 그렇게 했나요"보다는 "어떻게 그렇게 하게 되었어요"가 감정을 그르치지 않고 더 많은 이야기(정보)를 담을 수 있다.

(3) 비난, 설교조 피하기

우리는 생활하는 과정에서도 남의 바람직하지 않음을 지적하면서 비난, 설교하는 모습을 발견할 수 있다. 비난, 설교조의 이야기는 감정만 상하게 하는 경우가 많다. "이래야 한다" "저래야 한다"로 설교하고 가르치고 훈계하는 모습은 비윤리적이고 비효과적이다. 상대방의 삶의 방식을 부정하는 의미와 신뢰하지 못한다는 의미를 가지고 있고, 죄책감을 느끼도록 할 수 있기 때문이다.

2) Hepworth, D. H., Rooney, R. H., & Larsen, J. A(1997) 참조.

(4) 분석적이거나 평가적 태도 지양

클라이언트와 대화과정에서 지나치게 클라이언트의 이야기를 분석하거나 평가하려는 태도는 바람직하지 않다. 더 발전해서 클라이언트와 언쟁을 벌이는 경우도 바람직하지 않다.

(5) 공허한 약속 남발하지 않기

클라이언트들은 사회복지사에 대한 기대가 상당히 크다. 약속을 함부로 남발하게 되면 클라이언트의 기대를 부풀리는 결과를 가져오게 할 것이고, 이러한 약속이 지켜지지 않을 때 클라이언트의 상처는 더욱 커질 수 있기 때문이다.

(6) 성급하게 충고, 제안하거나 해결방법 제시하기 경계

사회복지사들은 클라이언트와의 면접과정에서 "이렇게 하면 어떨까요" "어떻게 하는 것이 필요할 것 같군요" 등과 같이 종종 충고를 하는 경우가 있다. 충고는 가급적 적게 하는 것이 좋다. 그리고 충고할 경우에는 문제와 가능한 해결책에 대한 클라이언트의 생각이 충분히 표출된 다음에 해야 할 것이다. 특히 성급하게 클라이언트와 충분한 교감이 이루어지지 않고, 충분히 라포가 형성되지 않았을 때 충고하는 것은 의존성을 기르고 창조적인 사고를 방해하게 되고, 클라이언트의 강점과 잠재력을 최소화하게 하는 결과를 초래할 수도 있다.

(7) 막연하게 안심시키는 행위 피하기

사회복지사들은 흔히 "내일이면 더 나아질 거예요", "걱정하지 마세요. 모든 것이 잘 될 거예요" 등의 표현으로 클라이언트를 막연하게 안심시키는 경우가 있다. 효과적인 의사소통을 방해하는 요소 중 하나다. '나는 당신의 감정을 제대로 이해하고 있지 못하고 있다'는 단적인 표현이고, 사회복지사에 대한 신뢰성을 의심하게 하는 결과를 가져올 수 있기 때문이다. 안심시키기는 클라이언트의 능력을 이끌 수 있는 가장 좋은 방법임에는 분명하다. 진실된 감정이입을 통해 공감하고, 분명하게, 클라이언트의 능력을 이끌 수 있는 점(강점)을 부각시켜 안심시키는 방법이 중요하다.

5. 사회복지실천의 과정

사회복지실천은 변화나 기능 향상을 위해 도움이 필요한 개인, 가족, 집단에 대해 전문적 지식과 기술을 갖춘 사회복지사가 계획된 절차와 단계에 따라 도움을 제공하는 일련의 과정이다. 사회복지실천은 계획적이고 조직적 · 체계적 절차와 단계를 포함한다.

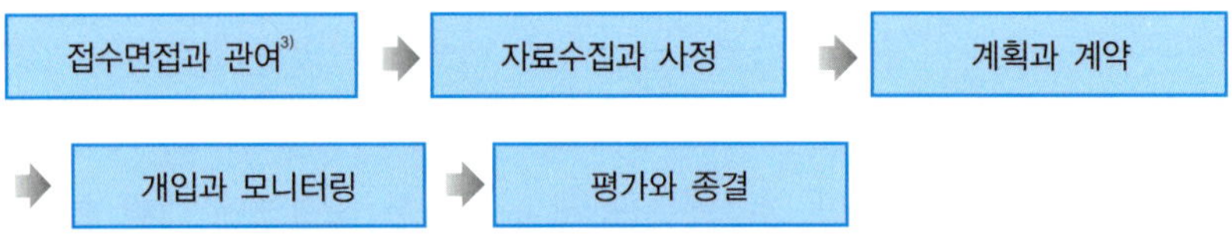

[그림 5-1] **사회복지실천의 과정**

일반적으로 사회복지실천과정은 크게 초기단계–중간단계–종결단계로 구분된다. 도움을 받기 위해 찾아온 사람을 사회복지사가 처음으로 접촉해서 초기면접(intake)을 실행하고, 긍정적인 원조관계를 형성하면서 관련된 정보와 자료를 수집, 사정하고 개입목표와 개입계획을 세우게 되는 초기단계, 계획된 원조활동을 수행하면서 이를 점검하고 진행해 나가는 중간단계, 원조활동의 효과를 평가하고 원조관계가 만족스럽고 긍정적으로 종결될 수 있도록 하는 종결단계가 이루어진다.

3) 관여(engagement)는 클라이언트와의 관계형성뿐 아니라 특별히 비자발적인 클라이언트나 접근이 어려운 클라이언트, 약물의존적인 클라이언트 등의 저항과 양가감정 등을 다루면서 긍정적인 관계를 형성하는 것을 의미한다(Sheafor et al., 서울대 사회복지실천연구회 역, 1998).

6. 사회복지실천의 대상 영역

사회복지실천은 문제나 욕구를 가진 개인, 집단, 가족, 지역사회를 대상으로 전문적인 원조를 제공하는 구체적인 서비스활동이다. 따라서 문제를 가진 개인이나 가족, 집단이 사회복지실천의 중심대상이라 볼 수 있다. 지역사회를 대상으로 하는 지역사회복지실천은 지역사회복지론에서 별도로 다루고 있다.

1) 개인대상 실천

개인대상 사회복지실천은 사회복지사와 클라이언트가 직접 1 : 1로 만나서 클라이언트와 함께 클라이언트의 문제나 욕구를 분석하고, 그 해결책을 모색하고, 원조를 실행하는 경우를 말한다. 전통적으로 개별사회사업(case work)으로 발전해 왔다.

사회복지현장에서 만나는 개인들은 경제적인 어려움(빈곤문제), 장애나 질환 등으로 인해 파생되는 문제들, 사회적 부적응, 가족 내에서의 부적응, 집단이나 조직 내에서의 부적응 등 다양한 문제를 가진다.

다양한 어려움을 가진 개인들을 돕고 함께하는 데 있어서 첫 번째 부류는 인과관계를 설정함으로써 원인적 요소를 제거하는 방향에서 접근하는 경우(심리사회적 모델)이다. 인간행동의 궁극적인 추동체로서 인간의 내적인 심리를 가정하는 이론들에 기반한 접근방법들이다.

인간의 기본적인 성격구조는 초기 아동기 특히 만 5세 이전에 어떠한 경험을 하였는지에 따라 결정되며, 이후 성인이 되어도 크게 변하지 않기 때문에 초기 아동기의 경험을 재구성하는 것이 중요하고, 이를 통해 내적인 갈등을 더 잘 이해하도록 돕고, 자아의 발견 및 자아에 대한 이해에 도달할 수 있도록 도움으로써 개인의 사회적 기능을 향상시킨다는 입장인 프로이트(Freud)의 **정신분석이론**, 개인의 자아를 튼튼히 해야 하고, 자아정체감을 확실히 가질 수 있도록 인도해야 한다는 **자아심리학이론**(에릭슨,

Erikson) 등이 여기에 해당한다. 상담, 역할극, 싸이코드라마, 그림 등을 활용해 개인의 진정한 자아를 발견할 수 있도록 돕는다.

학습이론으로 불려지는 행동주의이론에서는 보상받은 행위는 반복되고 그 행위는 강화된다는 입장을 취해, 학습된 행위는 재학습에 의해 수정할 수 있다는 이론적 경향을 띠었고, **인지이론**에서는 과거의 잘못된 경험이나 사회적 관습 등에 의해 잘못된 인지를 가짐으로써 사회적으로 역기능적인 행위를 하게 된다는 입장을 취한다. 학습된 행동과 잘못된 인지를 바꾸어야 하고, 이를 위해 반복교육과 훈련, 정보 제공, 역할극, 자기주장훈련, 분노조절훈련, 사회기술훈련, 사회적응훈련 등 다양한 프로그램들을 활용한다.

어려움을 겪는 개인을 원조하는 두 번째 부류의 입장은 '환경 속의 인간'을 강조하는 입장이다. 이러한 입장은 클라이언트와 환경 간의 적절한 조화로움을 강조하는 입장으로 클라이언트와 환경의 상호작용을 강화하는 입장, 더 나아가 클라이언트의 욕구에 따른 사회적 환경의 변화(구조적 모델, 문제는 개인의 병리가 아니라 부적절한 사회적 환경의 표출로 이해)에 초점을 두는 경우 등을 포함한다. 전통적으로 사회복지 관점은 임상적 지향 혹은 사회변화 지향 중 하나를 선택하는 경향을 보여 왔고, 대부분의 직접적인 실천의 방향은 개인이 상황에 적응하도록 원조하는 데 초점을 두었다(Sheafor et al., 서울대 사회복지실천연구회 역, 1998: 143).

최근 사회복지대상 개인을 원조하는 데 있어 부각되는 부분은 강점지향적 접근, 역량강화, 임파워먼트를 실현하는 입장이다. 임파워(empower)라는 용어는 웹스터 사전에 따르면 "파워를 주는 것, 권위를 주는 것, 역량 부여, 가능하게 하는, 허락하다" 등으로 정의된다. 이러한 정의는 파워가 어떤 사람에 의해, 다른 누군가에게 이전된다는 것을 의미하는 것이다. 핀더휴즈(Pinderhughes, 1995: 136)는 역량강화는 "자신의 운명에 대한 통제력을 갖고, 사회의 압력을 방어하는 전략을 배우고, 개인과 체계 수준의 변화를 가져오는 역량을 획득하는 과정"이라고 했고, 카우저(Cowger, 1994: 264)는 "역량강화 증진은 사람들이 자신의 선택과 결정을 할 수 있음을 믿는 것이며, 사회복지사의 역할은 사람들이 갖고 있는 강점을 살리고, 촉진시키며, 지지하고, 강화하는 것이다"라고 정의

했다. 구티에레즈(Gutiérrez, 1994: 202)는 "역량강화는 개인적 · 대인관계적 · 정치적 힘을 증진하는 과정이다"라고 규정하고 있다(Shera & Wells 편저, 이경아 외 공역, 2004).

역량강화적 접근에서는 다음과 같은 특징을 포함한다.

① 클라이언트를 대상이 아닌 주체로 간주한다.
② 클라이언트의 병리가 아닌 강점에 초점을 맞춘다.
③ 원조과정에 있어 클라이언트가 적극적으로 참여한다.
④ 공식적 서비스만을 자원으로 보기보다는 전체 지역사회를 자원으로 활용한다.
⑤ 비공식적 사회관계망의 회복이나 형성을 강조한다.
⑥ 점검과 평가 그리고 옹호는 협력적인 형태로 이루어진다.

2) 가족대상 실천

산업화 이전의 가족은 자녀의 출산과 양육기능, 교육기능, 생산과 소비의 경제적 기능, 가족성원의 보호와 부양기능 등 많은 기능을 수행하여 인간의 욕구와 문제는 가족을 통해 해결될 수 있었다. 그렇지만 산업화 이후 가족은 급격히 변화하여 특히 가족이 수행해 오던 많은 기능들을 다른 제도로 이관함으로써 가족의 기능이 대폭 축소되었고, 이로 인한 갖가지 문제들이 야기되었다.

현대사회에서 개인이 가지는 문제는 대부분 가족에서 기인된다고 할 수 있을 정도로 현대사회에서의 가족은 여러 긍정적인 기능과 구조를 가지고 있는 반면 부정적인 양상을 포함하고 있다. 한 마디로 현대사회에서 가족의 구조의 변화와 기능 약화로 개별가족이 가족 내 문제를 감당하기 어려운 상황인 것이다. 따라서 현대사회에서는 가족문제에 사회나 국가의 개입을 필요로 하게 된 것이다. 맞벌이가족, 재혼가족, 동성애가족, 한부모가족, 소년 · 소녀가정, 독신가족과 노인단독가족, 공동체가족 등 다양한 형태의 가족이 보편적인 가족형태로 자리매김하면서 다양한 가족들의 욕구를 충족시켜 주는 가족복지서비스가 필요하게 되었다(한국임상사회사업학회, 2006: 150).

가족을 대상으로 하는 실천에서는 기본적으로 '한 단위로서의 가족의 전체성'에 주목한다. 즉, 가족 자체를 하나의 개입단위 혹은 변화의 주체로 인식한다. 또한 가족을 하나의 체계로 인식하고, 생애주기에 따라 끊임없이 변화하고, 세대 간에 전승된다고 인식한다. 가족을 대상으로 하는 실천은 크게 가족문제 발생을 사전에 예방할 수 있도록 가족을 강화하는 측면에서의 접근과 가족문제 사후에 치료적 측면에서 접근하는 경우로 대별해 볼 수 있다. 가족에 대한 사전적 접근으로 가족생활교육이 대표적이고, 건강가정육성과 관련된 다양한 프로그램적 접근을 포함한다(예 : 가족걷기대회, 효 문화 관련 등). 가족에 대한 사후적 접근으로 가족치료(family therapy)를 들 수 있다. 가족치료에서는 가족 내의 문제는 특정 가족성원의 행동상의 문제로 보지 않고 가족 전체의 문제로 보고 가족 전체에 치료적 개입(가족구조,[4] 가족기능, 의사소통형태, 가족생활주기 등)을 시도함으로써 가족 내의 각종 문제에 접근하는 경우를 말한다. 가정폭력, 부부갈등, 부모와 아동 간의 상호작용문제, 의사소통의 문제, 가출, 약물남용 등 다양한 문제에 적용된다.

3) 집단대상 실천

집단대상 실천은 전통적으로 집단사회사업(group work, social group work)으로 발전되어 왔다. '집단지도', '집단사회사업실천', '집단사회복지실천', '집단수준 사회복지실천'이라는 이름으로 사용되기도 한다. 집단사회사업은 집단 내의 상호작용(역동성, 소집단활동, group dynamics,[5] 집단의 힘)을 활용하고, 활성화함으로써 집단의 사회적 기능을 강화·회복시키고, 집단구성원 개개인들의 사회적 기능의 회복이나 성장을 촉진하는 원조과정이다. 카이저(Kaiser, 1936)는 '자발적인 집단참여를 통한 개인의 개발과 적응'으로 집단사회사업의 목적을 설명했다(Northen & Kurland, 노충래 역, 2006: 24). 코노프카(Konopka, 1983)

4) 핵가족 구조에서 가족구성원의 요구단절구조, 일방적인 의사결정구조, 직장을 가진 부모의 장기부재, 편부모가족 구조에서 부모-자녀체계와 형제자매체계 등 하위체계들의 경계 모호 또는 전체 가족 경계가 너무 엄격한 구조.

5) 집단 내에서 성원들과 성원들 사이 그리고 전문가와 성원들 사이에서 발생하는 역동적인 상호작용을 집단과정(group process)이라 하고, 집단과정은 개별성원뿐 아니라 전체로서의 집단에 영향을 미치는 독특한 힘을 만들어 내는데 집단과정에서 만들어진 이러한 힘을 집단역학(group dynamics)이라 한다(신성자 외, 2006: 211).

는 "집단사회사업은 의도적인 집단경험을 통해 개인의 사회적 기능을 향상케 하며 또한 개인, 집단, 또는 지역사회의 당면 문제들에 대해서 보다 효과적으로 대처해 나갈 수 있도록 원조하는 사회복지의 한 방법이다"라고 정의했다(윤현숙 외, 2001: 77).

파펠과 로스만(Papel & Rothman)은 집단사회사업의 세 가지 이론적 모델을 제시하였는데, 사회목표모델(social goals model), 상호작용모델(reciprocal model), 치료모델(remedial model)이 그것이다.

사회목표모델은 병리나 질병 등에 대해서보다는 사회적 기능에 관심을 두고, 치료보다는 자기실현에 강조점을 둔다. 사회적 의식과 사회적 책임, 이를 통한 시민 참여, 선량한 사회인, 민주적 과정의 습득을 주된 목표로 한다. 인간관계훈련, 시민참여 등의 활동을 통해 사회적 의식과 사회적 책임이라는 목표를 성취한다. 이 모델에서 집단사회복지사는 교사, 조력자의 역할을 담당하게 된다. 인보관, YMCA, YWCA, 보이스카우트, 걸스카우트 등의 활동처럼 시민들의 지식기반, 기술기반을 넓히고자 하는 집단들이 이 모델에 포함된다. 사회목표모델은 집단의 선(the good of group)과 사회에 대한 개인의 적응을 강조하는 입장이다.

치료모델은 집단을 개인치료를 위한 수단으로 보는 모델로서 개별성원 치료에 목표를 둔다. 집단활동을 통해 개인적 치료목표를 달성하는 데 중점을 두는 집단치료(group therapy)가 여기에 해당된다. 낮은 자존감 · 목적의식 결여 · 분명하고 명확한 자기정체감의 부족 등과 같은 문제들이 집단치료에서 효과적으로 다루어지게 된다. 주로 불안 · 우울 · 비효과적 스트레스 처리 · 일 처리능력의 부족 · 감정 통제의 어려움이나 표현능력의 부족 · 집단상황에서의 불편함 · 인간에 대한 불신 · 친밀한 관계유지의 어려움 등의 문제를 가진 성원들이 대상이 된다(윤현숙 외, 2001: 78). 치료모델은 미시간대학의 교수들에 의해 처음으로 소개되었기 때문에 미시간모델이라고도 한다. 치료모델은 개인의 목적성취를 지원하기 위한 수단으로써 집단을 강조하는 입장이기 때문에 개인의 선(the good of individual)이 주 요체다. 치료모델에서 집단사회복지사는 변화의 창출자 역할을 하게 되고, 전문가적인 권위를 가진다.

상호작용모델은 인본주의모델이라고도 불리는데, 집단성원 간, 개인과 집단 간 상호작용, 상호관계에 초점을 두고 성원 간 상호지지체계 형성과 대인관계 향상을 강조한다. '지금 여기에(here and now)'를 강조하면서 현재의 집단과 현재의 개인행동, 관계에 주안점을 둔다. 상호작용모델에서는 집단과 개인 모두의 선(the good)을 위한 집단과 개인의 상호작용을 강조하는 입장이고, 이 모델에서 집단사회복지사는 자료제공자 또는 중재자의 역할을 하게 된다.

사회복지실천현장에서 집단적 실천은 개인, 가족 혹은 지역사회복지 실천방법을 보충하거나 보완할 수 있다. 그리고 집단적 실천은 이러한 방법들(개인, 가족, 지역사회 방법)에 의해 지지될 수도 있다. 특정 클라이언트의 욕구에 따라 개인과 집단형태가 서로 결합되어 활용될 수 있다. 집단에서는 상호원조가 작용하는데, 이것이 집단사회사업을 사회복지실천에서 다른 방법과 구별짓는 일차적인 요인이다. 상호원조는 자조집단이나 타인을 이타적으로 돕는 것 이상이다. 이것은 사람들이 서로 돕는 것이다. 사람들은 타인과의 관계 및 상호작용을 통해 성장하고 변화한다.

상호원조과정이 성공적으로 작용하게 되면 역동적인 힘이 생기게 되어 치료적인 요소나 변화의 기제로 활용될 수 있다. 이러한 역동적인 힘들이 집단성원의 경험에 긍정적인 영향을 미치게 됨으로써 특정 상황에서 집단방법을 선호하게 된다. 이 변화를 위한 역동적인 힘은 집단 내에서 자동적으로 생성되는 것은 아니고 집단사회복지사에 의해 조성될 수 있다. 상호원조의 역동적인 힘은 다음과 같은 요소들이 작용하는 결과라고 볼 수 있다(Northen & Kurland, 노충래 역, 2006: 42-43).

① **상호지지** : 사회복지사의 지지와 더불어 동료의 지지는 불안감을 감소시키고 자기표현을 촉진시키며 새로운 생각과 행동을 시도해 볼 수 있는 의지를 갖게 한다.

② **응집력-집단소속감** : 집단성원들이 상호지지를 제공할 때 성원들은 수용과 집단에 대한 헌신을 하게 되고, 집단에 매력을 느끼게 된다. 성원들은 집단에의 소속감을 가지게 된다.

③ **관계의 질** : 사회복지사와의 관계 및 집단성원들과의 관계가 지지와 도전을 제공하게 되면 '통제된 친밀감'으로 인해 상대적인 안전감이 있게 된다.

④ **보편성** : 집단성원들이 서로 간에 비슷한 감정과 어려움이 있다는 것을 인식하게 됨에 따라 성원들은 자신이 독특하고 외로운 존재라는 느낌이 감소한다.

⑤ **희망감** : 집단성원들은 타인의 긍정적인 목표에 의해 영향을 받게 되고, 다른 사람들이 자신과 비슷한 문제들을 어떻게 대처해 왔는지를 발견하게 된다.

⑥ **이타심** : 집단성원들은 자신들이 다른 사람들을 도울 수 있으며 동시에 도움을 받을 수 있다는 점으로 인해 자긍심과 자아정체감을 향상시키게 된다.

⑦ **지식과 기술의 습득** : 집단은 필요한 지식을 얻고, 새로운 생각과 노력 및 행동을 실험해 보며, 사회기술을 습득할 수 있는 안전한 장소가 된다.

⑧ **정화**(카타르시스, Catharsis) : 타인에 대한 분노, 격렬한 적대감 등을 표현하면서 대인관계에서 있었던 상처와 내적인 구속감에서 벗어나 해방감을 느끼게 된다.

⑨ **현실검증** : 집단성원들 간의 피드백은 사회복지사가 제공하는 피드백보다 더 솔직하고 명백한 것일 수 있다. 다른 성원들을 공명판(sounding board)으로 활용하여 자신들의 의견과 감정, 사실을 비교해 볼 수 있다.

⑩ **집단통제** : 집단성원들은 집단의 기대에 일치하도록 행동함으로써 권위에 대한 저항감을 줄이고 부적절한 행동을 억누르며, 초조함을 참고, 필요한 공정한 규제들을 수용하려고 한다. 집단의 일시적인 통제는 적절한 자기통제력의 목표를 성취할 수 있는 수단이 된다.

집단사회사업은 개별사회사업보다 짧은 시간 내에 목표를 달성할 수 있고, 많은 대상을 포함할 수 있고, 그 효과가 더 좋을 수도 있기 때문에 개별사회사업보다 일면 더 강력(powerful)할 수도 있다. 집단사회복지실천의 주요 프로그램으로 “결식아동의 사회성 향상을 위한 집단 프로그램”, “행복한 노후를 보내기 위한 집단 프로그램”, “장애-비장애 또래친구 만들기”, “이혼여성 자조집단 프로그램”(신성자 외, 2006: 201), “은둔형 외톨이와 부모들의 자조집단 프로그램” 등 다양한 예를 들 수 있다.

참고문헌

도광조(2005). 『사회복지실천론』. 양서원.

신성자 외(2006). 『사회복지실천기술론』. 양서원.

윤현숙 외(2001). 『사회복지실천기술론』. 동인.

한국임상사회사업학회(2006). 『사회복지개론』. 신정.

Hepworth, D. H., Rooney, R. H., & Larsen, J. A.(1997). *Direct Social Work Practice: Theory and Skill*(5th ed.). Pacific Grove. CA: Brooks/Cole Publishing Company.

Northen, H. & Kurland, R. *Social Work with Groups*. 노충래 역(2006). 『집단사회복지실천』. 학지사.

Perlman, H. H.(1986). The problem-solving model, In F. Turner(eds.), *Social Work Treat- ment: Interlocking theoretical approach*(3rd ed.). NY: Free Press.

Sheafor, et al. 서울대 사회복지실천연구회 역(1998). 『사회복지실천기법과 지침』. 나남출판.

Wes Shera & Lilian M. Wells 편저. 이경아 외 공역(2004). 『사회복지에서의 역량강화실천』. 양서원.

Zastrow, C.(1995). *The Practice of social work*(5th ed.). Pacific Grove. CA: Brooks/Cole Publishing Co.

PART 3

사회복지분야론

사회복지분야는 대표적으로 노인복지, 장애인복지, 아동복지, 청소년복지, 여성복지 등 사회복지 대상자를 중심으로 한 분류가 있을 수 있고, 가족복지, 의료사회사업(의료사회복지), 정신의료사회사업(정신보건사회복지), 학교사회사업, 군(軍)사회복지, 교정복지, 산업복지 등 복지 현장을 중심으로 한 분류가 있을 수 있을 것이다. 또한 사회보험과 공적부조를 포함한 사회보장제도를 또 하나의 축으로 볼 수 있다.

CHAPTER

6 사 회 보 험

Introduction to social Welfare

사회보험(Social Insurance)은 노령, 질병, 장애, 사망, 실업 등과 같은 사회적 위험이나 사고에 의한 소득의 중단이나 감소에 대비해 근로시기에 정기적인 보험료를 기여하고, 사유가 발생한 후 급여를 지급받음으로써 정상적인 사회생활을 영위할 수 있도록 하는 사회보장제도이다.

사회보험은 사회보장제도의 한 형태이다. 사회보장제도는 생활과정에서 뜻하지 않게 생활의 위험이나 소득이 중단될 경우 경제적인 부분을 포함한 다양한 부분에서의 정상적인 생활을 국가가 책임지고 보장하는 제도를 말한다. 사회보장제도는 자본주의 산업사회에서 실직 등 사회적 위험과 핵가족화에 따른 노인부양문제 등 사회적 문제로 국가개입의 필요성이 대두됨에 따라 발전하게 되었고, 19세기 말 독일 비스마르크 정부의 사회정책에서 비롯되었다. 1935년 미국 사회보장법, 1942년 영국의 베버리지 보고서 등에서 확산되었고, 제2차 세계대전 이후 전 세계적으로 확대되기에 이르렀다. 우리나라의 경우 사회보장제도로서 사회보험, 공적부조, 사회복지서비스를 포함한다.

현재 우리나라의 사회보험체계는 공적연금(국민연금), 건강보험, 고용보험, 산업재해보상보험을 포함하고 있고, 2008년 7월 1일 전면실시한 노인장기요양보험이 포함될 수 있다.

현재 우리나라 사회보험체계는 공적연금, 건강보험, 고용보험, 산업재해보상보험, 노인장기요양보험을 포함하고 있다.

1. 사회보험의 개념과 발달과정

일반적으로 미래를 대비해서 일반 민간보험(예 : 생명보험 등)을 넣고, 최근에는 질병에 대비한 민간보험(예 : AIG, LIG 등)에 가입한다. 이러한 민간보험은 개인과 가족의 미래상황을 대비해서 개인이 알아서 챙기는 면이고, 대비노력일 것이다. 이러한 민간보험은 개인의 재정적 능력에 따라 그 규모나 가입 정도가 달라질 것이다.

우리가 살아가는 데 있어서는 누구나가 보편적으로 겪는 생활의 위험이나 어려움이 있기 마련이고, 그로 인한 소득의 상실 · 감소 · 중단 등으로 지금까지의 생활을 유지하지 못하고 빈곤에 빠져들게 되는 경우가 많다. 이와 같은 상황을 개인에게 맡겨둔다면 개인에게 너무 큰 비용부담이 될 수 있고, 개인은 쉽게 빈곤에 빠져들 수밖에 없다. 또한 현대사회에서는 이러한 생활상의 갑작스런 사고, 사망, 질병, 실업 등이 개인적 원인에 기인하는 경우보다는 사회적 원인에 기인하는 경우가 더 많을 수 있고, 산업사회의 다양하고 급격한 변화 속에서는 더욱 사회적 여건에 기인하는 경우가 많다. 따라서 개인의 빈곤을 예방하고, 생활의 어려움으로 인한 소득의 중단 · 상실 · 감소 등이 오더라도 정상적인 생활을 유지할 수 있도록 해서 인간다운 삶을 실현할 수 있도록 하기 위해서 정부가 전 국민들에게 근로시기에 일정기여를 하도록 하고, 생활의 어려움이 닥쳐서 정상적인 생활이 어려운 상황에 직면할 때 급여를 받을 수 있도록 하는 체계를 갖추게 된다. 이것이 사회보험인 것이다.

사회보험은 개인의 생활상의 어려움을 대비해 보험방식을 적용하여 국가나 정부 또는 사회가 함께 어려움을 분담한다는 의미(위험 분산)를 가지고 있고, 비용분담을 통해 사회연대를 강화할 수 있다는 의미도 가지고 있다. 사회보험은 이 같은 면에서 강제성을 띠게 된다. 그리고 사회보험은 소득수준을 감안한 기여와 공평한 급여(현실적 운영에 있어서는 차등적인, 기여에 비례하는 급여가 이루어지기는 하지만)에 기반하기 때문에 소득재분배효과를 가지기도 한다. 사회보험이 소득재분배효과를 충분히 가지기 위해서는 소득의 투명성이 확보되어야 할 것이고, 고소득자의 고부담, 저소득자의 저부담 방식과 고소득자의 저급여, 저소득자의 고급여 방식의 구조가 채택되어야 할 것이다.

사회보험은 노령, 질병, 장애, 사망, 실업 등과 같은 사회적 위험이나 사고에 의한 소득의 중단이나 감소에 대비해 근로시기에 정기적인 보험료를 기여하고, 사유가 발생한 후 급여를 지급받음으로써 정상적인 사회생활을 영위할 수 있도록 하는 사회보장제도이다. 이러한 의미에서 사회보장기본법 제3조 제2항에서는 "사회보험이라 함은 국민에게 발생하는 사회적 위험을 보험방식에 의하여 대처함으로써 국민건강과 소득을 보장하는 제도를 말한다"라고 정의하고 있다. 여기서 **사회적 위험**이란 사회생활과정에서 누구에게나 보편적으로 나타날 수 있는 위험, 개인적 원인에 의한 것보다는 사회구조적인 모순에 의해 나타날 수 있는 위험, 위험을 개인에게 맡겨두기보다는 사회가 함께 분담해야 할 위험이라는 의미를 함축하고 있다.

세계 최초의 사회보험제도는 1883년 독일의 비스마르크(Bismark)의 정치적 의도에 의해 제정된 질병보험법이다. 당시 독일은 산업혁명 이후 노동력 과잉공급에 따른 저임금과 노동시간 연장으로 인한 노동자들의 생활 빈곤이 극심한 상황이었고, 프랑스대혁명의 기본정신에 영향받으면서 사회주의운동이 격화되는 모습을 보였다. 비스마르크는 사회주의운동을 불법화하면서 노동자들을 무마하기 위한 수단으로 사회보험을 채택하게 되었다. 1884년 노동재해보험법, 1889년 노령 · 폐질 · 유족연금보험법 등을 제정하기도 했다. 〈표 6-1〉은 각국의 사회보험제도의 입법연도를 나타낸 것이다.

〈표 6-1〉 각국 사회보험제도의 입법연도

국 가	공적연금	의료보험	실업보험	산재보험
독 일	1889	1883	1927	1884
영 국	1908*	1911	1911	1897
미 국	1935	1965	1935	1908
일 본	1941	1922	1947	1911

자료 : US. Social Security Administration(1995, 박종삼 외, 2002 재인용).

* : 사회보험과 공적부조가 통합된 형태

프로라와 알버(Flora & Alber, 1981)의 연구에 의하면 대부분의 국가에서 사회보험의 도입순서는 산재보험이 가장 앞서고, 이후 의료보험 또는 연금보험이 도입되고 가장 마지막이 실업보험인 것으로 나타났다. 우리나라의 경우도 제도입법이 아닌 실질적인 강제보험제도 도입의 순서로 보면 이러한 현상이 동일하게 나타나는데, 즉 산재보험(1964년), 의료보험(1963년 임의, 1977년 강제), 국민연금(1988년), 고용보험(1995년), 노인장기요양보험(2008년)의 순으로 사회보험제도가 도입되었다. 일반적으로 산재보험이 가장 먼저 도입되는 이유는 사업장 내에서 발생하는 산업재해로 인한 상병이나 장해, 사망시에 적절한 보상을 받지 못할 경우 노동자의 불만이 가장 고조되며 체제불안을 가져올 수 있기 때문이다(임춘식 외, 2007).

사회보험제도는 현대 복지국가의 출발점으로 볼 수도 있다. 유럽의 복지국가 출발이라 볼 수 있는 베버리지 보고서도 사회보험이 기본 축을 이루었고, 이후 많은 유럽국가에서 사회보험제도를 확산시켰다. 19세기 말부터 유럽의 많은 국가들은 사회보장제도에 관심을 가지고 있었고, 처음에는 산업재해로 인한 개인의 소득중단과 같은 위험에서 국민을 보호하기 위한 제도들로부터 시작되었지만, 점차 그 관심이 의료, 실업, 연금에 이르기까지 매우 광범위하게 확대되었다(Flora & Heidenheimer, 박종삼 외, 2002: 128 재인용).

사회보험제도의 도입과 확대과정에서 가입대상의 적용방식은 크게 보편주의(universalism)와 선별주의(selectivism)로 나눌 수 있다. **보편주의**는 사회보험제도를 도입하는 과정에서 전 국민을 대상으로 일괄 적용하고 급여의 수준은 기초보장에 준하는 방법으로, 제도의 정착과 더불어 급여의 수준을 단계적으로 상승시켜 가는 체제를 말한다. 반면 **선별주의**는 사회보험제도의 적용대상을 업종이나 직종, 혹은 연령별로 시기에 따라 차등적으로 적용하고, 단계적으로 확대하여 결국에는 전체 경제활동계층에 적용하는 체계이다. 대부분 선진국가의 연금제도는 현재 전 국민을 대상으로 하고 있기는 하지만, 처음부터 보편주의적 방식에 따라 전피용자 혹은 전 국민을 동시에 가입시켰다기보다는 선별주의 방식에 의해서 그 적용대상을 확대해 왔다.

또한 선별주의 방식은 사회보험을 확대하는 과정에 따라 상향식(bottom-up)과 하향식(top-down)으로 구분하여 설명할 수 있다. 상향식 확대과정은 사회보험제도를 도입하는 과정에서 저소득 임금노동자나 저소득 사무직 근로자와 같은 저소득층을 대상으로 우선적으로 시행하고, 점차 그 적용대상을 고소득 사무직 근로자나 자영업자와 같은 고소득층으로 확대하는 방식을 말한다. 하향식 확대과정은 군인, 공무원, 교사와 같이 취업구조와 소득이 비교적 안정되고 보험료 징수가 용이한 집단으로부터 농업노동자나 자영업자와 같이 직업과 소득이 불안정한 층으로 적용대상을 확대해 가는 방식을 말한다(김연명, 1997). 우리나라 연금제도나 건강보험 등은 하향식을 채택해 온 경우이다.

2. 사회보험의 근대적인 사회보장제도로서의 의미

근대적인 사회보장제도는 최소한 기본적으로 국민들의 생활상의 위험을 국가 또는 사회가 책임진다는 점(사회가 책임진다는 점은 빈곤 등의 생활의 위험상황이 개인적 원인에 기인하는 것이 아니고 사회적인 원인에 기인한다는 기본전제를 가진다)과 최소한의 생활보장을 기본으로 하고 정상적인 사회생활을 유지할 수 있도록 한다는 점에서 인간다운 삶을 가정하고 있어야 한다.

사회보험제도는 여러 가지 사회적 위험으로 인한 소득의 중단, 이로 인한 다양한 생활부분에서의 어려움을 개인적 책임으로만 돌리지 않고, 사회가 함께 분담한다는 것, 그럼으로써 위험을 분산시키는 의미를 가지고, 소득정도에 따른 차등기여와 어느 정도 저소득 가입자에게 유리하도록 설계된 점(고소득자 고부담, 저소득자 저부담방식과 고소득자 저급여, 저소득자 고급여 방식의 구조)에서 소득의 재분배 효과를 가지며 이러한 점이 근대적인 사회보장제도로서의 의미를 가진다고 할 수 있다. 또한 사회보험은 개인의 빈곤을 예방하기 위해 정부(국가)가 나서서 법률로 규정하여 국가나 국가기관에 의해 운영되도록 하고 있다는 점에서 빈곤에 대한 국가책임과 사회책임을 지향하고 있다는 면에서도 근대적인 사회보장제도임에 틀림없다.

3. 사회보험제도의 기본원칙

사회보험제도는 빈곤예방의 기능(보호의 기능, 여기에서 기능은 효과의 의미로도 볼 수 있다), 위험을 분산함으로써 사회적 연대를 이끌어낼 수 있는 사회연대적 기능, 소득재분배의 기능, 개인적 · 사회적인 생산성[1]의 기능 등 다양한 기능들을 가진다. 이러한 기능들이 제대로 수행될 수 있기 위해서는 사회보험제도들이 최소한 갖추어야 할 기본원칙이 있다. 사회보험제도가 추구해야 할 기본원칙들은 다음과 같다(박종삼 외, 2002: 131-132).[2]

첫째, 사회보험의 보편적 적용을 위한 법적인 강제성을 통해 모든 국민을 포괄하여야 한다. 이는 사회보험이 가지는 위험분산의 효과와 소득재분배의 효과를 극대화하기 위한 가장 기본적인 조건이다. 또한 누구나 사회적 위험에 노출될 수 있기 때문에 사회적 위험으로부터 국민들을 보호하기 위해서는 가입의 의무성을 담보해야 한다는 것이다.

둘째, 사회보험의 급여는 원칙적으로 국민의 최저생계수준 이상을 유지할 수 있도록 제공되어야 한다. 사회보험 급여는 개인적 형평성보다는 사회적 적합성(충분성)을 중시해야 한다는 것이다. 사회적 적합성은 모든 기여자에게 일정한 생활수준을 확보할 수 있도록 급여해야 한다는 것이고, 개인적 형평성은 기여자가 자기의 기여액과 직접적으로 관련된 급여를 받는 것을 의미한다(김영모 편, 1997: 14). 사회적 적합성의 원리는 모든 사람에게 소득의 최저수준을 제공함으로써 소득재분배의 효과를 가지도록 한다는 목적을 가진다. 모든 사람에게 소득의 최저수준을 제공한다는 것은 위험분산의 효과를 담보하는 부분이기도 하다.

셋째, 사회보험의 급여수준은 기여의 정도에 단순비례하지 않아야 하며, 저소득 가

1) 개인적 생산성은 개인이 처하게 될 그리고 감당해야 할 생활의 어려움을 대비함으로써 개인이 자신의 일에 몰두할 수 있다는 면이고, 사회적 생산성은 모든 개인들의 생활의 위험들을 사회가 최소한은 분담하기 때문에 사회적 안정을 가져올 수 있다는 의미이다.

2) 김영모(1997)는 이와 비슷하게 Robert M. Ball(Social Security, Columbia University Press, N. Y., 1978)의 논의를 인용하여 공적연금제도가 갖추어야 할 원칙을 제시하고 있다. 즉 강제성, 가능한 한 과거 소득과 기여액에 근거한 급여, 저소득층과 부양가족이 있는 근로자 가족에 대한 특별한 급여배려(실질적인 생계유지 가능토록), 수혜자의 권리는 명백히 규정되어야 한다는 점 등이다.

입자에게 유리하도록 설계되어야 한다. 즉, 고소득자의 고부담, 저소득자의 저부담, 고소득자의 저급여, 저소득자의 고급여 방식의 구조를 채택하여야 한다. 그럼으로써 소득재분배효과를 확보할 수 있다.

넷째, 기여의 형평성이 보장되어야 한다. 소득수준별 기여의 형평성, 즉 고소득자의 고부담과 저소득자의 저부담이 유지되어야 하고, 직업집단별, 계층 간 부담의 차이가 갖추어져야 한다는 것이다.

4. 우리나라 사회보험제도의 현황

우리나라의 사회보험은 1964년 산업재해보상보험, 1977년 건강보험, 1988년 국민연금, 1995년 고용보험, 2008년 노인장기요양보험 실시로 사회보장제도로서의 기본 틀을 갖추게 되었다(표 6-2 참조).

〈표 6-2〉 우리나라 사회보험

구 분	국민연금	건강보험	노인장기요양보험	고용보험	산재보험
시 행	1988. 1	1977. 7	2008.7.1	1995. 7	1964
확대완료	1999. 4 도시지역	2003. 7 직장 · 지역보험재정통합	장기요양이 필요한 65세 이상 노인 및 치매 등 노인성질환을 가진 64세 이하 국민	1998. 10 1인 이상 사업장에 적용	2000. 6 1인 이상 사업장 확대
적 용	2,189만 명 (2018.9)	5,094만 명 (2017)	약520천명 등급 인정(2016)	821만 개소 (1,296만 명) (2017.12)	251만 개소 (1,856만 명) (2017.12)
보험료	표준소득월액의 9%(노사 1/2)	과세근로소득의 6.46%(노사 1/2)	건강보험금×보험료율(7.38%)	실업급여: 1.3% (노사1/2)	업종에 따라 0.85~28.25%

구 분	국민연금	건강보험	노인장기요양보험	고용보험	산재보험
					(사업주 전액부담)
주관부서	보건복지부	보건복지부	보건복지부	고용노동부	고용노동부
관리운영	국민연금관리공단	국민건강보험공단	국민건강보험공단	근로복지공단	근로복지공단
관련법	국민연금법	국민건강보험법	노인장기요양 보험법	고용보험법	산업재해보상 보험법
보장위험	노령, 장애, 사망	질병	고령, 노인성질환 등으로 장기요양 필요	실업	업무상 재해
보장유형	소득보장	의료보장	장기요양보장	소득보장	의료, 소득보장
가입자 유형	근로자+자영자	근로자+자영자	근로자+자영자	근로자	근로자

자료 : 2017 국민건강보험공단; 한국임상사회사업학회 엮음(2006: 215) 참고 재작성.

1) 공적연금

공적연금은 국가가 운영주체가 되어 노령, 장애, 사망 등에 따른 당사자 및 유족들의 생활보장을 위하여 조세나 강제가입을 원칙으로 한 기여금을 재원으로 해서 매년 정기적으로 일정액의 생계비를 지급하는 장기적인 소득보장제도이다. 연금제도는 산업사회의 구조적인 변화에 대한 정책적 대응으로서 등장했다. 처음에는 산업화로 인하여 야기된 퇴직근로자를 위한 노후 소득보장 문제에 대한 대응책으로 유럽을 중심으로 발전해 왔다. 이 제도는 1889년 독일 비스마르크정부가 장기적인 경제공황으로 격화되는 노동운동을 완화시키고 노동자들을 보수적인 국가통치체제로 포섭하려는 정치적 의도에서 노령·폐질연금제도를 도입하면서 시작되었고, 제2차 세계대전 이전까지 대부분의 유럽국가에서 도입되었다. 미국에서도 대공황을 계기로 1935년 사회보장법 체계에서 체계적인 연금제도를 연방정부에서 실시하였다. 일본도 1941년에 전시노동력의 확보, 전시 국민생활의 안정, 전시 재정정책의 원활한 수행을 위해 노동자연금제도를 처음 도입하였다(모지환 외, 2003: 139).

우리나라의 공적연금제도는 1960년 공무원연금에서 시작해서 1963년 군인연금과 1975년 사립학교교직원연금 등의 특수직역 연금이 먼저 실시되었고, 1986년 국민연금법이 제정되었고, 1988년 10인 이상 사업장을 대상으로 국민연금제가 확대 실시되었다. 국민연금제는 1999년 가입대상자를 도시지역 자영업자로 확대했고, 2003년부터 2006년까지 상시근로자 5인 미만(근로자 1인 이상 사업장) 사업장으로 단계별로 확대함으로써 전체 국민에 대해 국민연금제가 실시되었다.

국민연금의 적용대상자는 18세 이상 60세 미만의 국민이고, 직장가입자(근로자 1인 이상 사업장)와 지역가입자(무소득 배우자, 기초생활보장수급자 등 제외)로 구분된다. 그리고 지역가입자가 소득활동에 종사하지 않는 경우, 예를 들어 사업중단, 실직 또는 휴직, 병역, 재학, 교도소, 보호·치료감호시설 등 수용, 행방불명, 질병 또는 부상으로 3월 이상 입원 등의 경우는 납부예외자로 신청가능하다. 또한 무소득 배우자(전업주부 등)나 기초생활보장수급자도 임의 가입할 수 있고, 가입기간 20년 미만 가입자로서 60세에 도달하더라도 계속 가입할 수 있다.

국민연금의 최소가입기간은 10년을 원칙으로 하고 있고, 보험료율은 기준소득월액의 9%를 사업장가입자는 사용자와 근로자가 4.5%씩 부담하고, 지역가입자는 본인이 전액 부담하는 것으로 되어 있다. 다만 농어민인 지역가입자의 경우에는 현재 국고에서 최저등급 보험료의 2분의 1을 지원하고 있다. 2017년 현재 독일은 19.6%, 스웨덴은 18.5%, 미국은 12.4%, 일본은 18.3%를 부담하고 있다. 2019년 현재 정부는 국민연금 재정 안정화를 위해 국민연금 개편안을 발표했다. 첫째, 현행 보험료율 9%·소득대체율 40% 유지, 둘째, 보험료율 12%·소득대체율 45%로 조정, 셋째, 보험료율 13%·소득대체율 50%로 조정 등이다.

연금급여수준은 전체가입자의 기준소득에 해당하는 사람이 20년의 가입기간(현행 보험료율은 소득의 9% 기준)이 있는 경우 종전소득의 45%다. 소득대체율이 45%인 셈이다. 이 또한 연금재정안정화를 위해 점차 줄여가는 움직임을 보이고 있다. 노령연금 수급개시연령은 현재 60세로 되어 있어 미국, 일본, 독일, 스웨덴 등(65세 이상)보다 다소 이

〈표 6-3〉 우리나라 공적연금

구 분		국민연금	특수직역 연금		
			공무원연금	사학연금	군인연금
실시연도		1988	1960	1975	1963
관장기관 (집행기관)		보건복지부 (국민연금공단)	행정자치부 (공무원연금공단)	교육부 (사립학교교직원연금공단)	국방부 (보건복지관실)
적용대상		18세 이상 60세 미만 국민	국가/지방공무원, 법관, 경찰관	사립학교교직원	하사 이상 직업군인
가입자 수		2,182만 4천명	112만 명	31만 8천명	18만 2천명
연금수급자 수		440만 8천명	47만 6천명	6만 9천명	9만 1천명
보험료	보험료 부담률	기준소득월액의 9%	기준소득월액의 9% ('20년까지 단계적 인상)		기준소득월액의 7%
	분담형태	-사용자/근로자 각 4.5% -지역가입자 9% 본인부담 -농어민 가입자 1/2 부담	국가/공무원 각 9%(부족분 일부는 기금에서 충당하며 나머지는 국고보조)	국가/교직원 각 9%	국가/군인 각 7% (부족분 전액 국고보조)
급여 종류	급여종류	-노령연금: 노령, 감액, 조기 -장애 및 유족연금: 가입 중 장애, 사망	-퇴직연금: 가입기간 10년 이상 -장해 및 유족연금: 공무상 장애 및 사망		-퇴직연금: 가입기간 19년 6개월 이상 -상이 및 유족연금: 공무상 장애 및 사망
	급여수준	기본연금액의 50%(10년 가입)~100%(20년 가입)	전 재직기간 평균 기준소득월액의 56.1% (33년 가입)		전 재직기간 평균 기준소득월액의 62.7% (33년 가입)
퇴직 연금 (노령)	기본연금 산식	기본연금액 × 지급률+부가금	재직기간 × 1.7% ('35년까지 단계적 인하)		재직기간 × 1.9%
	급여산정 기준	기준소득월액	전 재직기간 평균 기준소득월액		
	연금액 조정	소비자물가상승률	'15년부터 소비자물가상승률 적용 *'10~'14: 보수·물가 간 ±3%p내 조정		소비자물가상승률+정책조정(3년마다)('19년 정책조정 폐지)
	수급요건	10년 이상 가입, '13년 61세~'33년 65세	10년 이상 복무, '22년 61세~'33년 65세		19년 6개월 이상 복무, 퇴직 시
	지급방식	연금	연금과 일시금 선택 가능		

자료 : 2017 군인연금통계연보 참조.

른 편이다. 따라서 현재 60세인 노령연금의 수급연령도 2013년부터 5년마다 1세씩 점진적으로 연장하여 2033년에는 65세가 되도록 상향시킬 예정에 있다. 그리고 현재 우리나라 국민연금제에 있어서는 60세 도달 등으로 연금액을 결정할 때에 임금상승률(가입기간 동안의 임금상승률, 보험료 납부기간 중의 신고소득을 연금을 받는 당시의 가치로 환산하여 연금결정)을 반영하고, 연금을 받는 동안에도 매년 물가상승률을 반영하여 연금액을 인상해 연금액의 실질가치를 보장하는 것으로 되어 있다.

우리나라 국민연금제에 있어 가장 큰 문제점으로 지적되고 있는 점은 2018년 4차 재정계산결과 2042년에 수지적자가 발생하고, 2057년에 적립기금 소진이 전망된다는 것이다. 이는 저출산·고령화·저성장에 따른 현상일 수 있고, 기금운용의 문제일 수 있다. 이에 따라 국민들의 국민연금제에 대한 불신이 높은 것이 현실이다. 기금운용의 투명성 또는 기금운용의 전문성의 문제라고 볼 수 있다.

또 다른 문제점으로 국민연금제의 보편성 확보 문제가 있다. 국민연금 적용제외 대상(예 : 1998년 전면 도입 당시 연령상 요건으로 가입할 수 없었던 1933. 7. 1 이전 출생자-당시 65세 이상, 현재 이들은 70대 중반 이후이고 현재의 노령계층으로 볼 수 있음, 무소득배우자 등)에 대한 소득보장과 국민연금가입자로서 가입기간 요건 불충족(납부예외기간이나 연금보험료 미납기간은 가입기간계산에서 제외되기 때문)으로 연금을 받지 못하거나(무연금자) 연금액이 적은 경우(저액연금수급자) 소득보장의 사각지대로 남는다는 것이다. 이러한 문제점들을 해결하기 위해 2008년부터 65세 이상 노인들에게 기초노령연금을 지급하고, 2014년 7월부터 기초노령연금제도가 폐지되고 기초연금제도가 시행되고 있다.

또한 사업장가입자와 지역가입자 간 신고소득의 격차 심화 및 부담의 형평성 문제도 안고 있다. 사업장 가입자의 근로소득은 용이하게 파악이 되지만 자영업자 등 지역가입자의 소득은 파악하기가 어려워 부담의 형평성 문제는 끊임없이 제기되고 있다.

2) 건강보험

인간은 누구나 건강하게 오래 살고 싶어한다. 건강하게 오래 살고 싶어하는 욕구는 개인적인 열망만으로 충족될 수는 없다. 누구나 건강하게 오래 살 수 있기 위해서는 살고 있는 사회의 의료기술이 충분히 발달되어야 하고, 누구나가 발전된 의료기술의 혜택을 볼 수 있어야 한다. 사회는 본래 여러 가지 불평등한 면이 존재하고, 나아가 산업사회, 자본주의 사회에서는 더욱 그러한 면이 두드러지기 때문에 누구나가 발전된 의료기술의 혜택을 볼 수 있는 것은 아니다. 복지국가로 나아가기 위해서는 누구나가 발전된 의료기술의 혜택을 볼 수 있도록 국가가 보장해야만 한다(의료의 기회균등 확보). 의료는 의식주와 더불어 전통사회에서뿐 아니라 현대사회에서도 인간존재의 필수적인 요소이다. 각종 사고를 포함한 생활의 위험에 더욱 노출이 심할 수 있는 현대 산업사회에서는 더 이상 전통사회에서와 같이 의료의 문제를 개인이나 시장, 가족에 맡겨둘 수 없는 상황이다. 국가적 차원에서 의료문제를 다루어야 한다는 것이다. 국가에 의한 의료보장체계는 소득보장과 더불어 건전한 사회발전에 필수적인 사회보장체계이다. 건강보험(의료보험)은 국가에 의한 포괄적인 의료보장체계이다.

의료보장체계의 유형(국민건강보장제도의 유형)은 일반적으로 사회보험방식(국민건강보험방식, National Health Insurance : NHI), 공적부조방식, 국민보건서비스 방식(National Health Service : NHS)으로 분류해 볼 수 있다. **사회보험방식**은 주요 재원으로 가입자의 보험료에 기반하여 가입자의 질병에 대해 의료보장이 이루어지는 체계이며 대부분의 국가들이 채택하는 유형이다. 갹출제이기 때문에 급여받기 위한 자산조사를 하지 않는 보편주의적 접근방식을 취한다. **공적부조방식**은 조세를 주요재원으로 해서 생활 빈곤자에 대한 자산조사에 근거하여 원칙적으로 무료로 필요한 의료서비스를 제공하는 방식이고, 대부분의 국가에서 사회보험방식을 보완하는 입장에서 활용하고 있다. 사회보험(의료보험)방식을 채택하는 나라는 갹출능력이 있는 사람에게는 의료보험을, 갹출능력이 없는 사람들에게는 의료부조를 적용하는 방식을 취한다. 우리나라의 의료보장체계도 이런 형식을 취하고 있다. 영국을 비롯한 일부 유럽국가에서는 **국민보건서비스 형태**를 취한다. 정부가 의료를 필요로 하는 모든 국민에 대해 빈부의 구별 없이 직접 의료를 제공하고, 공무원처럼 국가에 고용된 의사들에 의해 서비스가 제공되는 형태로 국영의료서비스 방식이라 할 수 있다. 조세를 그 재원으로 한다. 또한 미국에서는 일부 특정범주에 속하는 사람들에 한정(고령자)해서 의료보험체계를 적용하고, 생활 빈곤자에 대해서는 의료부조를 적용하고, 기타의 국민은 사보험에 가입하도록 한다.

우리나라의 건강보험은 1977년 500인 이상 사업장을 강제가입대상으로 해서 출발했고, 1979년에는 공무원 및 사립학교교직원에 대해 적용했고, 1988년 농어촌 지역주민, 1989년 도시지역주민으로 확대 적용함으로써 전 국민 의료보험체계를 구축했다. 그리고 1998년에는 공무원 및 사립학교 교직원 의료보험공단과 지역의료보험조합을 통합하여 국민의료보험관리공단을 만들었고, 2000년 7월에는 직장의료보험을 국민의료보험관리공단에 통합하여 국민건강보험공단을 출범시킴으로써 완전한 통합방식의 운영체제를 갖추었다.

건강보험의 재원은 기본적으로 보험료로 충당된다. 사회보험방식에 의해 재원을 조달함을 원칙으로 하고 있다. 보험료부과는 직장가입자와 지역가입자가 서로 다른 방식으로 이루어지고 있다. 직장가입자는 근로소득이 거의 투명하게 파악됨으로써 소득비례정률제(1~50등급의 표준소득월액에 의한 부과)를 채택하고 있고, 지역가입자의 경우는 소득파악이 제대로 이루어지지 않기 때문에 소득비례정률제 대신 별도의 부과체계를 가지고 등급별 정액제(소득과 재산 등에 따른 7~50등급)를 채택하여 부과하고 있다.

우리나라 건강보험제도는 현물급여를 원칙으로 하고 있다. 현물급여는 가입자 및 피부양자에게 요양기관을 통하여 직접 의료서비스를 제공하는 것으로 요양급여와 건강검진이 있다. 현금급여에는 요양비, 장제비, 본인부담금보상금, 장애인 보장구 급여비 등이 있다. 현금급여 중 요양비는 가입자 또는 피부양자가 긴급 기타 부득이한 사유로 요양기관에서 제외되는 의료기관 등에서 요양을 받거나 요양기관 외의 장소에서 출산한 때에는 그 요양급여에 상당하는 금액을 가입자 또는 피부양자에게 지급하는 것이다. 장제비는 가입자 또는 피부양자가 사망한 경우 그 장제를 행한 자에게 지급하며, 본인부담금 보상금은 가입자 또는 피부양자가 요양급여를 받고 지급한 요양급여 중 본인일부부담금이 매 30일간에 120만 원을 초과한 경우 초과한 금액의 100분의 50을 지급하는 것을 말한다. 장애인 보장구 급여비는 등록 장애인 가입자 및 피부양자가 구입한 보장구에 대해 금액의 일부를 지급하는 경우를 말한다(모지환 외, 2003: 192).

현재 우리나라 건강보험제도에서 여러 가지 문제점들이 존재하지만, 가장 큰 문제는 역시 재정적자문제이다. 재정적자의 주 원인은 역시 보험급여비 지출이 급속도로 증가한다는 점이다. 급속한 노령화에 따른 노인의료비의 현격한 증가, 병원진료율 증가, 의료기술 발달이나 고가의료장비 도입 증가 등으로 인한 의료비 증가 등으로 보험급여비 지출이 증가한다는 것이다. 2008년부터 실시된 노인장기요양보험도 내적으로 볼 때는 노인의료비 증가에 따른 사회적 부담의 의도를 가지고 있다고 볼 수 있다.

또한 지역가입자와 직장가입자들 간의 기여의 형평성을 확보하지 못하고 있다는 점이다. 자영업자들의 소득파악률이 30%에도 미치지 못하는 실정이다. 더욱 중요한 부분은 건강보험이 커버하는 의료의 범위가 아직도 현실적이지 못하다는 점이다. 보험급여에서 제외되는 비급여부분이 많다는 것이다. 그럼으로써 의료보장 사보험체계가 본격적으로 확대되는 것이다. 현대사회는 여러 가지 원인에 따라 희귀한 질병이나 사고가 많고, 새로운 질병이 속속 등장하고, 치료할 수 없는 질병들이 많아지고, 이에 대한 국민들의 부담은 더욱 커질 가능성이 크기 때문에 다른 경우와 달리 건강보험의 보험급여가 확대되어야 할 것이다.

3) 고용보험

고용보험제도는 실업보험에서 비롯되었다. 자본주의 경제체제하에서 기술혁신에 따른 산업구조조정과 경기변동에 따라 실업은 누구에게나 발생할 수 있는 사회적 위험이다. 특히 주기적으로 나타났던 경제불황으로 인한 대량실업은 노동자들의 삶에 커다란 위협이 되었고, 국민경제 차원에서도 실업은 소비수요의 위축을 가져오고, 이는 다시 생산의 저하와 고용의 감소를 초래하여 실업을 더욱 확대시키고 경제를 혼란에 빠뜨릴 수 있다. 국가에 의한 실업대책으로써 실업보험이 최초로 운영된 것은 1911년 영국에서부터이다. 이후 많은 국가들이 실업에 대한 사회적 책임을 인식하여 국가 프로그램으로 실업보험을 도입하게 되었다. 미국의 경우도 1935년 사회보장법이 제정되면서 연방정부로부터 실업보조금 제도가 신설됨에 따라 1937년까지 모든 주에서 실업보험제도가 시행되었다(박석돈, 2003: 233-234). 그렇지만 실업보험은 노동자의 실업으로 인한 생활안정을 도모하는 사후대책적인 의미만을 가짐으로써 실업이 근본적으로 일어나지 않도록 한다든지, 노동자 개인이 미리 실업을 준비할 수 있도록 사전적 · 적극적 · 종합적인 대응이 필요함을 인식하게 되었고, 점차 고용보험제도로 전환하게 되었다.

고용보험이란 실직근로자에게 실업급여를 지급하는 전통적 의미의 실업보험사업 외에 적극적인 취업알선을 통한 재취업의 촉진과 근로자의 직업안정 및 고용구조 개선을 위한 고용안정사업, 근로자의 능력개발사업 등을 상호 연계하여 실시하는 사회보험제도이다. 고용보험제도의 기본구조는 〈표 6-4〉와 같다(노동부, 2006).

〈표 6-4〉 **고용보험제도의 기본구조**

고용보험제도	• 고용안정사업 : 실업의 예방, 재취업촉진 및 노동시장 취약계층의 고용촉진 • 직업능력개발사업 : 근로자의 생애 직업능력개발체제 지원 • 실업급여 : 실직자의 생계지원 및 재취업촉진

우리나라에서는 1995년 고용보험제도가 시행되었고, 현재 근로자를 사용하는 모든 사업장에 적용하고 있다(단, 농업, 임업, 어업 및 수렵업 중 일부 사업, 가사서비스업 제외/근로자 기준으로 볼 때 일용근로자도 적용. 1개월간의 근로시간이 60시간 미만인 근로자와 65세 이상인 자[3] 적용 제외, 공무원, 사립학교교직원, 외국인근로자 일부 적용 제외).

우리나라의 고용보험제도는 크게 고용안정사업, 직업능력개발사업, 실업급여의 세 가지 사업으로 구성되어 있다.

첫째, **고용안정사업**은 말 그대로 기존 고용을 계속 유지시킬 수 있도록 지원하고, 고용을 창출하고, 촉진하는 것을 지원하는 사업을 말한다. 경기변동이나 산업구조 변화과정에서 기업의 고용조정이 실업을 최소화하면서 기존 고용상태를 유지 · 안정시킬 수 있도록 지원함으로써 실업을 예방하고 고용안정을 도모하는 **고용조정지원사업**(예 : 사외파견, 인력재배치 등의 조치를 실시해 근로자의 고용을 유지하는 경우), 근로시간 단축, 교대제 전

3) 65세 이상인 자는 고용보험 적용에서 제외되지만, 고용안정 · 직업능력개발 사업에 대해서는 포함한다.

환 등을 통해 일자리를 창출하는 **고용창출사업**, 고령자 · 여성 등 고용 취약계층에 대한 **고용촉진지원사업**(예 : 고령자고용촉진장려금, 여성고용촉진장려금, 직장보육시설지원 및 설치비용융자 등) 등을 포함한다.

둘째, **직업능력개발사업**은 사업주가 근로자들의 직업수행능력을 계속 개발할 수 있도록 지원하는 사업을 일컫는다. 직업능력개발훈련 등을 지원함으로써 근로자들의 직업수행능력을 향상시키고 임금수준 향상을 도모함은 물론 기업의 경쟁력을 강화하고자 하는 사업을 말한다.

셋째, **실업급여**는 실직근로자에게 일정기간 실업급여를 지급하여 실직자의 생활안정은 물론 실직자의 조기재취업을 유도하기 위한 것이다. 우리나라의 실업급여는 전통적인 실직기간 동안의 기본급여뿐만 아니라 실직자의 직업훈련수강을 용이하게 하기 위하여 직업훈련기간 동안 기본급여를 연장해 주는 등 직업훈련수강을 유인하기 위한 인센티브 제도를 두고 있고, 조기 재취업 시에는 조기재취업수당을 지급함으로써 실직자가 기본급여에 안주하여 재취업활동을 게을리하지 않도록 특별한 배려를 하고 있다. 또한 여성근로자의 고용안정을 위하여 육아휴직급여 및 산전 · 후 휴가급여 등을 지원하고 있다.

고용보험의 재원은 보험료를 기반으로 하고 있고, 고용보험기금을 조성하여 관리 · 운영토록 하고 있다. 보험료는 노사가 공동으로 부담하는 것으로 되어 있다. 따라서 고용보험은 사업주와 근로자 모두가 보험가입자가 된다. 실업급여의 보험료는 노사가 각각 1/2씩 분담하고, 고용안정사업과 직업능력개발사업의 보험료는 사업주가 전액 부담하도록 하고 있다. 보험료율은 경제상황 등을 고려해 임금총액의 30/1000 범위 내에서 고용안정사업의 보험료율, 직업능력개발사업의 보험료율, 실업급여의 보험료율로 구분하고 있고, 실업급여와 고용안정사업의 보험료율은 사업규모에 관계없이 일정률로 정하고, 직업능력개발사업의 보험료율은 새로이 참여하는 중소기업의 부담완화 차원에서 사업규모별로 차등 요율로 규정하고 있다. 각 사업별 보험료율은 〈표 6-5〉와 같다.

〈표 6-5〉 고용보험사업별 보험료율 및 부담

구 분		'98 이전		'99.1.1이후		'03.1.1이후		'06.1.1이후		'11.4.1이후		'13.7.1이후	
		근로자	사업주	근로자	사업주	근로자	사업주	근로자	사업주	근로자	사업주	근로자	사업주
실업급여		0.3%	0.3%	0.5%	0.5%	0.45%	0.45%	0.45%	0.45%	0.55%	0.55%	0.65%	0.65%
고용안정사업		-	0.2%	-	0.3%	-	0.15%	능력개발사업과 합함					
직업능력개발사업	150인 미만	-	0.1%	-	0.1%	-	0.1%	-	0.25%	-	0.25%	-	0.25%
	150인 이상 우선지원 대상	-	0.3%	-	0.3%	-	0.3%	-	0.45%	-	0.45%	-	0.45%
	150인 이상~1000인 미만	-	0.5%	-	0.5%	-	0.5%	-	0.65%	-	0.65%	-	0.65%
	1000인 이상 및 국가기관 등	-	0.5%	-	0.7%	-	0.7%	-	0.85%	-	0.85%	-	0.85%

자료 : 고용노동부(2018), 고용보험백서.

우리나라 고용보험에서 제기되는 문제점들을 몇 가지만 살펴보자. 첫째, 실질적으로 고용보험의 적용대상에서 제외된 근로자가 너무 많아 사회안전망으로서의 역할을 수행하는 데 한계를 드러내고 있다. 자영업자들(근로자를 사용하지 않거나 5인 미만의 근로자를 사용하는 사업자등록을 한 자영업자들은 자신을 피보험자로 하여 고용안정·직업능력개발사업에 임의가입 가능), 일용근로자(고용안정·직업능력개발사업은 적용되나 실업급여는 적용되지 않음) 등이 고용보험적용에서 제외되고 있다.

둘째, 고용보험사업이 사업장 규모별로 역진[4]적인 효과가 발생하고 있다는 점이다. 고용안정사업의 경우 대규모 사업장이 영세사업장에 비해 급여수급 실적이 높게 나타나 재정이전현상이 발생하며, 직업능력개발사업의 경우도 사업규모가 클수록 사업주가 지원받은 금액이 높게 나타나고 있다. 실업급여의 경우도 납부한 보험료에 비해 지급된 실업급여의 비율이 30인 이하 영세사업장이 훨씬 낮아 역진성 문제를 보여주고

4) 역진(逆進), 반대방향으로 나아감, 누진(累進)의 반대, 역진세-regressive tax, 과세 물건의 수량 또는 금액이 많아짐에 따라 세율이 낮아지는 조세, 사업장 규모가 클수록 혜택을 많이 보는 경우를 말한다.

있다(모지환 외, 2003 : 271).

셋째, 고용촉진장려금이나 실업급여 등을 적절한 요건을 맞추어 부정적으로 또는 부풀려서 수급을 받는 경우 등 도덕적인 해이도 상당한 문제로 지적할 수 있다. 전체 실업급여자 수에서 부정 수급자가 차지하는 비율이 계속 증가하고 있다. 최근 5년간 실업급여 부정수급 건수가 12만 4,709건에 달했고 그 액수도 1,035억원을 돌파해 고용보험 기금의 안정성을 해치고 있다는 지적이 제기됐다. 2014년 2만 2,101건, 2015년 2만 1,418건, 2016년 2만 8,958건, 2017년 3만 3,630건이었고, 올해는 8월 기준으로 1만 8,602건이었다. 또한 부정수급 금액은 2014년 130억 7,800만원, 2015년 145억 7,400만원, 2016년 305억 2,200만원, 2017년 318억 200만원이었고, 올해는 8월 기준 135억 6,500만 원에 달했다. 고용노동부가 밝힌 부정수급 사례를 보면 가장 많은 부정수급 유형으로는 근무기간이나 이직 사유를 허위로 신고하거나 소득이 발생했을 때 알리지 않고 실업급여를 받는 경우다. 주로 개인의 일탈에 의한 경우가 다수지만 때론 브로커가 개입된 대규모 부정수급 케이스도 적지 않아 그 심각성을 더한다(아웃소싱타임스 2018. 10.22일자 기사내용).

4) 산업재해보상보험

산업재해보상보험은 근로자가 산업현장에서 부상, 질병 및 사망 등의 산업재해를 입어 소득의 상실, 중단 등의 생활상의 곤란을 겪게 된 경우 근로자가 보상받을 수 있도록 보장해 주는 경우를 말한다. 산업현장에서 재해는 필연적으로 존재할 수밖에 없고, 대규모 생산체계가 도입되고 생산기술이나 정보관리기술이 고도화되는 현대 산업사회에서는 작업과정에서의 위험도는 더욱 커질 수밖에 없는 현실이다. 이러한 재해로부터 근로자와 그 가족을 보호하는 것을 근로자 본인에게 맡겨둘 수도 없고, 그렇다고 사업주들에게 개별적인 책임으로 맡겨둔다면 근로자가 온전하게 보상받을 수도 없거니[5]와

5) 근로자가 재해를 입증하기도 어렵고, 만약 기업이 파산하는 경우 재해를 입은 근로자는 보호받을 수도 없을 수 있다.

사업주도 재해보상을 해주자면 많은 돈을 일시에 지출하게 되므로 사업수행에 막대한 지장을 초래하게 된다. 따라서 국가가 법에 의해 근로자를 고용하는 사업장은 의무적으로 보험에 가입하도록 해서 산재보험에 의해 보상해 줄 수 있도록 한다는 것이다. 따라서 산재보험은 근로자를 온전히 보호하기 위한 제도이면서도 사업주의 손해(재해로 인한 손실)를 보상하는 보험의 성격을 가지는 것이다.

또한 산업이 발전하고 복잡해짐으로 해서 산업재해가 증가함에 따라 사회적 관심이 높아지고, 산업재해는 근로자의 과실로만 발생하는 것이 아니라 산업활동 자체에 내포되어 있는 위험이나 유해요인 때문에 발생한다는 사실을 인정하게 되었다. 따라서 산업재해에 대해서는 사용자가 과실이 없더라도 책임을 져야 한다는 소위 무과실책임 사상이 나타났다(박석돈, 2003: 197). 산재보험은 이 같은 사용자의 무과실책임원칙에 기반하고 있다.

우리나라도 1963년도에 산업재해보상보험법이 제정되었고, 1964년부터 상시 500인 이상 광업과 제조업 사업장에 적용했고, 2000년 7월부터 근로자 1인 이상을 고용하는 사업장의 모든 근로자들에게 확대 적용하게 되었다. 산재보험에 소요되는 비용은 사업주가 납부하는 보험료로 충당되며, 근로자의 비용부담은 없다. 따라서 산재보험은 사업주만 보험가입자가 되는 것이다. 사업주가 부담하는 보험료는 각 적용사업장의 임금총액에 당해 업종별로 고시되는 보험료율을 곱한 금액으로 산정된다. 보험료율은 사업장의 재해 발생 위험도에 따라 차등적용 된다.

급여내용은 요양급여, 휴업급여, 장해급여,[6] 유족급여, 상병보상연금,[7] 간병급여(요양이 종결된 자가 의학적으로 상시 또는 수시로 간병이 필요하여 실제로 간병을 받는 자에게 지급), 장의비, 직업재활급여 등을 포함한다.

산재보험은 시행 55년 여에 걸쳐 산업사회에 필요한 사회보험으로 발전하고 있지만, 여러 가지 문제점도 가지고 있다. 그 문제점 중 가장 큰 문제점은 적용범위의 한정문

6) 근로자가 업무상의 사유로 부상을 당하거나 질병에 걸려 치유된 후 신체 등에 장해가 있는 경우 그 근로자에게 지급한다(법 57조).

7) 요양급여를 받는 근로자가 요양을 시작한 지 2년이 지난 이후에도 그 부상이나 질병이 치유되지 않는 상태이거나 폐질등급 1~3급에 해당하는 경우, 요양으로 인하여 취업하지 못한 경우 휴업급여 대신 보상수준을 향상시켜 연금으로 지급하는 경우를 말한다.

제이다. 법은 근로자를 사용하는 모든 사업 또는 사업장에 적용한다고 하지만 영세사업장이나 불안정노동자들은 산재보험의 사각지대에 놓여 있는 경우가 많다. 비정규직이나 불안정 노동자들의 수급률이 20~30%에 불과하다. 산재보험의 적용범위, 보장범위와 요건들이 더욱 확장되어야 할 것이다.

두 번째로 산재보험의 급여가 향상되고 있지만 그 수준이 재해를 당한 근로자와 가족에게 충분하지 못하다. 휴업급여의 경우 OECD국가들은 임금의 전액이나 80%수준인 데 비하여 한국은 70%이고, 장해급여의 판정도 정신적 또는 육체적 훼손상태만 고려하고 근로자의 연령, 직종, 지위 등 제반조건이 고려되지 않는다는 것은 상식과 배치된다(모지환 외, 2003 : 244).

세 번째는 산재근로자 재활사업이 확충되고, 실질적인 지원이 이루어질 수 있도록 되어야 한다. 실제로 산재장애인 중 재취업률은 약 40%밖에 되지 않는다. 현재 산재근로자 재활사업은 재활상담, 직업훈련비용 지원, 자립점포임대 지원, 재활스포츠활동 지원, 의료재활 지원, 사회적응 프로그램 운영, 후유증상관리제도, 장해급여자 직장복귀지원사업 등이 이루어지고 있지만, 그 수준과 방향, 방법의 실질적인 개선이 있어야 한다.

5) 노인장기요양보험

노인장기요양(long-term care)보험은 고령이나 노인성 질환(만성질환이나 중풍, 치매 등) 등으로 인하여 일상생활을 혼자 수행하기 어려운 노인 등에게 신체활동 또는 가사활동지원 등의 장기요양급여를 사회적 연대원리에 의해 제공하는 사회보험제도(보건복지부 홈페이지)를 말한다.

즉 중풍이나 치매 등 노인성 만성질환이 발생하면 병 · 의원에서 이루어지는 질환의 진단, 입원 및 외래치료, 재활치료 등을 위한 치료과정에는 건강보험이 담당하고, 이러한 만성질환으로 인해 혼자 힘으로 일상생활이 어려운 대상자에게 요양시설, 요양병원, 가정 등을 통해 신체활동이나 가사 및 일상생활지원서비스를 제공하는 것은 장기요양보험이 담당하는 경우를 말한다.

의료기술이 발달하면서 평균수명이 연장되어 노인인구가 크게 증가하는 고령사회에서 가장 큰 이슈는 얼마나 오랫동안 자녀들에게 부담(경제적 부담 또는 부양부담, 수발부담 등)을 주지 않고 건강하게, 자신의 사회적 역할을 적절히 유지하면서 행복하게 살아갈 것인가일 수 있다. 또한 만성질환 등으로 장기적 요양보호를 필요로 하는 노인들은 충분히 존엄성을 유지하면서 보호를 받을 수 있을 것인가가 관건이 된다. 고령사회에 접어든 대부분의 사회에서는 이 같은 문제에 직면해 있고, 우리 사회도 예외가 아니다.

전통적으로 노인에 대한 보호는 개인이나 가족에게 맡겨져 있었다. 현대사회에서는 가족의 기능이 현저히 약화됨으로써 노인에 대한 보호를 가족에게 맡겨둘 수 없는 상황이 되었다. 이런 상황에서 가족이나 자녀에게 노인보호를 맡겨둔다면 보호를 받는 노인 자신도 부담스럽고, 가족이나 자녀들도 부양에 대한 각종 부담(육체적 · 정신적 · 경제적 부담 등)으로 정상적인 가정생활을 꾸리기 힘들어질 것이다.

세계 선진국의 대부분은 장기적 요양보호를 필요로 하는 노인에 대한 사회적 보호서비스로서 노인수발보장제도(노인장기요양보장제도)를 실시하고 있다. 노인장기요양보험제도는 그동안 가족의 영역에 맡겨져 왔던 치매, 중풍 등 노인에 대한 장기간에 걸친 간병과 장기요양문제를 사회연대원리에 따라 국가와 사회가 분담하여 노인들은 더 이상 자식들에게 부담을 주지 않고 계획적이고 전문적인 장기요양서비스를 받을 수 있도록 하고, 자녀들도 장기요양 부담에서 벗어나도록 하는 의미를 가진다고 볼 수 있다.

선진국이 이와 같은 대책을 실시하게 된 배경과 제도의 형태에는 공통적인 요소를 발견할 수 있다(차흥봉, 2005).

첫째, 수요 측면에서 노인인구가 증가하고 특히 후기 고령인구가 증가하면서 노인수발의 수요가 크게 증대되었다는 점이다. 서양 선진국에서 20세기 중반기에 평균수명이 연장되고 노인인구가 크게 늘어나면서 노인수발시설이 크게 발달한 것이 이를 증명하고 있다.

둘째, 전달체계의 측면에서 공식적 보호서비스로 입소시설서비스와 재가보호서비스가 발달한 것도 공통적이다. 그리고 입소시설서비스가 먼저 발달하고 난 다음에 이에 대한 반성으로 지역사회 중심의 재가보호서비스를 발전시켜 나가고 있는 점도 거의 같다. 공식적 보호시스템으로 전문기관에 의한 서비스가 발달하지만, 그렇다고 해서 가족보호와 같은 비공식적 보호가 사라지는 것은 아니고, 오히려 가족보호의 1차적 책임을 강조하고 가족보호가 공식적 보호서비스를 보완하고 있는 것도 공통적이다.

셋째, 사회보장정책의 측면에서 국가의 공공 책임을 강조하고 기존의 사회보장제도와 연계하여 노인수발보장제도를 운영하는 점도 공통적이다. 소득보장, 주거정책, 의료보장시스템 등의 사회보장제도와 연계하여 대인적 서비스로서 노인수발보장제도를 만드는 것이다.

넷째, 노인수발보장제도를 운영하고 있는 세계 모든 나라가 노인수발보장의 재정문제로 걱정하고 있다는 점도 공통적이다. 장기적 요양보호를 필요로 하는 노인이 크게 증가하면서 공적인 수발서비스의 비용이 크게 늘어나고 있기 때문이다. 그래서 많은 나라들이 어떻게 하면 비용절약형으로 제도를 운영할 수 있을까 하는 문제로 고민들을 하고 있다. 시설보호나 의료적 서비스에 치우칠 때 돈이 많이 소요되기 때문에 지역사회 중심의 사회적 보호서비스나 비공식적 서비스로 대체하려는 움직임도 공통적인 현상이다.

65세 이상 노인인구가 2000년 7.2%로 고령화사회 진입 이후 2018년 현재 14%를 넘어선 우리나라(2018년 8월 14.1% 고령사회 진입)에서도 노인부양가족들의 부양부담을 덜어주고, 증가하는 노인의료비 문제를 더 이상 개인과 가족에게 맡겨둘 수 없고, 건강보험재정으로 감당할 수 없는 상황에서 우리나라도 2008년 7월 실시하는 것을 목표로 2007년 4월 노인장기요양보험법이 제정되었고, 2008년 7월부터 장기요양보험제도가 시행되고 있다.

우리나라의 노인장기요양보장은 사회보험방식을 택했다.[8] 주요 내용은 다음과 같다(보건복지부 노인요양제도팀, 노인장기요양보험법의 주요내용 자료, 보건복지부 홈페이지).

① 장기요양대상자는 65세 이상 노인 또는 65세 미만 노인성질환자로서 거동이 현저

8) 영국, 스웨덴, 덴마크, 핀란드, 노르웨이, 이탈리아, 스페인, 뉴질랜드 등의 국가에서는 조세방식이고, 독일, 일본, 네덜란드 등은 사회보험방식, 미국은 노인의료보험(Medicare)에서 장기요양비용은 급여대상에서 제외, 주정부의 의료급여(Medicaid)에서 저소득층 노인에 한정해 장기요양 서비스 급여. 민간사업자 중심의 혼합방식(정부지원, 보험료).

히 불편하여 장기요양이 필요한 자이다.[9)]

② 장기요양보험료 납부는 건강보험 납부자(직장가입자, 지역가입자)와 동일하다. 보험료율은 2008년 건강보험료의 4.7%, 2009년 4.8%, 2010년 5.3%, 2018년 7.38%이다.[10)]

③ 급여내용은 재가급여, 시설급여, 특별현금급여 등으로 구분된다. 재가급여는 식사 도움, 화장실 도움, 세면, 목욕, 말벗, 외출동행, 간호서비스, 집안 청소 등 일상 가사지원서비스 등을 포함하고, 방문요양, 방문목욕, 방문간호, 주·야간보호 및 단기보호 등이 포함된다. 시설급여는 요양시설 및 요양병원 장기요양비 등을 포함한다. 특별현금급여는 도서벽지 지역 등 요양시설이 없어 불가피하게 가족 등으로부터 요양을 받는 경우 지원되는 현금급여를 말한다.

④ 재원은 장기요양보험료+국가지원+본인일부부담으로 구성된다. 본인일부부담금은 시설급여 20%, 재가급여 15%, 소득이나 재산이 일정금액 이하인 저소득층은 각각 1/2로 경감(시설 : 10%, 재가 : 7.5%), 국민기초생활수급노인은 무료

⑤ 서비스 이용체계는 서비스 신청 → 방문조사 → 등급판정(등급판정위원회) → 장기요양 인정서 및 표준장기요양이용계획서 통보 → 장기요양급여 시작

우리나라 노인장기요양보험제도는 향후 여러 가지 발전과제들이 있을 수 있다. 그 중에서도 가장 큰 부분은 일본과 같이 케어매니지먼트 제도를 도입할 필요가 있다는 것이다. 전문 케어매니저가 노인 본인이나 가족과의 상담에 의해 수요를 파악하여 한 사람의 노인에게 가장 알맞은, 전문적인 케어계획을 수립하여 서비스를 제공할 수 있어야 한다는 점이다. 현재는 등급판정위원회에서 등급판정이 되고 장기요양이 인정되면 노인 본인이 여러 서비스 중 이용가능한 선택을 하는 형태이다. 그리고 의료 중심

9) 2008년 (요양 1~5등급, 약 214천 명) 대상 실시(노인인구의 4.2%). 2011년 324천 명, 2016년 520천 명으로 확대 실시(노인인구의 7.4%).

10) 장기요양보험료 산정 예시. 직장가입자 120,000원 건강보험료 납부 시(사용자+근로자) 사용자=120,000×50%×7.38%=4,428원/ 근로자=120,000×50%×7.38%=4,428원. 지역가입자 60,000원 건강보험료 납부 시 60,000×7.38%=4,428원.

의 케어에서 벗어나 사회복지서비스 중심의 케어가 이루어질 수 있는 여건이 조성되어야 한다. 사회복지서비스 프로그램의 전문화 정도를 높여야 할 것이고, 서비스 프로그램의 효과를 입증할 수 있는 전문적인 평가체계가 확립될 필요가 있다.

참고문헌

고용노동부(2018). 『고용보험백서』.

국민건강보험공단 홈페이지 www.nhis.or.kr

국민연금관리공단(2005). 국민연금제도의 이해.

국방부(2017). 군인연금통계연보.

김연명(1997). “한국 사회보험의 확대과정과 불평등”. 중앙사회복지연구회. 『한국사회복지와 불평등』. 일조각.

김영모 편(1997). 『현대사회보장론』. 한국복지정책연구소 출판부.

김태성 · 김진수(2001). 『사회보장론』. 청목출판사.

모지환 외(2003). 『사회보장론』. 학지사.

박석돈(2003). 『사회보장론』. 양서원.

박종삼(2002). 『사회복지학개론』. 학지사.

보건복지부 노인요양제도팀. 노인장기요양보험법의 주요내용 자료. 보건복지부 홈페이지.

보건복지부(2017). 국민연금관리공단, 국민건강보험관리공단, 근로복지공단 통계연보.

아웃소싱타임스 2018. 10. 22 일자 기사내용.

임춘식 외(2007). 『사회복지개론』. 공동체.

차흥봉(2005). 노인수발보장제도와 지역사회중심의 관리운영체계, 2005년 심포지움 자료, 보건복지부 장기요양보험site 자료실.

한국임상사회사업학회 엮음(2006). 『사회복지개론』. 신정.

CHAPTER

7 공공(공적)부조

Introduction to social Welfare

공공부조는 영국에서는 국민부조(National Assistance), 미국에서는 공공부조(Public Assistance), 독일과 프랑스에서는 사회부조(Social Assistance, Sozialhilfe)라 부르고, 우리나라에서는 종래에는 공적부조라는 용어를 사용하였으나 1995년 사회보장기본법이 제정되면서 '공공부조(Public Assistance)'란 명칭으로 사용한다.[1]

공공부조는 공공(국가, 정부)이 일정한 기준에 미달하는 빈곤한 사람들에게 부조·원조한다는 의미다. 공공부조제도는 빈곤한 사람, 최저수준에 미달(최저생계비 이하)하는 생활을 하는 사람들에게 국가가 책임지고 물질적·비물질적 급여를 제공하여 이들이 최저한의 생활을 유지할 수 있도록 하는 사회보장제도의 하나다.

공공부조제도는 인간으로서의 존엄과 가치, 인간다운 생활을 할 권리를 실현하기 위한 국가(사회)의 최소한의 보장제도라고 볼 수 있고, 인류의 역사 속에서 빈곤은 상존했고, 국가가 이러한 빈곤문제를 해결하기 위한 시책으로 행하여 왔다. 공공부조제도는 자본주의 사회의 모순이 심화됨에 따라 그 구조적 산물로서 빈곤이 발생됐다는 역사적 인과관계를 인정하여 국가의 책임하에 일정한 법령에 따라 공공비용으로 경제적 보호를 요구하는 자들에게 제공하는 최저한도의 사회보장이고, 소득보장제도라고 볼 수 있고, 사회보험과 함께 사회보장제도의 중요한 한 축을 이루는 제도이다.

1) 빈곤구제정책(anti-poverty policy), 무기여소득보장정책(non-contributory income maintenance program)으로 불려지기도 한다.

근대 복지국가체계가 형성되면서 사회보험이 사회보장의 주축을 이룸으로써 사회보험을 1차적 사회안전망으로, 공공부조를 2차적 사회안전망(사회복지의 기본 프로그램에서 필수적 보조장치, 최후의 사회안전망)으로 평가·지칭한다.

우리나라의 사회보장기본법(제3조)에 따르면 사회보장은 사회보험, 공공부조, 사회복지서비스로 구성된다. 이 법에서 "공공부조라 함은 국가 및 지방자치단체의 책임하에 생활유지능력이 없거나 생활이 어려운 국민의 최저생활을 보장하고 자립을 지원하는 제도를 말한다"고 규정하고 있다. 현재 우리나라에서는 공공부조와 관련해서 '국민기초생활보장제도'와 그밖에 의료급여제도, 국가보훈사업, 재해구호사업 등이 실시되고 있고, 취약계층을 위한 사회복지서비스의 일부 프로그램 또한 공공부조의 성격을 지니고 있다.

1. 공공부조의 일반적 특징

공공부조제도는 의미상으로 본다면 인류의 역사와 함께해 왔다고 볼 수 있다. 인류의 역사 속에서 빈곤은 상존해 왔다. 대체로 고대사회, 중세봉건사회에서는 체계적이지는 않았지만, 종교적인 시혜 차원의 공공부조(민간 차원의 빈민구제)가 주로 이루어졌다. 그러나 봉건사회가 붕괴되고 근대사회로 전환하는 과정(자본주의 생산체제가 형성되기 시작하는 시점)에서 농민층의 붕괴와 극심한 빈곤화에 따라 국가 차원에서 빈민에 대한 책임을 천명하는 1601년 엘리자베스 구빈법이 제정되었다. 엘리자베스 구빈법은 국가가 주체적으로 빈민들의 문제에 개입해서 체계적인 접근을 시도하였다는 점에서 최초의 공공부조법이라 할 수 있다. 구빈법이 공공부조의 출발점으로 볼 수 있다. 이렇게 본다면 공공부조의 역사는 사회복지의 역사와 동일한 시대적·상황적 맥락을 갖는다.

공공부조는 사회보장체계의 일환으로 공적인 최저생활보장의 경제적 부조제도로 소득의 재분배를 통하여 자본주의의 모순을 극복하기 위한 보완책이라 할 수 있다. 이러한 공공부조의 일반적 특징은 첫째, 수행주체가 국가나 지방자치단체 또는 관련 공공기관이다. 둘째, 규정된 최저소득 이하의 자들에게만 적용된다. 그렇지만 공공부조는 대상자 본인의 의사에 반(反)하여 강제적으로 제공될 수 없다. 셋째, 공공부조는 공공세입(조세)으로부터 대부분의 재원을 조달한다. 그러므로 소득재분배효과가 상대적으로 크다. 넷째, 공공부조는 법적 기반에 입각한 권리로 소득보장정책의 일환이다. 다섯째, 공공부조는 사회보험제도의 보완제도이며, 대상자 선정을 위한 자산조사(means test)가 이루어진다(박종삼 외 공저, 2002: 152). 여섯째, 공공부조는 보충적인 제도이다. 수혜대상자가 자신의 자산과 근로능력을 최대한 활용하고, 부양의무자의 부양을 우선적으로 받도록 하고, 다른 법에 의한 보호를 받은 후에도 생활상 곤란을 겪는 경우에 비로소 행해지는 보충적인 제도이다. 이러한 특징 때문에 공공부조는 종종 자본주의 사회의 최후의 안전벽이라고 칭하기도 한다. 일곱째, 공공부조는 구분 처우를 행한다. 공공부조는 획일적이라기보다는 자산조사와 상태조사 결과에 따라 유자격 대상자를 구분해 서로 다른 혜택을 제공한다(보충적 제도와 연결)(김기원, 2000: 18-21).

공공부조는 사회보장제도의 또 다른 축인 사회보험과 여러 면에서 차이를 갖는다(김기원, 2000: 21-24).

첫째, 보호대상면에서 공공부조는 주로 절대빈곤층을 수혜대상으로 하는 데 반해 사회보험은 일정요건을 갖춘 모든 국민이 수혜대상이 된다. 수혜대상을 선정하는 데 있어서 공공부조는 선별적(선별적 프로그램)인 데 반해 사회보험은 보편적이다. 공공부조는 수혜대상자를 선정함에 있어 소득과 재산상태를 파악하는 자산조사를 통해 일정 소득과 재산 이하의 자들을 선정하고, 상태조사(status test)를 통해 대상자가 근로능력이 있는지, 부양의무자가 존재하는지 여부를 조사하여 수혜대상으로 하는 데 반해 사회보험은 자산조사를 실시하지 않고, 상태조사를 통해 일정한 수혜자격요건(노령, 사망, 질병 등)을 갖추었는지 여부만을 조사한다.

둘째, 재원이라는 면에서 공공부조는 일반조세 수입으로 충당되는 데 반해 사회보험은 수혜대상자들의 기여금과 사용자의 부담금(예 : 건강보험의 경우 개인부담부분)으로 충당된다. 공공부조는 직접적인 기여가 없이 무기여 급여를 제공하게 되지만, 사회보험의 경우는 직접적인 기여에 의존한다.

셋째, 권리성이라는 면에서 공공부조는 직접적인 기여가 없기 때문에 응당 받아야 할 권리라는 수급권에 대한 권리성(법적 권리로서의 의미 약하다)이 약하게 부여되는 대신 시혜성(급여의 자선성)이 강하다. 반면 사회보험은 직접적인 기여가 있기 때문에 강한 권리성이 부여된다.

넷째, 효과라는 면에서 공공부조는 계층 간 소득재분배효과가 강하다. 이에 반해 사회보험은 재분배가 소득계층 간에 이루이지기보다는 근로계층이 은퇴한 계층에게(국민연금), 건강한 자가 상병자에게(건강보험), 고용안정계층이 실직자들에게(고용보험), 재해가능성이 적은 사업체들이 재해가능성이 큰 사업체들에게(산재보험) 소득을 재분배하게 된다(상호부조효과가 크다).

다섯째, 기능면에서 공공부조는 빈곤발생을 사전에 예방하는 기능이 다소 있기는 하지만 주된 내용은 이미 발생한 빈곤상황에서 파생되는 문제들을 사후적으로 완화 · 해결하는 소극적 기능을 가지는 데 반해 사회보험은 앞으로 닥칠 사회적 사고로 인한 빈곤을 사전에 예방하는 기능을 가지고 미래의 사회적 사고에 대비해 미리 저축해두는 저축성이 있다.

여섯째, 보장 · 보호수준이라는 면에서 공공부조는 상한선이 최저생활보호(최소한의 보장)인 데 반해 사회보험은 보호수준의 하한선이 최저생활보호이다.

일곱째, 급여의 양이라는 면에서 공공부조는 빈민들의 필요와 욕구에 상응하는 원조를 행하지만(표출된 개별적 욕구에 근거), 사회보험은 장차 예견되는 전체 시민의 평균욕구에 근거한다. 따라서 국가별, 지역별로 빈민들의 욕구의 개념이 상이하고 생활수준 및 재정능력이 다르기 때문에 급여의 총량은 사회보험과 달리 예측하기 어렵다(임춘식 외, 2007: 199).

공공부조제도는 2차적 사회안전망으로 빈민들의 최저생활을 보장해 주는 긍정적인 측면이 있지만, 실시과정에서 낙인화(stigmatization), 근로의욕 상실(loss of work incentive), 복지의존성(welfare dependency), 공공재정부담 등과 같은 문제가 또 다른 해결과제로 제시되고 있기도 하다. 또한 공공부조제도와 관련해 최근의 변화는 근로조건부 복지제도의 발전이다. 이는 신청자의 노동시장참여 혹은 직업훈련이나 직업준비과정에의 참여를 전제조건으로 급여를 제공하는 제도(조건부수급제도)인데, 신자유주의적 경향이 확대되면서 근로연계복지정책들이 등장하면서 확대일로에 있다.

〈표 7-1〉 사회보험과 공공부조의 차이

구 분	사회보험	공공부조
1. 시작	1883년 독일 질병보험	1601년 영국의 구빈법
2. 보호대상	모든 국민(보편적)	빈곤층(선별적)
3. 재원	기여금+사용자부담금	일반 조세
4. 권리성	강한 권리성(직접적 기여)	다소 약한 권리성(무기여)
5. 효과	상호부조 효과가 크다	소득재분배 효과가 크다
6. 기능	빈곤 예방적·사전적·저축 기능	사후적·소극적 기능
7. 보장수준	최저생활이 하한선	최저생활이 상한선
8. 자산조사	불필요(상태조사만 수행)	자산조사+상태조사
9. 급여의 양	예상	예상 불가
10. 추세	비중 증가	비중 감소
11. 문제점	보험료 부담능력이 없는 사람	낙인, 근로의욕 상실, 국가보호에의 의존성 강화
12. 대표적 제도	연금보험, 건강보험, 산재보험, 고용보험, 노인장기요양보험	국민기초생활보장, 의료보호, 재해구호

2. 공공부조의 내적인 의미와 기본원리

공공부조는 기본적으로 모든 사람에게 적용되는 것이 아니라 절대빈곤층이나 노인, 아동, 장애인 등 사회적 약자들, 그 중에서도 노동무능력자들을 우선적인 대상으로 하는 윌렌스키와 르보(Wilensky & Lebeaux)의 사회복지 개념 중 잔여적 복지의 성격을 띠고 있다. 전체가 아닌 일부의 인구만을 대상으로 하고, 급여수준도 최저생활수준으로 하며, 수급자 본인과 가족이 최선의 노력을 해서 부족한 부분만을 보장하고, 자산조사를 실시해 낙인감을 가지도록 하는 본질[2]을 가지고 있기 때문이다. 공공부조의 시초인 구빈법도 빈민들을 통제하고, 처벌과 억압에 의존했다는 점에서 보더라도 잔여적 성격이 농후하다.

그렇지만 역사를 거듭하면서 인권의 개념이 확산되고, 사회적 모순에서 비롯된 빈곤에 대한 인식이 확산되면서 각 국가들의 공공부조 프로그램들은 다양성을 보이게 되었고, 공공부조에 대한 주체적 권리를 강조하는 경향이 강해지고 있고, 모든 국민들이 활용하고, 도움받을 수 있는 국가의 중요한 제도로 자리매김하게 됨에 따라 제도적인 복지의 성격을 다분히 띠고 있는 것 또한 사실이다. 최근 공공부조 프로그램의 종류와 범주가 국가별로 상이하기 때문에 하나의 공통된 틀을 기준으로 각국의 공공부조제도를 설명하기에는 어려움이 있다(임춘식 외, 2007: 200-202 참조).

공공부조의 기본원리는 다음과 같다.

첫째, 생존권 보장의 원리이다. 국민이 있어야 국가도 있으므로 국가는 국민들의 최소한의 생존권은 보장해야 한다. 따라서 사회적 약자들이든 어려움에 처한 일반 시민들이든 생존을 위태롭게 하는 경우는 국가에 대해 보호를 청구할 권리를 가진다.

둘째, 평등보장의 원리이다. 국가가 어려움에 처한 시민들을 원조하는 데는 수급권자의 인정범위(성별, 인종, 종교, 사회적 신분 차별 없이)나 수급의 내용면에서 차별 없이 평등하게 보장해야 하고, 국민들 또한 평등보장을 요구할 권리를 가진다. 공공부조 수급의 적격성을 만족시킬 수 있는 모든 신청자들에게 확대되어야 한다.

셋째, 최저생활보장의 원리이다. 이는 공공부조가 보장해야 하는 정도를 말하는 것으로 수급자에게 적정수준의 소득을 보장함으로써 최저한도의 인간다운 생활을 보장할 수 있어야 한다는 것이다.

넷째, 자립자활조성의 원리이다. 이는 급부를 받는 수급자의 내재된 잠재력을 끌어

2) 물론 자산조사는 낙인감, 열등감을 가질 수 있는 여지를 가지지만, 자산조사를 철저히 해서 국가의 재정낭비를 막자는 의도도 가지고 있다.

내어 육성함으로써 그가 부조를 받지 않고서도 자립적인 생활을 할 수 있도록 하는 것이다. 사회복지의 궁극적인 목적은 스스로 자활할 수 있도록 원조하는 것이므로, 공공부조에서도 수급자가 충분히 자활할 수 있는 방향과 방법을 포함해야 한다.

3. 국민기초생활보장제도

국민기초생활보장제도는 우리나라의 대표적인 공공부조제도다. 1999년 9월 국민기초생활보장법이 제정되었고, 2000년 10월부터 시행되었다. 국민기초생활보장법은 전혀 새로운 것이 아니고 이전 생활보호법이 전면 개정된 것이었다.

우리나라의 주체적이고 그나마 근대적인 공공부조제도는 1961년 생활보호법이 제정되면서부터 시작되었다고 할 수 있다. 물론 고대사회로부터 왕가의 인정에 의한 구휼·구빈사업과 재해구호사업 등의 공공부조행 형태가 있어 왔고, 일제시대 1944년 조선구호령이 제정되어 형식적인 공공부조형태를 갖추기는 했었다.

1999년 국민기초생활보장법이 생활보호법을 대체하면서 새롭게 제정된 것은 1997년 IMF 외환위기와 관계가 있다. 외환위기를 겪으면서 경제적 침체로 실업이 급격히 증가하고, 빈곤이 극심해지고, 가족해체와 노숙자 및 자살률이 증가되는 상황에서 근로능력이 있어도[3] 구조조정과 재취업의 어려움으로 빈곤의 수렁으로 빠지게 되는 모습들(생활보호법이 보호대상을 인구통계학적으로 특정 범주의 사람들만 편협하게 규정함으로써 사회안전망의 사각지대에 놓인 저소득층)이 나타나면서 근로능력과 관계없이 일정 수준 이하의 경제적 어려움에 직면한 사람들을 구제해야 한다는 사회적 당위성이 제기되기에 이르렀기 때문이다. 또한 재취업을 포함한 빈곤탈피는 개인적인 힘이나 노력만으로는 감당하기 힘든 일이라는 사실을 사회 전체가 동의하게 된 데서 비롯되었다.

3) 생활보호법상에서 근로능력이 있는 사람에게 부조하지 않는다는 측면은 그 개인이 개인적인 문제(게으르거나 성격적인 문제를 가지거나)를 가지기 때문이라는 의미를 내포하고 있는 것이다.

이에 40여년 간의 시혜적 단순보호 차원의 생활보호제도로부터 저소득층에 대한 국가 책임을 강화하는 종합적 빈곤대책으로 전환되었다. 국가의 보호를 필요로 하는 최저생계비 이하의 저소득층에 대한 기초생활을 국가가 보장하되 종합적 자립자활서비스 제공으로 생산적 복지구현 그리고 2015년 7월 1일부터 그 간 최저생계비 이하의 가구에 대해 모든 급여를 통합하여 지원하던 방식에서 상대 빈곤선을 도입하고, 급여별 선정기준을 다층화하여 욕구별 지원을 강화하기 위한 「맞춤형 기초생활보장제도」로 개편하였다.

1) 국민기초생활보장제도의 의의 및 사회적 의미

(1) 저소득층 수급권 강화

국민기초생활보장제도는 국가가 생활이 어려운 저소득층에 최저생활을 보장하고, 급여를 수급자의 권리로 보장함으로써 헌법(34조)에 보장된 '인간다운 생활을 할 권리'를 구체적으로 실현하고자 하는 법적 제도이다. 국민기초생활보장법 제1조에서 "이 법은 생활이 어려운 자에게 필요한 급여를 행하여 이들의 최저생활을 보장하고 자활을 조성하는 것을 목적으로 한다"고 명시하고 있다.

이전 생활보호법이 국가에 의한 보호적 · 시혜적 성격을 강하게 띤 반면 국민기초생활보장법은 저소득층의 수급에 대한 권리적 성격을 강화했다. 용어에서부터 생활보호대상자 또는 보호기관 등에서 수급권자(이 법에 의한 급여를 받을 수 있는 자격을 가진 자), 보장기관(이 법에 의한 급여를 행하는 국가 또는 지방자치단체), 급여내용에서 생계보호 등을 생계급여 등으로 표현하고 있다. 공공부조는 무기여 급여체계를 가짐으로써 권리적 성격이 다소 추상적일 수밖에 없는바, 적극적으로 권리성을 천명하고 있다는 점은 사회적 위험에 대한 인식(개인적 원인에 기인한다는 사실과 대비)이 고양되었다는 단면인 것이다.

(2) 일반적 공공부조제도 지향 - 보편성 강화

국민기초생활보장제도는 범주적 공공부조제도(categorical public assistance)가 아닌 일반적 공공부조제도(general public assistance)를 지향함으로써 보편성(보편적 적용의 원리)을 강화하였다. 기존의 생활보호제도상 수급요건인 인구학적 기준에 의한 급여(demogrant[4])를 철폐하고, 소득이 최저생계비 이하인 국민은 누구나 국가로부터 지원받을 수 있도록 함으로써 수급요건을 '빈곤'으로 단순화하였다(김기원, 2000: 188).

나아가 국민기초생활보장제도는 긴급복지지원제도[5]를 시행하여 갑작스러운 위기상황에 대한 긴급급여를 행할 수 있도록 하였고, 차상위계층(소득인정액이 최저생계비의 100분의 120 이하인 자)에 대해서도 일부급여를 제공할 수 있도록 했고, 국내에 체류하고 있는 외국인 중 대한민국 국민과 혼인하여 대한민국 국적의 미성년 자녀를 양육하고 있는 사람도 빈곤할 경우 급여를 받을 수 있도록 함(외국인에 대한 특례)으로써 보편성을 한층 강화하는 면을 보이고 있다.

(3) 적극적인 자립·자활 추구

사회복지의 꽃은 자활서비스라고 할 정도로 사회복지에 있어서 자활은 사회복지대상자들에 대한 서비스 목표다. 신자유주의의 확산으로 전 세계적으로 생산적 복지를 지향하고 있는바, 국민기초생활보장제도에서는 2006년 12월 법 〈제2장의 2 자활지원〉이라는 장을 신설했고, 근로조건부(조건부 수급자로 규정) 생계급여규정(workfare[6])을 두어 적극적인 자활정책을 지향하고 있다. 근로조건부 생계급여규정을 둠으로써 근로능력이 있는 수급권자(18세 이상 64세 이하의 수급자)에 대해 자활사업에 참여하는 조건으로 생계급여를 제공하여 자활의 여건을 적극적으로 조성하고 있다.

4) 데모그란트는 국가가 일정한 부류에 속하는 사람(인구학적 조건)에게 일정한 액수 또는 서비스를 제공하는 제도. demo(인구학, demography)+grant(교부금, 보조금). 65세 이상 노인들에 대한 노령연금, 노령수당, 아동수당 지급의 경우. 생활보호법에 의하면 부양의무자가 없거나 부양의무자가 있어도 부양능력이 없거나 부양을 받을 수 없는 65세 이상의 노쇠자와 18세 미만의 아동 등이 소득과 재산을 기준으로 최저생계비 이하인 경우 보호대상자로 규정하여 데모그란트 방식(65세 이상, 18세 미만)을 취하였다.

5) 갑작스러운 위기상황으로 생계유지가 곤란한 저소득층에게 생계·의료·주거지원 등 필요한 복지서비스를 신속하게 지원하여 위기상황에서 벗어날 수 있도록 돕는 제도

6) 워크페어(workfare)는 공공부조를 받는 사람에게 부조를 받는 조건으로 일을 하거나 지정된 활동에 참가하게 하는 것을 의미한다. 미국의 AFDC 프로그램에서 프로그램수혜자는 공공일자리에서 근로를 하거나 일자리나 훈련을 위한 등록을 해야 한다(노병일, 1999).

〈표 7-2〉 생활보호제도와 국민기초생활보장제도의 주요 차이점

구 분	생활보호제도	국민기초생활보장제도
법 적 용 어	• 국가에 의한 보호적 성격 - 보호대상자, 보호기관	• 저소득층의 권리적 성격 - 수급권자, 보장기관, 생계급여
대상자 구 분	인구학적 기준에 의한 대상자 구분 - 거택보호대상자 : 18세 미만 아동, 65세 이상 노인 등 - 자활보호대상자 : 인구학적으로 경제활동 가능한 근로능력자	• 대상자 구분 폐지 - 근로능력이 있는 자는 구분 (18세 이상 64세 이하)
대상자 선정기준	• 소득과 재산이 기준 이하인 자	• 소득인정액이 최저생계비 이하인 자 * 소득인정액 : 개별가구의 소득평가액과 재산의 소득환산액을 합산한 금액
급여수준	• 생계보호 - 거택보호자에게만 지급 • 의료보호 - 거택보호 : 의료비 전액지원 - 자활보호 : 의료비의 80% • 교육보호 : 중고생 자녀 학비 • 해산보호 • 장제보호, 자활보호 등	• 생계급여 - 모든 대상자에게 지급하되 근로능력자는 자활관련사업에 연계하는 조건부로 지급 • 주거급여 신설 - 임대료, 유지수선비 등 주거안정을 위한 수급품 • 긴급급여 신설 - 긴급 필요시에 우선 급여실시 • 의료, 교육, 해산, 장제급여 동일
자활지원 계 획		• 근로능력자 가구별 자활지원계획 수립을 통한 체계적 자활지원 - 근로능력, 가구특성, 자활욕구 등을 토대로 자활방향, 자활에 필요한 서비스, 생계급여의 조건 등을 계획 - 자활에 필요한 서비스를 체계적으로 제공하여 수급권자의 궁극적인 자활 촉진

자료 : 모지환 외(2003: 303).

2) 국민기초생활보장제도의 기본 실시원칙

국민기초생활보장제도는 공공부조의 원리와 특성을 구현하고, 구체적으로 실시해 가는 데 있어서 기본적인 원칙들을 가지고 있다. 그 원칙들을 살펴보면 다음과 같다(모

지환 외, 2003: 308-310).

첫째, **신청 및 직권보장의 원칙**이다. 국민기초생활보장법에서는 수급권자와 그 친족, 기타 관계인이 관할 시장·군수·구청장에게 급여를 신청할 수 있다고 해서 신청보장주의를 채택하고 있다. 그렇지만 사회복지전담공무원이 급여를 필요로 하는 자의 누락을 방지하기 위해 수급권자의 동의하에 직권으로 신청할 수 있도록 함으로써 직권보장주의를 보충적으로 채택하고 있다. 신청을 우선으로 하는 것은 국민기초생활보장 수급이 최저생활을 보장해 주는 면은 있지만, 낙인의 결과를 가져올 수 있는 가능성이 있기 때문에 개인에게는 큰 타격이 될 수 있을 것이다.

둘째, **자산조사와 상태조사 병행실시의 원칙**이다. 국민기초생활보장법 제22조에서는 신청에 의한 조사 항목을 규정하고 있다. 급여신청이 있는 경우 시장·군수·구청장은 사회복지전담공무원으로 하여금 급여의 결정 및 실시 등에 필요한 사항을 조사하도록 할 수 있다는 것이다. 수급권자 및 부양의무자의 소득·재산에 관한 사항, 부양의무자의 유무 및 부양능력, 수급권자의 근로능력·취업상태·자활욕구, 수급권자의 건강상태·가구특성 등 생활실태에 관한 사항 등을 조사할 수 있도록 하고 있다.

셋째, **필요상응의 원칙**이다. 이는 개별화의 원칙 또는 차별처우의 원칙이다. 이 원칙은 생활보장의 정도, 종류 및 기준은 생활보장대상자의 경제적 상황, 연령, 성별, 건강상태, 가구규모, 가구유형, 거주지역, 기타 생활여건 등을 고려하여 개인이나 가구의 실제 필요에 상응하여 효과적으로 행해져야 한다는 원칙이다. 실제 구체적으로 보호를 실시할 경우 보호기준을 기계적으로 적용함으로써 야기될 수 있는 폐해를 막기 위한 것이다. 국민기초생활보장법 제1조에서 생활이 어려운 자에게 필요한 급여를 행하도록 규정하고 있고, 제4조 제2항에는 "보장의 기준은 보건복지부 장관이 수급자의 연령, 가구규모, 거주지역, 기타 생활여건 등을 고려하여 급여의 종류별로 정한다"고 규정하고 있어 수급자의 연령, 가구규모, 가구유형, 거주지역, 기타 생활여건 등을 고려하여 필요에 맞게 차별적 처우를 하도록 하고 있다. 또한 제7조 제2항에서도 수급권자에 대한 급여는 생계급여와 수급자의 필요에 따라 주거, 의료급여, 교육급여, 해산급여, 장제급여, 자활급여를 함께 제공하는 것으로 규정하고 있다.

넷째, **세대단위의 생활보장의 원칙**이다. 이는 가구를 생활보장의 단위로 한다는 것이다. 급여실시를 위한 최저생계비 이하의 생활수준 판정도 가구단위로 하고, 급여도 가구단위로 이루어진다는 의미이다. 국민기초생활보장법 제4조 제3항에서는 "보장기관은 이 법에 의한 급여를 개별가구를 단위로 하여 행하되, 특히 필요하다고 인정하는 경우에는 개인을 단위로 행할 수 있다"고 규정하고 있다.

다섯째, **현금급여의 원칙**이다. 공공부조는 급여내용에 따라 현금부조, 현물부조, 인환권(voucher)[7]부조로 나눌 수 있는데(노병일, 1999: 283), 국민기초생활보장법에서는 제9조 제1항은 "생계급여는 금전을 지급함으로써 행한다"라고 규정함으로써 현금급여를 원칙으로 하고 있다. 현금급여는 수급자로 하여금 선택의 폭을 넓힐 수 있는 장점을 가지지만, 한꺼번에 사용해 버리거나 다른 용도에 사용할 수 있는 가능성을 가지기도 한다.

여섯째, **거택보장의 원칙**이다. 이 원칙은 수급권자가 거주하는 자택에서 급여가 제공되는 것을 의미한다. 국민기초생활보장법 제10조 제1항에서 "생계급여는 수급자의 주거에서 행한다"고 규정하고, 다만 주거가 없거나, 주거가 있어도 그곳에서는 급여의 목적을 달성할 수 없는 경우 또는 수급자가 희망하는 경우에는 보장시설이나 타인의 가정에 위탁하여 급여를 행할 수 있도록 하고 있다.

일곱째, **보충성의 원칙**이다. 이 원칙은 대상자와 그 가족이 빈곤을 벗어나기 위해 최대한 노력하고, 그래도 빈곤을 벗어나지 못할 때 국가가 나서서 부조하고, 그 부조 정도도 보충하는 것을 말한다. 보충성의 원칙은 일반적으로 공공부조의 원리로 인식되어 왔고, 자본주의 사회의 최종적, 포괄적인 생활보장수단으로써 공공부조의 본질을 나타내는 것임에 분명하지만, 다분히 잔여적 개념을 담고 있고, 최근 많은 국가들에서 제도적 의미로 받아들여지고 있는 부분이기 때문에 원리나 본질보다는 우리나라 국민기초생활보장법이 취하고 있는 원칙과 특성으로 보고자 한다. 국민기초생활보장법 제3조 제1항에 따르면 "이 법에 의한 급여는 수급자가 자신의 생활의 유지 · 향상을 위하여 그 소득 · 재산 · 근로능력 등을 활용하여 최대한 노력하는 것을 전제로 이를 보충 ·

7) 인환권은 공개된 시장에서 사회서비스, 의료, 기타 욕구를 보조하는 방법인데 많은 경우 쿠폰 형태로 빈민에게 주어진다. 인환권을 빈민층에 무료로 제공하거나 싼값에 제공하여 이들이 원하는 서비스를 구입할 수 있도록 한다(노병일, 1999: 284).

발전시키는 것을 기본 원칙으로 한다"고 규정하고 있다. 제3조 제2항에서는 "부양의무자의 부양과 다른 법령에 의한 보호는 이 법에 의한 급여에 우선하여 행하여지는 것으로 한다. 다만, 다른 법령에 의한 보호의 수준이 이 법에서 정하는 수준에 이르지 아니하는 경우에는 나머지 부분에 관하여 이 법에 의한 급여를 받을 권리를 잃지 아니 한다"고 규정함으로써 부양의무자의 부양, 타 법에 의한 우선 보장과 최저생계비 간의 차액을 보장하고 있다.

3) 국민기초생활보장제도의 내용

(1) 적용대상(수급권자의 범위)과 적용방식

우리나라 국민기초생활보장제도의 수급권자는 "기본적으로 부양의무자가 없거나, 부양의무자가 있어도 부양능력이 없거나 부양을 받을 수 없는 자로서 소득인정액이 최저생계비 이하인 자로 한다"고 규정하고 있다(소득인정액 기준과 부양의무자 기준 동시 충족).

그 배우자, 즉 수급권자의 배우자와 수급권자의 직계혈족 및 그 배우자(며느리, 사위 등)이다. 단, 사망한 1촌의 직계혈족의 배우자는 제외된다(2014.12.30신설). 이러한 부양의무자가 있어도 부양능력이 없거나 이러한 부양의무자가 있어도 부양능력이 없거나 부양을 받을 수 없는 자이어야 한다. 부양능력이 없거나 부양을 받을 수 없는 자[8]에 대해서는 국민기초생활보장법 시행령에서 자세하게 다루고 있다.

소득인정액 기준에서 소득인정액은 보장기관이 급여의 결정 및 실시 등에서 사용하기 위하여 산출한 개별가구의 소득평가액과 재산의 소득환산액을 합산한 급액이다. 소득인정액 기준은 수급권자 가구의 소득인정액이 급여종류별 수급자 선정기준(기준중위소득) 이하인 가구를 수급권자로 한다. 즉 급여종류별로 산정된 소득인정액을 가구규모별 기준중위소득과 비교하여 수급자를 선정하고 급여액이 결정된다.

8) ① 부양의무자가 병역법에 의해 징집 · 소집되거나 해외이주, 교도소 · 구치소 · 치료감호시설 등에 수용, 가출 또는 행방불명이어서 부양불능상태인 경우 ② 부양의무자와 가족관계 해체상태로 정상적인 가족기능을 상실하여 정서적 · 경제적 받을 수 없는 경우 등 부양을 기피하거나 거부하는 경우 ③ 수급(권)자가 부양을 받을 수 없다고 보장기관장이 확인한 경우

〈표 7-3〉 소득인정액 산정방식

소득인정액 = 소득평가액 + 재산의 소득환산액

* 소득평가액 = (실제소득 - 가구특성별 지출비용 - 근로소득공제)
* 재산의 소득환산액 = [(재산 - 기본재산액 - 부채) × 소득환산율]

자료 : 보건복지부, 2018년도 국민기초생활보장사업안내 참조.

국민기초생활보장방식에 있어서 도입당시에는 자격기준에 부합한 대상자에게는 생계, 의료, 주거, 교육 등 모든 급여를 제공하지만 기준을 조금이라도 초과하는 경우에는 일시에 모든 급여가 끊어지게 되는 이른바 전부 혹은 전무(All or Nothing) 구조로 설계되어 있었다. 그렇다 보니 제도의 본래 취지와는 다르게 복지급여 수급탈락을 의식해 정상적인 경제활동을 기피하는 형태가 나타나는 등의 문제가 계속 지적되어 왔다. 이러한 문제를 해결하기 위해 단일 자격기준에 부합하는 경우 기초급여를 모두 지원하는 포괄적인 방식에서 맞춤형 개별급여 체계로 전환하여 2015년 7월 1일부터 국민기초생활보장제도의 수급자로 선정되기 위해서는 기준 중위소득을 적용하는 것으로 변경되었다. 개정된 제도에서는 생계급여, 의료급여, 주거급여, 교육급여 등으로 세분화하고 급여별로 자격기준도 별도로 설정하여 기준에 부합하는 경우 각각의 급여를 지급하는 방식으로 변경되었다.

〈표 7-4〉 2019년 개별급여체계 선정기준

구분				
보장수준	생 계 의 료 주 거 교 육	의 료 주 거 교 육	주 거 교 육	교 육
소득수준	중위소득 30% 이하	중위소득 40% 이하	중위소득 44% 이하	중위소득 50% 이하

자료 : 심의보 외(2017).

〈표 7-5〉 2018년 기준중위소득 (단위: 원)

구분	가구규모						
	1인가구	2인가구	3인가구	4인가구	5인가구	6인가구	7인가구
기준 중위소득	1,672,105	2,847,097	3,683,150	4,519,202	5,355,254	6,191,307	7,027,359

* 8인 이상 가구는 7인 가구 기준 중위소득에서 6인 가구 기준 중위소득의 차액을 7인 가구 기준 중위소득에 더하여 산정

자료 : 보건복지부, 2018년도 국민기초생활보장사업안내 참조.

〈표 7-6〉 2018년 급여종류별 수급자 선정기준 (단위: 원)

구분	가구규모						
	1인가구	2인가구	3인가구	4인가구	5인가구	6인가구	7인가구
생계급여수급자 (기준중위소득 30%)	501,632	854,129	1,104,945	1,355,761	1,606,576	1,857,392	2,108,208
의료급여수급자 (기준중위소득 40%)	668,842	1,138,839	1,473,260	1,807,681	2,142,102	2,476,523	2,810,944
주거급여수급자 (기준중위소득 43%)	719,005	1,224,252	1,583,755	1,943,257	2,302,759	2,662,262	3,021,765
교육급여수급자 (기준중위소득 50%)	836,053	1,423,549	1,841,575	2,259,601	2,677,627	3,095,654	3,513,680

* 생계급여 수급자 선정기준 기준 중위소득 30%는 동시에 생계급여 지급기준에 해당
* 8인 이상 가구의 급여별 선정기준 : 1인 증가시마다 7인가구 기준과 6인가구 기준의 차이를 7인가구 기준에 더하여 산정
  - 8인가구 생계급여수급자 선정기준 : 2,359,024원=2,108,208원(7인기준)+250,816원(7인기준-6인기준)

자료 : 보건복지부, 2018년도 국민기초생활보장사업안내 참조.

(2) 급여의 원칙

『2018년도 국민기초생활보장사업 안내』에서는 급여의 기본원칙을 규정하고 있다.

첫째, **최저생활보장의 원칙**이다. 생활이 어려운 자에게 생계 · 주거 · 의료 · 교육 · 자활 등 필요한 급여를 행하여 이들의 최저생활을 보장한다는 것이다.

둘째, **보충급여의 원칙**이다. 생계급여 수급자에 대한 최저보장수준은 생계급여액과 수급자 가구의 소득인정액을 합한 수준이 생계급여 선정기준 이상이 되도록 지원한다는 것이다.

셋째, **자립지원의 원칙**이다. 근로능력이 있는 수급자(18세 이상 64세 이하)가 근로활동에 종사하지 않는 경우에 자활사업에 참여할 것을 조건으로 급여를 지급한다는 것이다.

넷째, **개별성의 원칙**이다. 급여수준을 정함에 있어서 수급자의 개별적 특수 상황을 최대한 반영한다는 것이다. 이를 위해 수급자 및 부양의무자의 소득 · 재산, 수급자의 근로능력 · 취업상태 · 자활욕구 등 자활지원계획수립에 필요한 사항, 기타 수급자의 건강상태 · 가구특성 등 생활실태에 관한 사항 등을 조사한다는 것이다.

다섯째, **가족부양 우선의 원칙**이다. 급여신청자가 부양의무자로부터 부양될 수 있으면 기초생활보장 급여에 우선하여 부양의무자의 보호가 먼저 행해져야 한다는 원칙이다. 수급자에게 부양능력을 가진 부양의무자가 있음에도, 이 법에 따른 급여를 수급자에게 계속 지급하기로 결정하는 경우에는 부양의무자로부터 지급된 급여만큼 보장비용을 징수할 수 있다. 단, 교육급여는 보편적 서비스에 해당하며 사회적 투자의 개념이 강하므로 부양의무자의 우선보호 원칙을 적용하지 않으며, 교육급여 수급자 가구의 소득인정액만으로 보장여부를 결정한다는 것이다.

여섯째, 타 급여 우선의 원칙이다. 급여신청자가 다른 법령에 따라 보장을 받을 수 있는 경우에는 기초생활보장급여에 우선하여 다른 법령에 따른 보장이 먼저 행해져야 한다는 것이다.

일곱째, **보편성의 원칙**이다. 국민기초생활보장법에 규정된 요건을 충족시키는 국민에 대하여는 성별 · 직업 · 연령 · 교육수준 · 소득원 기타의 이유로 수급권을 박탈하지 않는다는 원칙이다.

(3) 급여내용 및 종류

국민기초생활보장제도는 급여의 종류로 생계급여, 의료급여, 주거급여, 교육급여, 해산급여, 장제급여, 자활급여 등의 7가지를 보장하고 있다. 2015년 7월부터 4종류 급여(생계, 주거, 의료, 교육)에 대하여 맞춤형개별급여체계[9]로 전환하여 급여별 특성을 살리고 보장수준을 현실화 하였다. 2018년 현재 제공되고 있는 급여를 정리하면 다음과 같다(보건복지부, 2018 국민기초생활보장사업 안내).

① 생계급여

생계급여는 일반수급자에 대한 생계급여인 일반생계급여와 긴급생계급여, 보장시설 수급자에 대한 생계급여인 시설생계급여(별도의 급여기준에 의해 지급)가 있다.

일반생계급여 대상자는 가구의 소득인정액이 생계급여 선정기준 이하로서 생계급여 수급자로 결정된 수급자이다. 노숙인 자활시설 및 청소년쉼터 또는 한국법무보호복지공단시설 거주자[10]와 하나원에 재원중인 북한이탈주민 등 타 법령에 따라 국가 또는 지방자치단체 등으로부터 생계를 보장받는 자에 해당하는 수급자는 타 법령에 따라 생계급여를 지원받고 있으므로 가구의 소득인정액이 생계급여 선정기준 이하더라도 생계급여를 지급하지 않는다.

급여내용으로는 수급자에게 의복·음식물 및 연료비, 기타 일상생활에 기본적으로 필요한 금품을 지급한다.

〈표 7-7〉 **일반생계급여액 산식**

※ 생계급여액 = 생계급여 최저보장수준(대상자 선정기준) - 소득인정액
ex) ○소득인정액이 150,000원인 1인가구의 생계급여액
: 1인가구 생계급여 지급기준 501,632원 - 소득인정액 150,000원 = 351,640원
※ 원단위 올림

9) '맞춤형급여"는 법률용어는 아니며, 이전의 통합급여 방식과 구분하기 위하여, 급여종류별로 선정기준을 차등하는 현 제도 운영 방식을 '맞춤형급여"라 칭합니다.

10) 갱생보호사업자 시설 거주 수급자의 생계급여는 법무부에서 지원되는 일부 생계급여를 공적이전소득으로 반영하고 그 나머지 부분은 지급

〈표 7-8〉 2018년도 생계급여 최저보장수준 및 선정기준 (단위: 원)

구분	1인가구	2인가구	3인가구	4인가구	5인가구	6인가구	7인가구
기준 중위소득 (A)	1,672,105	2,847,097	3,683,150	4,519,202	5,355,254	6,191,307	7,027,359
생계급여 선정 및 급여기준 (A의 30%)	501,632	854,129	1,104,945	1,355,761	1,606,576	1,857,392	2,108,208

※ 8인 이상 가구의 선정 및 급여기준 : 7인가구 생계급여 선정기준액에서 6인가구 생계급여 선정기준액을 차감한 금액인 250,816원을 추가함 (8인가구 생계급여 선정기준액 2,359,024원)

긴급생계급여는 급여실시 여부 결정전에 긴급히 생계급여를 하여야 할 필요가 있는 경우 시 · 군 · 구청장의 직권에 의해 실시하는 생계급여를 말한다. 주 소득원의 사망, 질병, 부상, 사고, 사업부도 · 파산 등으로 갑자기 생계유지가 어려운 경우, 부 또는 모의 가출이나 행방불명 등으로 생계유지가 어려운 경우, 천재지변이나 화재 등으로 재산 · 소득상의 손실이 발생하여 생계유지가 어려운 경우, 거주지 외의 지역에 거주하면서 소득이 없어 생계유지가 어려운 경우 등의 상황에 처했을 때 시 · 군 · 구청장이 직권으로 생계급여를 실시한다고 규정하고 있다. 급여기간은 1개월을 원칙으로 하고 필요시 1개월에 한하여 연장가능하게 되어 있고, 급여액은 기준 중위소득의 15%에 해당하는 다음 금액을 지급하는 것으로 되어 있다.

〈표 7-9〉 2018년도 긴급생계급여액

구분	1인가구	2인가구	3인가구	4인가구	5인가구	6인가구	7인가구
지급액(원)	250,816	427,065	552,473	677,880	803,288	928,696	1,054,104

※ 8인 이상 가구는 가구원 1인 추가 시 125,408원 추가지급

또한 국민기초생활보장제도에서는 근로능력이 있는 수급자(18세 이상 64세 이하 수급자)에게 자활에 필요한 사업에 참가할 것을 조건으로 생계급여를 실시한다(조건부수급자[11])

11) 조건부수급자 : 근로능력이 있는 수급자 중 자활사업 참여를 조건으로 (생계)급여를 지급받는 자

고 규정하고 있고(법 제9조 제5항), 조건부수급자가 자활사업에 참가한 달의 다음 달부터 매 3월마다 조건이행 여부를 정기적으로 확인하여 생계급여 지급여부를 결정하여 조건 불이행 시에는 생계급여를 중지할 수 있도록 하고 있다.

② 주거급여

국민기초생활보장법에서는 수급자의 주거실태에 따른 적정한 급여를 지급함으로써 수급자가 보다 나은 주거환경에서 거주할 수 있도록 유도하기 위하여 주거급여를 맞춤형 급여로 분리하였다. 이에 따라 기초생활보장제도 내 주거급여를 개편, 소득 · 주거형태 · 주거비 부담수준 등을 종합적으로 고려하여 저소득층의 주거비를 지원하는 제도이다. 지원대상이 크게 확대되어 종전의 중위소득의 약 33%에서 43%로 확대하였으며, 주거비 부담수준에 따라 지급액이 현실화되었다. 또한 2018년 10월부터 주거급여 부양의무자 기준이 폐지되었다(국토교통부(2018), 주거급여사업안내 참조).

〈표 7-10〉 **2018년도 주거급여 최저보장수준 및 선정기준** (단위: 원)

구분	1인가구	2인가구	3인가구	4인가구	5인가구	6인가구	7인가구
기준 중위소득(A)	1,672,105	2,847,097	3,683,150	4,519,202	5,355,254	6,191,307	7,027,359
주거급여 선정 및 급여기준(A의 43%)	719,005	1,224,252	1,583,755	1,943,257	2,302,759	2,662,262	3,021,764

자료 : 국토교통부(2018), 주거급여사업안내 참조.

〈표 7-11〉 **2018년도 기준임대료** (단위: 원)

구분	1인가구	2인가구	3인가구	4인가구	5인가구	6인가구
서울	213,000	245,000	290,000	335,000	346,000	403,000
경기 · 인천	187,000	210,000	254,000	297,000	308,000	364,000
광역시 · 세종	153,000	166,000	198,000	231,000	242,000	276,000
그 외	140,000	152,000	184,000	208,000	218,000	252,000

※ 가구원수가 7인 이상인 경우, 가구원 2인 증가할 때마다 기준임대료 10% 증가

자료 : 국토교통부(2018), 주거급여사업안내 참조.

③ 교육급여

교육급여는 국민기초생활보장 수급자에 대하여 적정한 교육기회를 제공함으로써 자립능력을 배양함과 동시에 빈곤의 세대전승을 차단하고자 하는 목적을 갖고, 초·중등교육법 제2조의 규정에 의한 중·고등학교에 입학 또는 재학하는 자와 의사상자의 자녀에게 지급하는 급여이다. 급여내용은 입학금과 수업료 전액, 교과서대, 부교재비, 학용품비 등을 지급하는 것으로 되어 있다.

교육급여는 부양의무자 기준을 적용하지 않으며, 소득인정액 기준은 중위소득의 50% 이하이다. 2019년 기준 연간지급금액은 다음과 같다.

〈표 7-12〉 2018년도 교육급여 최저보장수준 및 선정기준 (단위: 원)

구분	1인가구	2인가구	3인가구	4인가구	5인가구	6인가구	7인가구
기준 중위소득 (A)	1,672,105	2,847,097	3,683,150	4,519,202	5,355,254	6,191,307	7,027,359
교육급여 선정 및 급여기준 (A의 50%)	836,053	1,423,549	1,841,575	2,259,601	2,677,627	3,095,654	3,513,680

* 8인 이상 가구의 교육급여 선정기준: 1인 증가시마다 426,752원씩 증가 (8인가구 : 4,013,776원)

〈표 7-13〉 2018년도 교육급여 지원금액

지급대상	급여항목	1인당 지급액		지급방법
		'18년	'19년	
초등학생	부교재비	66,000	132,000	연1회 일괄지급
중·고등학생		105,000	209,000	
초등학생	학용품비	50,000	71,000	연1회 일괄지급
중·고등학생		57,000	81,000	
고등학생	교과서대	해당 학년 정규교육과정에 편성된 교과목 교과서 전체		연1회 일괄지급
	수업료	연도별·급지별 학교장이 고지한 금액 전부		분기별 지급
	입학금			1학년 1분기 신청시 전액지급

자료 : 교육부(2018), 교육급여사업안내 참조.

④ 해산급여

해산급여는 조산(助産) 및 분만 전과 분만 후의 필요한 조치와 보호를 행하기 위한 급여로 생계 · 의료 · 주거급여 수급자가 출산(출산예정 포함)한 경우(교육급여만 받는 수급자는 급여대상이 아님) 출산여성에게 영아 1인당 60만 원을 현금으로 지급하고, 추가 출생영아 1인당 60만 원을 추가로 지급하는 것(쌍둥이 출산 시 120만원 지급)으로 되어 있다.

⑤ 장제급여

장제급여는 수급자가 사망한 경우 사체의 검안 · 운반 · 화장 또는 매장 기타 장제조치를 행하는 데 필요한 금품을 지급하는 것으로 생계 · 의료 · 주거급여 수급자가 사망한 경우(교육급여만 받는 수급자는 급여대상이 아님) 1가구당 75만 원이다. 단, 금전지급이 적당하지 아니하다고 인정되는 경우 물품으로 지급하는 것도 가능하다.

⑥ 자활급여(보건복지부, 2018년도 자활사업안내 참조)

자활급여는 수급자의 자활을 조성하기 위해 자활에 필요한 금품의 지급 및 대여(창업·운영자금, 취업에 필요한 기술훈련비 등), 자활에 필요한 근로능력의 향상 및 기능습득의 지원(직업훈련 준비금·수당·식비 등 지원), 취업알선 등 정보의 제공, 자활을 위한 근로기회의 제공, 자활에 필요한 시설 및 장비의 대여, 창업교육, 기능훈련 및 기술경영지도 등 창업지원, 자활에 필요한 자산형성지원 등을 포함한다.

국민기초생활보장법 제9조 제5항에서는 "근로능력이 있는 수급자에게 자활에 필요한 사업(자활사업)에 참가할 것을 조건으로 하여 생계급여를 지급할 수 있다"고 규정하고 있고, 법 제7조 제3항에서 차상위계층(차상위자)에 대한 급여가능성을 규정하고, 시행령 제5조의 3에서 차상위자에 대해 자활급여를 행한다고 규정하고 있다. 보건복지부 「자활사업안내」에서 보면 자활사업대상자는 조건부수급자와 자활급여특례자, 일반수급자, 차상위계층으로 되어 있다. 또한 자활사업대상자를 근로능력 정도에 따라 취업 및 비취업 대상으로 구분하여 근로능력 및 욕구에 맞는 자활 프로그램(취업대상자는 노동부 취업지원 프로그램에 참여, 근로능력이 상대적으로 미약한 비취업대상자는 보건복지부의 사회적응 프로그램, 지역봉사, 자활근로 및 자활공동체 창업 등 자활사업에 참여)을 제공하는 것으로 되어 있다.

자활사업 대 상 자	=	① 조건부 수급자	+	② 자활급여 특 례 자	+	③ 일반수급자 ④ 급여특례가구원 ⑤ 차상위계층 ⑥ 시설수급자

※ 의무참여 : ①, 희망참여 : ②~⑥ ※ 수급자 : ①②③ ※ 참여우선순위 : ① → ② → ③④⑤

① **조건부수급자** : 자활사업 참여를 조건으로 생계급여를 지급받는 수급자

② **자활급여특례자** : 수생계 · 의료급여 수급자가 자활근로, 자활기업 등 자활사업 및 취업성공패키지(고용노동부)에 참가하여 발생한 소득으로 인하여 소득인정액이 기준 중위소득의 40%를 초과한 자(「국민기초생활보장사업안내」 참조)

③ **일반수급자** : 참여 희망자(만 65세 이상 등 근로무능력자도 희망시 참여 가능)

④ **특례수급가구의 가구원** : 의료급여특례, 이행급여특례[12]가구의 근로능력 있는 가구원 중 자활사업 참여를 희망하는 자

⑤ **차상위자** : 근로능력이 있고, 소득인정액이 기준 중위소득 50% 이하인 사람 중 비수급권자

– 소득인정액이 기준 중위소득 50% 이하인 자로서 한국 국적의 미성년 자녀를 양육하고 있는 국적 미취득의 결혼이민자 포함

⑥ **근로능력이 있는 시설수급자**

– 시설수급자 중 생계·의료급여 수급자 : 행복e음 보장결정 필수(조건부수급자 전환 불필요)

– 일반시설생활자(주거·교육급여 수급자 및 기타) : 차상위자 참여 절차 준용

[그림 7-1] 자활사업대상자

⑦ 의료급여(보건복지부, 의료급여사업 안내, 2018 참조)

의료급여제도는 별도로 의료급여법을 적용하며, 생활유지 능력이 없거나 생활이 어려운 저소득 국민의 의료문제를 국가가 보장하는 공공부조제도로서 건강보험과 함께 국민 의료보장의 중요한 수단이 되는 사회보장제도이다. 의료급여법 제7조(의료급여내용)에서 "수급권자의 질병 · 부상 · 출산 등에 대해 진찰 · 검사, 약제 · 치료재의 지급,

12) 수급자의 다른 조건은 동일하나 맞춤형급여로의 제도개편 때문에 급여가 감소한 경우 그 감소한 금액을 보장함으로써, 제도개편 때문에 발생할 수 있는 보장성 소를 방지하고자 개편 과도기에 한시적으로 지급하는 보전액

처치 · 수술과 그 밖의 치료, 예방 · 재활, 입원, 간호, 이송과 그 밖의 의료목적의 달성을 위한 조치 등을 제공한다"고 규정하고 있다.

의료급여수급권자는 1종 수급권자와 2종 수급권자로 구분한다. 1종 수급권자는 국민기초생활보장법에 의한 수급자 중 근로능력이 없는 가구, 국민기초생활보장시설수급자, 산정특례 등록한 결핵질환자, 희귀 난치성질환 등록자, 중증질환(암환자, 중증화상환자만 해당) 등록자, 행려환자, 타법적용자 중 이재민, 의상자 및 의사자의 유족, 입양아동(18세 미만), 국가유공자, 국가무형문화재의 보유자, 북한이탈주민, 5 · 18 민주화운동 관련자, 노숙인 등이며, 2종 수급권자는 국민기초생활보장대상자 중 1종 수급대상이 아닌 가구이다.

급여기준은 1종 수급권자는 입원 시는 전액무료이고, 의료기관 · 약국 외래진료 시 의료기관은 방문 당 1~2천 원, 약국은 처방전당 5백 원을 부담해야 한다. 2종 수급권자는 입원 시에는 입원용의 10%, 외래진료 시 1천원을 부담해야 한다.

〈표 7-14〉 2018년도 수급자 의료비 본인부담 기준

구 분		1차(의원)	2차 (병원, 종합병원)	3차 (상급종합병원)	약국	PET 등
1종	입원	없음	없음	없음	–	없음
	외래	1,000원	1,500원	2,000원	500원	5%
2종	입원	10%	10%	10%	–	10%
	외래	1,000원	15%	15%	500원	15%

* 보건복지부장관이 고시하는 경증질환으로 종합병원 이상급 기관에서 원외처방전을 발급받아 약국에서 조제 받는 경우 약국약제비 본인부담은 급여비용총액의 3%

** 상기 본인부담금은 급여청구분에 대한 것으로 비급여 청구분은 전액 본인이 부담해야 하며 선별 급여시에는 급여항목별로 50~80% 본인이 부담해야 함

4) 국민기초생활보장 수급권자 현황

(보건복지부, 2017년 국민기초생활보장 수급자 현황 참조)

2017년 12월 말 기준 국민기초생활보장수급자 수는 약 158만명(112만 3천 가구)으로 총 인구수 대비 기초생활보장수급자의 비율인 수급률은 3.1%이다. 수급자의 종류별로는 일반수급자가 대부분(94.3%)이며, 시설수급자는 5.7%이다. 17개 광역지방자치단체별 수급률을 보면, 전북 5.1%, 광주 4.5%, 부산·대구 · 전남 4.2% 순이며, 세종이 가장 낮은 1.5%이다.

〈표 7-15〉 수급자수와 구성 비율(2009) (단위 : 명, %)

구분	계	일반수급자	시설수급자	가구수
수급자 수	1,581,646	1,491,650	89,996	1,122,992
구성비	100.0	94.3	5.7	

〈표 7-16〉 지역별 국민기초생활보장 수급률 (단위 : %)

전국	서울	부산	대구	인천	광주	대전	울산	세종	경기	강원	충북	충남	전북	전남	경북	경남	제주
3.1	2.7	4.1	4.2	3.4	4.5	3.5	1.6	1.5	2.0	3.9	3.2	2.9	5.1	4.2	3.7	3.0	3.3

주 : 수급률=지역의 수급자 수/지역의 주민등록인구통계×100

* 지역의 수급자 수 : 시설수급자 포함

* 지역의 전체인구 : 통계청, 연령별(시 · 도) 주민등록인구(51,778,544명)

〈표 7-17〉 생애주기별[1] 수급자 백분율 및 수급률 (단위 : %)

구분	계	영유아기	학령기	청소년기	청년기	중년기	노년기
일반수급자 수	1,491,650	26,241	102,504	258,137	149,798	524,421	430,549
수급자 비율	100.0	1.8	6.9	17.3	10.0	35.2	28.9
총인구수	51,778,544	2,568,516	2,812,677	4,358,430	14,179,616	20,503,199	7,356,106
총인구수2) 대비 수급자비율	2.9	1.0	3.6	5.9	1.1	2.6	5.9

주 : 1) 생애주기는 영유아기(0~5세), 학령기(6~11세), 청소년기(12~19세), 청년기(20~39세), 중년기(40~64세),

노년기(65세 이상)로 분류함.
2) 통계청(행정자치부 주민등록인구현황), 주민등록인구(51,778,544명)

성별로 보면 남자수급권자가 682,893명(45.8%), 여자수급권자가 808,757명(54.2%)으로 여자수급권자가 상대적으로 많고, 생애주기별(연령별)로는 중년기(40~64세)가 가장 많고(35.2%), 노년기(65세 이상) 28.9%, 청소년기(12~19세) 17.3%의 순이며 영유아기(0~5세)가 가장 적은 1.8%이다. 그리고 남자의 경우는 중년기(40.1%)가 가장 많고, 여자의 경우는 노년기(35.3%)가 가장 많다. 이는 여자의 평균수명이 남자보다 높기 때문일 것이다.

수급자의 가구원수별로 보면 63.4%가 1인 가구이고, 다음으로 2인 가구(17.7%), 3인 가구(10.4%), 4인 가구(5.5%), 5인 이상 가구(2.2%)이다. 급자의 가구유형별로 보면 대부분 노인, 장애인, 모자·부자가구, 소년소녀가장세대 등 취약계층 세대인 경우가 60.8%이고 보다 안정된 가구인 일반세대는 31.3%밖에 되지 않는다.

수급자의 보장기간별로 보면 5년 이상이 49.4%로 가장 많다. 이는 국민기초생활보장제도에 의한 자활급여 등으로 수급탈피가 쉽지 않음을 말한다.

〈표 7-18〉 수급자의 가구원수별 현황

(단위 : %)

구 분	계	1인 가구	2인 가구	3인 가구	4인 가구	5인 이상 가구
가구수	1,032,996	655,191	182,673	107,217	57,240	30,675
구성비	100.0	63.4	17.7	10.4	5.5	3.0

〈표 7-19〉 수급자의 가구유형별 백분율

(단위 : %)

계	일반세대	취 약 계 층 세 대						기타
		소계	노인세대	장애인 세대	모자세대	부자세대	소년소녀 가장세대	
100.0	31.3	60.8	25.5	19.1	12.6	3.6	0.3	7.6

〈표 7-20〉 수급자의 보장기간별 백분율 (단위 : %)

계	1년 미만	1~2년 미만	2~3년 미만	3~4년 미만	4~5년 미만	5년 이상
100.0	14.2	12.2	15.2	4.9	4.2	49.4

5) 긴급복지지원제도(2018 보건복지부 홈페이지 참조)

긴급복지지원제도는 갑작스러운 위기상황으로 생계유지가 곤란한 저소득층에게 생계 · 의료 · 주거지원 등 필요한 복지서비스를 신속하게 지원하여 위기상황에서 벗어날 수 있도록 돕는 제도이다.

위기상황으로는 주소득자의 사망, 가출, 행방불명, 구금시설 수용 등 사유로 소득 상실이나 중한 질병 또는 부상을 당한 경우, 가구구성원으로부터 방임 또는 유기되거나 학대 등을 당한 경우, 가정폭력 또는 가구원으로부터 성폭력을 당한 경우, 화재 등으로 인하여 거주하는 주택 또는 건물에서 생활하기 곤란한 경우, 보건복지부령에 따라 지자체 조례로 정한 사유가 발생한 경우 소득활동 미미(가구원 간호 · 간병 · 양육), 기초수급 중지 · 미결정, 수도 · 가스 중단, 사회보험료 · 주택임차료 체납 등의 경우, 그 외에도 주소득자와의 이혼이나 화재 · 실직으로 생계가 곤란한 경우, 교정시설 출소자의 생계 곤란 등의 경우에 지급한다.

소득 · 재산 기준(기준 충족 여부는 사후조사, 적정성 심사 시 판단)을 살펴보면 소득은 기준 중위소득 75%(1인기준 1,254,079원, 4인기준 3,389,402원) 이하, 재산은 대도시 135백만원, 중소도시 85백만원, 농어촌 73백만원 이하, 금융재산은 500만원 이하(단, 주거 지원은 700만원 이하 일 때) 지급한다. 2018년 긴급지원 지원종류별 내용은 〈표 7-21〉과 같다.

〈표 7-21〉 2018년도 긴급지원 종류별 지원내용과 금액

<table>
<tr><th colspan="3">종 류</th><th>지원내용</th><th>지원 금액</th><th>최대 횟수</th></tr>
<tr><td rowspan="6">금전 · 현물 지원</td><td rowspan="4">위기 상황 주급여 ①</td><td>생계</td><td>식료품비, 의복비 등 1개월 생계유지비</td><td>1,170.4천원 (4인기준)</td><td>6회</td></tr>
<tr><td>의료</td><td>각종 검사, 치료 등 의료서비스 지원
-300만원 이내(본인부담금 및 비급여 항목)</td><td>300만원 이내</td><td>2회</td></tr>
<tr><td>주거</td><td>국가·지자체 소유 임시거소 제공 또는 타인 소유의 임시거소 제공
-제공자에게 거소사용 비용 지원</td><td>643.2천원 이내 (대도시, 4인기준)</td><td>12회</td></tr>
<tr><td>복지시설 이용</td><td>사회복지시설 입소 또는 이용서비스 제공
-시설운영자에게 입소 또는 이용비용 지급</td><td>1,450.5천원 이내 (4인기준)</td><td>6회</td></tr>
<tr><td rowspan="2">부가 급여 ②</td><td>교육</td><td>초·중·고등학생 중 수업료 등이 필요하다고 인정되는 사람에게 학비 지원</td><td>초 221.6천원, 중 352.7천원, 고 432.2천원 및 수업료·입학금</td><td>2회 (4회)③</td></tr>
<tr><td>그 밖의 지원</td><td colspan="2">위기사유 발생으로 생계유지가 곤란한 자에게 지원
-동절기(10월~3월) 연료비 : 96천원 / 월
-해산비(60만원)·장제비(75만원)·전기요금(50만원이내) : 각 1회</td><td>1회 (연료비 6회)</td></tr>
<tr><td colspan="3">민간기관·단체 연계지원 등</td><td colspan="2">사회복지공동모금회, 대한적십자사 등 민간 프로그램으로 연계, 상담 등 기타 지원</td><td>횟수 제한 없음</td></tr>
</table>

6) 문제점 및 향후 과제

국민기초생활보장제도는 우리나라의 대표적인 공공부조제도이고, 과거의 생활보호제도를 대체하면서 수급자들의 권리성을 강화하고, 보편적 적용의 가능성을 높이고, 자립과 자활을 강조하면서 우리나라 빈곤정책의 중심을 차지하는 제도임에는 틀림없다.

그렇지만 잔여적 성격을 다분히 가지고 있고, 열등처우원칙이 적용되는 경우가 많다. 전 국민의 3% 정도만이 적용되고 있어 보편성에서도 다소의 문제를 가지고 있다. 이런 맥락에서 국민기초생활보장제도는 아직도 해결해야 할 문제와 과제가 많고, 시행과정에서도 해결과제들이 많이 있다. 중요한 사항 몇 가지만 생각해 보자.

첫째, 빈곤층 선정과정에서 부정수급의 가능성이 존재한다는 점이다. 생활보호법상에서도 가장 크게 문제가 된 것이었지만, 국민기초생활보장법에서도 수급자와 부양의무자의 소득과 재산이 정확하게 산정될 수 있는 사회적 시스템이 제대로 뒷받침되지 못함으로써 부정수급의 가능성이 여전히 상존하고 있다.[13] 특히 자영업자들의 소득 파악률을 높이는 것이 급선무일 것이다.

둘째, 복지 사각지대에 대한 발굴 및 지원과 사후관리가 필요하다. 2015년 기준중위소득 40% 기준 빈곤율이 9.56%임에도 불구하고 소득인정액 및 부양 의무자 기준을 충족하지 못해 국민기초생활보장제도 수급자로 선정되지 못한 협의의 사각지대(비수급 빈곤 가구 비율)가 3.38%, 급여 수급 이후에도 여전히 빈곤한 광의의 사각지대가 5.08%로 나타나는 등 대상 선정 기준의 미충족과 급여 불충분으로 인한 사각지대가 상당히 높은 수준으로 나타났다(한경훈 외, 2017: 477).

이에 2014년 송파구 세 모녀 사건 이후 「사회보장 급여의 이용 · 제공 및 수급권자 발굴에 관한 법률」이 제정(2014. 12. 30.)되고, 2015년 맞춤형 급여제도가 도입된 이후 한국사회보장정보원에 따르면 2015년 12월, 2016년 4월, 2016년 7월에 사각지대에 있던 수급 및 서비스지원 대상자를 각각 11만 4,609명, 4만 8,708명, 4만 5,690명 등 총 20만 9,007명 발굴하였다. 이들 중 실제 서비스 또는 급여가 지원된 대상은 전체의 13.2%인 2만 7,631명인 것으로 나타났다(임완섭 외, 2017).

셋째, 노동동기의 약화(근로윤리 손상)를 우려하는 목소리가 높은 점이다. 소위 '복지병'의 우려가 아직도 상존하고 있고, 소득의 양극화 등 사회양극화가 심해질수록 그 우려

13) 보건복지부 주요복지급여 부정수급 실태조사 결과 2013년 8,418명, 2014년 8,927명, 2015년 13, 946명으로 매년 증가함.

는 높아질 가능성이 크다. 복지병의 논리는 복지제도를 확충할수록 근로의욕을 감퇴시켜 장기적으로 경제발전의 잠재력을 훼손한다는 가정에 기초하고 있다(김기원, 2000: 223). 일을 하지 않아도 최소한의 생활을 국가가 보장하고, 일을 하더라도 일을 한 만큼 공제하고 급여를 지급함으로써 결과는 같아지는 모양이 되기 때문에 수급자들이 일할 의욕이 생기지 않는다는 것이다. 또한 이들이 가지는 일이 대부분 고용불안정한 일이므로 수급자에서 완전히 탈피하기도 어려운 상태이기 때문에 근로에 대한 동기가 부여되지 않고 근로의욕을 저하시킬 가능성이 크다. 따라서 보충급여 원칙을 획일적으로 적용하기보다는 수급자들의 근로소득 중 일정액을 또는 일정기간 동안의 일정비율의 소득액에 대해서는 소득인정액에 포함시키지 않는 등 근로유인체계[14]를 적극적으로 개발할 필요가 있을 것이다. 그럼으로써 자활의 가능성과 자활하고자 하는 의지를 뒷받침할 수 있을 것이다.

최근 정부에서는 국민기초생활보장제도의 보충급여 및 통합급여체계로 인한 수급자의 근로유인이 미흡하다는 점에서 차상위계층의 가구별 생활여건을 고려한 부분급여제도(필요한 주거, 의료, 교육, 장제, 자활급여)를 신설하고, 근로장려세제(Earned Income Tax Credit : EITC[15]) 및 자산형성지원(Individual development accounts : IDA) 자활장려금(자활소득공제)지원 등 다양한 근로유인 급여체계를 실시하고 있다.

넷째, 공공근로형 자활지원 프로그램의 문제이다. 실질적인 자활이 가능하도록 하는 지원 프로그램의 개발이 요구된다. 국민기초생활보장제도는 범주적 공공부조에서 일반적 공공부조로 전환함으로써 근로능력이 있는 빈민도 자활에 필요한 사업에 참가한다는 조건으로 생계급여를 받을 수 있도록 하고 있고, 적극적인 자활지원책을 포함하고 있다. 실제로 지역자활센터(자활후견기관[16]에서 명칭 변경)에서 자활공동체사업 등이 이

14) 근로소득공제는 보충급여체계 내에서 근로로 발생하는 소득이 급여를 하락시킴으로써 근로의욕을 저하시키는 것을 방지하기 위해 근로소득 중 일부분을 공제한 뒤 보충급여하는 제도. 현재 우리나라에서 일부 자활사업 참여자들에게 실시.

15) EITC는 근로소득지원세제이고, 우리나라에서는 근로장려세제로 명칭. 일정 수준 이하의 근로소득을 가진 자에 대해 정부가 정해진 기준에 의거 조세제도를 통해 현금(근로장려금)을 지급하는 제도. IDA는 빈곤층자산형성지원사업으로 근로가구의 매월 저축금액에 비례하여 정부 · 민간기부금을 통해 매칭펀드 형태로 자산형성을 지원. 미래에 대한 기대를 갖도록 한다는 의도.

16) 1996년 5개소(시범사업)로 출발. 2018년 현재 광역자활센터 15개소, 지역자활센터 249개소로 총 264개소 지

루어지고 있지만, 구체적인 사업종류가 사회적 일자리형태이거나 전혀 현실적이지 못한 경우가 많고, 그 규모에 있어서도 아주 영세성을 면치 못하는 상황이다. 단순한 공공근로(근로유지형 자활근로사업)에서 탈피해 직업훈련과 취업, 창업으로 실질적으로 연결될 수 있는 자활사업들을 개발할 필요가 절실하다.

다섯째, 자활사업 전달체계의 전문성 및 효율성 부족을 들 수 있다. 즉 자활전담인력 부족 및 전문성 부족으로 초기상담부터 탈빈곤까지 전 과정을 체계적으로 관리하는 사례관리시스템이 미흡하다는 점이다. 그리고 자활사업에서 수급자들이 충분히 자활할 수 있기 위해서는 자기효능감이나 성공에 대한 기대감 등을 가질 수 있어야 하나 사업성공이나 경제적인 자활에만 전념함으로써 어려움에 견딜 수 있는 힘이 없는 경우가 많다. 지역자활센터 근무 자활전담인력들의 전문성과 업무효율성 부족 등으로 인한 자활사업의 비효율성을 개선할 필요가 있다.

참고문헌

교육부(2018). 2018 교육급여사업안내.

국토교통부(2018). 2018 주거급여사업안내.

김기원(2000). 『공공부조론』. 학지사.

김영모 편(1997). 『현대사회보장론』. 한국복지정책연구소 출판부.

김태성 · 김진수(2001). 『사회보장론』. 청목출판사.

노병일(1999). 『사회보장론』. 대학출판사.

모지환 외(2003). 『사회보장론』. 학지사.

박석돈(2003). 『사회보장론』. 양서원.

박종삼 외(2002). 『사회복지학개론』. 학지사.

보건복지부 홈페이지 www.mohw.go.kr

보건복지부(2018). 2018년도 국민기초생활보장 수급자현황.

정 · 운영 중임.

보건복지부(2018). 2018년도 국민기초생활보장사업안내.

보건복지부(2018). 2018년도 의료급여 사업안내.

보건복지부(2018). 2018년도 자활사업안내.

신섭중 외(1995). 『세계의 사회보장』. 유풍출판사.

신수식(1995). 『사회보장론』. 박영사.

심의보 외(2017). 『사회복지개론』. 양서원.

양정하 · 황인옥 · 배의식 · 신현석 · 배화숙 · 김정희(2007). 『사회보장론』. 공동체.

임완섭 외(2017). 사회보장제도 수급자 선정 적격성 제고 및 사각지대 축소를 위한 모니터링–공공부조 제도(소득 보장)를 중심으로. 한국보건사회연구원.

임춘식 외(2007). 『사회복지개론』. 공동체.

한경훈 · 손병돈 · 노법래(2017). 국민기초생활보장제도 부양의무자 기준에 의한 사각지대의 시기별 추이 분석. 2017년 한국사회보장학회 춘계학술대회자료집. 한국사회보장학회. 465-480.

CHAPTER 8

노 인 복 지

Introduction to social Welfare

일반적으로 65세 이상(UN 기준)을 노인[1)]으로 일컫는다. 또한 UN분류에 따르면 전체 인구 중 65세 이상 노인이 7% 이상(7~14% 미만)이면 고령화사회(aging society), 14% 이상(14% 이상~20% 미만)이면 고령사회(aged society), 20% 이상이면 초고령사회(super-aged society)라고 한다.

우리나라는 2018년 현재 총인구 중 65세 이상 인구가 차지하는 비율은 14.3%(738만1천명)이고, 65세 이상 고령자 성비(여자 100명당 남자의 수)는 증가 추세이다.[2)] 지역별 고령인구 비율은 「전남(21.8%)」이 가장 높고, 「세종(9.0%)」이 가장 낮다. 지난 2000년 65세 이상 인구비율이 7.2%에 이르러 고령화사회에 진입했고, 현재 2018년에는 14.3%가 되어 고령사회에 진입하였으며, 2026년에는 20.8%가 되어 초고령사회에 도달할 것으로 전망된다. 우리나라는 이미 고령사회에 진입했고, 향후 2060년에는 41.0%가 되어 고령화가 계속 심화되는 추세이다. 이러한 현상은 도시지역보다 농어촌지역에서 더욱 빠르게 진행되고 있다. 2017년 농림어업조사결과에 따르면 고령인구 비율은 농가 42.5%, 어가 35.2%, 임가 40.4%로 전년대비 각각 2.2%p, 2.6%p, 3.1%p로 지속적으로 증가하여 도시지역보다 노인인구의 증가속도가 배가 되고 있다.

1) 노인을 사회복지계에서는 어르신으로 부른다. 사회에서 공경의 대상으로 보아야 한다는 의미이다. 그렇지만 과연 어르신이라고 부르는 것이 마땅한가는 시대에 따라 다르다고 생각한다. 오늘날 어르신으로 부름으로써 오히려 공경의 대상, 어른으로서 지켜야 할 도리 등의 의미를 포함함으로써 '생산적이고 역동적인 활동의 주체'로 바라보지 못하게 하는 면도 있다. 현재 평균기대수명이 남자 79세, 여자 85세로 65세 이상 노인이 14% 이상인 면을 감안한다면 어르신들을 공경의 대상으로만 둘 것이 아니라 사회의 역동적인 삶의 주체로 바라볼 필요도 있다.

2) 61.8명('00) → 68.2명('10) → 74.6명('18) → 85.5명('40) → 91.3명('60)

노인인구의 비중이 커질수록 노인부양에 지출되는 사회적 지출은 늘어날 수밖에 없다. 사회의 고령화가 진전됨에 따라 노인들이 안고 있는 각종 문제들은 사회문제로 나타나게 되고, 이러한 노인들의 각종 어려움은 저소득층 노인에게만 국한된 것이 아니라 중산층 이상의 노인에게도 다양하게 나타나고 있다. 노인에 대한 복지 자체도 양적·질적인 변화를 모색해야 한다.

1. 고령화 추세

기대수명(평균수명)의 증가[3]와 출산력[4] 감소로 인해 세계의 노인인구는 지속적으로 증가하고 있다. 1960년 세계의 65세 이상 노인인구 비중은 5.3%에 불과했지만, 2000년 6.9%로 증가하였고(2003년 OECD회원국 30개국 평균 14%), 2025년에는 전 세계의 노인인구는 10%(8억 1천 7백만 명)를 상회할 것으로 전망되고 있다. OECD 국가의 65세 이상 인구비율이 '17년 17.2%에서 '50년 28%로 증가할 것으로 전망되는 한편, 한국은 동일 기간 13.8%에서 38.1%로 늘어나므로, 관련 재정 건전성 확보를 위해서는 고령인구의 생활습관 개선 및 예방정책 등이 필요하다(보건복지부, 2018 OECD 보건통계자료).

우리나라의 노인인구는 1960년에는 65세 이상이 전체 인구대비 2.9%에 불과하였지만, 1970년에는 3.1%, 1980년에는 3.8%, 1990년에는 5.1%, 2000년에는 7.2%, 2005년에는 9.1%(약 4,365,218명)에 이르고 있고, 통계청 추계인구에 따르면 2010년

3) '16년 우리나라 기대수명은 82.4년(남자 79.3세, 여자 85.4세)으로 OECD 국가들의 평균(80.8년, 남자 78.1세, 여자 83.4세)보다 1.6년 길었으며 기대수명이 가장 긴 나라는 일본으로 84.1년(남자 81.0세, 여자 87.1세)인 것으로 나타났다(보건복지부, 2018 OECD 보건통계자료).

4) 출산력은 합계출산율(Total Fertility Rate : TFR, 여성 1명이 평생동안(출산가능 나이인 15~49세 기준) 낳을 수 있는 평균자녀수)을 기준으로 한다. 세계의 합계출산율은 1970~1975년 기간 중에는 연평균 4.47명이었으나 2005~2010년 기간에는 2.55명으로 낮아짐. 2005~2010년 기간 중 개도국의 합계출산율은 2.75명으로 선진국(1.6명)보다 높고, 유럽이 1.45명으로 가장 낮다. 우리나라는 같은 기간 1.13명으로 가장 낮게 추계. 2014년 1.21으로 OECD국가 중 가장 낮은 수준. 이것은 유럽(1.58명)과 북아메리카(1.94명)에 비해 낮은 수준이며, 2014년에 북한은 1.98명, 미국 2.01명, 일본 1.24명이고 싱가포르가 가장 낮아 0.80명으로 나타났다.(통계청, 2015).

10.9%('2010 인구주택총조사 전수집계결과'에 따르면 2010년말 현재 11.3%, 전국 모든 시·도에서 고령인구 7% 넘어섬), 2018년 14.3%, 2026년 20.8%, 2030년 24.1%에 이르게 된다. 우리나라는 이미 고령화사회에 진입하였고, 고령사회를 향해 가고 있는 상황이다(통계청(2011), 장례인구 추계).

또한 우리나라는 고령화와 관련해 더욱 주목해서 볼 필요가 있는 점이 고령화속도이다. 짧은 시간에 급격하게 고령화가 진전된다는 것이다. 〈표 8-1〉은 주요 국가의 고령화속도 차이를 나타낸 것이다(남기민 외, 2006: 16).

〈표 8-1〉 주요 국가의 고령화속도 차이

국 가	도달연도			증가소요연수	
	7%	14%	20%	7→14%	14→20%
프랑스	1864	1979	2019	115	40
독 일	1932	1972	2010	40	38
영 국	1929	1976	2020	47	44
미 국	1942	2014	2030	72	16
일 본	1970	1994	2006	24	12
한 국	2000	2018	2026	18	8

자료 : 일본 국립사회보장·인구문제연구소(2003), 『인구통계자료집』, 서울대학교 출판부.
보건복지부(2010). 2010 노인보건복지사업 안내.

〈표 8-1〉에서 보면 프랑스가 7%에서 14%에 이르는 데 115년 걸린 데 반해 일본은 24년, 우리나라는 18년 정도 걸릴 것으로 예상된다. 또한 14%에서 20%에 이르는 데도 영국이 44년, 일본이 12년, 우리나라가 8년 정도밖에 걸리지 않을 것으로 예상된다. 현재까지 우리나라에서 진전되어 온 인구 고령화의 속도는 선진국에서 유례를 찾아보기 어려울 정도로 빨랐고 앞으로는 더욱 빠르게 진전될 것으로 예측된다.

국가의 고령화추세는 노령화지수(index of aging)를 통해서도 살펴볼 수 있다. 노령화지수는 14세 이하의 연소인구(유년인구)에 대한 65세 이상 노인인구의 비율을 수치화한 것이다. 노령화지수는 국가의 인구구조(예 : 피라미드 형, 역피라미드 형, 항아리형 등)의 변동추이를 살펴볼 수 있는 지수이다. 우리나라는 피라미드형에서 항아리형, 역피라미드형

(2050년 정도)으로 불안정한 구조가 형성되고 있다.

고령화의 진전은 노인인구부양을 위한 사회적 지출이 늘어나도록 한다. 그만큼 사회로 보아서는 부담일 수 있다. 일반적으로 고령화·고령사회의 사회적 부담을 노년부양비로 산출한다. 노년부양비는 총인구 중에서 생산가능인구(15~64세)에 대한 노년인구의 백분비를 말하고, 생산가능인구가 부양해야 하는 경제적 부담을 나타내는 지표이다.

〈표 8-2〉 노년부양비와 노령화지수

	1990	2000	2010	2014	2018	2020	2030	2040	2050	2060
노년부양비(%)	7.4	10.1	15.0	17.3	20.0	22.1	38.6	57.2	71.0	80.6
노령화지수	20.0	34.3	67.7	88.7	108.5	119.1	193.0	288.6	376.1	394.0
노인 1명당 생산가능인구(명)	13.5	9.9	6.6	5.8	5.0	4.5	2.6	1.7	1.4	1.2

자료 : 통계청(2011). 장래인구특별추계; 보건복지부(2018). 2018보건복지통계연보.
주 : 노년부양비 = (65세 이상 인구 / 15~64세 인구) × 100
노령화지수 = (65세 이상 인구 / 0~14세 인구) × 100
노인 1명당 생산가능인구 = (15~64세 인구 / 65세 이상 인구)

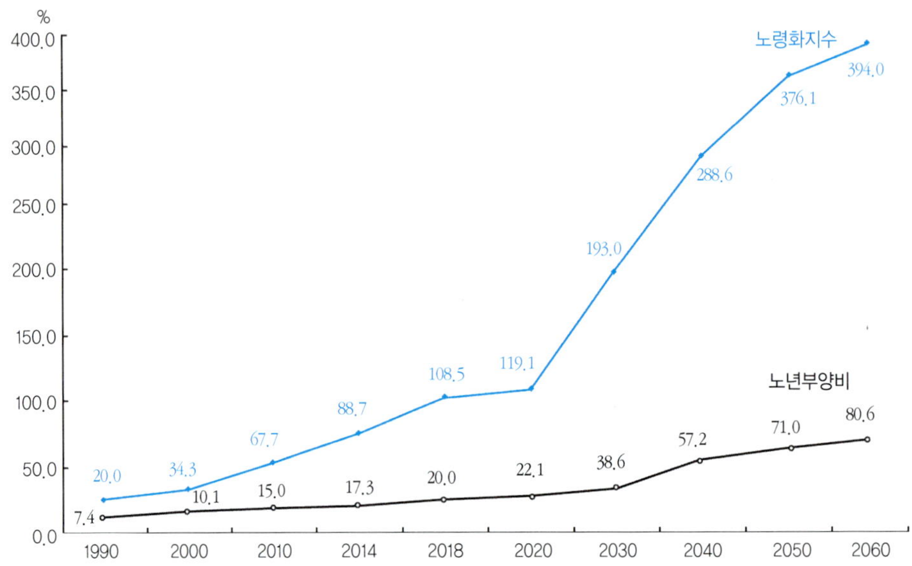

[그림 8-1] 노년부양비 및 노령화지수 추이

〈표 8－2〉에서 보면 2006년 노령화지수는 50.9로 유년인구 100명당 노인인구가 51명이고(2005년 기준 우리나라 47, 선진국 90, 2010년 67.7), 2020년이 되면 유년인구 100명당 노인인구가 124명이 되어 노인인구가 유년인구를 훨씬 초과하게 된다. 통계청(2007)에서는 2020년(126) 이후에는 선진국(118)보다 높아지고, 2050년이 되면 노령화지수가 429가 되어 2050년 세계 평균(82)의 5배, 선진국(172)의 약 2.5배에 이르면서 전 세계적으로 가장 높을 것으로 전망하고 있다.

노년부양비(比)는 2018년 현재 20.0(생산가능인구 100명이 노인 20명을 부양한다는 의미, 2020년 22.1)으로 2014년 대비 2.7p 증가하였으며, 18년 전인 2000년 10.1에 비해 9.9p 증가하였다. 이는 2018년의 경우 생산가능인구 5명이 노인 1명을 부양하는 것과 같다(100 : 20.0= x : 1)(통계청, 2018 고령자 통계 참조). 노년부양비에 있어서도 통계청에서는 2030년(38,2.6명이 노인 1명 부양) 이후에는 선진국(36)보다 높아지고, 2050년이 되면 71(생산가능인구 1.4명이 노인 1명 부양)로 상승해 전 세계 평균(25)은 물론 유럽국가 평균(48)에 비해서도 월등히 높을 것으로 추정하고 있다.

2. 고령화사회의 노인문제

-고령화의 진전과 급격한 고령화로 인해 우리 사회가 안게 되는 문제-

노인인구의 증가, 평균수명의 연장, 노년부양비의 증가 등 인구의 고령화 현상은 전 세계적으로 진행되고 있다. 인구의 고령화는 지진이나 태풍과 같이 비견되기도 할 정도로 어느 사회건 심각한 영향을 미칠 수 있다. 우선 인구의 고령화는 생산연령인구의 상대적인 감소로 노동력이 고령화되어 노동생산성이 떨어지고, 이로 인해 경제성장이 둔화되고, 노인인구를 위한 연금, 의료 및 각종 사회서비스 비용 증가를 가져올 수 있다. 최근의 노인장기요양보험의 경우도 노인들의 의료비용의 급격한 증대(2005년 전체의료비 지출의 24.4%, 2009년 30.5%, 지속적인 증가 전망)에 따른 사회적 연대부담사례라고 볼 수 있다. 고령화가 진전될수록 사회가 점차 늙어가고, 노인부양부담이 그만큼 높아진다는 것이다.

최근 우리나라에서는 베이비 붐 세대[5]의 은퇴 후 생활과 사회적 비용에 대한 관심이 증대되고 있고, 기업 인력의 고령화에 대비해야 한다는 보고서들이 발표되고 있다. 결국 이들 베이비 붐 세대들의 생활양식이 어느 시점에서는 사회 전체적인 가치나 구조적인 변화를 가져오게 할 것이다.

고령화가 확대되고, 급속하게 진전됨에 따라 우리 사회에서는 노인복지의 확대를 비롯한 저출산고령화에 대한 대비책을 다방면에서 마련해야 할 것이고, 노인들이 가질 수 있는 각종 문제양상을 정확히 예측하고, 그 해결책을 모색할 필요가 있다.

고령화의 진전과 급격한 고령화에 따라 우리 사회가 해결해야 할 문제 부분들은 당장 사회의 생산성의 문제를 들 수 있다. 늙은 사회에서의 전체적 생산성 저하를 말한다. 생산인구의 감소와 고령화로 인해 생산현장(기업)의 인력고령화가 확대될 수 있고, 이로 인해 사회 전체적인 생산성의 하락을 가져올 수 있다는 것이다. 한국개발연구원(KDI)은 한 보고서에서 '지금과 같은 저출산 추세가 계속될 경우 현재 5% 수준인 GDP잠재성장률이 2020년 3.6%, 2030년 2.3%, 2040년 1.4% 수준으로 낮아질 것'으로 전망했다(2007년 8월 2일자 Hankyung.com). 따라서 생산인구의 감소를 완화하기 위해 여성, 고령자, 외국인 인력을 적극 활용하고, 여성의 출산휴가 및 직장복귀보장, 시간제 근로제, 단축근로제 등 다양한 근로형태의 확산, 고령자 고용을 위한 임금피크제 도입, 외국인력 활용을 위한 적극적인 이민정책 등이 필요하다고 논의되고 있다. 또한 고령인력의 생산성 향상을 위한 인식변화(노인을 부양부담으로 보는 것보다는 생산적 주체로서의 인식)와 제도변화를 모색하고 있다.

고령화 내지 고령사회가 진전되면 평균수명의 연장으로 인한 노인들의 생활주기의 변화가 나타나게 된다. 노년이 길어지는 모습을 보이게 된다. 노인 개인으로 볼 때는 여가시간을 어떻게 활용하느냐의 문제이고, 길어진 노년시기를 어떻게 생산적으로 보

5) 한국전쟁 이후 1955~63년생, 우리나라 전체인구에서 15.2%, 이들이 65세 이상 노인으로 편입되는 시기가 2026년 정도(노인인구 20.8%)이고, 우리나라가 초고령사회로 진입하는 시점과 일치한다.

낼 수 있도록 사회가 배려하느냐는 문제이다. 노년의 여가시간을 적절히 활용한다면 고령화사회에서 야기될 수 있는 사회적 생산성 약화현상을 만회할 수 있는 가능성도 있을 것이라는 점에서 해결책을 모색해야 할 당위성을 가진다. 노인들의 삶의 질 향상, 생활만족도 향상, 자기존중감 강화를 위해 여가시간을 적절히 활용할 수 있는 방향모색이 이루어져야 할 것이다. 경로당에서 무료한 시간을 보낸다든지, 공원에서 무료하거나 탈선의 시간을 보낸다든지, 나아가서는 노인 100만 명이 단순노무직에만 종사한다든지 하는 사실들은 퇴직 후 여가시간에 대한 예비사회화의 경험이 없는 우리나라 노인들에게 나타나는 전형적인 문제들일 수 있다.

현대사회에서의 핵가족구조와 도시화(직장 또는 교육 등의 이유로 인구의 도시유입), 여성의 교육수준 향상과 함께 여성의 경제활동참여율의 증가, 서구식 개인주의와 자유주의적 가치관 팽배 등 여러 사회적 여건의 변화로 고령화 내지 고령사회에서는 노인의 부양·보호의 문제가 야기된다. 현재의 노인세대들(대체로 1942년생 이전 출생)은 노후대책에 대한 준비를 전혀 하지 못한 세대들로 자녀에게 부양과 보호를 맡길 수밖에 없는 사람들이기 때문에 더욱 노인부양과 보호의 문제가 심각하게 제기될 수 있다. 노인단독가구나 독거노인가구가 늘어나는 추세는 이 같은 사실을 반영하는 것이다. 2017년 노인실태조사에서 10,073명의 응답자를 대상으로 조사한 결과 기혼자녀와의 동거는 9.9%인 반면, 노인 단독세대는 72.7%에 이르는 것으로 나타났다. 최근의 노인자살이나 노인 가출이 늘어나고, 노인학대나 방임 등이 늘어나는 면도 동일한 맥락에서 설명할 수 있다.

또한 고령화 내지 고령사회에서는 노인문제의 전형이라 할 수 있는, 노인의 4고(苦)라고 알려진 노인들의 사회적 역할 상실과 이로 인한 수입 감소, 노화에 따른 건강악화,[6] 소외와 고독감 등의 문제들을 완화 내지 해결해야 한다. 더욱 중요한 사실은 이

6) 전체 노인의 90.9%가 만성질환을 한 가지 이상 가지고 있고, 관절염(43.1%)이 가장 많고, 고혈압(40.8%), 요통·좌골통(30.6%), 신경통(22.1%), 골다공증(18.9%), 백내장(18.1%), 소화성궤양(16.5%), 빈혈(15.9%), 당뇨병(13.8%), 디스크(12.6%) 등의 순. 노인의 기능상태별 제한율에서는 기본적 일상생활수행능력(ADL) 8.2%(이 중에서도 목욕하기가 가장 힘듦), 수단적 일상생활능력(IADL) 22.2%(이 중에서도 금전관리하기가 가장 힘듦) * ADL(Activities of Daily Living, 일상생활수행능력)은 자신의 신변을 스스로 관리할 수 있는 능력. 옷 벗고 입기, 개인위생(세수, 양치질), 목욕하기, 식사하기, 일어나 앉기, 화장실 이용하기, 대·소변 조절하기 등 포함. * IADL(Instrumental Activities of Daily Living, 수단적 일상생활수행능력)은 지역사회에서 간단한 목적을 이루기

런 여러 가지 문제들은 각각의 문제가 아니라 서로 복합적으로 연결되어 있다는 점이고, 최근에는 이러한 문제들로 인해 노인자살, 노인가출과 노인범죄 등의 사회문제들이 야기되고 있다는 점이다. 또한 이러한 노인들 전체의 문제는 대상에 따라 그 심각성이 크다는 것이다. 농촌노인들의 경제적 빈곤이나 건강악화, 소외나 고독감은 도시노인들보다 훨씬 심각하다는 것이다. 도시중심의 자본주의적 발전의 한계현상이라 볼 수 있을 것이다. 이러한 노인들의 각종 문제들은 고령화에 따른 건강악화, 현대사회의 생산기술체계에 적합한 지식 · 기술 · 가치의 미보유, 변화에 대한 적응기회 부재 등 노인들의 본질적인 한계와 사회적인 한계에 기인한다.

과 제

- 노인들이 가지고 있는 경제적 · 의료적 문제, 농촌노인들의 문제양상을 구체적으로 조사해 보자.

3. 노인문제 해결의 당위성

고령화 내지 고령사회에 직면한 국가나 사회는 다양한 노인문제에 대응하여 나름대로의 전통과 경제적인 형편, 사회적인 분위기 등에 따라 다양하게 접근하고 있고, 문제를 가진 개별노인에 대한 개별적인 접근에서부터 지역사회 자원동원을 비롯한 지역사회 조직적 측면에서 접근하려는 경향, 나아가 사회정책적 차원의 대응 등 사회복지 차원의 다양한 해결노력이 전개되고 있다. 그렇지만 급격한 사회변화를 적절히 따라잡을 수 없는 현실로 인해 노인들은 문제적 상황에 노출될 수밖에 없다.

그러면 노인들의 이러한 문제를 해결해야 할 당위성과 필요는 어떤 부분인가? 첫째, 인간의 존엄성 가치와 노인들의 인권 측면에서 해결의 당위성을 찾을 수 있다. 노인도

위한 활동을 하는 데 필요한 능력으로 전화사용, 금전관리, 몸단장, 쇼핑/장보기, 식사준비, 약복용(약 챙겨먹기), 빨래 등의 항목이 포함된다.

존엄한 가치를 지닌 인격체로서 인간다운 생활을 영위해야 한다는 철학적 · 인간 존재적 당위성을 의미한다. 둘째, 경제성장과 경제적 여유와 함께 노인들의 삶의 질도 향상되어야 한다는 측면의 해결의 당위성을 찾을 수 있다. 셋째, 노인은 현재 사회를 가능케 한 전(前)세대라는 점에서 후(後)세대들은 노인들의 삶을 적절하게 보상해 주어야 할 책임을 가진다는 면에서도 노인들의 현재 문제를 해결할 필요는 있는 것이다. 넷째, 노인들의 주체성 회복방향의 해결의 가능성을 생각할 수 있다. 노인들을 부양해야 할 객체가 아니라 스스로 주체로서 삶을 영위할 수 있는 사회적 기제나 인식의 전환이라는 방향에서 해결을 모색해야 한다는 것이다.

4. 노인복지이론들

노인복지학에서는 출생에서 죽음에 이르는 전반적인 변화과정인 노화(aging)를 설명하는 이론들인 노년학이론들을 활용한다. 노년학이론 혹은 노화이론은 한 개인이 노화하면서 생리적 · 심리적 · 사회적인 면의 다양한 영역에서 직면하는 문제들의 원인과 양상을 설명하는 이론들이다. 노인의 생리적 변화를 설명하는 생물학적 노화이론들(예 : 마모이론, wear and tear theory)과 노인의 심리적 특성과 변화를 설명하는 노년기 발달심리이론들(예 : Erikson의 심리사회발달이론, 정체감 위기 및 유지이론[7]), 노년의 사회적 측면들, 예를 들어 노년기 역할의 변화, 사회적 관계의 축소, 노년기 규범과 사회화에 의한 가치관의 변화 등의 측면들의 원인과 양상 등을 설명하는 노년사회학이론들이 포함된다. 물론 노화를 설명할 때 생물학적 노화, 심리적 노화 및 사회적 노화과정을 포괄적으로 다루어야 한다는 데 학자들은 의견을 같이하고 있다.

7) **정체감 위기이론**은 Miller(1965)에 의해 제기된 이론. 개인의 정체감 유지에 직업적 역할이 중요한데 퇴직, 특히 비자발적인 퇴직이 직업적 역할과 이에 부수되어 있던 다른 역할들의 상실을 초래하므로 노년기에는 자아지지기반이 무너지고, 정체성 유지의 위기를 맞게 된다는 것이다. **정체감 유지이론**은 Archley(1971)에 의해 제기되었으며, 사람들은 자신의 정체감을 여러 가지 역할을 통해 형성하게 된다는 가정을 한다. 사람들은 여러 가지 역할에 연루되어 있기 때문에 퇴직 후에도 정체감을 유지할 수 있다는 이론이다.

노인복지학에서 주로 다루고 있는 이론들은 노년사회학 이론들이다. 초기의 노년사회학 이론들(1세대 고전적 관점)은 노인 개인들이 변화된 생활환경에 어떻게 가장 적절하게 적응할 수 있을지에 초점을 맞추었고, 개인적 요소들을 강조하는 경향이었고, 성공적 노화를 촉진하는 개인적 특성이나 그것을 방해하는 특성들을 규명하고자 했다. 활동이론, 분리이론, 하위문화이론, 연속이론 등이 초기이론들이다. 이후에는 사회구조적 관점(2세대)에서 개인의 행동이나 특성은 사회체계에 의해 결정된다(사회의 구속성)는 입장을 견지했다. 현대화이론, 연령계층화 이론 등이 포함된다. 제3세대 이론은 노인들의 상황이 사회와의 지속적인 관계 속에서 발전된다는 통합적 견해를 나타내었다. 개인들과 사회구조의 역동적 상호작용을 탐구하고자 했다. 이들 3세대 이론들은 사회구조의 구속에 노인들이 어떻게 반응하는지, 어떻게 영향력을 행사할 수 있는지, 사회구조의 구속성을 건설적인 방향으로 변화시킬 수 있다면 노인들의 노령화 양상의 차이를 가져올 수 있다는 입장을 견지한다. 사회와해이론, 교환이론 등이 포함된다(문인숙 편역, 1995: 20-42).

1) 분리이론

분리이론(Disengagement theory)은 커밍과 헨리(Cumming & Henri, 1961)에 의해 제안된 이론으로, 노인의 사회적 분리는 불가피하고 정상적이고, 노인과 사회는 상호 간에 분리되기를 원한다고 본다. 노인은 젊은이에 비해 건강이 약화되고 죽음에 임박하게 되는 확률이 높으므로 노인 개인적 입장에서도 사회적 부담을 덜고, 개인적 삶을 위한 기회를 새롭게 부여함으로써 최적의 만족을 가져올 수 있고, 사회체계도 비생산적인 노인 대신 생산적인 젊은이에게 기회를 부여함으로써 사회 전체의 기능을 원활하게 하고 사회의 안정을 유지할 수 있다는 것이다. 노인이 사회적으로 분리됨으로써 사회제도가 안정적으로 유지될 수 있고, 개인적 만족도 보장될 수 있다는 입장이다.

따라서 노인의 사회적 분리에 대한 개인적 준비(사회화 기제)와 사회적 요청(사회적 기능수행에 필요한 자격요건을 제한하는 등 사회적 분리를 제도적으로 실시)을 동시에 충족시킬 수 있는 장치들을 잘 마련함으로써 개인들의 적응문제에 대응할 필요가 있다는 것이다. 사회화가 잘된 성숙한 노인들은 자신들의 사회적 분리를 자연스럽게 받아들이고 인정하여 만족한 노년의 삶을 영위할 수 있게 된다.

2) 활동이론

활동이론(activity theory)은 하비거스트(Havighurst) 등이 주창한 이론이고, 분리이론과 정반대로 노인의 사회활동 참여, 특히 구체적 지위에 따른 역할뿐 아니라 사회적으로 인정받는 활동을 지속함으로써 생활만족도가 높아질 수 있고 건강한 삶을 유지할 수 있다는 입장이다. 노년기에 접어들면 노인들은 각종 역할상실을 경험하게 된다. 따라서 노인들은 노후에 상실한 역할들을 새로운 역할들로 대치함으로써 긍정적인 자아상을 만들어갈 수 있고, 생활만족감을 높일 수 있다는 것이다. 물론 여기서 활동이라 함은 무조건 바쁘거나 분주한 삶을 의미하는 것은 아니다. 개인적으로 충분한 의미를 부여할 수 있는 활동이나 사회적으로 인정받을 수 있는 활동을 지속적으로 유지하는 것을 의미한다. 노인 개인들의 성공적 노화와 긍정적인 자아상을 만들어갈 수 있는 능력을 인정하는 이론이다.

3) 연속이론

연속이론(지속이론, continuity theory)은 노년기와 그 이전의 생애상에 간격이 있다는 사고를 부인(예 : 모든 일에 수동적이었던 사람이 퇴직 후 적극적이고 능동적인 사람으로 변화하기는 매우 어렵다)하면서, 노인들은 전(全)생애를 통해 성장 · 발달(성장 · 발달의 연속성)하기 때문에 각기 다양한 성격과 생활방식을 가지게 되고, 노화형태도 다양하게 나타난다는 데 초점을 맞추고 있다. 노년기라 하더라도 본인의 인성은 변화하기 어렵고, 유지하려는 경향이 높기 때문에 역할상실에 대해서도 비슷한 역할로 대치하려 하고, 직업과 관련되지 않는 역할이나 관계와 취향은 중년기부터 계속해서 그 후 노년기로 연속된다는 것이다(문인숙 편역, 1995: 26). 따라서 노인들로 하여금 내적인 심리적 지속성을 유지할 수 있도록 도와줄 필요가 있고, 성장발달의 연속성을 유지할 수 있도록 다양한 노년기 역할개발의 가능성이 있어야 할 것이다.

4) 하위문화이론

하위문화이론(subculture theory)은 로즈(Rose, 1965)에 의해 처음으로 주창된 이론으로, 노년기에 속해 있다는 공통된 특성과 사회로부터의 소외와 노인에 대한 사회의 부정적인 인식 등으로 인하여 동류의식이 강화되어 노인들끼리만의 상호작용이 일어남으로써 노인 특유의 하위문화를 형성한다는 이론이다. 노인들은 그들 집단의 고유한 규범과 가치를 창출하고, 집단정체감을 형성한다. 나아가 노인들의 공동의 문제를 논의하고, 사회적 행동을 취하고, 다른 계층과 일정한 거리감을 두기도 한다는 것이다. 로즈는 노인 사회행동집단의 창설, 은퇴자협회와 같은 예들이 노인 하위문화의 표현이라고 설명한다. 하위문화이론은 활동이론과는 달리 노인들이 성년기에 접했던 폭넓은 문화에 지속적으로 참여하고 거기에 머무르기보다는 노인들 스스로의 기준과 스스로의 하위문화를 개발하는 것이 노년기생활에 도움이 된다는 입장이다(문인숙 편역, 1995: 25). 따라서 노인들 스스로의 기준에 따른 하위문화 개발을 독려하고, 적극적 · 지속적으로 참여할 수 있도록 하며, 그러한 하위문화에 적극적으로 동참할 수 있도록 해야 한다는 입장이다. 하위문화이론은 노인들을 활동적으로 보고 그들의 조직력을 인정하며 노인들이 사회정책에 영향을 행사할 수 있다고 보는 장점을 가지고 있다(모선희 외, 2006: 77).

5) 현대화이론

현대화이론(modernization theory)은 오늘날 산업사회의 노인문제의 원인을 이해하는 데 가장 설득력있는 사회학적 이론으로 간주되고 있고, 현대화수준이 높을수록 노인의 지위는 낮아진다는 가정을 가진 이론이다. 카우질(Cowgill, 1974)에 의해 제창된 이론이다.

현대화라는 사회적 변화(산업화로 인해 사회가 현대화되는 과정에서 발생하는 사회문화적 구조의 변화)가 노인의 지위를 하락시켜 각종 노인들의 어려움 및 문제를 가져오도록 한다는 것이다. 카우질(1986)은 현대화를 산업화와 더불어 나타난 과학기술의 발달, 분업과 전문화로 인한 생산체제의 변화, 개인 중심, 효율성과 생산성 중심의 가치관과 생활양식에 있어서 나타나게 되는 사회의 전반적 구조와 기능상의 변천과정으로 보았다(양옥남 외, 2006: 46). 현대화의 가장 큰 지표로서 보건의료기술의 발전, 경제적 생산기술의 발전, 도시화의 촉진, 교육의 대중화를 들고 이러한 요소들이 인과적으로 영향을 미쳐 노인들을 노동현장에서 내몰고, 사회적 · 지적 및 도덕적으로 고립시킴으로써 결국 노인의 지위가 하락된다는 것이다. 노인의 지위하락은 노인들의 각종 문제적 상황을 가져오게 한다는 것이다. 따라서 현대화 요인들이 결국 노인문제를 유발시키는 직접적 또는 간접적 원인으로 작용하게 된다는 것이다. 이 네 가지 영역의 구조적 변화로 인하여 여가시간의 연장, 역할상실, 수입 감소 및 경제적 의존, 건강보호의 어려움, 사회심리적 소외 등의 노인문제가 초래된다고 하였다.

6) 연령계층이론

연령계층이론(age stratification theory)은 1970년 초에 릴리와 포너(Riley & Forner, 1968)가 제창했고, 사회는 기본적으로 연령등급에 따라 층화지워지고, 서열화된다는 기본가정을 가지고, 사회는 연령계층에 대한 차별도 존재한다고 본다.

한 연령층에 속한 사람들은 서로 비슷한 역사적 · 문화적 경험을 했고, 이에 따라 비슷한 가치관을 형성했기 때문에 다른 연령층과 구별되는 가치와 문화를 가지게 되고, 다른 세대들과도 상당한 세대차를 보이게 된다. 그럼으로써 다른 연령집단과 구별되는 층(계층)을 이루게 된다. 그리고 사회는 그들의 사회적 역할 수행능력이나 생리적 상황, 사회적 상황 등에 따라 사회적 역할을 부여하고, 권위와 권리도 다르게 부여하게 된다. 동일 연령계층에 속한 사람들은 그 사회에서 부여한 역할을 이행하며 그 사회의 패턴에 따라 같이(함께, 동일하게) 이동하게 된다는 것이다.

따라서 노인 연령집단은 다른 연령집단과 여러 면에서 구별되므로 노인은 사회에서 주어진 사회적 역할을 제대로 수행할 수 있도록 자신의 연령집단에서 자신에게 알맞은 위치와 역할을 찾아야 하며, 사회적 기대에 부응하여 그러한 기회를 확보하기 위해 관심을 기울여야 한다는 것이다(양옥남 외, 2006: 49).

7) 사회와해이론

커퍼스와 벵슨(Kuypers & Bengtson, 1973)이 제안한 사회와해이론(social breakdown theory)은 "심리적으로 이미 허약한 사람들에게는 자신의 행동에 대하여 체계로부터 받는 부정적 피드백이 개인에게 총체적 와해의 순환적 요소가 된다"는 저스맨(Zusman, 1966) 연구에 따라 개발된 사회와해증세(social breakdown syndrome) 모델을 기반으로 하고 있다. 사회가 와해증세를 보여 건강상의 문제를 가지고 있고, 역할상실이나 적절한 준비가 없는 가운데 역할변화라는 기왕의 취약성에 노출되어 있는 노인들에게 부정적인 피드백을 제공하게 됨으로써 노인들의 부정적 인식이 사회적으로, 개인적으로 강화된다는 것이고, 더욱더 무능하고 의존적인 존재로 전락하게 된다는 것이다.

커퍼스와 벵슨(Kuypers & Bengtson)은 노인 개인의 무능력의 악순환과정은 사회재건증후군[8](social reconstruction syndrome)을 통해 역전될 수 있다고 주장한다. 노인들이 처한 환경적 지지망을 확충하고, 노인들로 하여금 그들의 능력이나 장점을 발휘할 기회와 능력 향상의 기회를 부여한다면, 노인들도 자신의 능력을 충분히 발휘할 수 있게 될 것이라는 입장인 것이다. 개인이 주어진 상황에서 최선의 적응을 할 수 있는지 없는지는 그가 처한 환경적 조건의 적합성 여부에 달려 있다는 입장이다. 환경적 조건이 적합하다면 노인들은 충분히 자신의 능력을 발휘할 수 있는 상호작용적·성장적·창조적인 인간이고, 특정한 환경 내에서 이루어지는 사회적 기대와 상호작용할 수 있는 개인적 대처능력들을 가질 수 있다는 것이다. 이러한 이론적 입장은 실천적 개입뿐 아니

8) syndrome을 위에서는 사회의 와해를 부정적인 의미로 보면서 '증세'란 표현을 사용했고, 재건에서는 증후군으로 사용한 것은 재건과 증세는 서로 대치되는 입장이기 때문이다.

라 사회정책면에도 시사하는 바가 크다. 노동인력의 고령화에 당면하면서 노인들의 재능을 전적으로 활용하는 일은 노인들의 긍정적 자아상을 위해서나 사회 전체를 위해서도 점차 더 중요한 의미를 가지기 때문에 노인들을 자율적이고 자질이 있는 존재로 보고 노동시장과 사회서비스 정책을 추진할 필요가 있는 것이다.

8) 교환이론

교환이론[9]은 현대사회의 노인문제를 실질적으로 다루는 데 있어 상당히 설득력을 가지는 이론이다. 교환이론에서는 사회를 개인 간, 집단 간 및 개인과 집단 간의 상호작용 및 주고받는 관계가 일정한 형태로 유형화된 것으로 본다. 개인들이 일정한 관계를 위해 상호작용하는 것은 보상유기체로서의 인간본질을 실현하는 것으로 본다. 보상유기체로서의 인간은 이윤을 추구하고, 보상이 있었던 행위를 반복하는 개체이고, 타인과 호혜성을 바탕으로 비용–보수의 교환과정을 이루어간다. 교환당사자 간에 자원의 교환에서 당사자는 본인이 치루는 비용보다 받는 보상이 크거나 적어도 비용과 보상이 같다고 판단할 때 계속되는 경향이 있는 것이다.

노인과 젊은 사람들 간에 있어서도 노인의 교환자원이 부족하거나 가치가 저하되었거나 고갈됨으로써 노인이 집단으로서 또는 개인으로서 교환관계를 형성하는 데 열세를 면치 못하는 지위로 하락된다는 것이다. 노인의 교환자원의 부족 및 가치저하는 재산소유 및 통제권 약화, 노인의 지식 · 기술 및 경륜의 효용성 부족, 신체적 질병이나 노화로 인한 생산성 약화, 사회관계성 약화 등 다양한 면에서 나타난다. 젊은 사람들이 보상이라고 생각할 수 있는 교환자원을 가지지 못했기 때문에 노인의 지위하락은 물론이고 노인과의 상호작용이 제대로 이루어지지 못하고, 노인의 각종 어려움이나 문제적 상황이 나타난다는 것이다. 따라서 노인은 젊은 세대나 사회에 신체적 · 정신적 · 사회적으로 의존할 수밖에 없게 된다. 결국 교환자원이 부족한 노인들은 젊은 사람이나 사회의 짐이나 부담이 될 수밖에 없는 것이다.

9) 교환이론은 사회학이론이고, 호만스(Homans, 1961)와 피터 블라우(Blau, 1964)가 대표적이다.

고부간 및 어른과 자식들 간의 갈등도 교환이론적 입장에서 풀어낼 수 있을 것 같다. 시어머니가 자식들과 호혜성을 바탕으로 하는 정상적인 give and take의 관계가 유지되지 못하기 때문에 세대 간의 갈등을 나타낸다고 볼 수 있다. 경제적인 능력에 있어서나, 사회적 관계능력에 있어서나, 가치관 및 지식, 기술 등에 있어서나, 신체적 능력이나 질병 면에서나 젊은 세대로 보아서는 어디하나 정상적인 교환관계를 유지하기 힘들다고 생각할 것이다. 그럼으로써 당연히 짐이나 부담으로 여겨질 것이고, 갈등관계는 지속될 수밖에 없을 것이다. 그렇지만 맞벌이 부부에게 할머니 · 할아버지가 손자녀를 돌봐주는 역할을 한다거나 많지는 않지만 스스로 용돈을 벌어서 쓴다거나, 집안가계에 보탬이 된다거나, 손자녀들에게 물질적 · 정신적 · 교육적, 사회적인 면에서 보탬이 된다면 그 상황은 달라질 수 있을 것이다. 최근 할머니들이 손자녀들을 돌보는 여력을 가지고 있음으로 해서 부모님 집으로 결합하는 가정이 늘고 있고, 시부모나 친정부모의 집 근처에서 서로 도움을 주고받으면서 살아가는 경우를 많이 볼 수 있다. 따라서 교환이론의 입장에서 노인문제를 해결하거나 희석시키기 위해서는 노인들의 교환자원을 마련 · 강화시켜 주어야 한다는 것이다. 사회적(사회보장) 차원에서 직업적 능력을 가질 수 있도록 한다거나 재사회화 및 교육을 통해 지식 · 기술 · 가치 면에서의 능력을 강화시킨다거나 질병으로부터 보호해 주는 등의 노력이 이루어져야 한다는 것이다.

9) 임파워먼트적 관점

임파워먼트적 접근이나 관점은 전혀 새로운 것은 아니고, 사회적 약자라는 입장에서 노인의 지위와 노인문제를 바라본다. 그렇지만 임파워먼트 이론으로 정착되지 못했다.

임파워먼트적 관점에서 현대사회의 노인의 지위하락과 노인문제는 힘과 권한의 부재에 기인하는 것으로 보고 있다. 여기서 힘(power)이란 "자신이 원하는 것을 얻을 수 있는 능력, 타인의 사고 · 느낌 · 행동에 영향을 미칠 수 있는 능력 그리고 가족 · 조직 · 지역사회 · 사회에서 자원의 분배에 영향을 미칠 수 있는 능력"(Gutièrrez, 1991, Wes Shera & Lilian M. Wells 편저, 이경아 외 공역, 2004: 22 재인용)을 말한다. 힘과 권한의 부재는 개인적 요인뿐 아니라 사회적이고 정치적인 과정을 통해서 형성된다. 노인들이 사회의 주류적 위치에서 밀려났기 때문에 노년기 삶의 기회와 선택, 경험이 제한될 수밖에 없고, 사회의 주류에서 밀려나게 된 중요한 요인은 여러 가지 개인적 한계와 이에 기인한 정보에 대한 접근성 부족 및 신기술에 대처하지 못하는 적응능력의 부족, 유연성 부족과 함께 경제적 이해와 관련된 정치적 과정[10]을 들 수 있다. 현대사회에서의 노인문제는 개인적인 차원에서의 심리적이고 신체적인 문제뿐 아니라 사회적 차원에서의 자원분배의 불평등과 정치적 과정에서의 소외라는 양면성을 지닌다.

임파워먼트적 접근에서는 '개인적인 것이 정치적인 것이다'라는 인식에서 출발해서 약자집단의 힘과 능력을 키워 주기 위한 사회복지실천모델로 부상하고 있다. 임파워먼트는 파워를 준다는 의미이고, 자신의 삶에 영향을 미치는 결정에 참여하는 선택권을 갖게 한다는 의미이다. 그리고 개인적 차원에서 스스로의 삶에 대한 통제력을 얻는 것이고, 다른 사람들과의 관계에서 통제력, 권위 또는 영향력을 가지는 것이고, 더 나아가 스스로 주체임을 지역사회 · 사회에 주장할 수 있도록 하는 것이다(개인적 · 대인관계적 · 정치적 힘을 증진시키는 과정). 임파워먼트 중심 실천의 결과로 개인은 비판적 의식, 자존심, 자립심, 자기효능감, 권리의식을 가질 수 있고, 대인관계 측면에서는 지식과 기술을 습득하고 원조를 요청하거나 자기주장을 할 수 있고, 정치 · 사회적 측면에서는 정치적 참여와 행동을 하고 사회환경에 대한 통제감을 가질 수 있다고 보았다(Gutièrrez, 1990, 최선화, 2003: 33 재인용).

임파워먼트적 접근에서는 노인들에게 임파워먼트를 통해서 자신감을 회복시켜 주고 자조집단을 만들고, 지지망과 네트워크를 만들어 줌으로써 무력감에서 벗어나서 잠재능력과 자원을 충분히 활용해 나갈 수 있도록 도와야 한다는 입장인 것이다.

10) 노인문제에 대한 정치경제적 관점에서는 사회계층(연령계층)이 희소자원에 대한 접근성을 결정하며 사회 내의 주도 집단(희소자원을 많이 소유한 집단, 생산수단을 소유한 집단, 부와 권력소유계층, 연령계층으로 보면 중년층)이 계층적 불평등을 영속화시킴으로써 그들 자신의 이익을 유지하려 한다는 입장을 견지한다.

5. 노인복지의 접근방향과 최근의 이슈들

고령화 내지 고령사회의 다양한 노인문제들을 해결하고, 노인들의 인간다운 삶을 확보하고 삶의 질 향상을 도모하기 위해 각 사회들은 나름의 경제적 · 사회적 여건과 문화적 전통 등에 따른 노인복지적 전통을 보이고 있다.

노인복지(Social Work with the Aged)는 어려움이나 문제를 가진 한정된 노인들을 대상으로 서비스적 · 실천적 · 정책적으로 접근함으로써 그들의 삶의 질을 향상시키고자 하는 과정적 노력이라 볼 수도 있고, 노인 전체를 대상으로 그들의 삶의 질을 조금이라도 향상시키고자 하는 노력이라 볼 수도 있다. 이러한 노인복지를 실현해가는 방법으로는 문제를 가진 노인 개인들에게 사회복지전문가가 직접적인 상호작용과 관계에 기반하고, 전문적인 지식과 기술을 가지고 그들의 삶을 원조하는 노인복지 실천적 접근과 일단의 노인그룹이나 노인 전체를 대상으로 법적 · 제도적인 접근을 시도하는 노인복지 정책적 접근이 있을 수 있다. 물론 실천적 접근도 정책이 기반이 되어서 이루어지는 경우도 있고, 그렇지 않은 경우도 있을 수 있다.

최근의 노인복지의 방향은 첫째, 저소득층 노인이나 독거노인 등의 한정된 범위의 노인들에 대한 복지와 함께 노인 전체의 삶의 질을 개선하려는 움직임이 확산되고 있다는 점이다. 중산층 이상의 노인들(건강하고, 교육수준이 높고, 경제력이 있는 노인들)뿐 아니라 특히 그동안 노인복지나 노년사회학 등에서 크게 부각되지 못한 농촌노인이나 여성노인, 장애노인 등의 삶에 대한 관심이 확대되고 있다.

둘째, 노인들을 부양부담 또는 골칫거리, 사회적 부담으로 인식하는 경향에서 탈피하여 생산적인 주체로 바라보고, 노인들의 생산성을 향상시키고자 한다는 점이다. 더 나아가 노인들을 사회문제적 시각에서 바라보지 않고 노인들의 사회적 기여를 비롯한 노인들의 긍정적인 면을 발전시키고자 하는 경향들을 보이고 있다. 최근 생산적 고령화(노인일자리 등) 논의 등이 대표적이다.

셋째, 노인들에 대한 임파워먼트적 접근을 시도한다는 점이다. 노인들에게 자기효능감과 자존감, 자기정체감이나 문제해결능력을 가질 수 있도록 하고, 다른 사람들과의 관계에서도 주장적 역량을 가질 수 있도록 하고, 보다 넓은 지역사회적 관점에서 행동을 주체적으로 할 수 있도록 원조한다는 점이다. 노년기 교육이나 사회활동(노인 자원봉사활동 등)을 특별히 강조하고 있는 점에서도 알 수 있는 부분이다. 노인복지서비스 내용에 있어서 시설보호 중심에서 지역 · 가정 중심의 복지체제로 전환하는 움직임도 같은 맥락이다.

넷째, 노인들의 인권이나 삶의 질을 생각하는 움직임들이 조성되고 있다. 하나의 예로 영화 '죽어도 좋아'와 같이 그동안 감히 논의하기조차 어려웠던 그래서 거의 금기시되어 왔던 노인들의 성(sex)을 자각하기 시작한 면, 노인상담, 죽음(well-dying) 등이 부각되기에 이르렀다는 점이다. 노인학대, 노인자살, 노인범죄 등의 논의들이 확대되고 있는 것도 이러한 움직임을 반영하는 것이다.

6. 우리나라 노인복지의 내용

우리나라 노인복지는 크게 거시적으로 접근하는 노인복지정책과 미시적으로 접근하는 노인복지실천으로 나누어 볼 수 있다.

노인복지실천은 문제나 욕구를 가진 대상노인(들)의 욕구나 문제를 어떻게 관리하고 해결할 것인가에 초점을 두고 주로 개별적 · 집단적 개입을 시도하고, 욕구나 문제를 관리하는 전문사회복지사들의 노력과정이라고 볼 수 있다. 노인복지실천에서 일반적으로 다루는 부분은 노인에 대한 개별적 · 집단적 개입을 어떻게 할 것인가, 사례관리를 어떻게 할 것인가, 상담을 어떻게 가져갈 것인가, 노인들의 케어(요양 케어)를 어떻게 할 것인가 등이다. 이러한 노인복지실천은 사회복지시설이나 기관에서 전문사회복지사들에 의해 주로 이루어지고 있다. 물론 노인복지실천을 위한 전문사회복지사들의 행위들이 노인복지 정책적 기반 위에서 이루어지는 경우가 대부분이지만, 전문사회복지사들이 어떠한 가치를 가지고, 어느 정도의 열정을 가지고, 어느 정도의 지식을 가지고 임하느냐에 따라 확연히 달라질 수 있는 가변적인 성질을 가지고 있는 부분이다.

노인복지정책은 전체 노인들을 대상으로 하든, 또는 부분적으로 문제를 가진 노인들을 대상으로 하든 대상노인들의 삶의 질을 전체적으로 끌어올리려는 국가적 · 사회적인 노력이라고 볼 수 있다. 노인복지정책은 보건복지부 → 광역시, 도 → 기초자치단체(시 · 군 · 구) → 사회복지시설 및 기관의 기본적인 전달체계를 가진다.

우리나라 노인복지정책은 1981년 제정된 노인복지법을 근간으로 하고, 노년기의 4고(苦)라 일컬어지는 빈곤, 질병, 고독과 소외, 역할상실 등의 문제를 중심으로 급여와 서비스를 공급하고 있다. 빈곤문제는 소득보장, 주거보장정책, 질병과 건강문제는 의료보장정책, 고독과 소외, 역할상실의 문제는 사회적 서비스(노인복지서비스)와 고용보장정책 등을 통하여 해결하려 하고 있다.

1) 노인소득 및 고용보장정책

노인에 대한 소득보장은 노인빈곤에 대한 사회적 대책으로서 노인이 빈곤상태로 빠지지 않도록, 빈곤상태에서 벗어날 수 있도록 또는 절대적으로 빈곤한 상태에서 최소한의 생활을 보장받을 수 있도록 국가나 사회가 최소한의 정기적 소득을 확보해 주는 것이다. 고용보장정책은 노인빈곤에 대한 사회적 대책이면서, 노인의 역할상실에 대한 사회적 대책으로도 볼 수 있다. 근로능력 및 의욕을 지닌 노인들을 대상으로 제반 사회경제적 환경을 조성하여 고용을 촉진하고, 노후 소득을 가질 수 있도록 함으로써 가족의 부양부담을 경감시키고, 활기찬 노후생활을 영위할 수 있도록 하고, 빈곤상태로 빠져들지 않도록 하는 목적을 가진 대책이다.

일반적으로 노인의 소득보장 방식에는 직접적 현금급여인지 아닌지에 따라 직접적 소득보장제도와 간접적 소득보장제도로 나눈다. **직접적 소득보장제도**에는 노인들이 빈곤으로 떨어지지 않도록 미리 예방하는 사회보험과 이미 발생한 빈곤문제를 해결하기 위한 공공부조, 그리고 흔히 보편적 프로그램이라고 불리는 사회수당(social allowance or demogrant)[11] 등이 있다.

현재 우리나라에서 실시되고 있는 직접적 소득보장제도에는 사회보험 방식으로 운영되고 있는 연금제도(국민연금과 특수직연금–공무원연금, 사학연금, 군인연금)와 경제적으로 빈곤한 노인에게 제공되는 공공부조(국민기초생활보장제도), 그리고 기초연금이 있다. **간접적으로 소득을 보장해 주는 제도**로서는 경로우대제도 등의 비용할인, 생업지원제도, 각종 세제감면제도 등이 실시되고 있다.

기초연금제도는 노후소득보장의 사각지대 해소 및 노인빈곤 문제를 해결하기 위한 목표로 2008년 1월부터 실시(당시는 기초노령연금)되었다. 공적연금(국민연금) 이외에 공공부조(국민기초생활보장) 등 공적소득보장제도의 사각지대(정경희, 2007: 2005년 12월말 기준 65세 이상 노인 중 70.7%는 공적소득보장제도로부터 배제)를 해소하여 노인세대의 생활안정 지원을 도모하고, 미래세대의 부담을 덜어드리기 위해 도입된 제도이다.

기초연금제는 1991년부터 실시된 노령수당제도를 흡수 · 통합한 경로연금(1998년 도입), 경로연금을 확대 · 개편한 기초노령연금(2008)을 확대 · 개편하는 제도이고, 공적연금의 보완적인 무갹출연금제도이다. 또한 기초연금법 제1조에서는 "노인이 후손의 양육과 국가 및 사회의 발전에 이바지하여 온 점을 고려하여 생활이 어려운 노인에게 기초연금을 지급함으로써 노인의 생활안정을 지원하고 복지를 증진함을 목적으로 한다"고 밝힘으로써 현재 사회발전에 기여한 데 대한 보상으로서의 의미도 가지고 있다.

기초연금은 만 65세 이상(2008년 1월부터는 70세 이상–1937.12.31 이전 출생자 –, 2008년 7월부터는 만 65세 이상) 이고, 대한민국 국적을 가지고 계시며 국내에 거주하는 어르신 중 가구의 소득인정액[12] 이하인 (전체 노인 중 소득과 재산이 적은 70%) 어르신에게 지급한다. 연금액은 2018년 9월부터 2019년 3월까지 매월 최고 250,000원을 지급받는다. 다만 소득수준이 상대적으로 높으시거나 부부 두 분 모두 기초연금을 받으실 경우에 노인단독연금액에서 20% 감하여 지급)을 받게 된다. 또한 저소득 기초연금 수급자(소득하위 20%)의 기준연금액을 30만 원으로 인상하고, 기초연금 수급자간 소득역전방지 규정을 신설하는 기초연금법 개정안이

11) 보편주의원칙에 따라 조세로 특정한 집단에 한정하여 일정한 현금이나 서비스를 제공하는 제도이고, 데모그란트와 유사하다. 데모그란트는 인구학적 조건에 따른 보조 및 지원금을 의미하고, 사회발전에 기여한 공로에 대한 보상과 노령기 신체적 노화, 사회적 은퇴, 이로 인한 경제적 어려움의 보편성에 기반한다. 현재 우리나라에서는 65세 이상 노인에게 지급되는 기초연금이 사회수당에 포함된다.

12) 월 소득평가액과 재산의 월 소득환산액을 합산한 금액(단독가구 1,310,000원, 부부가구 2,096,000원)

지난해 국회에서 통과('18.12.27)함에 따라 2019년 4월부터 실시하게 될 것이다(보건복지부 홈페이지 참조).

경로우대제도는 65세 이상 전체 노인을 대상으로 수송시설 및 고궁·능원·박물관·공원 등의 공공시설을 이용하는 데 이용요금 면제와 할인혜택을 줌으로써 간접적인 소득을 보장해 주는 프로그램이다.

생업지원은 국가 또는 지방자치단체 기타 공공단체가 설치·운영하는 공공시설 안에 식료품·사무용품·신문 등 일상생활용품의 판매를 위한 매점이나 자동판매기의 설치를 허가 또는 위탁할 때 65세 이상 노인이 신청하는 경우 우선적으로 반영하는 것을 내용으로 한다.

각종 세제해택은 노인봉양의식을 제고하기 위한 제도의 일환으로 노인과 함께 동거하는 가족에 대해 소득세, 양도소득세, 상속세 등의 세금을 공제해 주는 경우와 부모부양자에 대한 주택지원(주택분양우선, 임대주택 우선공급)을 제공하는 경우를 말한다.

우리나라의 노인고용보장정책은 노인의 소득과 여가증진을 위하여 노인취업 관련 업무를 정부가 직접 또는 비영리 민간기관에 위탁하여 수행하도록 하고, 그에 소요되는 비용을 지원하는 형태로 이루어지는 경우가 대부분이고, 고령자를 고용하는 기업에 대한 장려금을 지급하는 등 간접적인 지원에 바탕을 두고 있다. 노인복지법과 저출산고령사회기본법, 고용상 연령차별금지 및 고령자고용촉진에 관한 법률 등에 근거를 두고 있다.

2004년 국민연금관리공단 내에 '노인인력운영센터'를 설치·운영하면서 지자체와 각 민간사회복지단체나 기관 등과 협력하여 노인일자리사업을 추진하고 있고, 2006년에는 '노인인력운영센터'를 '한국노인인력개발원'으로 변경하였다. 노인일자리사업(현재는 노인일자리 및 사회활동지원사업임)은 고령사회를 대비하여 노인의 능력과 적성에 맞는 일자리를 창출·제공하는 것을 목적으로 하고, 65세 이상(프로그램에 따라 60~64세 가능) 취업희망노인들을 대상으로 공익활동(예 : 노노케어, 취약계층지원, 공공시설봉사, 경륜전수활동), 재능나눔활동, 시장형(시장형사업단, 인력파견형사업단, 시니어인턴십, 고령자친화기업) 등의 유형으로 이루어지고 있다.

전국 대한노인회가 주관하는 노인취업지원센터,[13] 고용노동부에서 지원하는 고령자

인재은행(고령자고용촉진법에 의거 설치, 1993년부터 설치 · 운영, 2018년 현재 전국 44개소), 지역사회 시니어클럽(Comunity Senior Club, 2001년 5개소 시범지정, 2018년 현재 전국 140개소, CSC로 약칭) 등이 노인일자리사업의 중추적인 역할뿐 아니라 정부의 노인고용보장정책의 큰 부분을 차지한다.

2) 노인의료보장정책

노인의료보장정책은 노인들의 질병에 대한 사회적 대책이다. 보건의료기술의 발달로 기대수명이 연장되었지만, 질병을 가지고 살아가는 기간이 길어진 것 또한 고령화 사회의 어두운 단면이다. 노인들은 신체적 · 정신적 기능의 약화로 다른 연령층에 비해 유병률이 2~3배 정도 높고, 만성질환으로 인한 장기입원으로 많은 의료비를 지출해야 한다. 이는 가족의 부담이고, 가족의 부담을 넘어서 사회적 부담일 수 있다. 특히 절대적으로 다른 사람의 도움을 필요로 하고, 장기간의 치료와 요양이 이루어져야 하는 중풍과 치매노인의 증가는 가족의 부양부담을 더욱 가중시킨다. 노인들의 건강한 삶을 유지할 수 있도록 할 수 있는 국가적 · 사회적 의료보장대책이 절대적으로 요구된다.

우리나라의 노인의료보장정책의 가장 중심에는 국민건강보험제도, 의료급여제도(국민기초생활보장수급자 및 저소득층 대상 의료서비스 급여, 1종과 2종으로 구분), 노인장기요양보험제도 등이 있다.

또한 보건복지부에서는 공립치매병원을 설치하여 지원하고 있고, 우리나라에서는 치매 관리법을 제정하여 치매 종합관리대책을 수립 · 추진하고 있다. 치매는 환자와 가족의 고통이 가장 큰 질환으로 1위로 꼽히고 있어 치매국가책임제 시행으로 2018 현재 전국 256개 보건소에 치매안심센터가 설치되어 운영되고 있다. 전국 보건소에 치매안심센터를 설치하여 치매국가책임제의 손과 발 역할을 하며, 치매상담전문요원을 배치하여 치매 진단을 받지 않은 채 가정에 숨어있는 환자를 발굴하고, 치매 환자들을

13) 보건복지부 노인일자리 전담 수행기관. 1981년 노인인력은행으로 시작, 1997년부터 노인취업알선센터로 명칭 변경, 2004년 노인취업지원센터로 명칭 변경, 2009. 12. 전국 254개소 → 2017년 194개소로 축소됨.

진단 · 검사해 병의 깊이에 따라 알맞은 서비스로 연계하는 원스톱 포털 역할을 수행하고 있다. [그림 8-2]는 치매안심센터의 업무흐름도이다(보건복지부(2018), 2018 노인보건복지사업안내 참조).

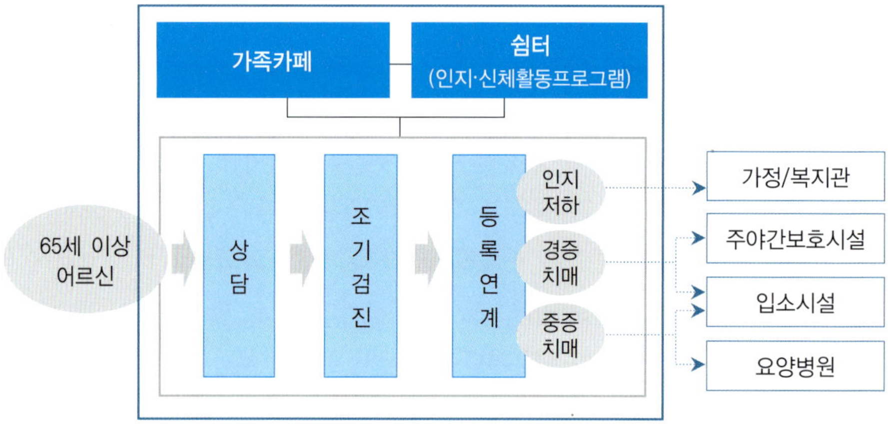

[그림 8-2] 치매안심센터 업무흐름도

3) 노인주거보장정책

노인 주거보장은 노인으로 하여금 자신의 독립성을 최대한 유지하면서 안락한 일상생활을 할 수 있는 주거공간을 확보하고, 공간을 편리하게 사용할 수 있도록 주거환경을 다각도(기능이나 설비 등)에서 개선 · 유지하는 것을 말한다. 우리나라 노인복지정책은 저소득층 노인, 독거노인, 건강하지 못한 노인 등의 한정적 부류의 노인과 이들의 최소한의 생활유지라는 면에 초점을 두고 형성 · 발전해 왔기 때문에(한정적 노인복지 개념) 안락한 주거생활에 대한 고려는 그다지 많지 않았다. 단지 주거가 불편한 저소득 노인들은 노인복지시설에 입소할 수 있도록 함으로써 주거를 확보한다는 차원이었지 지역사회에 거주하는 재가노인들의 적절한 주거환경 개념은 크게 인식되지 못했다.

따라서 우리나라 대부분의 노인주거보장사업은 노인복지법 제8조 노인전용주거시설

조항(노인의 주거에 적합한 기능 및 설비를 갖춘 주거용시설 공급조장 및 주거용시설공급자에 대한 지원조항)과 제4장 노인복지시설의 설치운영과 관련된 조항에 근거한 노인복지시설 설립과 운영, 지원에 의해 이루어지고 있다.

그렇지만 최근 고령화사회에 접어들면서 아직은 미약하지만 노인복지의 개념이 전체 노인에 대한 인간다운 삶의 보장으로 전환하면서, 그리고 도시화와 핵가족화가 진전되고 부모와 함께 거주하는 경향이 점차 약화됨에 따라 노인단독가구가 증가하면서 노인전용 주택 등 노인주거시설에 대한 관심이 확대일로에 있다.

노인들은 대부분 만성질환에 노출되어 있고, 이로 인해 외출이나 식사, 용변 등의 일상생활에서 많은 어려움을 가지게 되는 신체적인 제약조건을 가지고, 사회생활이 축소됨에 따라 거주공간 중심의 생활이 이루어진다. 따라서 독립된 주거환경과 노인들의 신체적 한계에 도움이 될 수 있는 편의시설 등은 절대적으로 요구되는 것이 사실이다.

우리나라 노인주거보장은 시설보호목적의 주거보장과 저소득층 중심 재가보호목적의 주거보장과 일반노인 중심 재가보호목적의 주거보장으로 개념화해 볼 수 있다. 시설보호목적의 주거보장은 양로시설과 노인공동생활가정(노인주거복지시설)을 들 수 있다. 양로시설은 노인을 입소시켜 급식과 그 밖에 일상생활에 필요한 편의를 제공함을 목적으로 하는 시설이고, 노인공동생활가정은 노인들에게 가정과 같은 주거여건과 급식, 그 밖에 일상생활에 필요한 편의를 제공함을 목적으로 하는 시설을 말한다.

저소득층 중심 재가보호목적의 주거보장은 저소득층 노인을 위한 영구임대아파트가 지원되고 있고, 1995년부터 집단가정 형태인 노인의 집이 운영되고 있는데, 이는 1개 주택에 3~7명의 노인이 함께 생활하면서 공동난방, 공동취사에 따른 경비절감과 월세 부담을 해소하고 노인들의 소외와 고독감을 완화하기 위한 주거보장정책이다(권중돈, 2004: 417). 또한 국민기초생활보장 수급자에게 지급되는 주거급여가 있기는 하지만 급여수준이 너무 낮아 비현실적이라는 지적이 있다.

일반노인 중심 재가보호목적의 주거보장은 60세 이상의 노인을 대상으로 입소자격이 주어지는 노인복지주택을 들 수 있고, 2005년 고령화 및 미래사회위원회가 제시한 고령친화산업 활성화 전략도 여기에 해당한다고 볼 수 있다. 고령친화산업의 전략품목 가운데 주택산업 부문의 고령자용 주택개조와 실비고령자용 임대주택 및 농업부문의 은퇴농장은 노인주거보장정책과 밀접한 관계가 있다(모선희 외, 2006: 150).

4) 노인복지서비스

노인에 대한 사회적 서비스를 노인복지서비스라고 부른다. 노인을 위한 사회적 서비스란 노인의 심리 · 사회적 적응과 발달에 대한 욕구 충족, 그리고 일상생활의 당면 문제 해결 등을 위한 보다 개별적 · 대인적 · 비물질적인 서비스를 말한다. 노인을 위한 사회적 서비스 프로그램으로는 상담, 정보 제공과 서비스 의뢰, 주간보호서비스, 가정방문서비스, 건강보호서비스, 사회적 지지서비스 등 다양한 내용이 포함될 수 있다(Johnson & Schwartz, 권중돈, 2004: 427 재인용).

노인복지서비스[14]는 생활상의 문제나 욕구를 가진 노인들에게 정보 제공, 상담 · 조언, 자원연결, 교육, 신변의 보살핌, 봉사 등의 사회참여활동 지원, 여가서비스, 시설복지 및 재가복지서비스 제공 등을 포함한다.

우리나라의 노인복지서비스는 시설복지서비스, 재가복지서비스, 여가 및 교육서비스, 사회참여 지원서비스, 안전에 대한 서비스 등이 중심이 된다.

현재 노인복지법상 노인복지시설[15]에는 일상생활에 지장이 없는 노인들을 입소시켜 급식과 기타 일상생활에 필요한 서비스(편의)를 제공하는 **노인주거복지시설**(양로시설, 노인공동생활가정, 노인복지주택), 치매 · 중풍 등 노인성질환 등으로 심신에 상당한 장애가 발생하여 도움을 필요로 하는 노인이 이용하는 **노인의료복지시설**(노인요양시설, 노인요양공동생활

14) 일부 책(모선희 외, 2006)에서는 노인에 대한 사회적 서비스란 노인 및 그 가족의 사회적 역기능을 감소시키거나 문제를 예방하기 위하여 사회복지 관련시설에서 제공되는 신체적 · 심리적 · 사회적 측면에서의 서비스라고 규정하고 있다.

15) 2007년 8월 3일 노인복지법 개정. 노인장기요양보험을 대비한 노인복지시설 개편. 노인주거복지시설 및 노인의료복지시설과 같은 노인복지시설에 있어 무료 · 실비 · 유료 시설의 구분을 없애고, 양로시설 · 노인복지주택(주거시설)/노인요양시설 및 노인전문병원(의료시설) 등으로 구분하는 한편 노인에게 가정과 같은 주거여건과 편의를 제공하는 노인공동생활가정 및 노인요양공동생활가정을 노인복지시설의 종류에 추가. 또한 재가노인복지시설도 가정봉사원파견시설, 주간보호시설, 단기보호시설로 구분했던 것을 방문요양서비스, 주 · 야간보호서비스, 단기보호서비스, 방문목욕서비스, 그 밖에 재가노인에게 제공하는 서비스 중 어느 하나 이상의 서비스를 제공함을 목적으로 하는 시설로 개정(법제처 종합법령정보센터, 노인복지법 개정사유).

가정, 노인전문병원), 방문요양서비스, 주 · 야간보호서비스, 단기보호서비스, 방문목욕서비스, 그 밖에 재가노인에게 필요한 서비스를 제공하는 **재가노인복지시설**, 활기찬 노후생활을 유지하도록 노인에게 여가, 교육, 취미활동과 관련된 서비스를 제공하는 **노인여가복지시설**(노인복지(회)관 · 경로당 · 노인교실 · 노인휴양소 포함)이 포함된다.

〈표 8-3〉은 2017년 12월말 각 노인복지시설별 현황이다. 표에서 보면 2017년 12월말 전국의 노인들이 직 · 간접적인 노인복지서비스를 받을 수 있는 노인주거복지시설 404개, 노인의료복지시설 5,242개, 재가노인복지시설 3,216개, 노인여가복지시설 중 경로당 등을 제외한 노인복지(회)관 364개, 총 10,767개 정도의 시설이 설립 · 운영되고 있다. 입소인원도 약 22만 명 정도이다. 2018년 말 현재 노인인구 738만 명 정도를 감안한다면 약 3% 정도만이 서비스 혜택을 보고 있는 셈이다.

최근 정상화, 지역사회보호 등의 개념을 강조하면서 재가복지시설이 급격히 증가하는 모습을 보이고 있다. 현재 재가복지시설은 방문요양시설, 주간보호시설, 단기보호시설 등으로 구분하고 있는데, 2007년 8월 노인복지법 개정에 따라 **재가노인지원센터, 농어촌 재가노인복지시설 등을 운영**함으로써 3가지 재가복지사업을 동일한 시설에서 수행할 수 있도록 하고 있고, 노인의료복지시설의 하나인 소규모요양시설에서도 재가노인복지사업의 일부를 수행할 수 있도록 하고 있다.

또한 노인복지관이나 (종합)사회복지관 등 보건복지 인프라가 부족한 농어촌 지역에서 재가노인복지시설과의 거리 때문에 이용할 수 없는 노인들이나 거동이 불편한 노인들에 대한 재가복지서비스를 제공하기 위해 **찾아가는 이동복지관 사업 및 이동목욕차량 사업** 등이 진행되고 있다. 그리고 2007년 8월 노인복지법 개정에 따라 신설된 '홀로 사는 노인에 대한 지원'(노인복지법 제27조의 2, 국가 또는 지방자치단체는 홀로 사는 노인에 대하여 가정생활서비스 등의 서비스와 안전 확인 등의 보호조치를 취하여야 한다)을 위해 **노인돌봄서비스**를 진행하고 있다. **노인돌봄서비스**는 혼자 힘으로 일상생활을 영위하기 어려운 노인과 독거노인[16]에게 욕구에 따라 안전 확인, 생활교육, 서비스 연계, 가사지원, 활동지원 등 맞

16) 2017년 65세 이상 독거노인 수는 1,816천명으로 전체 노인 수 7,076천명 대비 25.7%로, 2007년 18.4%, 2008년 18.6%, 2009년 18.8%로 지속적으로 증가하는 추세이다(2018보건복지통계연보; 2018고령자통계 참조 재구성).

〈표 8-3〉 노인복지시설 현황 (단위 : 개소, 명)

종류	시설	2017		2016		2015	
		시설수	입소정원	시설수	입소정원	시설수	입소정원
합계		76,371	219,476	75,708	212,601	75,029	201,648
노인주거 복지시설	소계	404	19,652	425	19,993	427	19,909
	양로시설	252	12,562	265	13,283	265	13,446
	노인공동생활가정	119	1,092	128	1,062	131	1,087
	노인복지주택	33	5,998	32	5,648	31	5,376
노인의료 복지시설	소계	5,242	170,926	5,163	167,899	5,063	160,115
	노인요양시설	3,261	153,785	3,136	150,025	2,933	141,479
	노인요양공동생활가정	1,981	17,141	2,027	17,874	2,130	18,636
노인여가 복지시설	소계	67,324	0	66,787	0	66,292	0
	노인복지관	364	0	350	0	347	0
	경로당	65,604	0	65,044	0	64,568	0
	노인교실	1,356	0	1,393	0	1,377	0
재가노인 복지시설	소계	3,216	28,898	3,168	24,709	3,089	21,624
	방문요양서비스	1,001	0	1,009	0	1,021	0
	주·야간보호서비스	1,174	27,934	1,086	23,767	1,007	20,467
	단기보호서비스	80	964	95	942	112	1,157
	방문목욕서비스	609	0	588	0	617	0
	방문간호서비스	10	0	0	0	0	0
	재가노인지원서비스	342	0	390	0	332	0
노인보호 전문기관	노인보호전문기관	32	0	29	0	29	0
노인 일자리 지원기관	노인일자리지원기관	153	0	136	0	129	0

자료: 보건복지부, 2018년 노인복지시설현황.

주: 유료노인복지주택의 입소정원 : '08 및 '07년에는 시 · 군 · 구 조사자료에 의거 입소정원을 표기하였으나, 현실적으로 주택은 1세대에 1명 또는 여러 명이 거주 가능하므로 입소정원이 없음. 따라서 '09년부터는 노인복지주택의 입소정원을 세대수로 표기함('08년 노인복지주택 세대수는 2,596세대, '07년 2,012세대임).

춤형 복지서비스를 제공하고자 하는 목적을 가진 서비스이다. 이 서비스는 노인돌봄 기본서비스와 노인돌봄 종합서비스[17]로 구성된다. 기본서비스(무료)는 만 65세 이상 요양서비스 불필요 독거노인을 대상으로 하고, 가정방문, 유선 등을 통한 주기적 안전 확인, 생활교육, 서비스연계 등 예방서비스로 구성된다. 노인돌봄종합서비스(방문·주간은 27시간(9일) : 무료~48,000원, 36시간(12일) : 8,280~64,000원, 바우처방식)는 만 65세 이상 장기요양보험등급 외 A, B(요양서비스 필요)의 노인(전국가구 중위소득의 160% 이하)을 대상으로 하고, 월 일정시간 가사 및 간병 등의 재가서비스로 구성된다. 노인돌봄서비스는 일정시간 교육을 받은 노인돌보미가 제공하고 있다(보건복지부, 2018 노인보건복지사업안내 참조).

7. 우리나라 노인복지의 문제점과 개선과제

고령화사회에서 고령사회로 접어드는 시점에서 우리나라 노인복지정책 및 서비스는 다각도에서 많은 문제점을 노정하고 있고, 그에 따른 개선과제도 많다.

1) 독립적인 삶의 주체로서의 노인으로의 인식개선의 과제

가장 큰 문제점은 노인에 대한 인식의 문제이다. 아직도 사회는 노인을 필요없는, 쓸모없는, 사회에서 도움이 되지 않는 귀찮은 존재로 인식하고 있고, 노인들 스스로도 자기낙인화하는 모습을 보이고 있다. 노인들은 성격적 특성으로 볼 때 이전보다는 도전적이지 못하고, 조심성이 많고, 경직된 모습을 보이지만, 이 또한 사회가 그렇게 취급함으로써 노인의 성격 특성으로 인식되어지는 면들이 많다. 절대로 도전적인 과제가 노인들에게 주어지지 않는 현실이 더 문제일 수 있다. 노인들의 경륜과 지식, 숙련된 기술 등을 활용할 수 있는 프로젝트 내지는 일자리를 통해 노인에 대한 사회적 부담을

17) 방문·주간, 단기가사, 치매가족휴가지원서비스를 포함.

스스로 덜어갈 수 있도록 해야 할 것이고, 이러한 방향에서 노인복지정책이 만들어져야 할 것이다.

2) 노인들의 정서적인 안정과 교육체계 마련의 과제

현재 노인복지정책 및 서비스의 방향은 노인들의 가장 큰 문제인 빈곤과 질병에만 초점이 맞춰져 있다. 역할상실과 소외에 대한 정책 차원의 접근이 모색되어야 할 것이다. 특히 여가와 교육적인 부분에서의 정책적 지원이 요구되어진다. 노인교육은 평생교육적 차원, 즉 자신의 잠재력을 활용해서 변화하는 사회에서 적응해서 살아갈 수 있는 능력을 가질 수 있도록 해야 한다는 면과 사회복지적 차원에서 역할상실에 따른 정서적 박탈감이나 소외감을 극복할 수 있는 대책이라는 면에서 적극적으로 정책적 지원이 모색되어야 한다. 나아가 노인으로서의 삶을 준비할 수 있는 사회화체계와 지원체계(예 : 준고령자[18]들이 창업할 수 있도록 지원)를 마련할 필요가 있고, 노인으로서의 삶을 준비하는 사람들이 적극적으로 참여 · 활용할 수 있도록 해야 한다는 것이다.

3) 노인일자리사업에 대한 실질적인 대책마련 과제

노인일자리에 대한 현재의 소극적인 접근, 예를 들면 고령자우선고용직종 개발 및 상시 근로자 300인 이상 사업장의 고령자 기준고용률 3% 노력의무(고용상 연령차별금지 및 고령자고용촉진에 관한 법률 12조, 시행령 3조[19]), 공공근로 성격의 일자리사업, 노인들의 기존의 능력을 활용한 일자리에 대한 접근 등도 필요하지만, 보다 적극적으로 노인들의 선택과 잠재력을 끌어낼 수 있는 훈련체계를 마련함으로써 노인 스스로 젊은 사람들과 경쟁체제에 설 수 있도록 하는 실질적이고, 생산적인 지원체계 수립 등이 요구된다. 물론 노인일자리 사업의 현재 체계도 강화되어야 함은 말할 필요도 없다. 고령자우선

18) 고용상 연령차별금지 및 고령자 고용촉진에 관한 법률에서는 고령자를 55세 이상인 자로, 준고령자를 50세 이상 55세 미만인 자로 규정하고 있다.

19) 법에서는 제조업은 상시 제조업 상시근로자수의 2%, 운수업, 부동산 및 임대업은 6%, 그 외는 3%로 구분 규정

고용직종을 지속적으로 현실성 있게 개발하고, 이러한 직종에 고령자들이 고용될 수 있도록 3% 권장사항을 의무 또는 강제사항으로 개정하고, 기준고용률 3%도 상향조정할 필요가 있다.

4) 농촌노인들의 삶과 서비스에 대한 별도의 기반 마련의 과제

농촌의 경우는 도시보다 상대적으로 제반 기반시설이 열악하다. 의료시설이나 사회복지시설, 교육시설, 여가시설, 취업가능 공장이나 회사 등의 일자리에 있어서 상대적으로 열악하다. 특히 의료시설의 도시지역 편중으로 인해 농촌지역의 응급의료시스템이 시급하게 구축될 필요가 있다.

5) 노인복지시설의 확충 과제

2008년 노인장기요양보험제도가 시행되면서 노인요양시설 및 재가노인복지시설이 대폭 늘어났지만, 노인들의 여가복지시설이나 주거복지시설은 아직도 턱없이 부족한 실정이다. 노인요양시설을 포함한 노인복지시설에서 직접적인 서비스를 받고 있는 노인인구가 2018년 현재도 3%밖에 되지 않는 상황이다. 특히 농촌지역은 노인들의 비율이 상대적으로 높고, 지역의 분산성으로 인해 노인복지시설 확충의 필요성은 더욱 크다. 농촌지역은 도시지역과 달리 다양한 사회교육 · 여가시설 등이 부족하기 때문에 여가복지시설의 확충이 요구된다. 나아가 노인전문병원이 확충될 필요가 있고, 노인전문의료인력의 확충이 모색되어야 한다.

6) 경로당(노인회관)에 대한 서비스 확충과제

노인여가복지시설의 하나인 경로당은 전국에 비교적 널리 퍼져 있는 시설이다. 그렇지만 현재 경로당의 모습은 지역노인들의 소일공간으로서의 역할만 수행할 뿐 전혀 노인복지 차원의 서비스가 이루어지지 않고 있다. 많이 알려진 사실이지만, 경로당에서는 남자노인과 여자노인이 구분되어서 잡담이나 화투치기나 TV시청 등의 활동만이 이루어지고 있는 현실이다. 사회복지계에서는 그동안 지속적으로 경로당에 대한 공적인 서비스가 필요하고, 서비스를 제공할 수 있도록 하기 위해 사회복지사의 배치를 추진해 오고 있지만, 현실적 여건이 허락하지 않는 분위기이다. 사회복지기관을 중심으로 경로당에 대한 부분적인 서비스활동이 이루어지고 있는 현실이다.

7) 노인들에 대한 통합사례관리서비스 체제 구축과제

노인들은 다양한 욕구를 가지고 있고, 대부분 만성질환에 노출되어 있다. 현재의 노인복지서비스 체계는 원스톱서비스 혹은 통합서비스와는 다소 거리가 있다. 건강욕구 따로, 여가욕구 따로 각기 다른 기관에서 서비스를 받음으로써 기관 간 서비스의 중복은 물론이고, 통합서비스를 전혀 받고 있지 못하다. 단편적인 서비스만을 제공받음으로써 복지서비스 만족도는 떨어지고, 인간다운 생활과는 거리가 멀어진다. 노인장기요양보험제도가 도입된 후 등급 외 국민기초생활보장수급노인 및 재가노인들에 대한 관심이 떨어지고 있는 상황에서 노인들에게 통합서비스를 제공해 줄 수 있는 통합사례관리서비스 체계가 구축될 필요가 있다.

8) 실버산업에 대한 적극적인 대처 및 육성과제

우리나라는 고령화사회에 대한 준비를 전혀 하지 못했고, 최근에야 저출산 · 고령사회기본법(2005년 제정)을 비롯한 대통령 직속 저출산 · 고령사회위원회를 출범시키는 등 고령사회에 대비한 다양한 접근을 시도하고 있다.[20] 본격적인 실버(노인이라는 단어가 가지는

20) 저출산고령사회위원회에서는 저출산고령사회기본계획인 「새로마지플랜2010」을 확정 발표. 이 계획은 출산과 양육지원, 가족친화적 환경조성, 아동 · 청소년 성장지원, 안정적인 노후소득, 노후건강관리와 요양, 활동적인 노후생활, 여성 · 고령자인력활용, 인적자원개발 · 보호, 고령사회금융기반조성, 고령친화산업 육성 등을 내용으로 하고 있다.

부정적인 이미지를 대신해 사용, 최근에는 실버 대신 고령친화용어 사용)시대를 대비한 광범위한 계획체계 내에 한 부분으로서 실버산업육성을 포괄하고 있다. 실버산업은 일반적으로 기업체(민간)가 노인을 소비대상자로 보고 시장원리에 입각하여 상품이나 서비스를 공급하는 산업을 일컫는다. 실버타운 등의 주거 관련 분야, 케어서비스 분야, 복지용품 및 기기 관련 분야, 금융 관련 분야, 여가활동 관련 분야 등을 포함한다.

엄밀히 말해 실버산업의 공급주체는 기업체 중심의 민간부문이 되고, 이윤추구산업이기 때문에 국가의 노인복지정책 차원에서 다루어지기 어려운 부분이라 볼 수 있지만, 실버산업의 대상자는 노인이고, 노인은 사회적 · 경제적으로 취약한 계층이므로 사회복지적 성격도 동시에 내포하고 있다. 따라서 이후 전개될 영리추구적 실버산업 확대에 따른 노인의 피해를 방지할 수 있도록 입법적 · 행정적 보호와 함께 서비스의 질적 관리, 공급가격 등에 대해서도 국가적 대응[21]이 요구되고(박차상 외, 2007: 343), 삶의 질적 향상을 추구하는 일반 중산층 이상 노인들의 삶의 질 확보 차원에서는 일면 국가 정책적 차원에서 적극 지원 · 육성할 필요도 있다.

참고문헌

권중돈(2004). 『노인복지론』. 학지사.

남기민 외(2006). 『고령화 사회와 노인복지』. 양서원.

모선희 · 김형수 · 유성호 · 윤경아(2006). 『현대노인복지론』. 학지사.

문인숙 편역(1995). 『노인복지의 이해』. 홍익제.

박종삼 외(2002). 『사회복지학개론』. 학지사.

박차상 외(2005). 『노인복지론』. 학지사.

보건복지부 홈페이지 www.mohw.go.kr

보건복지부(2018). 2018 노인복지시설 현황.

21) 2006년 고령친화산업 진흥법 제정, 보건복지부는 2008년 보건산업진흥원 산하 '고령친화산업지원센터' 지정하여 국내 고령친화산업 지원.

보건복지부(2018). 2018 보건복지통계연보.

보건복지부(2018). 2018년도 노인보건복지사업 안내.

양옥남 · 김혜경 · 김미숙 · 정순둘(2006). 『노인복지론』. 공동체.

임춘식 외(2007). 『사회복지개론』. 공동체.

정경희 외(2017). 2017년도 노인실태조사. 한국보건사회연구원.

최선화(2003). "임파워먼트를 통한 노인상담". 『노인복지연구』 Vol.20(2003년 여름호). 한국노인복지학회.

최순남(1999). 『현대노인복지론』. 한신대학교 출판부.

통계청(2018). 2018 고령자 통계.

통계청(2018). 세계 및 한국의 인구현황.

통계청(2018). 장래인구특별추계.

Wes Shera & Lilian M. Wells 편저. 이경아 외 공역(2004). 『사회복지에서의 역량강화실천』. 양서원.

CHAPTER 9

장 애 인 복 지

Introduction to social Welfare

장애인(the disabled)은 쉽게 규정해서 '신체적 · 정신적인 손상으로 일상생활이나 사회생활에서 어려움을 가지는 사람'을 일컫는다. 그렇다면 **장애인복지는 신체적 · 정신적 손상으로 생활에 어려움을 가지는 장애인들의 기본적인 삶과 인간다운 삶을 보장하고, 삶의 질을 향상시키려는 사회적 차원의 노력**이라고 볼 수 있다. 장애인복지도 역시 장애를 가져 생활에 어려움을 겪는 장애인들에게 직접 서비스를 제공해서 생활의 불편이나 생활상의 문제를 해소하는 전문적인 서비스 또는 프로그램 차원의 미시적 측면이 있을 수 있고, 일정한 어려움을 겪고 있는 장애인집단(예 : 청각장애인 또는 시각장애인)이나 장애인 전체의 인간다운 삶과 권리보장을 위한 사회정책적 차원의 거시적 측면의 접근이 있을 수 있다.

산업화가 진전되고, 과학기술이 발전함에 따라 산업적 · 경제적 성장과 생활의 편리함은 가져다주었지만 그 부작용으로 산업재해나 교통사고, 환경오염, 정신적 스트레스, 각종 질병에의 노출 등이 증가하게 되고, 이로 인해 장애인 수도 지속적으로 증가하고 있다. 장애의 발생이 선천적인 요인보다는 예방가능한 각종 질환 및 사고 등 후천적인 요인에 의해 주로 발생(89%)된다는 면에서 보면 사회구성원 모두가 예비 장애인일 수도 있는 것이다.

장애인들은 신체적 어려움으로 인해 일상생활은 물론이고 각종 사회생활도 어렵고, 장애인에 대한 사회적 편견으로 인해 각종 차별을 경험할 수밖에 없다. 따라서 인간으로서의 기본적인 삶도 충족시켜 갈 수 없는 경우가 발생할 수 있는 여지가 크다. 국가 또는 사회의 장애인의 삶에 대한 적극적인 관심과 정책이 요구된다. 또한 경제사회적 환경의 변화와 장애인에 대한 인식의 변화로 장애인들의 사회참여와 기회평등에 대한 요구가 증대되고 있다. 장애인복지에 대한 적극적인 관심과 대책이 필요하다.

1. 장애의 개념 및 범주

장애인을 천시하고 귀찮은 존재로 여기며 사회발전에 저해요소가 된다고 생각했던 과거의 편견은 복지사회를 지향하면서 "장애인도 일반인과 같이 나름대로의 삶을 영위할 수 있어야 한다"라고 점차 바뀌어 가고 있다. 따라서 현재는 '장애인'을 '장애를 가진 사람(people with disability)'으로 보고 있으며, 장애인은 '불편한 것을 하나 또는 그 이상 지니고 있는 사람'으로 보고 있다(정무성 외, 2006: 3-4). 장애인과 관련해 장애인과 비장애인으로 구분하여 부르는 것도 이와 맥을 같이 한다.

장애를 정의하고 장애범주를 정하는 것은 그 사회가 어느 정도의 범위에 속하는 사람들에게 사회정책에 의해 어떤 내용의 서비스를 제공할 것인가에 대한 주관적 합의에 기반을 둘 수밖에 없다. 사회적 약자에 대한 적극적인 옹호와 보호를 강조하는 사회에서는 광범위한 영역을 장애로 인정할 것이고, 사회적 약자에 대한 보호에 소극적인 사회에서는 최소한의 사람들만을 장애로 규정하고 이들에 대한 최소한의 정책수단들을 강구하게 될 것이다. 결국 장애개념에 대한 정의는 그 사회가 장애를 어느 정도로 인식하고 받아들이는가에 달려 있다.

우리나라에서는 장애인복지법(제2조)에서 "장애인이란 신체적 · 정신적 장애로 오랫동안 일상생활이나 사회생활에서 상당한 제약을 받는 자를 말한다"고 규정하고 있고, 신체적 장애는 주요 외부 신체기능의 장애, 내부기관의 장애 등을 말하고, 정신적 장애란 발달장애 또는 정신질환으로 발생하는 장애를 말한다고 규정하고 있다. 장애인복지법 시행령에서 15가지 장애의 종류와 기준을 제시하고 있는데(법에서 포괄적 정의, 시행령에서 열거주의 채택), 15가지 장애는 지체장애, 뇌병변장애, 시각장애, 청각장애, 언어장애, 지적장애, 자폐성장애, 정신장애, 신장장애, 심장장애, 호흡기장애, 간장장애, 안면장애, 장루·요루장애(배변이나 배뇨기능 장애), 간질장애 등이다(장애유형 확대: 5개 유형→10개 유형(2000.1)→15개 유형(2003.7)). 신체적 또는 정신적 장애라는 의학적 원인이 존재하며, 이러한 원인에 의하여 일상생활이나 사회생활에 상당한 제약을 받고 있는 상태라는 두 가지 조건에 의하여 규정되어 있다.

〈표 9-1〉 장애인복지법에 따른 장애분류 및 장애범주

대분류	중분류	소분류
신체적 장애	외부신체기능 장애	지체장애, 뇌병변장애, 시각장애, 청각장애, 언어장애, 안면장애
	내부기관 장애	신장장애, 심장장애, 간장애, 호흡기장애, 장루·요루장애, 간질장애
정신적 장애	지적장애, 정신장애, 자폐성장애	

우리나라의 장애의 개념과 범주는 주로 의학적 모델(개별적 모델, 신체적·지적 결함의 정도, 요건주의)에 입각하고 있고, 신체구조 및 기능상의 장애로 판정하는 경향이다. 장애에 대한 가장 일반적인 개념은 세계보건기구(World Health Organization : WHO)에 의해 제시되고 있는데, WHO에서는 1980년에 국제질병분류(International Classification of Diseases : ICD)를 근간으로 장애분류모델(International Classification of Impairments, Disabilities, Handicaps : ICIDH)을 제시했다.

ICIDH는 장애를 개인적인 특성인 손상(Impairment, Disorder), 손상으로 인한 능력상의 장애(Disability), 그리고 장애의 사회적 결과인 사회적 불리(Handicap)로 분류하고 있다.

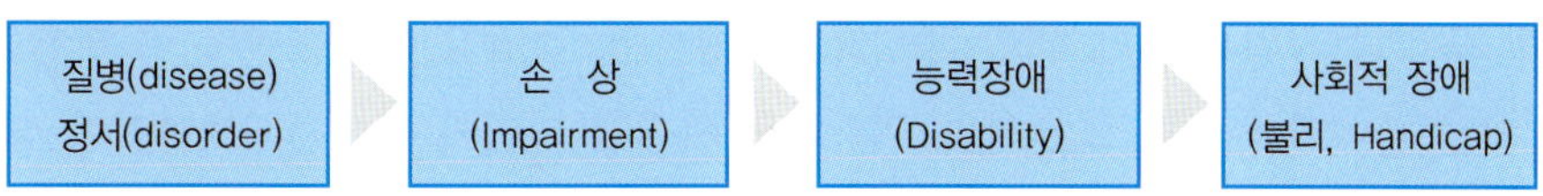

[그림 9-1] ICIDH(1980)

신체적 · 정서적 질환으로 인한 구조와 기능 중 하나 또는 그 이상이 상실되거나 비정상적인 상태를 손상(1차적 장애)으로, 손상으로 인해 정상적인 활동을 할 수 있는 능력이 결여되는 경우를 능력장애(2차적 장애)로, 손상이나 능력장애의 결과로 개인의 정상적인 사회적 역할 수행이 제한되거나 불이익이 있는 경우를 사회적 불리 또는 사회적 장애(3차적 장애)로 분류하고 있다. 예를 들어, 사고로 뇌를 다쳐 뇌기능의 손상을 가져와 말하는 능력이 떨어지고, 걷는 능력이 떨어져서(능력장애), 일을 할 수 없거나 정상적인 사회적 관계능력이 떨어지는 경우(사회적 장애)를 들 수 있다. 성인여성이 정신분열병력을 가져 환청이 있고, 사고과정에 혼란이 있어(손상), 정보수집능력이나 주의력이 결핍되고(능력장애), 그럼으로써 아이 돌보기나 일상생활이 곤란한(사회적 장애) 경우를 포함한다. 신체적 · 정신적 손상과 이로 인한 일상생활의 제약이라는 조건을 가진 우리나라의 장애인 규정은 ICIDH의 장애개념에 기반하고 있다고 볼 수 있다(아직도 신체적 · 정신적 기능손상에 기초).

최근 장애개념과 인식 그리고 그에 따른 장애인복지서비스 모델은 장애에 대한 개별적 모델 중심에서 사회적 모델 중심으로 변화하고 있다. 즉 장애의 원인, 장애로 인하여 나타나는 문제, 그 문제의 소재, 해결책 등을 장애인 개인적 속성에서 찾는 개별적 모델에서 장애인 개인과 사회환경과의 부적절한 상호작용을 문제의 원인으로 보고, 문제의 해결책으로 사회환경의 변화(물리적 · 문화적 사회환경 장벽, 사회심리적 환경 장벽)를 추구하는 사회적 모델 중심으로 변화하고 있다(정무성 외, 2006: 4).

세계보건기구(WHO)에서 ICIDH 이후 제시한 장애의 개념 ICIDH-2(1997), ICF(2001, International Classification of Functioning, Disability and Health)에서는 이제 개인적인 문제는 없으나 의도적 따돌림이나 사회적 편견 등에 의해 적절한 사회적 관계를 제한받는 경우에도 참여(participation)의 제한이라는 측면에서 장애가 될 수 있는 것으로 제시하고 있다. 서구 선진국에서는 신체나 정신의 기능적인 장애에 추가하여 특정한 일을 어느 정도 수행할 수 있는지의 여부에 의한 과업(노동)수행능력, 개인적 요인뿐 아니라 환경적 요인에 의해 불이익을 받는 조건까지 포함하는 사회적 의미의 장애 등 포괄적인 장애범주를 채택하고 있다. 미국과 호주 등에서는 암이나 AIDS 등의 난치병, 스웨덴의 경우는 의사소통이 어려운 외국이민자, 타인의존자 등도 장애인의 범주에 포함시키고 있다 (신현석, 2007: 22-29).

WHO가 채택하고 있는 일반적인 장애개념인 ICF(2001년 채택)에서는 신체적 · 정신적 기능의 손상(impairment)과 환경적 요인에 의해 활동(activities)과 사회참여(participation)에 장기간 제약을 받는 상태로 장애를 개념화하고 있다.[1] 장애를 규정함에 있어 질병이나 손상만을 전제로 하여 기능장애나 사회적 불리가 발생하는 것이 아니라 환경과의 상호적인 관계성 속에서 발생한다고 보고 있다. 이에 따르면 장애는 결코 개인적인 손상에서 출발하지 않는다는 것이다. 작은 기능손상이라 하더라도 환경적 요인이 성숙되지 못해 활동과 사회참여에 심각한 지장을 초래하는 경우도, 나아가 기능적 손상이 없다 하더라도 개인이 환경적 뒷받침이 되지 않아 기능의 손상을 가져오고, 활동 및 참여에 제약이 뒤따른다면 장애로 인정한다는 것이다.

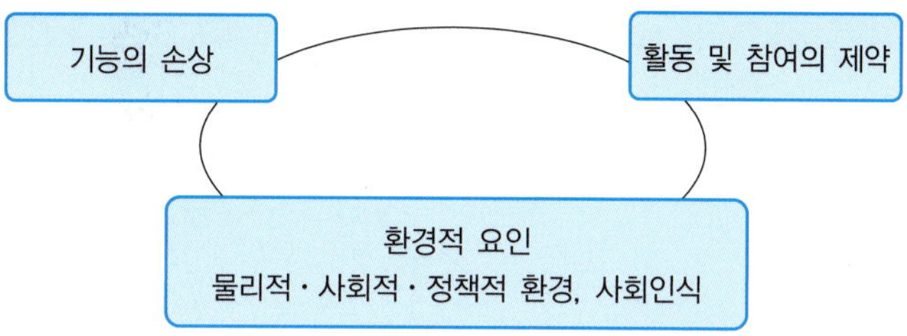

[그림 9-2] WHO의 장애 개념(ICF, 2001년 채택)[2]

1) ICIDH에서는 장애에 대한 부정적 의미, 즉 장애가 개인적인 손상에서 출발하여 고정된 개념의 능력장애나 사회적 불리로 고착될 수 있다는 점에서 수정.

2) 빈부격차 · 차별시정위원회, 제80회 국정과제회의 본보고서, 선진복지국가 구현을 위한 장애인지원 종합대책, 2006: 4 참조.

2. 장애인구 및 장애 출현율 증가

'17년 우리나라 등록 장애인 수는 254만6천명(총인구대비 4.9%)으로 10년 전 '07년 210만5천명에 비해 약 44만1천명이 늘어났다. 장애유형별로는 지체장애(1,254천명)가 49.3%로 가장 많고, 다음으로 청각장애(302천명), 뇌병변장애(253천명), 시각장애(253천명) 등의 순이다.

〈표 9-2〉 등록장애인 현황 (단위 : 천명)

구분	2006	2012	2013	2014	2015	2016	2017
장애인 수	1,967	2,511	2,501	2,494	2,490	2,511	2,546

〈표 9-3〉 장애종류별 등록장애인 현황(2017) (단위 : 명, %)

구분	지체	뇌병변	시각	청각	언어	지적	자폐성	정신
장애인 수	1,254,130	252,819	252,632	302,003	20,321	200,903	24,698	101,175
비율(%)	49.3	9.9	9.9	11.9	0.8	7.9	1.0	4.0
구분	신장	심장	호흡기	간	안면	장루,요루	뇌전증	전체
장애인 수	83,562	5,399	11,807	11,843	2,692	114,718	6,935	2,545,637
비율(%)	3.3	0.2	0.5	0.5	0.1	0.6	0.3	100

자료 : 보건복지부(2018). 2018보건복지통계연보.

우리나라는 인구 고령화, 각종 사고 및 질병 등 다양한 장애발생 위험요인에 의해 장애인구는 지속적으로 증가하는 추세이다. 2000년 1월부터 장애범주가 5개에서 10개로 늘어남에 따라 상대적으로 크게 상승(1차 장애범주 확대, 95~2000년 사이 15만명 증가)하였고, 2003년 7월부터 장애범주에 내부기관장애의 일부를 포함(2차 장애범주 확대, 2000~2003년 사이 12만명 증가)함으로써 더욱 늘어났다. 물론 등록장애인 수가 늘어나는 것은 장애인의 권리의식이 증대되고, 각종 감면 · 할인 혜택 등에 대한 기대감 증가, 인구노령화에 따른 노인 장애인 증가 등도 작용했다.

〈표 9-4〉에서 볼 수 있듯이 성별 등록장애인 수에 있어서는 2007년 12월 말 현재

남성 61.0%, 여성 39.0%이고, 2017년 12월 말 현재 남성 58.0%, 여성 42.0% 여성장애인의 비율이 3.0% 증가하는 추세를 보이고 있다.

〈표 9-4〉 연도별 · 성별 등록장애인 수 (단위 : 명, %)

구분	전체		남성		여성	
	인원	비율	인원	비율	인원	비율
2007	2,104,889	100.0	1,284,089	61.0	820,800	39.0
2008	2,246,965	100.0	1,345,557	59.9	901,408	40.1
2009	2,429,547	100.0	1,425,896	58.7	1,003,651	41.3
2010	2,517,312	100.0	1,468,333	58.3	1,048,979	41.7
2011	2,519,241	100.0	1,466,460	58.2	1,052,781	41.8
2012	2,511,159	100.0	1,460,490	58.2	1,050,669	41.8
2013	2,501,112	100.0	1,453,606	58.1	1,047,506	41.9
2014	2,494,460	100.0	1,448,878	58.1	1,045,582	41.9
2015	2,490,406	100.0	1,446,943	58.1	1,043,463	41.9
2016	2,511,051	100.0	1,457,588	58.0	1,053,463	42.0
2017	2,246,965	100.0	1,475,550	58.0	1,070,087	42.0

자료 : 보건복지부(2018). 2018보건복지통계연보.

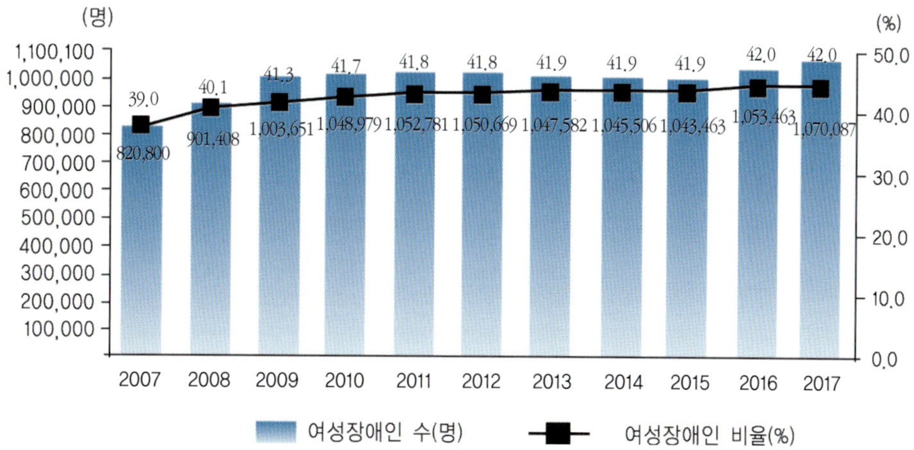

자료: 한국장애인고용공단, 2018 장애인통계.

[그림 9-3] 여성장애인의 변화추이(장애인구 대비 여성장애인 수)

[그림 9−4]에서 연령대별로 전체인구 대비 장애인구를 살펴보면 60~69세가 22.0%, 70~79세 21.8%, 80세 이상이 12.%로 60세 장애인수가 56.4%를 보이고 있어 노인장애인의 비율이 많다는 것을 알 수 있다.

〈표 9−5〉 **연령대별 비율**

(단위 : 명, %)

구분	5세 이하	10~19세	20~29세	30~39세	40~49세	50~59세	60~69세	70~79세	80세 이상
전체인구	4,435,198	5,304,425	6,810,967	7,368,649	8,702,752	8,490,204	5,657,264	3,379,106	1,629,979
비율(%)	8.6	10.2	13.2	14.2	16.8	16.4	10.9	6.5	3.1
장애인구	27,256	62,530	92,970	141,683	282,532	502,217	559,811	556,110	320,528
비율(%)	1.1	2.5	3.7	5.6	11.1	19.7	22.0	21.8	12.6

자료 : 한국장애인고용공단, 2018 장애인통계.

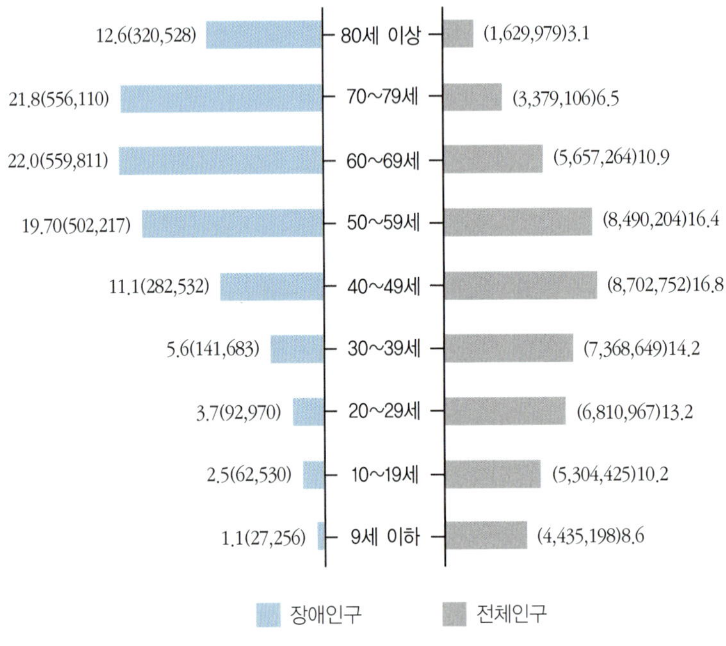

자료 : 한국장애인고용공단, 2018 장애인통계.

[그림 9−4] **연령대별 비율**

〈표 9-6〉에서 장애등급별로 살펴보면 1급이 7.8%, 2급이 13.4%, 3급이 17.3% 등의 순이다. 중증장애인[3]은 32.5%(828,597명)로 2007년 대비 3.4%p 감소하는 추세이다(그림 9-5 참조).

〈표 9-6〉 장애등급별 장애인구(2017)

(단위 : 명)

구분	계	1급	2급	3급	4급	5급	6급
계	2,545,637	199,186	340,202	439,138	379,007	544,542	643,562
비율(%)	100.0	7.8	13.4	17.3	14.9	24.4	25.3

자료 : 한국장애인고용공단, 2018 장애인통계.

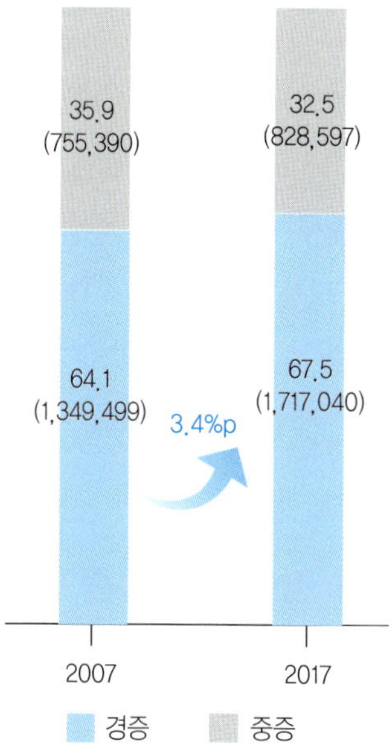

[그림 9-5] 중증장애인 변화추이(장애인구 대비 중증장애인 수)

2017년 장애인 실태조사(한국보건사회연구원, 2017)에 따르면 후천적 장애가 전체 장애인

3) 중증장애인: 장애인 중 1,2급에 해당하는 장애인이며, 단, 뇌병변, 시각, 지적, 자폐성, 정신, 심장장애 및 상지에 장애가 있는 지체장애인의 경우 3급도 인정. 중증장애인 비율(%)=(중증장애인 수/등록장애인 수)×100(한국장애인고용공단, 2018 장애인통계)

의 90%인 것으로 보고하고 있다. 특히 후천적 원인 중 질환(56.0%)이 사고(32.1%)보다 23.9% 높게 나타나 인구고령화에 따른 질환의 후유증으로 장애가 발생하는 비율이 높게 나타났다는 것이다. 이러한 사실은 어느 정도 장애의 예방이 가능하다는 것을 보여주는 것으로 건강증진과 사고예방에 대한 정책적 관심이 높아져야 함을 시사하고 있다.

3. 장애인복지의 필요성

1) 인간의 존엄성과 인간다운 생활에 대한 권리보장

세계인권선언에서는 "인간은 태어나면서부터 자유이며 존엄과 권리에 있어 평등하다"고 표방하고 있고, 우리 헌법에서도 모든 국민은 인간다운 생활을 할 권리를 가진다고 명시하고 있다. 인간은 장애가 있든 없든 간에 태어날 때부터 그 존엄성을 인정받아야 하고, 존엄함에 있어서는 평등한 것이다. 따라서 장애인들의 기본적인 삶을 보장하고, 그 잠재력을 충분히 발휘할 수 있도록 사회문화적 환경, 물리적 환경을 조성 · 개선함으로써 장애인들의 인간다운 생활을 할 권리를 보장할 필요가 있는 것이다.

2) 장애유발요인의 증가와 장애인구의 증가

현대사회에서는 산업화의 진전에 따른 산업재해의 증가와 교통사고의 증가, 개발중심의 정책으로 인한 환경오염의 심각성 확대, 경쟁중심의 사회심리적 환경으로 인한 정신적 스트레스의 증가, 인스턴트 식품류의 증가 등 다양한 장애유발요인들이 작용하여 우리 모두를 예비 장애인으로 만들어가고 있다. 특히 생활주변의 각종 사고 위험들이 상존함으로써 장애인구의 증가는 어찌 보면 당연하다.

한국보건사회연구원의 2008년 장애인실태조사에 따르면 **후천적 장애가 전체 장애**

인의 90%(질환에 의한 장애인이 55.6%, 사고에 의한 장애인이 34.4%)를 나타내었고, 선천적 원인에 의한 장애는 4.9%밖에 되지 않았다. 이러한 사실은 우리 사회의 산업화과정에서 당연히 겪게 되는 문제로도 볼 수 있지만, 사회에서 여러 가지 장애유발요인들에 대한 고려와 사회환경적인 준비가 이루어지지 못한 데 기인한다고 볼 수 있다. 개인적 잘못에 기인한 것이 아니라 사회의 구조적 · 기능적 모순에 의해 발생한 문제로 본다면 국가 차원에서의 장애인복지 지향의 절대적인 필요성이 제기된다고 할 수 있다.

3) 장애인들의 정상적인 생활의 어려움

장애인들은 신체적 · 정신적 기능손상으로 인하여 일상생활은 물론이고 몸이 불편함으로써 외출도 하기 어려운 경우가 대부분이다. 2017년 장애인실태조사에 따르면 조사대상 장애인들의 51.3%가 현재 건강이 좋지 않다고 응답했고, 34.0%가 집안활동 등 일상생활에서 도움을 필요로 하는 것으로 나타났다. 또한 36.7% 교통수단을 이용하여 집밖 활동 시 불편함을 느낀다고 응답했다. 장애인들의 일상생활의 어려움을 보여주는 것이다.

장애인들은 몸이 불편함으로써 소득활동(취업)도 어렵고, 취업한 경우도 임시 · 일용직 등 비정규직 종사자(임금 근로 장애인의 42%가 임시 · 일용직)가 많음으로써 기본적인 삶을 유지하기 어려운 상황에 있다. 취업장애인 가구의 월평균 소득은 171만원으로 전체 임금근로자 월평균임금의 70.4% 수준에 불과하다.

[그림 9-6]은 장애인들의 만성적 빈곤의 과정을 나타낸 그림이다.

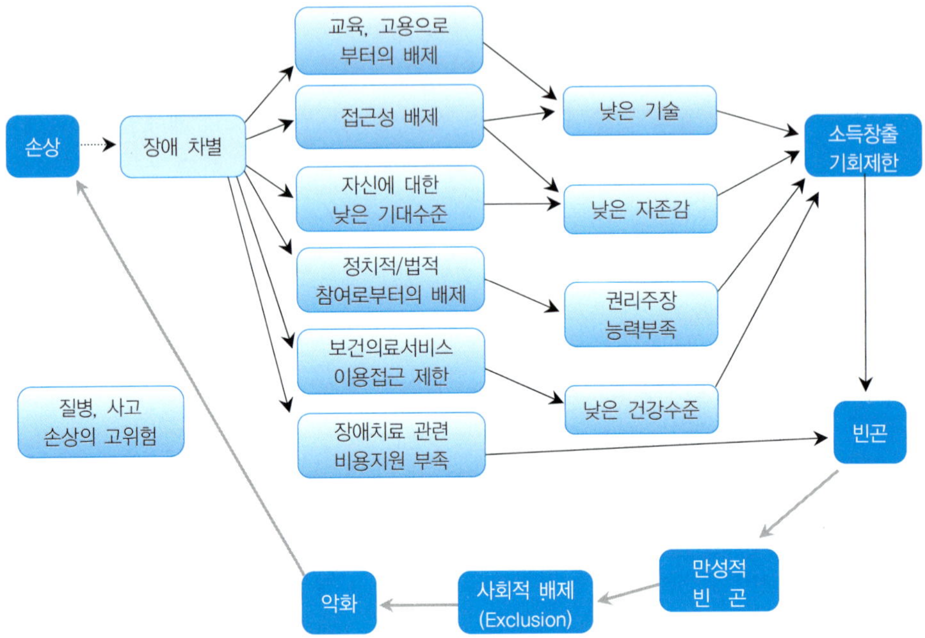

자료 : 빈부격차 · 차별시정위원회(2006).

[그림 9-6] 신체적 · 정신적 손상 이후 만성적 빈곤으로의 전이메커니즘

또한 장애인에 대한 사회인식도 많이 개선되기도 했지만, 장애인에 대한 부정적인 인식은 여전하고, 차별의식이 만연해 있는 것이 현실이다. 아직도 장애인복지를 소비로 보는 견해가 지배적인 우리 사회의 현실이다. 그리고 장애인들의 교육수준이 낮음으로 해서 사회적 참여는 더욱 저조할 수밖에 없을 것이고, 사회서비스 정책적 측면에서도 이동권 보장 등이 제대로 이루어지지 못함으로써 사회적 활동 및 참여에 제약이 뒤따르고 있다.

4) 장애인들의 사회통합과 사회적 보호체계 확립을 통한 사회적 부담의 경감

장애인들은 심신에 장애를 가져 사회로부터 분리될 수 있는 가능성이 상대적으로 크고,

그들 가족뿐만 아니라 그들과 관련되는 친지, 이웃, 직장, 지역사회에까지 다방면에서 부담을 안겨줄 수 있는 가능성이 있고, 이로 인해 장애인들에 대한 사회적 편견이나 선입견 등이 더욱 커질 수 있다. 잔존능력을 최대한 활용할 수 있도록 함으로써 사회적 재활과 통합이 가능해지고, 가족을 비롯한 사회적 부담도 경감될 수 있다. 그리고 중증장애인들의 경우는 사회적 보호체계를 마련함으로써 본인들의 안정적이고 인간적인 삶은 물론이고, 가족들의 안정적인 삶도 확보할 수 있다. 실제로 가족 중 중증장애인이 있는 경우 가족들의 삶에는 전혀 문제가 없는데도 불구하고 사회적 편견이나 잘못된 시선들이 있어 가족들, 특히 장애인 형제들의 사회적 활동제약의 가능성이 존재하고 있는 현실이다.

4. 장애인복지의 이념적 · 가치적 지향[4)]

장애는 개인적 원인보다는 사회적 원인에 기인하여 발생하는 경우가 대부분(90% 이상이 후천적 장애)이고, 교육과 취업, 각종 사회활동 등에서의 제한으로 인한 생활의 악순환이 거듭될 가능성이 크기 때문에 장애인들의 정상적인 삶을 확보하는 것도 사회 또는 국가의 책임이다. 사회 또는 국가가 나서서 장애인들의 인간적 · 정상적 · 비차별적인 삶을 확보해야 한다. 기본적인 삶을 보장해야 하고, 나아가 인간다운 생활을 영위할 수 있도록 해야 한다. 비장애인들이 아무 불편함이 없이 일상생활(예 : 가고 싶은 곳을 갈 수 있는 것 등)을 영위할 수 있듯이 장애인들도 아무 불편함이 없이 이동할 수 있고, 사회에 참여해 똑같은 일상생활을 영위할 수 있도록 해야 한다. 그러려면 일상생활을 영위하는 데 필요한 갖가지 수단들이 제공될 수 있어야 한다. 휠체어나 흰지팡이를 제공해야 하고, 다양한 문턱이 낮아져야 하고, 편의시설이 갖추어져야 하는 것이다.

4) 일반적으로 이념(ideology)은 이상적인 것으로 여겨지는 생각이나 견해이고, 선험적인 이데아(Idea)를 의미한다. 가치는 이념을 실현하기 위하여 이루어져야 하는 믿음과 신념을 의미한다.

1) 인권보장의 이념

장애라는 이유로 인간의 기본적 권리인 인간존엄, 생존권, 생명존중의 가치가 부인되기 쉽다. 인간은 태어나면서부터 한 사회를 구성하는 인자이면서 인간으로서의 기본적인 권리를 가지게 된다. 장애의 발생 자체도 개인의 잘못에 기인하는 것이 아니기 때문에 인간(생명체)으로서, 사회의 한 구성원으로서 그 사회에 정상적으로 살아갈 수 있어야 하고, 그 사회의 발전에 책임이 있는 구성원인 것이다.

2) 정상화의 이념

정상화의 이념은 1950년대 후반 스칸디나비아(북유럽)에서 정신지체인의 시설보호(시설처우 중심의 장애인복지 접근)를 반대하면서 출발한 이념이다. 어떠한 장애인도 특별시하지 않고, 보통의 인간으로 처우해야 한다는 의미를 가지고 있고, 1981년 세계장애인의 해를 기점으로 확산된 복지이념이다.

장애인은 장애라는 외피적 속성을 제외하면 기본적으로 대등한 인격주체이고, 장애인을 아무리 소중하게 보호한다 해도 격리나 배제사상에서 이루어진 것이라면 진정 장애인의 인격이 존중되고 있는 것이 아니라는 입장이다. 장애인도 자신의 생활환경인 가족, 지역사회 속에서 일반인들과 함께 정상적으로 살아갈 수 있도록 지원해야 하고, 장애인의 개별화된 욕구에 맞추어 지역사회 차원에서 다양한 서비스들이 제공되어야 한다는 점을 강조한다.

3) 사회통합의 이념

역사적으로 볼 때 장애인은 기존사회로부터 격리되었고, 사회구성원의 역할을 할 수 없는 존재로 인식되어 왔기에 장애인의 사회통합은 현대 장애인복지에 있어서 가장 궁극적인 이념이자 목표가 되었다. 사회통합은 모든 사람들이 사회와 관계하면서 사회와 함께 살아가야 한다는 의미를 함축하고 있다.

장애인의 사회통합은 사회로부터 격리보호(시설수용, 시설병)에 반대되는 의미로서, 장애인이 모든 물리적 · 심리적 · 문화적 장벽이나 차별 없이 사회의 모든 분야에 정상적으로 참여함으로써 사회구성원으로서 그 역할을 충실히 수행하면서 살아가는 것을 말하고, 이를 통해 결여된 기능을 회복하거나 보완할 수 있다는 의미를 가진다. 따라서 장애인들을 시설에서 격리 · 보호하는 것이 아니라 사회에서 우리들과 함께 생활하고, 그 생활의 능력과 힘을 가질 수 있도록 다양한 측면에서 지원하고, 모든 부분에 정상적인 참여가 가능한 기반을 조성할 필요가 있다.

4) 자립생활의 이념

사회복지서비스에 있어 기본적인 목표는 자활, 자립이다. 사회복지사를 통해 전문적인 서비스를 제공받은 클라이언트들이 자신의 문제를 해결하고 스스로 자신에 대한 통제력을 회복해서 타인의 도움 없이도 살아갈 수 있도록 하는 데 있다.

장애인복지에서도 장애인의 자립생활(Independent Living)이 궁극적인 목표이고 이념이다. 자립생활이념은 비교적 최근에 나타난 이념 및 패러다임이다. 장애인이 스스로의 생활을 책임지고 살아갈 수 있도록 한다는 것이다. 따라서 사회는 장애인들이 자립생활을 꾸릴 수 있도록 자립생활의 능력과 힘을 기를 수 있도록 원조하는 것에서 나아가 사회의 제반 제약조건이나 환경을 개선해 나가야 한다는 입장이다.

5. 우리나라 장애인복지 정책과 서비스

우리나라의 현대적 의미의 장애인복지의 시작은 1988년 서울 장애인올림픽 대회 개최 이후 장애인에 대한 사회적 관심과 제도적인 정비(예 : 화장실 개조, 각종 편의시설 확충 등)

가 이루어지면서부터라고 볼 수 있다. 물론 1970년대 이전에도 6 · 25전쟁 이후 군인이나 경찰집단을 위한 제도[5]가 마련되었고, 1977년에는 특수교육진흥법이 제정되면서 장애인들의 교육기회를 제공하는 등 현대적 의미의 장애인복지의 태동은 있었다.

1989년 이전의 심신장애자복지법(1981년 제정 · 공포)을 전면 개정하는 방법으로 장애인복지법이 제정되었고, 1990년에는 장애인고용촉진 등에 관한 법률(2000년 장애인고용촉진 및 직업재활법으로 변경)이 제정되었고, 1997년에는 장애인 · 노인 · 임산부 등의 편의증진보장에 관한 법률을 제정했고, 2003년 장애인복지법에서 장애의 범주를 확대시키는 등의 제도적 변화가 있었다.[6] 또한 장애인의 창업과 기업활동을 촉진하기 위해 장애인이 소유하거나 경영하는 기업에 대한 지원을 규정하는 장애인기업활동 촉진법이 2005년 제정되기도 했다. 2007년에는 장애인활동보조지원사업(1급 장애인, 월 20~80시간)이 시행되었고, 장애인 차별금지 및 권리구제 등에 관한 법률이 제정되었다. 2010년에는 장애인연금법이 제정되었고 2011년 1월에는 장애인활동 지원에 관한 법률이 제정되었다.

그렇지만 아직도 우리 사회에서는 장애인복지를 소비로 보는 경향이 두드러지고, 장애인복지정책에 있어서도 소극적인 태도를 보이고 있고, 시설보호 중심이고 그마저도 충분치 않은 것이 현실이다. 국민기초생활보장수급장애인으로서 시설보호를 필요로 하는 장애인에 대한 시설보호 충족률은 50%에 불과한 상황이다. 따라서 재가장애인의 복지나 물리적 · 사회적 환경 개선(예 : 이동권, 정보접근권 보장, 문화체육예술 분야 등) 등에 있어서는 아직도 초보적인 수준에 머물러 있다. 장애인복지의 패러다임을 정상화 · 사회통합 등의 이념에 맞도록 변화시킬 필요가 있고, 소극적인 태도에서 벗어나 적극적으로 장애인들의 능력을 활용하는 방향으로의 생산적인 장애인복지정책으로의 변화가 시급한 실정이다.

현재 장애인들은 한국장애인단체총연맹(장총), 한국장애인단체총연합회(장총련) 등을 중심으로 조직적으로 움직이면서 권리 확보를 위한 연대활동을 펼치는 등 적극적인 움직임을 보이고 있다. 장애인들 스스로도 소극적인 태도에서 적극적인 태도로 변화하는

5) 1961년 군사원호보상법 제정, 1963년 원호대상자직업재활법 제정 등.

6) 장애범주 확대는 2000년 기존 지체, 시각, 청각, 언어, 정신지체→지체, 뇌병변, 시각, 청각, 언어, 자폐, 정신, 신장, 심장장애로 확대(1차), 2003년 2차 장애범주 확대, 안면변형, 장루, 간, 간질, 호흡기장애 등 5종 추가.

상황에서 장애인복지의 패러다임의 변화가 요구되고 있다.

현재 우리나라 장애인복지정책과 서비스는 장애인의 기본적인 삶을 보장하는 방향과 사회참여 확대 및 촉진방향에서 최저한으로 이루어지고 있다.

1) 장애인 소득보장

장애인들의 기본적인 삶을 보장하기 위한 소득보장에는 기초생활수급장애인 및 차상위 계층의 18세 이상 등록장애인(3~6급)에게 **경증장애수당**을 지급하고 있고, 수급자 및 차상위계층의 18세 미만 재가장애아동(중증·경증 차등)에 대해 **장애아동수당**을 제공하고 있다. 2010년 7월부터는 만 18세 이상 등록장애인(일정 소득 이하의 1~2급, 3급 중복장애)에 대해 **장애인연금**[7]을 제공하고 있다. 그리고 장애가구의 경제적 부담 경감을 목적으로 각종 세제(자동차세, 상속세 등) 및 요금감면(고속도로 통행료, 항공 및 철도요금, 전화요금, TV수신료 면제 등) 등을 실시하고 있다.

2) 장애인 의료보장

의료보장에 있어서는 기초생활수급자에 대한 의료급여 지원과 함께 2종 의료급여 대상자에 대해 본인부담금 일부를 보전(장애인 의료비 지원)하고, 장애인 보장구에 대해 건강보험급여를 적용하고 있다. 또한 만 18세 미만 장애아동(뇌병변, 지적, 자폐성, 언어, 청각, 시각)에 대해 재활치료바우처(장애아동재활치료사업)를 지원하고 있다. 의료비 지원대상이 기초생활 수급자로 한정(장애인 중 의료급여 대상자 18%)되어 있어 차상위계층 이하 빈곤장애인의 의료비 지출부담에 따른 경제적 어려움이 가중되고 있고, 장애관련 의료인력이나 의료시설이 대부분 서울 등 수도권에 밀집해 있어 지방거주 장애인의 의료서비스 이용에 어려움(지역적 불균형)이 있다. 장애발생, 치료, 재활에 이르는 종합적인 의료서비

7) OECD국가들은 대체로 1차적으로 본인의 기여에 의한 사회보험 방식의 장애연금을 기초로 하고, 기여기간을 단축(미국 등)하거나, 연금보험료를 면제(일본)하는 방식으로 소득을 보장하고, 2차적·보충적으로 특별장애인 수당, 장애아 복지수당 등을 지급하고 있다.

스 제공 프로그램이나 시스템이 개발 · 도입될 필요가 있다.

3) 장애인 교육보장

교육보장에 있어서는 일정소득 이하 장애인가구의 1~3급 장애인인 중 · 고등학생 및 1~3급 장애인의 중 · 고생 자녀에 대한 교육비를 지원하고 있고, 만 0세~만 12세 장애아동에 대해 가구소득과 무관하게 무상보육료를 지원하고 있다. 또한 특수교육진흥법에 의해 장애인 교육대상학생의 초 · 중학교 과정은 의무교육, 유치원 및 고등학교과정은 무상교육으로 이루어지고 있다. 통합교육을 희망하는 장애아동이 계속 늘어나고 있으나, 통합교육을 위한 특수학급이 턱없이 부족하고, 교육과정별로 특수학급설치 불균형상태이므로 통합교육의 연계성이 보장되기 어려운 실정이다(2017년 교육통계연보에 의하면 장애인 특수학교 173개교, 전국 19,649개 유치원 · 초 · 중 · 고교 중 4,660개(23.7%) 학교에만 특수학급 설치). 장애학생 학교생활 적응 및 이동 지원을 위한 특수교육보조원 배치 확대 및 교육의 질을 제고할 필요가 있고, 장애학생 부모의 사회활동 참여기회 확대를 위해 특수학교 및 특수학급 종일반 및 방과 후 학교 운영 등이 지속적으로 확대될 필요가 있다.

4) 장애인 주거보장

장애인 주거지원에 있어서는 공공부문 공급주택에 대한 장애인 특별지원제도를 실시하고 있고, 농어촌 거주 수급자 및 차상위계층 등록장애인 대상 주택개조사업을 실시하고 있다. 장애인들은 신체적 제약으로 인한 각종 편의시설이 요구되는바, 거주편의를 위한 시설개조사업이 일반 장애인들에게도 확대될 필요가 있다. 물론 장애인들의 주거 및 전문적인 서비스를 확대하기 위한 장애인복지시설의 확충이 절대적으로 필요하다.

5) 장애인 고용지원

장애인 고용지원에서는 고용노동부 산하 한국장애인고용공단이 담당하여 국가 · 지방자치단체는 3% 이상, 50인 이상 사업체에 대해서는 근로자총수의 5% 범위 내에서 일정비율 이상(2019년 3.1%) 의무고용을 하도록 하고 있고, **의무고용률**을 채우지 못하는 경우 부담금을 부과하고 있다. 그리고 의무고용률 이상 채용한 경우는 고용장려금을 지급하고 있다. 정부부문 장애인 고용률은 14년 2.65%, 15년 2.80%, 16년 2.81%로 증가되고 있으며 이외 중증장애인과 여성장애인도 전년대비 고용이 소폭 증가하는 추세이며, 민간부문 장애인 고용률은 14년 2.45%, 15년 2.51%, 16년 2.56%로 증가하고 있으나 1,000인 이상과 대기업 집단의 고용률은 저조 현상이 있다(국가지표체계-장애인 의무고용 현황).

보건복지부 소관 직업재활시설에서 담당하여 **보호고용제도**를 운영하고 있다. 2018년 현재 625개 직업재활시설에 17,841명의 장애인이 근로하고 있다(보호작업장 553개, 근로사업장 62개, 직업적응훈련시설 10개소).[8] 그렇지만 이러한 정부지원에 의한 장애인취업은 미미한 실정이고, 자력으로 취업하는 경우가 대부분이다. 따라서 소득수준이 매우 낮다. 취업한 경우에도 임시 · 일용직 등 비정규직 종사자가 많다(임시 · 일용직은 임금 근로장애인의 42% 정도). **장애인 직업재활 및 고용 분야에서 사례관리지원체계가 구축될 필요**가 있다. 장애인 개인에 대해 직업능력개발 및 직업유지를 위한 사례관리체계가 필요하다.

6) 일상생활 보조 및 사회참여 확대 · 촉진 제공

신체적 · 정신적 장애 등의 이유로 혼자서 원활한 일상생활과 사회활동을 하기 어려

8) ***보호작업장** : 작업능력이 낮은 장애인에게 직업훈련, 일거리 등을 제공하여 보호적 조건에서 생산활동에 참여케 한다.
***근로작업장** : 직업능력은 있으나 사회적 제약 등으로 취업이 어려운 장애인에게 근로기회를 제공하고, 최저임금 이상을 지급한다.
***직업적응훈련시설** : 직업훈련을 받고자 하는 장애인에게 사회적응훈련 및 직업훈련을 실시하고, 직업능력을 향상시킨다.

운 중증 장애인에게 활동지원급여를 제공하여 자립생활과 사회참여를 지원하고 그 가족의 부담을 줄임으로써 장애인의 삶의 질 증진을 목적으로 장애인활동지원제도를 실시하고 있다. 장애인활동지원제도는 2007년부터 **장애인활동보조지원사업**을 시행하던 것을 2011년 11월부터는 장애인활동 지원에 관한 법률이 제정(2011년 1월)됨에 따라 **장애인활동지원제도**로 전환하여 실시하고 있다.

장애인활동지원사업은 만 6세 이상~만 65세 미만의 자로 혼자 일상생활과 사회생활을 하기 어려운 장애인복지법상 1급~3급 장애등급을 받는 사람을 대상으로 하고 있고, 소득수준과 무관하게 신청 가능하다. 바우처 형태로 기초생활수급자는 본인부담금 면제이고, 차상위계층은 월 2만 원, 기타는 소득 및 지원량에 따라 차등부과한다. 서비스 내용은 활동보조, 방문목욕, 방문간호이다. 활동보조는 신체활동, 가사활동, 사회활동 지원, 기타서비스 제공(낭독보조, 대필지원 등)으로 활동보조인이 서비스 제공자이다. 방문목욕은 요양보호사가 목욕시설을 갖춘 장비를 이용하여 수급자의 가정 등을 방문하여 목욕서비스를 제공한다. 방문간호는 의사, 한의사 또는 치과의사의 지시에 따라 간호사가 수급자 가정 등을 방문하여 간호, 진료의 보조, 요양에 관한 상담, 구강위생 서비스를 제공한다.

7) 장애인복지시설서비스 제공

장애인의 보호 · 의료 · 생활지도 · 재활훈련과 자립생활지원 등의 서비스를 제공함으로써 장애인의 기능 회복과 사회성 향상을 도모할 수 있도록 장애인복지시설서비스를 제공하고 있다. 장애인복지시설에는 장애인 거주시설, 장애인 지역사회재활시설, 장애인 직업재활시설, 장애인 의료재활시설 등이 있다.[9]

9) 2017년 현재 **장애인거주시설** 총 1,517개소에 30,693명 입소(지체장애인시설 39개소, 시각장애인시설 17개소, 청각 · 언어장애인시설 7개소, 지적장애인시설 313개소, 중증장애인 거주시설 233개소, 장애영유아거주시설 9개소, 단기거주시설 147개소, 공동생활가정 752개소), **지역사회재활시설** 1,333개소(복지관 237, 주간보호시설 690, 체육관 33, 생활이동지원센터 157, 수어통역센터 194), **직업재활시설** 625개, 이용인원 17,841명(**보호작업장** 553**개, 근로사업장** 62**개, 직업적응훈련시설** 10**개소**), 의료재활시설 19개소 (보건복지부, 2018 보건복지부 통계연보 참조)

① 장애인 거주시설 : 거주 공간을 활용하여 일반가정에서 생활하기 힘든 장애인에게 일정기간 동안 거주와 요양, 지원 등의 서비스를 제공하는 동시에 지역사회생활을 지원하는 시설

② 장애인 지역사회재활시설 : 장애인을 전문적으로 상담 · 치료 · 훈련하거나 장애인의 여가활동과 사회참여 활동 등에 편의를 제공하는 장애인복지관 · 의료재활시설 · 체육시설 · 수련시설 및 공동생활가정 등의 시설

③ 장애인 직업재활시설 : 일반 작업환경에서는 일하기 어려운 장애인이 특별히 준비된 작업환경에서 직업훈련을 받거나 직업생활을 할 수 있도록 하는 시설

④ 장애인 유료재활시설 : 장애인을 입원 또는 통원하게 하여 상담, 진단, 판단, 치료 등의 의료재활서비스를 제공하는 시설

⑤ 그 밖의 대통령령으로 정해진 시설

6. 장애인복지의 최근 동향

전통적으로 장애를 개인적 잘못이나 개인의 장애로 인한 기능적인 제한이나 심리적인 손상(병리적 결함)에 기인하는 것으로 보고, 장애인은 전문가에 의한 의학적 치료와 재활서비스를 받아야 하는 병리적 존재, 보호를 받아야 할 존재로 보았으며, 전문적인 병원이나 시설에서 안전하게 전문적으로 보호받으면서 재활에 힘써야 한다는 입장이었다(전문가주의적 입장, 개인적인 장애원인을 가정하는 개인모델과 의료모델에 기반). 또한 장애인에 대한 사회인식도 성숙하지 못해 장애인에 대한 복지서비스는 소비라는 입장이 강했고, 장애인들의 능력이나 잠재능력에 대한 편견이 지배적이었다. 따라서 장애인복지는 시설 중심, 재활 중심, 최소한의 서비스 경향, 병원과 복지시설의 전문가들의 우월적인 모습과 비인간적 · 비인권적인 면을 나타내었다. 서구사회는 1950년대부터 기존의 시설 중심의

재활에 대한 반성이 일어나기 시작했다. 시설병, 탈시설화에 대한 논의와 움직임과 함께 지역사회중심재활(Community Based Rehabilitation : CBR)이 논의되기 시작했다.

지역사회중심재활은 시설중심재활(Institution Based Rehabilitation : IBR)과 대비되는 입장으로, 장애인의 재활이 지역사회를 기반으로 해서 지역사회를 적극 활용함으로써 가능하고, 그럼으로써 궁극적으로 지역사회에서 함께 살아갈 수 있게 된다는 것이다. 그리고 지역사회를 활용하는 방법이 더 효과적이고, 경제적이라는 의미도 담고 있다. 다시 말해 지역사회에 있는 장애인들의 모든 재활업무를 전문가가 직접 담당하기는 불가능하고, 대부분의 재가장애인들은 전문시설의 수준 높은 서비스를 반드시 필요로 하는 것이 아니기 때문에 전문적인 기술을 전문적이고 복잡한 기술과 간단하지만 필수적인 기술로 구분하여, 간단하지만 필수적인 기술을 전문가가 장애인의 가족이나 이웃, 친구 등의 훈련자를 지정해서 훈련함으로써 지역사회 자원을 활용하고, 장애인의 지역사회에서의 재활과 사회통합을 달성한다는 의미를 가진다. 지역사회중심재활은 장애인의 재활과 사회통합을 달성하기 위해 장애인 자신과 그 가족 및 지역사회의 인적 · 물적 자원을 최대한 가동 · 활용하고, 지역사회를 기초로 여러 서비스 협력체계를 구축하여 통합적 서비스를 제공하는 재활방법이다(정무성 외, 2006: 288).

지역사회중심재활에 있어서는 훈련자와는 별개로 지역사회 CBR 중간관리자가 있어서 훈련자를 동원하고, 알맞은 훈련과정을 제공하고, 결과를 평가할 수 있어야 한다. 지역사회중심재활은 1981년 이후 세계보건기구(WHO)의 중요한 재활정책으로 권장되어 온 방법이다.

우리나라에서도 1985년 시범사업(한국장애인재활협회 주관 실시) 이래, 민간주도형(장애인복지관 중심)과 정부주도형(보건소 중심)으로 실시되었고, 2000년부터는 광역시별 16개 거점 보건소를 선정해서 시행하였다. 2018년 현재는 지역사회 통합건강증진사업의 「지역사회중심재활」 분야의 프로그램으로 시행되고 있다. 지역사회 장애인 건강관리 및 건강사업의 원활한 수행을 위해 전국보건소를 중심으로 지역사회의 인적 · 물적 자원을 최대한 개발 · 활용하여 재활서비스를 체계적으로 제공함으로써 장애인의 재활 촉진 및 사회참여를 증진시켜 보다 건강한 삶을 누릴 수 있도록 하고 있다.

장애인복지의 최근의 흐름은 장애인을 권리주체로 인식하고, 완전한 사회참여와 평등한 인간으로의 사회통합이라는 장애인복지의 기본이념을 실현하고자 한다. 장애인들의 수행능력이나 잠재능력에 초점을 맞춰서 접근(강점관점)하고, 장애인 스스로가 그들의 삶을 운영 · 통제할 수 있도록 주체적 능력, 대인관계능력, 사회적 · 정치적 · 문화적 능력을 증가시키는 데 초점을 맞춘다(임파워먼트적 접근).

또한 약간의 차이를 가지지만, 장애인들의 스스로의 삶에 대한 통제력을 인정하고, 스스로의 삶을 통제(선택과 결정)할 수 있도록 원조하고, 부적절한 환경적 요인들(예 : 병원환경, 장애를 낙인화하는 가치관, 경제적 불안정 등)을 제거함으로써 스스로의 주체적인 능력을 발휘할 수 있도록 함으로써 자립생활을 할 수 있다는 입장을 견지하는 자립생활모델(Independent Living : IL)도 충분히 설득력을 가진다.[10] 이와 같은 논의들의 연장선상에서 최근 장애인당사자주의가 강조되고 있다.[11] 장애인당사자주의는 전문가주의의 반대방향에서 장애인을 보고자 하는 입장이고, 전문가들(병원이나 복지관 등)의 전문성에 대한 근본적인 의문을 던지는 논의이다. 전문가들이 장애인당사자(장애인당사자단체 또는 그 개인을 말한다)의 욕구를 채워 주는 데 한계가 있고, 채워 주더라도 장애인의 자존감을 무너뜨리는 결과를 낳게 된다는 것이고, 이로써 등장한 것이 **장애인당사자주의**이다. '**전문가나 행정가 등에 의해 이루어진 복지는 일방적 복지다. 내 스스로 나를 결정할 터이니 모든 환경들은 그것을 도와달라는 것이다. 모든 행정의 영역에서 장애성을 고려해 달라는 것이다. 장애인들이 스스로 요구하고 참여하여 장애인 정책이나 프로그램을 만들 수 있도록 해달라는 것이다.**' 2002년 한국장애인단체총연합회 조직을 중심으로 장애인차별금지법 제정 운동 등의 당사자활동이 강해지면서 당사자주의는 하나의 사회적 이념으로 자리잡고 있다.

10) 우리나라에서도 중증장애인을 대상으로 활동보조서비스, 동료상담 등 중증장애인의 자립생활능력 향상과 장애인의 지역사회 내 문화 및 직업활동 등 다양한 사회참여 활동을 돕기 위해 2005년부터 광역단위에서 장애인자립생활센터를 운영하고 있다.

11) 물론 장애인당사자주의는 최근에 부각된 새로운 주장은 아니다. 우리나라에서는 1991년 한국지체장애인협회에서 장애인당사자주의라는 명칭을 소개했다.

참고문헌

교육부(2017). 2017 교육통계연보.

남상만 · 나윤환 · 유명화 · 이준상(2004). 『장애인복지론』. 홍익제.

박석돈 외(2004). 『사회복지학개론』. 삼우사.

박옥희 · 권중돈(1994). 『장애인복지의 현황과 정책과제』. 한국보건사회연구원.

박종삼 외(2002). 『사회복지학개론』. 학지사.

보건복지부(2018). 12월 8일 보도자료.

보건복지부(2018). 2018 보건복지통계연보.

보건복지부(2018). 2018년도 장애인복지사업 안내.

빈부격차 · 차별시정위원회(2006). 제80회 국정과제회의 본보고서 : 선진복지국가 구현을 위한 장애인지원 종합대책.

신현석(2007). 『장애인복지론』. 공동체.

임춘식 외(2007). 『사회복지학개론』. 공동체.

전용호(2005). 『장애인복지』. 학문사.

정무성 · 양희택 · 노승현(2006). 『장애인복지개론』. 학현사.

한국보건사회연구원(2008). 2008년도 장애인 실태조사.

한국보건사회연구원(2018). 2018년도 장애인 실태조사.

한국장애인고용공단(2018). 2018 장애인통계.

CHAPTER 10

아 동 복 지

아동은 일반적으로 어린이 또는 초등학교에 다니는 이이들로 지칭된다. 아동복지법에서는 아동을 만 18세 미만인 자로 규정하고 있다. 반면 청소년기본법에서 청소년은 9세 이상 24세 이하의 자로 규정하고 있다. 따라서 우리나라에서 9세에서 18세 미만까지는 아동인 동시에 청소년이다.

아동복지는 아동의 발달과정상의 기본적 욕구를 충족시키고 잠재능력을 최대한 발휘할 수 있도록 함으로써 아동의 건전한 성장과 발달을 도모하기 위한 사회적인 노력이다. 한 마디로 아동의 행복한 삶을 사회가 보장하기 위한 노력이다. 카두신과 마틴(Kadushin, & Martin, 1988)은 아동복지를 넓은 의미와 좁은 의미로 구분하여 정의했다. 넓은 의미에서 아동복지는 모든 아동들의 행복을 위해서 그들의 신체적 · 심리적 · 사회적 발달을 보호하고 촉진하기 위한 모든 대책이고, 좁은 의미에서 아동복지는 특수한 욕구를 가진 아동과 가족을 대상으로 사회복지기관을 비롯한 특정기관에서 제공하는 서비스라고 정의했다.

우리나라의 아동복지제도나 서비스는 좁은 의미에서, 잔여적 입장(기본적으로 아동의 복지구현은 가족에게 맡겨져 있고, 가족이 최선의 노력을 다할 것을 전제로 하고, 나머지 모자라는 부분을 사회가 채워준다는 입장)에서 접근하고 있다. 정서적 · 행동적 · 발달상의 문제로 가족 내에서 기능하기 어려운 경우, 부모의 양육기능에 문제가 있는 경우, 가족이 빈곤하여 효과적인 양육이 불가능한 경우 등을 대상으로 정책적 · 실천적 · 전문적으로 접근하고 있다. 잔여적 접근에서 아동복지서비스로는 시설아동에 대한 경제적 지원이나 학대받는 아동에 대한 보호서비스 등을 들 수 있다.

아동복지가 지향하는 이념과 목적은 가정과 지역사회, 국가 혹은 사회가 함께 힘을 합해서 모든 아동의 건강한 신체적 · 심리적 · 사회적 발달을 도모함으로써 건강한 사회인으로 길러내는 데 있다. 이 과정에서 가장 중요한 사실은 가정이 건강한 구조와 기능, 가치를 가질 필요가 있고, 사회 또한 주체적 권리를 가진 아동의 삶을 보호할 수 있는 장치들이 완벽하게 구현되어야 한다. 가정과 사회의 적극적인 역할이 모색되어야 한다.

오늘날 가족의 기능이 약화되면서 아동양육과 보호의 책임을 사회가 맡게 되었다. 예전에는 부모와 가족이 성장기간 동안 생활을 보장하였으나 가족구조가 다양해지고 가치관의 변화로 부모나 가족이 아동을 제대로 양육하지 못하는 경우가 늘고 있다. 한부모 가정 또는 재결합가정이 늘어나고, 취업모가 증가하고 있고, 경제적 어려움으로 아동을 유기하기까지 한다. 현대 가족구조와 기능의 약화로 야기되는 문제는 개별가족의 차원에서 해결할 것이 아니라 사회나 국가적인 차원에서 제도적으로 접근함으로써 예방적이고 보편적인 대책을 세워야 한다.

1. 아동의 권리

과거에는 아동을 성인의 소유물(종속된 존재)로 인식하는 경향[1]이었고, 아직 미성숙한 존재로 사회생활에서 필요사항들을 훈련받아야 할 대상으로 인식함으로써 고유한 욕구와 특성, 존엄성을 가진 독립된 인격체로서의 아동으로 인정되지 못하고 무시되어 왔다. 따라서 아동복지도 보호에만 치중하게 되었다. 20세기에 들어서면서 아동의 특성은 그 자체로서 인정받게 되었고, 그에 따른 권리개념이 확보되었다. 1989년 국제연합(UN)에서

1) 우리나라에서 아동에 대해 구타나 학대를 가할 때 가장 많이 등장하는 말로 '내 자식 내가 때리는데 남이 상관할 바 아니다'이다. 부모의 종속물로서의 위치를 단적으로 드러내는 말이다. 이러한 경우는 최근 많이 희석되는 모습을 보이고 있다.

채택한 아동권리에 관한 국제협약(Convention on the Rights of the Child, 아동의 권리문제에 대한 체계적이고 종합적인 권리규범, 3부 54조로 구성, 우리나라에서도 1991년 비준했고, 1994년 첫 보고서 제출)에서는 시민권과 자유에 대한 권리,[2] 가정환경(부모보호) 및 대리보호에 관한 권리, 기초보건 및 복지에 대한 권리, 교육 · 여가 및 문화적 활동에 대한 권리, 특별보호조치에 대한 권리를 포함했고, 아동권리에 대한 주요원칙으로 무차별의 원칙(2조), 아동이익 최우선의 원칙(3조), 아동의 생명존중 및 발달보장의 원칙(생존보장원칙, 6조), 아동의사존중의 원칙(표현의 자유와 참여의 원칙, 12조) 등을 밝힌 바 있다(조흥식, 2000).

2. 아동복지의 기본전제와 원칙

1) 아동복지의 기본전제

아동복지가 적절하게 실현되기 위해서는 아동의 건전한 성장과 발달에 필요한 욕구가 충족되어 아동이 지니고 있는 잠재능력을 최대한 발휘할 수 있도록 하는 기본요소가 갖추어져야 한다. 아동복지의 기본전제는 아동복지정책과 서비스가 이루어져야 할 방향을 제시하는 것이다(공계순 외, 2006; 장인협 · 오정수, 2001).

(1) 안락한 가정생활과 바람직한 부모역할

아동의 건전한 성장과 발달에 있어 안정된 가정생활과 바람직한 부모역할의 중요성은 아무리 강조해도 지나침이 없다. 부모가 존재하면서 그 역할을 다하고, 안락함과 행복의 공간으로서 가정을 제공하는 것이 아동의 건강한 성장에 중요할 것이다.

그렇지만 현대사회에서는 핵가족중심적인 가족구조의 보편화와 여성의 교육수준향

2) 시민권과 자유에 대한 권리는 이름과 국적을 가질 수 있는 권리, 사생활보호의 권리, 정보접근의 권리, 고문 및 기타 비인도적 취급을 받지 않을 권리 등 포함. 특별보호조치에 대한 권리는 난민아동, 위급한 상황에 처한 아동, 아동에 대한 사형 및 종신형금지권리, 노동착취 및 성적 착취와 학대로부터의 보호권리 등을 포함한다.

상 및 취업의 증가 등으로 인해 가족구조와 기능면에서의 많은 변화가 있게 되었고, 가족 내 아동양육 체계가 약해지고 있다. 가족해체현상이 증가하고, 이혼이 증가함에 따라 이혼을 쉽게 생각하는 등의 이혼에 대한 가치관이 변화하고 있다. 개방적인 성문화가 확대되고 있고, 가정생활에서의 개별성과 개성을 중요시하는 아동양육의 가치관 변화로 인해 집단으로서의 가정보다는 개인을 중요시하게 되었고 결과적으로 아동의 심리·정서적인 문제들이 다양하게 노출되기에 이르렀다. 안정된 가정생활과 바람직한 부모역할에 기반하는 아동양육환경이 적절하게 형성되지 못하는 현실이다. 오늘날 대부분의 청소년의 문제들은 가정에서부터 비롯된다는 입장을 부인하지 못한다.

아동복지가 이루어지기 위해서는 안정된 가정생활을 확보할 수 있는 가족정책과 가족복지서비스가 제공되어야 한다. 특히 빈곤으로 인한 가정생활의 문제를 사전에 예방할 수 있도록 가족수당, 아동수당, 공적부조, 취업모에 대한 대책 등과 같은 제도적 차원의 대책이 있어야 할 것이다. 또한 부모로서의 역할수행의 어려움을 극복하고, 특수한 욕구를 가진 가족구성원들의 특별한 문제를 다룰 수 있는 가족상담 및 가족유지서비스 및 프로그램 등이 제공되어야 한다.

(2) 경제적 안정

아동의 건강한 성장과 발달은 가정생활의 경제적 여건에 상당히 영향받을 수 있다. 아동이 건강하게 성장하고 발달하는 데 필요한 기본적인 욕구들을 충분히 충족시켜 가기 위해서는 어느 정도의 경제적 여건이 뒷받침되어야 하기 때문이다. 가정의 경제적 불안정으로 가족이 해체되기도 하고, 자녀의 생활에 소홀할 수 있는 경향이 있고, 그럼으로써 부모-자녀관계 형성에 부정적으로 작용할 수도 있을 것이다. 우리나라에 있어 IMF로 인해 가족해체가 증가하고, 결식아동이 급격히 증가했던 사실에서도 볼 수 있는 모습이다.

아동이 포함된 가족의 경제적 안정을 위해 부모에 대한 취업훈련과 적극적인 취업알선 등을 통하여 경제적 안정을 가져오도록 해야 한다.

(3) 교육

교육은 아동의 건강한 발달과 성장을 돕는 다양한 지식과 자원을 제공하기 때문에 모든 아동에게 능력과 흥미, 욕구(특수한 욕구)에 따라 교육의 기회가 부여되어야 한다. 능력과 흥미에 따른 교육보다는 획일화된 교육, 입시 위주의 교육이 이루어지고 있는 현실이고, 장애아동들에 대한 특수교육도 충분하게 이루어지지 못하는 현실이다.

모든 아동이 경제적 능력부족이나 사회적 계층차별 등으로 인해 능력과 흥미에 따른 교육을 받지 못하는 상황이 되지 않도록 공교육을 활성화할 필요가 있고, 누구든지 원하는 교육을 받을 수 있는 지원이 적극적으로 이루어져야 한다.

(4) 보건 · 의료

보건과 의료는 건강에 대한 사전적인 대책과 사후치료적인 대책을 포함한다. 아동의 신체적 · 정신적 건강은 아동복지의 절대적인 기반이다. 빈곤한 가정의 아동은 영양실조, 비위생적인 환경으로 질병에 노출되기 쉽고, 질병에 걸리더라도 치료를 제대로 받지 못한다. 빈곤한 가정의 아동이 건강할 수 있도록 보건적인 대책(질병의 조기발견을 위한 정기적인 건강검진과 예방접종, 학교나 보육시설에서 위생과 보건시설 확충 등)과 서비스를 강구할 필요가 있고, 질병에 노출될 경우는 어떠한 질병이라도, 심지어 희귀질환인 경우에도 적절히 치료받을 수 있는 의료지원시스템을 구축할 필요가 있다.

최근에는 아동의 정신적 건강, 심리 · 정서적인 불건강 및 정신질환 등이 문제가 된다. 부모의 과잉기대나 부모역할 부족 및 부재, 지나치게 경쟁적인 학교분위기 등에서 많은 스트레스를 받고 있고, 이로 인한 과잉행동, 파괴적 행동, 도벽, 학습장애, 성격장애, 우울증, 열등감 등의 정신병리를 겪는 아동들이 많다. 아동의 문제행동과 정신병리를 조기에 발견하고, 최적의 시기에 전문적인 도움을 받을 수 있도록 해야 할 것이다.

(5) 놀이와 여가

아동에게서 놀이와 여가는 아동은 잘 뛰어놀 수 있어야 한다는 것이다. 놀이와 여가를 통해 생활 속의 스트레스를 해소하게 되고, 정신적으로 건강해질 수 있다. 또한 놀이를 통해 사회의 여러 가지 규칙들을 체득할 수 있는 기회를 가지게 된다.

요즈음 아동들은 가정의 통제 등 여러 가지 이유로 컴퓨터게임에 몰두함으로써 혼자서 놀이를 즐기는 경향을 보이고 있고, 그럼으로써 공동체를 잃어가고, 파괴적인 게임에 학습되는 경향을 보이기도 한다. 아동의 성장에 지장을 줄 수 있는 놀이에 몰두하는 경우를 발견 · 치료할 수 있는 가능성이 확보될 필요가 있고, 놀이와 여가에 대한 전문적인 지도가 이루어질 수 있어야 한다.

(6) 유해노동으로부터 보호

아동들은 연소노동, 유해노동으로부터 보호받을 수 있어야 한다. 대부분의 노동환경과 과정은 어른들에게 맞추어져 있다. 그럼으로써 상대적으로 어른들보다 사고나 질병에 노출될 가능성이 크고, 유해한 환경에서의 아동노동은 이후 신체적 · 정신적 성장과 발달에 치명적으로 영향을 미칠 수 있다. 가출아동, 유기아동 등에 대한 발견 및 보호시스템이 구축되어야 하고(예 : 일시보호시설 등), 앵벌이 등 아동착취에 대한 적극적인 해결시스템이 마련되어야 한다. 우리나라의 아동복지법에서도 아동의 노동과 착취에 관련된 금지행위를 명시하고 있다.

(7) 특별보호

특별보호는 특수한 욕구를 가진 아동에 대해서는 사회적으로 특별한 보호장치가 마련되어야 한다는 것이다. 신체적 · 정신적 · 심리적 · 행동적 장애를 가진 아동들에 대한 조기발견과 보호 및 치료의 기회가 부여되어야 한다. 최근 결혼이주여성의 증가와 이들의 가정에 소속된 아동들의 학습이나 생활적응상의 어려움이나 장애 등에 대한 특별한 관심과 대책이 마련되어야 한다.

2) 아동복지의 기본원칙

아동복지의 원칙은 아동복지와 아동의 권리를 구현하기 위해서 적용되어야 할 최소한의 원칙을 말하고, 아동복지정책 및 서비스 프로그램 마련과 실행과정에서 필수적으로 고려되어야 한다(장인협 · 오정수, 2001).

(1) 권리와 책임의 원칙

아동복지의 당사자는 아동과 부모, 사회로 볼 수 있고, 이들 세 주체는 각기 권리와 책임을 가진다는 것이다. 이들 각 주체들은 아동은 하나의 인격체로 건강한 성장 · 발달의 권리를 가진다는 인식을 공유할 필요가 있다. 아동은 아동대로, 부모는 부모대로, 사회는 사회대로 이러한 아동의 권리를 인식하고 나아가 각 주체들의 권리를 확립하고, 그러한 권리들에 대한 책임을 다할 수 있어야 한다는 것이다. 아동은 권리의식과 함께 자신의 성장과 발달에 대한 책임을 가지고, 부모와 사회의 기대와 요구를 고려하면서 자신에게 주어지는 성장과 발달의 기회를 적극 활용해야 할 책임을 가진다. 부모 또한 아동이 정상적인 성장 · 발달과 잠재능력을 최대한 실현할 수 있고, 공동체 구성원으로서 함께 살아갈 수 있는 능력을 기를 수 있도록 지도 · 관리할 권리를 가지고, 적절한 환경 내에서 최대한의 지원 · 지지를 함으로써 보호 · 양육할 책임을 가진다는 것이다. 급변하는 사회에서 부모의 역할과 책임도 변화할 수 있고, 부모의 역할부재인 경우도 많으므로 부모의 역할과 책임에 대한 사회전체 구성원들의 협의와 교육 · 훈련이 이루어질 필요가 있다.

사회 또한 아동의 적절한 사회화와 사회적 지원(예 : 유해환경대책 수립, 교육권 확보 및 교육환경 개선 등)에 대한 권리와 책임을 다할 필요가 있고, 이에 대한 사회구성원들의 참여를 이끌어내야 할 것이다.

(2) 보편성과 선별성의 원칙

보편성은 모든 아동을 대상으로 아동의 제반조건이나 특성에 관계없이 동등한 수준에서 예방적 서비스를 받을 수 있도록 여러 복지조치를 제도적으로 실시해야 한다는 원칙이다. 선별성은 빈곤계층의 아동이나 장애아동, 긴급한 조치를 필요로 하는 아동들을 대상으로 급여와 서비스를 제공해야 한다는 원칙이다. 사회의 변화와 함께 가족의 기능과 구조도 크게 변화되었고, 아동의 발달수준에 대한 기대나 교육적 욕구도 변화되어 예전과 같이 가족 내에서 그러한 변화를 수용하고 욕구를 충족시키기에는 많은 한계가 있다. 모든 아동이 처한 환경여건에 관계없이 특별한 욕구를 가진 상태로 발전하기 전에 사전적 · 예방적 차원의 아동복지제도가 마련되어야 한다.

(3) 개발적 기능의 원칙

이는 과거의 사후복지지향적 아동복지체계에서 나아가 사회변화에 능동적으로 대응하여 적극적인 개발지향적 아동복지체계를 갖출 필요가 있다는 것이다. 사회적 · 경제적 여건의 변화 속에서 아동의 욕구나 문제가 어떻게 변화할 것인가를 정확히 예측해서(사전적 · 예방적), 아동의 잠재능력을 최대한 개발시킬 수 있는 아동복지체계를 마련하고, 사회 전체적인 개발체계와 보조를 맞추어야 한다는 것이다.

(4) 포괄성의 원칙

아동의 건전한 성장과 발달은 경제, 교육, 보건 · 의료 등 다양한 부문과 관련되기 때문에 아동의 욕구에 대해서 통합적으로 접근하고, 다양한 부문을 포괄해야 한다는 것이다. 가족과 아동에게 직접적인 서비스를 제공하는 기관은 아동이 필요로 하는 다양한 욕구를 충족시킬 수 있도록 지역사회 내 관련기관 간의 연계망을 구축해야 한다.

(5) 전문성의 원칙

아동의 건전한 성장과 발달을 위한 요구나 욕구가 사회가 변함에 따라 변화하고, 아동들의 문제도 더욱 복잡해지는 상황이고, 아동들은 성인과는 다른 특성들을 가지고 있고, 지역과 사회에 따라서도 다른 특성을 가지고 있기 때문에 아동의 성장과 발달을 도모하고, 각종 문제들을 해결하기 위한 대책과 서비스과정은 전문성을 가진 인력에 의해 수행되어져야 한다. 아동복지전문가 교육이 요청된다.

3. 아동복지서비스의 분류

아동복지서비스는 카두신(Kadushin)이 분류한 지지적 서비스, 대리적 서비스, 보완적 서비스로 일반적으로 분류한다(Kadushin & Martin, 1988).

지지적 서비스(supportive service)는 아동의 욕구를 충족시키기 위한 부모의 능력을 지지, 강화하는 서비스다. 다시 말해 스트레스나 문제를 가진 아동의 가족체계 외부에서 부모의 역할을 비롯한 가정기능이 원활하게 수행될 수 있도록 가족이 가지고 있는 강점을 지원하고 강화시키는 서비스를 말한다.

- 아동상담소, 가정상담소, 지역사회복지기관에서 제공하는 상담서비스
- 학대 · 방임아동을 위한 보호서비스
- 미혼부모, 한부모를 위한 서비스

보충적 서비스(supplementary service)는 부모의 보호, 양육의 질이 부적절하거나 제약되어 있을 때, 이를 보충할 수 있도록 제공되는 서비스다. 부모의 실직, 장애, 사망, 이혼, 별거, 질병, 교도소 수감 등으로 부모의 역할수행이 어렵거나 힘들 때 부모의 역할을 대신할 수는 없지만 부모의 역할을 일시 보충할 수 있도록 제공되는 서비스를 말한다. 가족소득원이 상실됨으로써 부모의 역할이 어려운 경우 사회보험이나 공적부조와 같은 소득보충 프로그램으로 부모의 소득창출역할을 보충하고, 가정 내 역할의 일부를 대행하는 경우가 있을 수 있다.

- 소득보충 프로그램으로서 사회보험, 공적부조
- 가사조력서비스(가정봉사원 파견서비스)
- 보육서비스

대리적 서비스(substitute service)는 부모의 역할 전부가 상실되었을 경우 아동에게 부모를 대신하여 제공되는 서비스를 의미한다. 부모가 아닌 제3자에게 부모의 역할의 전부를 떠맡기는 경우이다.

- 입양서비스
- 가정위탁서비스
- 시설보호 : 긴급피난처, 쉼터, 그룹홈, 아동양육시설, 아동치료보호시설 등

4. 우리나라 아동복지의 대상과 서비스

1) 아동복지 대상

우리나라 아동복지정책 및 서비스는 기본적으로 잔여적 입장에서 좁게 접근하고 있다. 따라서 아동복지의 대상도 보편주의보다는 선별주의적 입장에서 요보호아동과 그 가족에 초점이 맞춰져 있다. **요보호아동은 보호를 필요로 하는 아동**이다. 욕구나 문제를 해결할 수 있는 가정이 부재하거나 가정이 정상적인 기능수행을 하지 못하는 경우(양육환경상의 보호가 필요한 아동), 또는 신체적 · 정신적 · 심리적으로 문제나 장애를 지닌 아동, 사회적 · 법적 보호가 필요한 아동(가출아동, 비행아동 등), 특별보호를 요하는 아동(학대 · 유기된 아동, 미혼모의 아동 등) 등을 말한다.

아동복지법에서는 '보호를 필요로 하는 아동'은 '보호자가 없거나 보호자로부터 이탈된 아동, 또는 보호자가 아동을 학대하는 경우 등 보호자가 아동을 양육하기에 부적당하거나 양육할 능력이 없는 경우의 아동'으로 규정하고 있다. 이때 보호자는 친부모만을 의미하지는 않으며, 친권자, 후견인, 아동을 보호 · 양육 · 교육하거나 그 의무가 있는 자 또는 업무 · 고용 등의 관계로 사실상 아동을 보호 · 감독하는 자를 의미한다.

아동복지법상의 아동은 18세 미만을 말하지만, 일반적으로 아동은 초등학교 재학생 정도를 지칭한다. [그림 10−1][3]에서 볼 수 있듯이 우리나라의 아동인구는 14세 기준으로 보면 약 6백7십만 명 정도이고, 해마다 약간씩 그 수가 감소하고 있다.

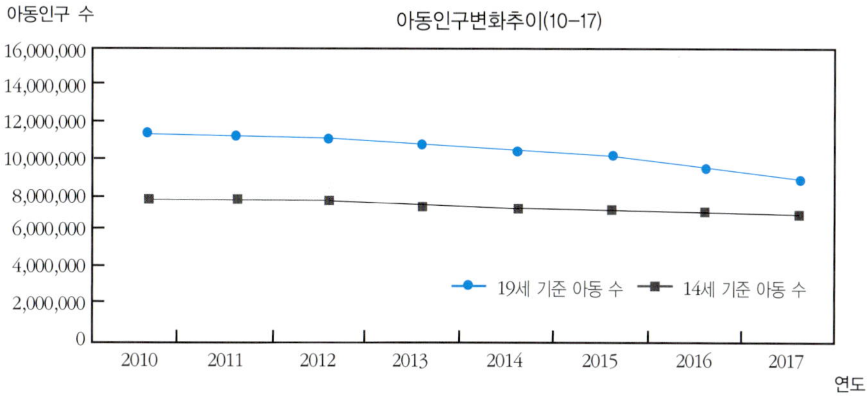

(단위 : 명)

	2010	2011	2012	2013	2014	2015	2016	2017
19세 기준 아동 수	11,408,232	11,239,996	11,012,807	10,765,287	10,503,422	10,252,151	9,987,004	9,729,062
14세 기준 아동 수	7,979,439	7,771,460	7,577,231	7,392,237	7,213,693	7,029,883	6,856,319	6,751,043

자료 : 보건복지부(2018), 2018 보건복지부통계연보 참조

[그림 10−1] 아동인구변화추이

〈표 10−1〉은 연도별 요보호아동 발생 및 보호현황이다. 2017년 한해 요보호아동 발생인원은 4,121명이다.

3) 그림의 통계치는 2018보건복지통계연보(보건복지부)에서 발췌한 내용이다.

〈표 10-1〉 요보호아동 발생 및 보호내용

(단위 : 명)

연도별	발생유형						보호내용					
							시설보호			가정보호		
	계	유기	미혼부모·혼외자	미아	비행, 가출, 부랑아	학대, 부모빈곤, 실직 등	양육시설 등	장애아동시설	공동생활가정	가정위탁, 입양전 위탁	입양	소년소녀가장
2010	8,590	191	2,804	210	772	4,613	4,196	23	623	2,124	1,393	231
2011	7,483	218	2,515	81	741	3,928	3,108	32	612	2,350	1,253	128
2012	6,926	235	1,989	50	708	3,944	2,948	25	775	2,289	772	117
2013	6,020	285	1,534	21	512	3,668	2,532	39	686	2,265	478	20
2014	4,994	282	1,226	13	508	2,965	2,384	10	506	1,688	393	13
2015	4,503	321	930	26	360	2,866	2,211	13	458	1,582	239	-
2016	4,592	264	856	10	314	3,148	2,277	12	605	1,449	243	6
2017	4,121	261	850	12	229	2,769	1,777	19	625	1,413	285	2

자료 : 보건복지부(2018). 2018보건복지통계연보.

2) 아동복지정책과 서비스

아동복지정책과 그 실천은 정치적·사회적·경제적 변동에 영향을 받아 왔고, 변화하는 상황에 지속적으로 적응해 왔다. 1980년대 초반부터 아동복지서비스는 아동의 가족에게 최소한으로 개입하는 엄격한 아동보호 접근법에서 아동을 중심으로 가족에 초점을 맞춘 접근법으로 변화했다. 아동을 중심으로 가족에 초점을 맞춘 접근은 대부분의 아동들이 가족과 함께 살기를 원할 뿐 아니라 가족과 함께 사는 것이 보다 좋다는 것을 인정한다는 점에서 중요성을 지닌다. 또한 사회적인 변화로 아동에 대한 관심은 과거에 요보호아동에 한정되었던 것에서 모든 아동으로 확대되어 가고 있으며, 새로운 아동문제와 요구에 대처할 프로그램들이 마련되어야 할 것이다. 아동을 중심으로 가족에 초점을 맞춘 접근은 가정을 강화시키고 지원하며 가능한 한 많은 시간을 아동이 가족과 함께 하도록 노력한다. 가정을 중심으로 하는 아동복지서비스는 대체로 다음과 같은 유형을 포함한다(Liedeman, 김만두 외 감수, 1999: 397).

① 가족유지와 가정보호

② 아동보호서비스(Child Protective Service : CPS, 아동학대와 방임보호)

③ 가정 외의 보호(가정위탁보호, 친족보호, 집단수용보호-그룹 홈, 수용치료센터와 안전시설 등에서 제공-)

④ 입양

⑤ 독립생활서비스[4]

⑥ 아동주간보호

⑦ 미혼부모를 위한 사회사업서비스 : 청소년 임신과 양육서비스

(1) 학대아동보호

아동학대(Child Abuse)라고 하면 일반적으로 신체적인 구타, 성적 착취 또는 가해 등을 생각하게 된다. 학대의 의미는 이보다 더 포괄적이다. 아동학대는 신체적인 학대, 성 학대, 정서적 학대(예 : 언어적 · 정서적 위협), 방임이나 유기, 부적절한 양육 등 아동의 건강이나 복지를 위협하는 경우를 말한다. 최근에는 사회적 학대도 중요하게 논의되고 있다. 사회적 학대는 사회가 개인을 학대한다는 의미다. 즉 사회(지역사회)가 차별이 심하고, 적절한 관심과 복지대책을 제공하지 못하는 경우를 말한다. 성차별, 인종차별, 이동제한, 주거환경의 부적절, 오락 및 문화시설의 결여, 교육환경의 부적절, 혼잡한 교통질서, 유해식품, 유해매체 및 기타 불량한 사회환경 등의 예를 들 수 있다(박석돈, 2004: 220).

학대아동의 보호로는 아동학대신고 의무화, 긴급전화설치(보건복지콜센터 긴급지원전화 129, 아동상담전용전화 1577-1391, 국번 없이 1391), 아동보호전문기관 운영, 응급조치의무화, 보조인 선임,[5] 가해자에 대한 처벌 등이 있다. 아동복지법에서는 교원, 의료인, 장애인 복지시설에서 장애아동에 대한 상담 · 치료 · 훈련 · 요양을 행하는 자, 보육시설종사자, 유치원의 장과 교직원 및 종사자, 학원 및 교습소의 운영자 · 강사 · 직원 · 종사자, 소

4) 독립생활서비스는 성인으로서의 능력과 기술을 갖춘 상태에서 18세에 위탁보호를 떠나야 하는 청소년을 준비시키기 위해 구성되었다. 독립생활을 준비하는 청소년에게 기본적인 생활능력을 준비할 수 있도록 하고, 원치 않는 임신과 미혼모 발생방지 등과 관련된 보건보호서비스와 적절한 주거지를 찾을 수 있도록 원조하는 것이다.

5) 아동학대 사례의 법원의 심리과정(피해자 신문 등)에서 변호사, 법정대리인, 직계친족, 형제자매, 아동보호전문기관 상담원 등의 보조인을 선임하는 경우이다.

방구급대원, 성매매방지 및 피해자보호 등에 관한 법률에 따른 지원시설 및 성매매피해상담소의 장과 종사자, 한부모가족지원법에 따른 한부모가족복지상담소의 상담원과 한부모가족복지시설의 종사자, 가정폭력 관련 상담소의 상담원 및 가정폭력피해자보호시설의 종사자, 아동복지지도원과 사회복지전담공무원 등을 아동학대 신고의무자로 규정하고 있다.

우리나라에는 중앙아동보호전문기관(1개소)과 지역아동보호전문기관(시·도 아동보호전문기관 19개소, 시·군·구 아동보호전문기관 62개소)을 운영하고 있다. 2000년 10월부터 아동보호전문기관(중앙, 시·도 포함 17개소)을 운영하고 긴급전화(국번 없이 1391)를 운영했고, 2004년부터 지역아동보호전문기관(시·군·구)을 설치·운영하고 있다. [그림 10-2]는 아동학대사례업무진행도이다. 아동학대가 신고된 후 마지막 사례종결해서 사후관리까지의 단계를 그림으로 표현한 것이다.

〈표 10-2〉와 같이 2017년 전국 아동보호전문기관에서 집계된 전체 신고접수 건수는 총 34,169건으로 작년 대비 약 15.1% 증가했다. 이 중 응급아동학대의심사례는 2,094건, 아동학대의심사례는 28,829건으로 전체 신고 접수의 90.5%를 차지하였다. 총 신고접수건수와 신고접수건수 중 아동학대의심사례의 비율은 2005년 이후 꾸준하게 증가하고 있다. 동일 신고는 292건(0.9%)이었으며, 일반상담은 2,951건(8.6%)에 해당하였다.

〈표 10-2〉 아동학대 신고접수 (단위 : 건, %)

아동학대 의심사례[6]			동일 신고	일반상담	해외발생사례	계
응급아동학대 의심사례[7]	아동학대 의심사례	소계				
2,094 (6.1)	28,829 (84.4)	30,923 (90.5)	292 (0.9)	2,961 (8.6)	3 (0.0)	34,169 (100)

자료 : 보건복지부(2018). 2017년 전국아동학대현황보고서.

6) 신고접수 당시 아동학대로 의심되어 현장조사가 필요하다고 판단되는 사례 가운데, 응급아동학대의심사례를 제외한 모든 사례이며, 신고접수를 받은 후 72시간 이내에 현장조사를 실시해야 한다고 판단되는 사례

7) 신고접수 당시 응급한 아동학대 상황으로 의심되며, 아동의 안전을 위하여 12시간 이내에 현장조사를 실시해야 한다고 판단되는 사례

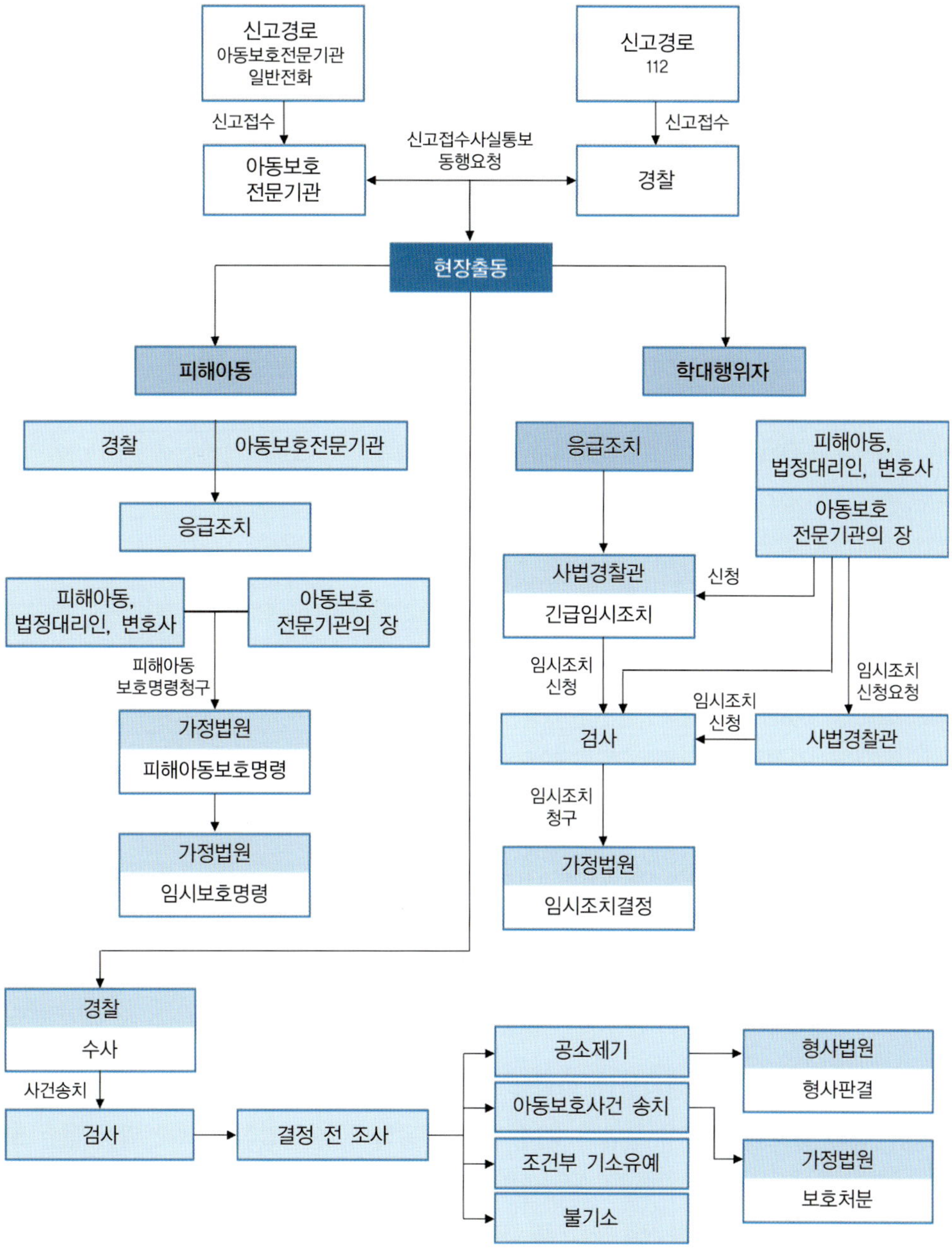

[그림 10-2] **아동학대사례 업무진행도**(2017년도 전국아동학대현황보고서 참조)

〈표 10-3〉은 연도별 아동학대 건수를 나타낸 것인데, 아동학대는 계속 증가하고 있고, 특히 중복학대가 가장 많고, 정서학대, 신체학대, 방임 순으로 많은 것을 알 수 있다. 1391 홍보 및 신고의무자[8] 교육의 활성화, 국민들의 아동학대에 대한 인식 개선, 학대유형별 특성에 맞는 서비스 제공, 피해아동 특성에 맞는 다양한 프로그램 개발 등이 요구된다.

〈표 10-3〉 아동학대 유형별 현황

(단위 : 건)

연도	계	신체학대	정서학대	성학대	방임	유기*	중복학대
2007	5,581	473	589	266	2,107	59	2,087
2008	5,578	422	683	284	2,237	57	1,895
2009	5,685	338	778	274	2,025	32	2,238
2010	5,657	348	773	258	1,870	14	2,394
2011	6,058	466	909	226	1,783	53	2,621
2012	6,403	461	936	278	1,713	-	3,015
2013	6,796	753	1,101	242	1,778	-	2,922
2014	10,027	1,453	1,582	308	1,870	-	4,814
2015	11,715	1,884	2,046	428	2,010	-	5,347
2016	18,700	2,715	3,588	493	2,924	-	8,980
2017	22,367	3,285	4,728	692	2,787	-	10,875

*2012년부터 방임학대의 세부유형으로 유기를 포함하여 집계함.

자료 : 보건복지부(2018). 2017년 전국아동학대현황보고서.

(2) 가정위탁보호

가정위탁은 유엔아동권리협약 이념을 바탕으로 아동복지법 제3조에 의거하여 보호대상아동의 보호를 위하여 성범죄, 가정폭력, 아동학대, 정신질환 등의 전력이 없는 보

8) 신고의무자는 아동학대 신고 의무를 가진 자로 신고의무자에는 초 · 중 · 고교 직원, 의료인, 아동복지시설 종사자, 장애인 복지시설 종사자, 보육교직원, 유치원교직원 · 강사, 학원 및 교습소 종사자, 소방구급대원, 성매매 피해지원시설 및 상담소 종사자, 한부모가족복지상담소 및 복지시설 종사자, 가정폭력상담소 및 피해자보호시설 종사자, 사회복지전담공무원, 아이돌보미 등 24개 직군이 포함됨(아동학대처벌법 제10조).

건복지부령으로 정하는 기준에 적합한 가정에 보호대상아동을 일정 기간 위탁하는 것을 말한다.

가정위탁보호는 전국의 17개 지역가정위탁지원센터를 중심으로 위탁아동, 위탁가정, 친가정에 대한 다양한 서비스 제공을 통해 보호대상아동의 건강한 발달과 건전한 사회인으로의 성장을 지원하고 있으며 중앙가정위탁지원센터는 지역가정위탁지원센터 및 아동복지 유관기관과의 공조를 통해 보호대상아동의 안전한 보호와 성장을 위한 아동복지서비스의 개선을 도모하고 있다.

우리나라는 2000년 가정위탁사업을 시범 실시한 이후, 2017년 현재 전국에 18개소의 가정위탁지원센터(중앙가정위탁지원센터 1개소, 지역가정위탁지원센터 17개소)를 운영하고 있다. 대리양육 가정위탁(친조부모, 외조부모에 의한 양육), 친·인척 가정위탁(친조부모, 외조부모를 제외한 친인척에 의한 양육), 일반 가정위탁 등으로 유형을 분류하고 있다. 위탁가정 선정에 대한 기준을 마련하고 있고, 위탁가정에 양육보조금을 지원하고, 위탁아동을 국민기초생활수급자로 책정·지원하며, 위탁아동 상해보험료를 지원하고, 대리양육·친인척 위탁 가정에 대해 전세자금을 지원하고 있다(보건복지부, 2018아동분야사업안내).

보건복지부 2018가정위탁보호 현황보고서를 살펴보면 2017년 말 기준으로 위탁아동 수 11,983명으로 대리양육 7,950명(66.3%), 친인척위탁 3,100명(25.9%), 일반위탁 933명(7.8%)으로 나타났다. 중앙가정위탁지원센터(2017)의 조사에 따르면 아동이 가정위탁보호를 받게 되는 사유는 부모의 이혼(31.4%), 별거·가출(26.3%), 부 또는 모의 사망(24.2%)이 높은 비율을 차지하였고, 그 외 부모 사망(5.3%), 부모 수감(3.2%), 혼외출생/미혼모 또는 부(2.6%), 부모질병(1.5%), 빈곤 또는 실직(1.0%) 등으로 나타났다.

〈표 10-4〉는 위탁유형에 따른 연도별 위탁아동 수를 나타낸 것이다. 전체 가정위탁보호아동은 2010년부터 감소 추이를 보이고 있으며 2017년 위탁아동은 총 11,975명으로 전년 대비 7.2%p 감소했다. 보호필요아동의 발생이 지속적으로 감소하는 추세에 가정위탁보호아동의 수도 줄어들고 있으나 일반위탁아동의 경우 2014년부터 그 비율이 소폭씩 상승하고 있다.

〈표 10-4〉 연도별 가정위탁보호 현황

(단위 : 명)

연도별	계	대리양육(외(조)부모)	친인척위탁아동	일반인위탁아동
2007	16,200	10,112	4,850	1,238
2008	16,454	10,709	4,519	1,226
2009	16,608	10,947	4,503	1,158
2010	16,359	10,865	4,371	1,123
2011	15,486	10,205	4,260	1,021
2012	14,502	9,732	3,831	939
2013	14,596	9,776	3,843	977
2014	14,385	9,550	3,816	1,019
2015	13,728	9,127	3,556	1,045
2016	12,896	8,578	3,348	970
2017	11,983	7,950	3,100	933

자료 : 보건복지부(2018). 2017가정위탁보호 현황보고서.

(3) 입양지원

입양(adoption)은 혈연관계가 아닌 일반인들 사이에서 법률적으로 친자관계를 맺는 행위를 일컫는다. 입양은 아동을 위한 비시설보호의 방법이고, 여러 가지 이유로 부모 또는 가정을 가지지 못하는 아동(친부모가 아동을 돌볼 수 없거나 원치 않을 때)을 건전한 가정 분위기에서 보호 · 양육(가족관계 창출)할 수 있다는 면에서 아동복지 구현에 중요한 부분이다. 입양의 목적은 아동에게 지지적이고 양육적인 가정을 제공하는 것이다. 입양은 양부모와 아동 모두에게 인간적인 욕구를 충족시키려는 노력으로 볼 수 있고, 양부모는 아동의 양육에 무제한적인 책임을 장기간 지게 되기 때문에 일정한 법적 절차에 따라 이루어진다.

입양은 관점에 따라 그 유형을 달리하지만, 친족입양과 비친족입양, 독립입양과 기관입양, 국내입양과 국외입양 등으로 구분된다. 독립입양은 입양기관을 거치지 않고 친부모와 양부모가 직접 상의하거나 친척, 의사, 변호사를 통해 입양하는 경우이고, 기관입양은 입양기관의 전문가에 의해 친부모로부터 친권을 포기하게 하고 기관이 모든 법적 대리인이 되어서 주관하는 입양을 말한다.

우리나라에서는 입양촉진 및 절차에 관한 특례법(1976년 입양특례법, 1995년 법명 변경)에 의거 입양이 이루어지고 있고, 법에서는 입양의 요건,[9] 입양절차,[10] 입양가정에 대한 지원 등을 규정하고 있다.

입양가정에 대한 지원내용은 입양기관에 지급하는 입양비용 지원(보건복지부 허가기관 270만원, 시도 허가기관 100만원), 입양아동양육수당 지급(만16세 전, 월 15만원), 장애아동의 경우 장애아동 양육보조금 및 의료비 별도 지원(만18세 전), 양육보조금(중증 월 627천원, 경증 및 기타 월 551천원), 의료비(연 260만원 한도), 의료급여 1종으로 지정하여 의료비 지원(만18세 전), 입양아동 심리치료비 지원(만18세 전, 월 20만원 한도) 등이다. 또한 국내입양을 활성화하기 위해 국내입양기관에 대한 운영을 지원하고 있고, 국내외 입양인 및 입양가족에 대해 입양정보를 제공하고, 입양사후관리 서비스를 제공하기 위해 입양정보센터를 운영하고 있다. 또한 입양기관 간 입양대상아동에 대한 정보공유시스템 구축을 통해 입양부모에게 종합적인 입양아동정보를 제공하기 위해 입양대상아동 통합관리시스템을 운영하고 있다. 2017년 현재 우리나라에는 국내·외 입양기관으로 4개소, 국내입양기관으로 6개소가 운영 중이다.

〈표 10－5〉는 입양현황을 나타낸 것이다. 표에서 보면 매년 입양아동수가 감소하고 있고, 2007년부터 국내입양이 국외입양보다 많다. 국내입양이 많지 않은 것은 역시 혈연 중심의 가족문화, 비밀입양주의 입양인식 등에 기인한다고 볼 수 있다.

9) 입양의 요건은 입양 아동의 양친이 되고자 하는 사람은 25세 이상으로서 입양 아동과의 연령 차이가 60세 미만이어야 하며, 부양을 위한 충분한 재산이 있고 가정이 화목하며, 정신적·신체적으로 현저한 장애가 없어야 한다. 또한, 양친이 될 사람은 아동 학대·성폭력 등 범죄나 약물 중독의 경력이 없어야 한다.

10) 입양 절차는 신청[입양 기관]→ 가정 조사→ 부모 교육→ 아동 선보기→ 입양 허가 신청[가정 법원]→ 입양 허가 및 신고→ 사후 관리[6개월 이내] 순으로 이루어진다.

〈표 10-5〉 입양아동 수

구분	계	국내입양(%)	국외입양(%)
2006년 이전	227,983	68,939(30.2)	159,044(69.8)
2007	2,652	1,388(52.3)	1,264(47.7)
2008	2,556	1,306(51.1)	1,250(48.9)
2009	2,439	1,314(53.9)	1,125(46.1)
2010	2,475	1,462(59.1)	1,013(40.9)
2011	2,464	1,548(62.8)	916(37.2)
2012	1,880	1,125(59.8)	755(40.2)
2013	922	686(74.4)	236(25.6)
2014	1,172	637(54.4)	535(45.6)
2015	1,057	683(64.6)	374(35.4)
2016	880	546(62.0)	334(38.0)
2017	863	465(53.9)	398(46.1)
총계	247,343	80,099(32.4)	167,244(67.6)

자료 : 보건복지부(2018). 2018보건복지통계연보.

(4) 지역사회아동보호

지역사회아동보호는 지역사회의 저소득아동과 가정여건이 어려운 아동들(빈곤 · 위기아동)을 보호하고, 보건 · 복지적, 교육적 · 정서적 · 문화적 서비스를 제공함으로써 지역사회 내에서 아동의 권리를 보장하고, 빈곤아동의 전인적 발달을 도모하는 서비스를 말한다. 아동시설보호의 제한성을 감소시키고, 지역사회 자원과 네트워크의 활용, 시설보호대상이 아닌 아동들에 대한 지역사회보호 등의 차원에서 중요한 의미를 갖는다.

우리나라의 경우 지역사회아동의 보호 · 교육, 건전한 놀이와 오락의 제공, 보호자와 지역사회의 연계 등 아동의 건전육성을 위하여 종합적인 아동복지서비스를 제공하는 시설로 지역아동센터를 운영하고 있다(2004년부터 아동복지시설로 규정, 과거 민간에서 운영하던 공부방을 확대). 2017년 12월 말 현재 전국에 4,107개소가 설치 · 운영되고 있다.

또한 2007년부터 지역사회 빈곤아동에 대해 사전예방적 통합서비스 지원체계를 도입하여 아동들의 신체적 · 정서적 · 사회적 능력 등 전인적 발달을 지원함으로써 빈곤의 대물림을 차단하고, 모든 아동에게 공평한 출발기회를 보장하기 위해 '드림스타트(아동보호통합서비스)' 사업을 진행하고 있다. 2017년 현재는 전국 229개 시 · 군 · 구 단위의 빈곤밀집지역을 선정해서 확대 · 운영하고 있다. 미국의 '헤드스타트(Head Start)'처럼 계속 확대될 전망이다.

드림스타트 사업은 미국의 Head Start,[11] 영국의 Sure Start, 캐나다의 Fair Start, 우리나라의 We Start 마을만들기 사업(Welfare Education, '04년부터 민간 시민운동 차원에서 전개한 후 현재 위스타트 마을 전국 4개 시 · 도 24개 마을, 위스타트 아동복지센터 전국 3개 시에 3개 센터, 한국형 빈곤아동 조기지원 포괄적 서비스–중앙부처의 정책사업으로 반영되어 희망스타트 사업 추진)과 동일한 맥락이다. 스타트 사업은 빈곤의 세대 간 전이에서 인적자본의 불평등이 발생한다는 이론적 근거와 조기개입의 중요성에 초점을 두고 정립된 개념이다. 빈곤아동들은 건강, 인지, 학업 등에서 뒤쳐질 수밖에 없고, 이는 청소년기의 학업성취도 부진과 직결됨으로써 결국은 성인이 된 후에도 빈곤을 면치 못하게 되므로 가급적 어린 나이에 개입해서 공정한 교육, 복지의 출발선상에 설 수 있도록 한다는 것이다. 스타트는 여러 선진국에서 쓰고 있는 빈곤아동대상 조기지원 프로그램의 고유명사로 받아들여지고 있다(김상곤, 2007. 11).

11) 미국 1964년 존슨 대통령 당시 시작. 취학 전 빈곤아동에게 언어 · 보건 · 정서 등 다방면에서 포괄적 서비스를 제공해 빈곤의 악순환을 끊겠다는 취지로 만들어진 아동보육 프로그램. 빈곤층 자녀들의 인지적 능력 개발에 초점. 저소득층 밀집지역의 보육기관(일종의 유치원). 이 프로그램 참여 아동의 부모를 프로그램 보조교사로 참여시켜 취업시키는 특징. Sure Start는 1999년부터 실시. 취약지역 16세까지 모든 아동대상. 포괄적인 서비스 제공. 지방정부와 민간시설, 지역사회가 연계된 통합적인 지역아동복지서비스. Fair Start는 18개월부터 취학 전까지의 아동에게 시력, 청력, 사회성, 언어능력, 체력, 손놀림 등 여섯 가지 검사를 무료로 받게 하는 프로그램(오정수 외, 2006).

(5) 아동시설보호

아동시설보호는 아동의 부모가 그 자녀를 양육할 의사나 충분한 능력이 없을 때 일정한 (아동복지)시설에서 일시적 또는 장기적으로 집단으로 보호하는 것을 말한다. 시설보호는 도움이 필요한 아동 중 입양, 대리양육, 가정위탁 및 소년소녀가정 지원 등 가정보호를 제공받을 수 없는 아동을 시설에 입소시켜 기본적인 욕구 충족과 사회화 및 교육 등의 생활 전반에 대한 지도를 받을 수 있도록 해서 건전한 사회인으로 육성하는 데 그 목적을 두고 있다.

① 아동양육시설 : 보호대상아동을 입소시켜 보호, 양육 및 취업훈련, 자립지원 서비스 등을 제공하는 것을 목적으로 하는 시설
② 아동일시보호시설 : 보호대상아동을 일시보호하고 아동에 대한 향후의 양육대책수립 및 보호조치를 행하는 것을 목적으로 하는 시설
③ 아동보호치료시설 : 불량행위를 하거나 불량행위를 할 우려가 있는 아동으로서 보호자가 없거나 친권자나 후견인이 입소를 신청한 아동 또는 가정법원, 지방법원소년부지원에서 보호위탁된 19세 미만인 사람을 입소시켜 치료와 선도를 통하여 건전한 사회인으로 육성하는 것을 목적으로 하는 시설 또한 정서적 · 행동적 장애로 인하여 어려움을 겪고 있는 아동 또는 학대로 인하여 부모로부터 일시 격리되어 치료받을 필요가 있는 아동을 보호 · 치료하는 시설
④ 공동생활가정 : 보호대상아동에게 가정과 같은 주거여건과 보호, 양육, 자립지원 서비스를 제공하는 것을 목적으로 하는 시설
⑤ 자립지원시설 : 아동복지시설에서 퇴소한 사람에게 취업준비기간 또는 취업 후 일정 기간 동안 보호함으로써 자립을 지원하는 것을 목적으로 하는 시설
⑥ 아동상담소 : 아동과 그 가족의 문제에 관한 상담, 치료, 예방 및 연구 등을 목적으로 하는 시설
⑦ 아동전용시설 : 어린이공원, 어린이놀이터, 아동회관, 체육 · 연극 · 영화 · 과학실험전시시설, 아동휴게숙박시설, 야영장 등 아동에게 건전한 놀이 · 오락, 그 밖의 각종 편의를 제공하여 심신의 건강유지와 복지증진에 필요한 서비스를 제공하는 것을 목적으로 하는 시설

⑧ 지역아동센터 : 지역사회 아동의 보호 · 교육, 건전한 놀이와 오락의 제공, 보호자와 지역사회의 연계 등 아동의 건전육성을 위하여 종합적인 아동복지서비스를 제공하는 시설
⑨ 아동보호전문기관 : 아동학대 신고접수, 현장조사 및 응급보호의 업무를 수행하며 피해아동과 피해아동의 가족 및 아동학대행위자를 위한 상담 · 치료 및 교육 등을 수행하는 시설
⑩ 가정위탁지원센터 : 친부모의 사정으로 친가정에서 아동을 양육할 수 없는 경우, 일정기간 위탁가정을 제공하여 보호하고 양육하는 시설

아동시설보호는 시설병, 지역사회보호, 정상화 등에 대한 논의와 함께 경제적 부담과 인권이라는 측면, 지역사회 자원활용이라는 측면에서 그 효과성 및 효율성을 재고해 볼 필요가 있다. 아동시설은 대규모로 보호가 이루어지기 때문에 개별적인 욕구를 충족시키기 어렵고, 시설 운영비용에 대한 부담 등으로 전문적이고 개별화된 서비스를 제공하기 어렵다. 따라서 시설도 소규모 공동체(예 : 그룹홈)로의 전환을 모색해야 할 것이다.

우리나라 아동복지법에서는 아동복지시설로 아동양육시설, 아동일시보호시설, 아동보호치료시설, 자립지원시설, 아동상담소, 아동전용시설, 공동생활가정, 지역아동센터, 아동보호전문기관, 가정위탁지원센터 등을 규정하고 있다(아동복지법 16조). 〈표 10-6〉은 2017년 현재 아동복지시설 및 보호아동 현황을 나타낸 것인데, 표에서 보면 현재 아동복지시설은 280개소이고, 17,521명이 생활하고 있다.

〈표 10-6〉 아동복지시설 및 보호아동 현황 (2017년 말 현재, 보건복지부 자료)

구 분	시설수(인원)	구 분	시설수(인원)
양육시설	242(16,239)	종합시설	3(138)
보호치료시설	11(514)	전용시설	3
자립지원시설	12(262)	개인양육시설	25(352)
일시보호시설	12(368)	계	280(17,521)

* 아동상담소, 전용시설, 개인양육시설은 계에서 제외.

또한 아동복지법상 아동복지시설이면서 24시간 아동보호양육시설인 공동생활가정(그룹홈)을 설치 · 운영하고 있다. 아동 · 청소년 공동생활가정은 보호를 필요로 하는 아동 · 청소년에게 가정과 같은 여건과 보호를 제공하여 건전한 사회인으로 성장하도록 지원하는 시설지원사업이다. 공동생활가정은 대규모집단시설 위주의 보호에서 소규모 가정형태의 보호와 지역사회 중심의 아동보호를 위한 새로운 형태로서의 의미를 가지고 있고, 1997년부터 시범사업을 실시해서, 2004년부터 본격적으로 실시하였다. 2017년 12월 31일 현재 전국에 538개소에서 2,811명이 생활하고 있다. 공동생활가정은 단독 및 공동주택(아파트) 등에 설치되고, 4명 이상 7명 이하 아동을 대상으로 종사자(사회복지사)가 반드시 1인 이상 상주하게 된다.

(6) 보육서비스

보육은 원래 탁아(託兒) 개념에서 출발했다. 탁아는 아동을 위탁보호한다는 의미로 아동이 그의 가정에서 정상적인 양육을 받기 어려운 경우(예 : 질병, 근로 등) 하루 중 일정 시간 동안 타인이나 기관에서 보호와 양육서비스를 제공받는 것이다. 소위 부모의 보호역할을 보충 · 보완하는 서비스이고 보호의 기능이 강조되었다.

과거의 보육에 대한 인식은 저소득층 가정을 대상으로 하고, 하나의 사회적 서비스이고 국가책임으로 인식되었다. 그러나 취업모의 증가와 가족구조와 기능의 변화 등으로 보육문제는 저소득층에게 한정된 것이 아니라 모든 가정의 아동을 대상으로 사회나 국가 차원에서 다루어져야 할 것으로 변화되었으며, 종전의 단순보호 차원에서 벗어나 아동의 발달과 성장을 촉진하기 위한 사회적 서비스로서 아동의 보호와 교육을 동시에 중시하는 것이 되었다(공계순 외, 2006: 408). 현대의 보육서비스는 탁아의 보호기능과 함께 양육과 교육의 기능을 동시에 포함하고 있고, 모든 아동을 그 대상으로 한다(부모의 양육을 보충하는 의미+아동의 발달특성에 따른 교육을 포함한 교육보호 educare).

우리나라 영유아보육법 제2조에서도 "보육서비스는 영유아를 건강하고 안전하게 보호 · 양육하고 영유아의 발달특성에 맞는 교육을 제공하는 보육시설 및 가정양육지원에 관한 사회복지서비스"로 규정하고 있다. 우리나라의 보육서비스는 영유아보육법에 근거하고 있고, 2008년 이후 보건복지부에서 총괄 관리하고 있다. 아동복지서비스 중 유일하게 일반아동에게도 부분적으로 지원되는 서비스이고, 아동복지서비스 중 가장 많은 예산이 투입되는 사업이다. 보육시설의 유형은 국·공립보육시설, 사회복지법인, 법인·단체보육시설, 직장보육시설, 가정보육시설(놀이방), 부모협동보육시설, 민간보육시설로 구분하고 있다. 〈표 10-7〉에서 볼 수 있듯이 2017년 기준 전국 40,238개소가 운영 중이다.

〈표 10-7〉 우리나라 보육시설 및 보육아동 현황 (2017. 12. 31. 기준)

구분		계	설립주체별						
			국·공립	사회복지 법인	법인·단체 등	민간	협동	가정	직장
시설수		40,238	3,157	1,392	1,392	14,045	164	19,656	1,053
아동수 (%)		1,450,243	186,916	96,794	43,404	738,559	4,508	321,608	58,454
		100.0	12.9	6.7	3.0	50.9	0.3	22.2	4.0

자료 : 보건복지부(2018). 2018보건복지통계연보.

여성의 사회참여가 여러 경로로 증가하고 있고, 여성의 사회참여에 대한 가치도 보편화되고, 가족구조의 핵가족화의 확대 및 그 기능의 변화가 확대됨에 따라 보육수요는 증가할 전망이다. 보육서비스의 공공성을 강화(보육료지원 확대, 국공립보육시설 확충 등)하고, 보육서비스의 질적 수준(다양한 보육수요-영아, 장애아, 시간연장형 등-에 적극 대처, 보육인력 전문성 및 처우개선 등)을 향상시킬 필요가 있다.

(7) 아동수당제도

아동수당은 부양할 아동이 있는 가족에 대해 수당을 지급하는 것을 말하는데, 아동의 생활보장을 구체화하는 현금급여로서 나라에 따라서는 가족수당이라고도 한다. 아동수당제도는 여러 선진외국에서 아동양육비에 따른 가계부담을 줄이고, 이를 통해 가정의 빈곤을 방지하고, 아동의 건전육성과 자질 향상을 꾀할 목적으로 도입·실시하고 있다. 아동수당은 무갹출, 비자산조사를 기반으로 하고, 급여를 하나의 권리로 제공받기 때문에 인간의 존엄성(아동의 복지권 실현)과 국민의 연대의식을 고양하며, 아동을 양육하는 가정의 소득지원정책의 일환으로 이루어짐으로써 아동의 양육부담으로 인한 유기 및 방임을 미연에 방지할 수 있게 하고, 궁극적으로 가족해체현상을 방지할 수 있도록 한다(조애저, 2000. 5).

아동수당 또는 가족수당은 다른 측면에서 또 다른 의미를 가진다. 첫째는 한 사회의 다음 세대를 담당할 아동들의 건강한 성장에 부모뿐 아니라 사회가 책임을 분담한다는 것을 구체적으로 표현하는 것이고, 둘째는 소득과 가족의 크기 간에 발생할 수 있는 불균형을 해소하기 위한 수단이다. 다시 말해 부양아동이 있을 경우 생계비가 더 많이 필요하기 때문에 그 비용의 일부를 임금이 아닌 공적 지원으로 보전해 준다는 것이다(김종해, 2006).

아동수당제도는 아동이 있는 모든 가족에 대해 수당을 지급하는 형태의 보편주의 시스템(국민형으로도 칭함. 영국, 캐나다, 뉴질랜드, 오스트레일리아 등)과 정해진 소수의 아동이 있는 임금, 봉급생활자 또는 자영업자에게 수당을 지급하는 고용관련 시스템(수당형, 임금의 보충급여형태, 프랑스, 벨기에, 스위스 등) 등 그 실시형태는 다양하다. 나라마다 아동수당의 대상도, 급여액도 다르지만, 소득에 관계없이 보편적인 수당으로 지급하는 나라들이 많다.

우리나라도 자녀를 가진 가정의 생활안정과 가족기능의 강화, 아동의 건전육성과 자질의 향상, 소득재분배와 소득격차의 완화 등의 효과를 가지고 있는 아동수당제도가 2018년 8월 도입되었다. 2018년 도입된 아동수당은 소득 · 재산 하위 90%인 가구에 선별적으로 지급되었으나, 2018년 12월 국회에서 「아동수당법」이 개정됨에 따라 2019년부터는 부모의 소득 · 재산과 무관하게 모든 아동에게 지급된다. 따라서 만 6세 미만(0~71개월)인 아동은 1인당 매월 10만원씩 아동수당을 지급받을 수 있다. 또한 2019년 9월부터는 만 7세 미만으로 확대 지급될 예정이다(보건복지부 2019.1.14일자 보도자료).

(8) 아동급식지원사업(2018 아동복지사업안내 참조)

아동급식지원사업은 아동이 빈곤, 가족해체, 부모(보호자)의 실직 · 질병 · 가출 및 직업적 특성, 아동학대 · 방임 · 유기 · 부양기피 및 거부, 가정위탁 아동, 소년소녀가정, 그 밖에 여러 가지 사유로 인한 가정사정으로 제대로 보살핌을 받지 못해 끼니를 거르거나 먹는다 해도 필요한 영양을 충분히 공급받지 못하는 경우에 건강한 성장을 위하여 식사를 제공하거나 식사를 할 수 있도록 관련 식품 등을 지원하는 사업이다.

이 사업은 빈곤아동이나 결손가정 아동의 건전육성을 도모하기 위한 목적으로 2000년에 시작되었고, 초기에는 석식사업만 실시하다가 2001년부터 조식도 추가로 지원하고 있으며, 2004년부터는 방학과 토요일 그리고 공휴일에도 서비스를 제공하고 있다(도미향 외, 2015).

급식지원 대상은 18세 미만의 취학 및 미취학 아동(아동복지법 제3조), 다만, 18세 이상인 경우에도 고등학교에 재학중인 아동을 포함하며, 18세 미만인 학교 탈락아동의 경우에도 지원한다. 지원기준은 「국민기초생활보장법」 제2조 제2호에 따른 수급자나 「한부모가족지원법」 제5조에 따른 보호대상자인 아동 등 저소득층에 해당되는 아동 중에서 결식우려[12]가 있는 아동을 대상으로 급식지원을 한다. 또한 그 밖에 담임교사, 사회복지사, 이 · 통반장, 시 · 군 · 구 담당공무원 등이 추전하는 아동으로서 아동급식위원회에서 급식지원이 필요하다고 결정한 아동도 포함된다.

(9) 디딤씨앗통장(CDA) 사업

디딤씨앗통장은 2007년 4월 도입되어 저소득 아동의 사회진출 시 필요한 자립자금 마련에 도움을 주기 위하여 아동복지시설 아동, 가정위탁 아동 등을 대상으로 아동발달지원계좌(Child Development Account : CDA) 지원하였고, 2009년부터는 디딤돌씨앗통장으로 명칭이 변경되었다.

지원대상은 만18세 미만 아동으로서 아동복지시설 생활아동, 가정위탁아동, 소년소녀가정, 공동생활가정 및 장애인시설 생활아동, 기초생활수급가정(중위소득 40% 이하 기준)

12) ※ 보호자가 충분한 주식과 부식을 준비하기 어렵거나, 주 · 부식을 준비할 수 있다 하더라도 아동 스스로 식사를 차려 먹기 어려운 경우
※ 외국국적 아동의 경우에도 아래 지원기준에 따라 결식우려가 있을 경우 지원
※ 단, 아동복지법 제15조에 따라 아동양육시설, 공동생활가정 등으로 보호조치 된 아동 제외

의 아동이다. 사업내용은 아동이 보호자, 후원자의 후원으로 월 4만원 이내의 금액을 저축하면 국가(지자체)에서 만18세 미만까지 같은 액수(1:1 매칭펀드)를 지원하여 만18세 이후 사회진출 시 학자금, 전세금, 창업자금 등으로 사용토록 하고 있다.

5. 우리나라 아동복지의 과제

우리나라 아동복지정책 및 서비스의 방향은 아직도 잔여적 · 사후적 성격을 벗어나지 못하고 있고, 그 강조점이 변화하고 있지만 아직도 요보호아동 보호에 주력하고 있고, 아동이 정상적으로 성장할 수 있는 가족보다는 아동에 초점을 두고 접근하는 모습을 보이고 있다. 또한 최근 저출산고령화가 심각해지면서 아동출산에 대한 관심은 높아졌지만, 아동의 권리와 모든 아동의 권리에 대한 인식은 아직 부족한 현실이다.

전 세계적인 아동복지의 추세는 모든 아동을 대상으로, 예방적 · 보편적 · 제도적 복지서비스를 지향하고 있고, 친가족(원가족)과 친척들의 기능을 최대한 유지 · 강화하여 가능하면 가정 내에서 아동이 양육될 수 있도록 가정을 보호 · 유지 · 강화하는 방향으로 접근하고 있다. 그리고 지역사회에서 아동이 성장 · 발달할 수 있는 기본적인 여건 조성 및 서비스 제공이 이루어지고 있다. 이에 우리나라도 2018년 아동수당제도가 시행되면서 2019년 4월부터 전면적인 아동수당이 이루어질 계획으로 나아가고 있고, 지역사회의 아동에 대한 관심 제고 및 서비스 강화에 주력하고 있다.

1) 학교사회복지의 제도화

학교사회복지는 학교를 실천 장소로 하여 학생–가정–학교–지역사회의 역기능적 상호작용에 의해서 발생하는 학생의 심리 · 사회적 문제를 예방 및 해결하며, 모든 학생이 자신의 잠재력과 능력을 최대로 발휘할 수 있는 교육환경을 제공하여 학교가 교육의 본질적인 목적을 달성할 수 있도록 도와주는 사회복지 분야이다(윤철수, 2007. 11).

학교는 아동들이 가장 많은 시간을 보내는 학습과 생활의 장이다. 또한 아동기는 교사와 또래의 영향력이 절대적이다. 에릭슨(Erikson)의 심리사회적 발달단계에서 아동기(6~12세)는 근면성과 열등감의 과업을 완수해야 하는 시기이고, 이 시기 교사와 또래들의 긍정적 지지와 강화로 주어진 과업을 긍정적으로 해결함으로써 능력감이 생기고, 부정적으로 해결하게 되면 무능감이 생김으로써 많은 문제를 가질 수 있다. 아동의 건강한 성장과 발달을 도모하고, 잠재력을 충분히 실현시키기 위해 아동–가정–학교–지역사회가 함께 원만한 상호작용을 해야 하는 이유가 바로 여기에 있다.

학교사회복지는 단순히 문제를 가진 아동을 상담하고, 생활의 어려움을 들어주는 정도의 상담교사적 기능 이상이다. 물론 이러한 기능들이 포함되지만, 가정과 학교당국 · 지역사회의 네트워크 조직과 활용을 통해 아동문제의 해결뿐 아니라 아동문제의 사전적 예방을 모색하는, 나아가 아동이 적극적으로 자기개발을 할 수 있도록 가정적 · 학교적 · 지역사회적 여건을 조성 · 발전시켜가는 포괄적인 개념이다.

우리나라의 학교사회복지는 민간사회복지기관에서 부분적으로 이루어져 오다가, 1997년부터 1999년까지 교육부의 '학교사회사업 시범연구사업'이 진행되면서 제도화의 싹을 틔웠다. 이후 2003년도에 교육부에서 '교육복지투자우선지역 지원사업'이 실시되었고, 사회복지공동모금회의 학교사회복지사업지원이 이루어짐으로써 학교사회복지에 대한 본격적인 연구와 지원이 이루어졌다. 2005년부터 한국학교사회복지학회가 주관하여 학교사회복지사 자격시험으로 별도의 학교사회복지사 자격을 부여하고 있다. 2018년 현재 교육부에서는 교육복지우선지원사업을 전국 145여 개 지역 3,191개 초 · 중 · 고교에서 실시하고 있고, 이와는 별도로 보건복지부와 공동으로 전국 141개교에서 학교사회복지사를 활용한 지자체 학교사회사업(135)과 민간지원사업(6)을 실시하고 있다(한국학교사회복지사협회, 2018 학교 내 사회복지사업 현황자료).

학교사회복지의 기능과 그 효과로 보더라도 학교사회복지는 조속한 시일 내에 이루어져야 할 과제다. 이 과정에서 특별히 학교교사들의 인식전환이 필요하고, 학교현장에서의 복지구현의 정당성 확보, 인력체계 구축 등 다양한 과제들이 선행되어야 할 것이다.

2) 아동복지시설 확충

아동복지시설은 요보호아동이 생활하면서 여러 가지 서비스를 받을 수 있는 생활시설과 요보호아동 또는 잠재적인 요보호아동들, 나아가 일반 모든 아동들이 필요시 이용할 수 있는 이용시설이 있을 수 있다. 아동양육시설을 비롯한 생활시설에서 생활하는 아동비율이 대단히 낮다. 이는 여러 가지 사회적 인식 등이 작용할 수도 있지만, 시설 수 자체가 턱없이 부족하기 때문이다. 아동생활시설은 물론이고, 아동이용시설 및 기관(예 : 아동상담소)을 확충시켜 모든 아동이 적절하게 서비스를 받음으로써 지역사회에서의 건강한 성장과 발달을 도모할 수 있도록 해야 한다. 그리고 아동생활시설은 소규모화해서 대규모 생활시설에서의 무관심, 시설병 등을 최소화할 필요가 있다.

3) 아동에 대한 사회지표 마련

사회지표는 한 사회의 사회적 상태를 총체적이고도 집약적으로 나타내어 생활의 양적인 측면은 물론 질적인 측면까지도 측정함으로써 인간생활의 전반적인 복지 정도를 파악할 수 있게 해주는 척도(scale)이다. 우리나라 아동들의 신체적 · 정서적 건강상태와 생활실태가 어떤지 파악하기 위한 아동의 사회지표가 마련되어 정기적으로 정보가 수집되고 평가될 필요가 있다(박종삼 외, 2002: 191).

이를 통해 급변하는 사회 속에서 달라질 아동의 욕구나 문제를 정확히 예측해 내고, 이에 대한 정책적 · 실천적인 대책을 사전에 준비할 수 있도록 해야 한다. 한마디로 아동의 현 실태와 변화방향, 변화의 의미 등을 도출해내서 아동에 대한 보다 전문적인 접근을 시도해야 한다는 것이다. 아동의 가치와 욕구, 사회적 상황 등은 계속 변화한다. 아동복지실천을 위한 다양하고, 새로운 방법을 개발하여야 한다.

4) 청소년복지의 분화

청소년은 일반적으로 중·고등학생 정도로 지칭한다. 청소년기본법에서 청소년은 9세 이상 24세 이하의 자로 규정하고 있다. 따라서 우리나라에서 9세에서 18세 미만까지는 아동인 동시에 청소년이다. 그럼으로써 청소년복지는 별도의 사회복지 분야로 규정되지 못하고, 아동복지에 준해서 이루어지고 있다. 과거 사회복지교과목에서도 일부 아동·청소년복지로 분류하기도 했다. 현재 청소년복지는 별도로 분화되지 못하고 청소년문화 측면에서 접근하는 모습을 보이고 있다. 건전한 청소년문화를 어떻게 조성할 것인가에 초점을 맞추고 있다. 최근 청소년복지에 대한 인식이 변화됨에 따라 청소년 상담실을 청소년지원센터로 변경하는 등 복지적 의미를 추구하고 있다.

청소년들은 아동과는 다른 신체적·심리적·사회적 특성을 가지고 있기 때문에 아동과 동일선상에서 지원과 서비스가 이루어져서는 곤란하다. 청소년들에 대한 지표를 개발·발전시키고, 청소년들의 고유한 특성과 욕구 등에 대한 연구조사가 병행되어 그들에 알맞은 다양한 복지정책과 서비스가 이루어져야 한다.

5) 농촌지역 아동들에 대한 균형적 고려

모든 사회복지시설이 그렇듯이 아동복지서비스 시설이나 기관들도 대도시에 편중되어 있다. 그만큼 농촌지역 아동들은 서비스 접근성이 떨어진다. 농촌지역 아동들에 대한 근접서비스가 이루어질 수 있어야 한다. 농촌지역은 모든 사회서비스 기반시설들과 문화시설들이 부족함으로 인해서 정상적·균형적인 성장·발달은 물론이고 잠재욕구의 실현에 뒤떨어진다. 농촌지역 아동들이 복지서비스 혜택을 받을 수 있는 기반시설들이 확대되어야 한다.

참고문헌

공계순 외(2006). 『아동복지론』. 학지사.

김상곤(2007). "We Start 마을 만들기 사업에서 학교사회복지실천모형". 참여연대 사회복지위원회. 『복지동향』 109호. 나눔의 집.

김종해(2006.4). "아동수당제 도입의 두가지 의미". 참여연대 사회복지위원회. 『복지동향』 90호. 나눔의 집.

도미향 · 남연희 · 이무영 · 변미희(2014). 『아동복지론』. 공동체.

박석돈(2004). 『사회복지학개론』. 삼우사.

박정란 · 서홍란(2003). 『아동복지론』. 양서원.

박종삼 외(2002). 『사회복지학개론』. 학지사.

보건복지부(2017). 2017년 전국아동학대현황보고서.

보건복지부(2018). 2018 보건복지통계연보.

보건복지부(2018). 2018년도 아동분야사업 안내.

성영혜 · 김연진(2001). 『아동복지』. 동문사.

오정수 · 이혜원 · 정익중(2006). 『세계의 아동복지서비스』. 나눔의 집.

윤철수(2007.11). "학교사회복지의 제도화. 어디까지 왔나". 참여연대 사회복지위원회. 『복지동향』 109호. 나눔의 집.

이대근(2001). 『아동복지론』. 형설출판사.

이순형 외(2006). 『아동복지 : 이론과 실천』. 학지사.

장인협 · 오정수(2001). 『아동 · 청소년복지론』. 서울대학교 출판부.

조애저(2000.5). "아동수당제도의 필요성과 도입방안". 『보건복지포럼』. 한국보건사회연구원.

조홍식(1998). "아동권리와 가족지원". 『한국아동복지학』 7호. 한국아동복지학회.

조홍식(2000). "아동권리지표에 따른 아동최선의 이익 정책이행분석". 『한국사회과학』 22(3).

한국학교사회복지사협회(2018). 2018 학교 내 사회사업 현황.

David S. Liedeman(1999). "Child Welfare Overview". *Encyclopedia of Social Work*(19th ed.). 『사회복지대백과사전』. 나눔의 집.

Kadushin, A. & Martin, J. A.(1988). *Child Welfare Services*(4th ed.). N.Y.: Macmillan Publishing Co.

CHAPTER

11 의료사회복지와 정신보건사회복지

Introduction to social Welfare

보건 · 의료 분야에서의 개인(혹은 환자)의 삶의 질을 생각하는 분야가 의료사회복지와 정신보건사회복지다. 보건은 건강을 지키고, 생명을 보호하고 증진시킨다는 의미를 가지고 있고, 치료의 의미도 담고 있지만, 질병의 예방과 질병의 현상태 유지(더 나빠지지 않도록 유지)의 의미를 담고 있다. 의료는 의술로써 병을 고친다는 의미를 갖는다. 치료적 의미를 담고 있다. 오늘날 의료의 개념이 치료적 개념에서 점차 예방과 보건의 개념으로 발전되어 가고 있다.

의료와 보건은 환자 개인의 신체적 · 정신적 건강, 증상 완화, 치료, 질병 예방 등에 초점이 맞추어지지 개인이 처하고 있는 사회적 환경과의 관계에 대해서는 깊은 관심을 가지기 어렵다. 어떻게 보면 개인이 처하고 있는 환경과의 상호작용관계가 좋지 못하다는 사실은 질병의 근본 원인으로 작용할 수도 있고, 예방 · 치료 · 재활에 더욱 효과적인 요인으로 작용할 수 있다. 질병의 사회성을 일컫는다. 질병은 사회적 원인, 다른 사람이나 환경과의 관계 내에서 발생할 수 있고, 질병의 영향은 광범위한 사회적 · 정서적 구성요소를 지닌 현실문제라는 것이다. 인간의 신체질환은 개인의 정서적 · 사회적 문제뿐 아니라 가족의 정서적 · 사회적 문제를 야기시킨다는 것이다. 인간은 신체 · 심리 · 사회적 존재(bio-psycho-social being)이고, 인간은 환경 속의 인간인 것이다. 의료와 보건이 사회사업적인 활동과 함께 해야 하는 이유일 것이다. 질병을 가진 환자가 퇴원 후의 생활(특히 경제적인 부분)이 걱정스럽고, 그것이 심하게 작용하면 환자의 질병치료기간은 더욱 길어질 것이고, 완전한 치료가 되기 어렵고, 환자의 삶의 질은 좋아질 수 없을 것이다.

정신보건을 포함한 의료사회복지는 사회복지실천 분야 중 가장 먼저 전문화된 영역이고, 현재까지도 그 전문성을 가장 많이 인정받고 있다.

1. 의료사회복지

1) 의료사회복지란?

의료사회복지(medical social work; social work in health care)는 의료+사회복지로서 의료 현장에서의 환자의 삶의 질 향상을 위한 노력으로 볼 수 있다. 의료사회복지의 미시적 접근은 의료사회사업 또는 의료사회복지실천 등으로 지칭되어 왔다. 의료사회사업이란 의료진과 협력하에 질병을 가진 환자 개인과 환경의 상호작용관계에 개입하여 환자 개인의 신체적 · 심리적 · 사회적 기능 향상과 그 가족의 심리적 · 사회적 기능 향상을 도모하는 사회복지의 전문적인 원조활동을 말한다. 이러한 활동에는 환자의 입원 시뿐만 아니라 퇴원 후에도 사회적 기능을 원활히 수행할 수 있도록 하는 사후관리 차원의 원조와 지역사회에서의 사전예방적 차원의 활동까지 포함한다.

❙예 시❙

하루 벌어 하루를 사는 가족의 37세 가장이 질병이나 사고로 수술을 하게 되었을 때, 가장은 수술을 하는 것보다는 남은 몇 달이라도 더 벌어서 가정에 보탬이 되려 하기도 하고, 괴로워하면서 힘들어하는 모습을 보일 수 있다. 이 상태에서 수술만 한다고 모든 일이 해결될 수 없을 것이고, 신체적인 질병도 완쾌되기까지 시간이 더 오래 걸릴 수 있을 것이기에 의료사회사업가가 환자를 심리적으로 안정시키면서 가족을 지역사회복지관과 연결해서 우선은 살아갈 수 있는 상황을 만든다면, 환자는 편안하게 수술을 받을 수 있을 것이다. 그리고 의료사회사업가와 함께 퇴원 후 계획을 세워 새로운 삶을 살아갈 수 있는 기반도 마련할 수 있는 상황이 있을 수 있다.

다시 말해 의료사회복지실천이란 '질병을 가진 환자와 그 가족, 지역사회를 대상으로 의료진 및 관련자와 공동협의하에 그들의 심리 · 사회적, 정서적, 환경적 문제를 해결하도록 돕고, 입원 시 뿐만 아니라 입원 전과 퇴원한 후에도 사회적 기능을 원활히 수행할 수 있도록 질병의 예방과 회복, 사후관리에 이르는 연속적인 과정에서 개인에 대한 접근뿐 아니라 의료제도와 정책 차원에서의 접근을 통하여 의료사회복지실천의 목적을 달성토록 돕는 사회복지의 전문적 실천활동인 것이다(강흥구, 2004).

의료사회복지의 거시적 접근은 보건 · 의료의 수요와 서비스의 전달체계 확대와 효율적인 운영과 질적 향상에 참여하는 보다 광범위한 영역에서 접근하는 경우를 말한다. 보건 · 의료 정책과 제도적인 접근을 통해 질병을 가진 환자들의 삶의 질이 확보될 수 있기 때문에 거시적 개념도 의료사회복지의 영역에 꼭 필요한 것이다. 결국 의료사회복지는 의료사회사업적 활동과 거시적인 보건 · 의료 정책적 차원의 활동을 동시에 포함한다.

2) 의료사회복지는 어떻게 발전해 왔는가 – 발달과정

질병과 빈곤은 불가분의 관계에 있었기 때문에 의료사회사업의 발달은 구빈사업과 밀접한 관련을 가지고 발달했고, 의료사회사업의 전문적인 발달 이전에 부녀봉사원, 간호사, 의과대학생 등의 비조직적인 봉사활동이 의료사회사업 발달의 밑바탕을 형성했었다.

의료사회사업은 19세기 후반에 영국, 스위스, 프랑스 등에서 정신질환자를 위한 사후관리 형태로 나타났었고, 1895년 런던에서 메리 스튜어트(Mary Stewart)가 영국 왕립시료병원에 채용되면서 오늘날의 의료사회사업적 의미를 찾을 수 있는 활동이 최초로 이루어졌다. 메리 스튜어트는 의료비를 부담할 수 없는 자에게는 무료진료를 제안하고, 구제가 필요한 자에게는 구빈법의 혜택을 받을 수 있도록 지도하고, 무료진료를 받아야 하는 대상자에게는 무료진료를 안내, 의뢰해 주는 일을 했다. 그렇지만 당시는 의료사회사업의 개념은 별도로 존재하지 않았다.

의료사회사업의 전문적 발달의 실제적 기원은 1905년 미국 보스톤의 메사추세츠 종합병원에서 카보(Richard C. Cabot) 박사가 환자질병의 원인과 회복에 사회적 요인이 영향을 미친다는 사실을 인식하고, 가정방문과 사회조사 및 자원연결 등의 업무를 시작하면서부터이다. 이후 1907년 죤스 홉킨스(Johns Hopkins) 대학병원 등에서 사회사업활동이 이루어지면서 확대되어 갔다. 1930년에는 미국에서 1,000개 이상의 병원에서 의료사회사업서비스를 실시하게 되었다. 1919년 미국 의료사회사업가협회가 결성되었고, 1940년대에 와서는 의료팀의 한 전문가로 인식되면서 의료사회사업저널이 발간되었다.

우리나라의 의료사회사업은 1883년 캐나다 선교사가 무료진료를 겸했던 세브란스병원에서 여전도회 회원으로 구성된 자원봉사자들이 부녀봉사원의 역할을 한 것이 그 기원이라 하겠다. 현대적 의미의 의료사회복지의 시초는 1958년 한노병원의 레케보(Diakon Gotfred Rekkebo)라는 노르웨이 사회사업가의 지도 · 감독하에서 결핵환자를 대상으로 이뤄진 자원보조활동으로 보고 있다. 레케보는 사회사업을 전공한 전문사회사업가였고, 한노병원에서의 활동은 우리나라에서 처음으로 전문사회사업가가 의료시설에서 일을 하게 된 것이었다.

1970년대 초반까지 우리나라 의료사회복지는 의료사회복지사의 활동을 필요로 하는 병원의 자발적 노력에 의해 주로 이루어졌다. 그러나 1973년 의료법이 개정되면서 의료사회사업을 법적으로 인정하게 되었고, 의료사회사업가의 지평을 넓혀갈 수 있는 계기가 마련되었다. 이 법령은 종합병원에서 환자의 갱생 및 재활과 사회복귀를 위한 상담 및 지도업무를 담당하는 사회복지사를 1인 이상 두도록 한 것이었다.

1973년 대한의료사회사업가 협회가 결성되었다. 1977년에는 의료보험제도의 확대실시로 정신의학적 사회사업서비스 부문에서 치료활동에 대한 보험수가를 청구할 수 있는 근거가 마련되었다. 정신의료부문에서 사회복지사의 활동에 대한 수가가 인정받게 되어 각 병원 정신과마다 사회복지사를 채용하는 계기가 마련되었고, 병원 내에서 의료사회복지사의 역할이 점차 중요하게 되었다. 1994년부터는 재활의학적 사회사업서비스의 수가가 인정받게 되었으며, 1995년에 정신보건법이 제정되면서 사회복지사가 정신보건 전문요원에 포함되었고, 1999년에는 장기 등 이식에 관한 법률 시행령을 통해 사회복지사의 역할이 규정되었다. 2000년 한국사회복지사협회 산하단체로서 협회 명칭을 대한의료사회복지사협회로 개칭하였다. 2008년에는 제1차 의료사회복지사 자격시험을 실시하고, 2009년 의료사회복지사 수련과정을 개설하였다.

우리나라의 의료사회복지는 서구에서처럼 자생적 필요에 의해 형성된 것은 아니었지만, 2017년 현재 대한의료사회복지사협회에 등록된 의료사회복지사의 수는 887명, 정신보건사회복지사는 3,148명에 이르고 있다. 최근 의료환경의 변화, 즉 외국의료서비스의 국내 진출, 신설병원의 급증 등으로 인한 무차별경쟁, 병원서비스 평가제 실시 등으로 인해 각 의료기관들의 환자 중심의 서비스경쟁이 본격적으로 이루어지고 있다. 또한 일반적인 환경에 있어서도 노령인구의 증가, 경쟁 심화에 기반한 스트레스 증가로 각종 심리적 질병의 증가, 교통사고 등으로 인한 각종 신체 및 정신질환의 증가 등 일반적인 환경에 있어서도 의료에의 의존성이 확대되는 모습이다. 이러한 상황에서 의료사회사업가의 역할에 대한 관심과 기대는 커질 것이고, 그만큼 전망도 밝을 수 있다.[1)]

3) 의료사회복지의 기능과 의료사회복지사의 역할

최근 의료서비스는 질병의 치료에서 예방, 치료 및 재활을 포함하는 통합적인 서비스나 전인진료로의 전환이 이루어지고 있다. 질병이 심리 · 사회적 요인으로 인하여 발병하는 경우가 증가하고, 발병한 후에도 환자나 가족의 사회적 기능이 손상되기 때문에 질병을 더 이상 의료적 차원에서만 다루지 않고 사회적 차원으로 접근하게 되면서 의료팀에서의 의료사회사업은 더욱 중요해지고 있고, 이에 따라 의료사회사업의 개입영역도 다양해지고 있다. 또한 환자와 가족의 권리옹호와 다양한 욕구 충족을 포함하는 의료서비스의 질적 향상을 위해 의료사회사업가의 적극적인 역할 수행이 기대된다(한인영 · 최현미, 2000: 201). 의료사회복지가 병원 내 · 외에서, 지역사회에서 수행하는 기

1) 발달과정에 대해서는 한인영 · 최현미(2000); 박종삼 외(2002); 김규수(2004); 임춘식 외(2007), 대한의료사회복지사협회 홈페이지 참조.

능과 그러한 기능 내에서 의료사회복지사의 역할은 어떠한가를 살펴본다(김규수, 2004: 164-166).

(1) 의료팀과의 협동

의료기관에서 합리적이고 정확한 진료와 전인적인 진료를 위해서는 학제 간에 유기적인 접근을 모색하는 의료팀을 구성하여 활동하는 것이 바람직하다. 의료팀은 의사, 간호사, 물리치료사, 작업치료사, 의료사회복지사 등으로 구성되는데, 학제 간 팀워크 과정에서 의료사회복지사는 환자의 개인력, 가족력, 사회경제적 상태와 그 역동적인 관계를 사정, 평가하여 의료팀 성원들에게 정보를 제공하여 가장 합리적이고 효과적인 치료계획과 상호협력적인 노력을 가능하게 할 수 있다. 의료사회복지는 의료팀과의 협동을 본질로 하고 있다.

(2) 환자 및 그 가족에 대한 직접적인 서비스 기능

의료사회복지는 환자의 삶의 질을 향상시키고자 하는 노력이고, 전인진료를 위해 의료팀과 협동하여 환자 및 그 가족에 대한 여러 가지 직접적인 서비스를 제공해야 한다.

의료사회복지사는 환자의 진료과정에서 전인진료를 위한 정보를 수집하고 사정, 평가하는 개별사회사업활동을 통해 심리사회적 접근을 한다. 질병에 의한 정서적 · 사회적 · 경제적 영향력을 이해시키고, 이들 문제에 개입함으로써 진료과정을 촉진시킨다. 이 과정에서 필요에 따라 가족이나 직장 및 사회관계에 관련되는 관계자와 함께 환자 치료에 협력적인 체계를 구축한다.

또한 만성적, 재발성이 있는 질환의 경우 환자와 그 가족들에게 질환의 성격(질환의 특성, 예후, 환자반응의 특징)을 이해시키고, 가족역동의 중요성을 일깨우고, 가족치료나 집단치료와 교육을 제공한다. 환자, 가족과 함께 퇴원계획을 세우고, 퇴원계획의 구체적인 실행이 이루어질 수 있도록 사후관리서비스를 제공할 수 있다.

(3) 병원 내의 프로그램 계획과 정책결정에의 참여 기능

환자들의 삶의 질을 확보하기 위해서는 병원 내에서 이루어지는 행정이나 진료서비스가 양적·질적으로 뒷받침될 수 있어야 한다. 또한 사회복지의 전문지식과 경험을 비롯한 병원의 각종 서비스가 지역사회의 자원으로서 대내·외적인 기능을 다할 수 있도록 병원의 각종 정책결정에 참여하여야 한다.

(4) 지역사회자원 조직에의 참여 기능

의료사회복지는 지역사회와의 유기적인 관계 내에서 적절하게 기능할 수 있어야 한다. 의료사회복지에 있어 환자에 대한 직접적인 사회적 서비스를 제공하고, 환자의 사회경제적인 문제해결을 원조하기 위해서는 지역사회와의 관계가 원활해야 하고, 지역사회의 도움이 필요한 것이다.

의료사회복지사는 보건·의료나 예방사업활동에서 지역사회의 보건·의료기관이나 행정당국과의 유기적인 관계를 통해 진료 및 예방사업의 다양화와 양질의 서비스를 지역주민들에게 제공할 수 있도록 도와야 한다. 또한 지역사회자원 지도를 만들고, 지역사회자원을 조직하고, 필요시 동원·활용할 수 있는 기반을 만들어가야 한다. 특히 정신질환자의 사후지도나 재활 및 사회복귀를 위한 취업보도, 사회참여기회 제공(예 : 정신질환자들의 자원봉사활동 참여), 지역사회정신건강 캠페인활동에서 지역사회와의 협조와 지역사회의 자원 활용은 매우 중요하다.

(5) 교육 프로그램에의 참여 기능

보건의료기관의 규모에 따라 차이가 있겠지만, 수련병원에서 특별히 의과대학생, 간호학과 학생, 사회복지학과 학생들의 보건·의료 영역의 전문적인 교육과 임상실습지도를 하는 데 참여하여 의료팀의 일원으로서 의료사회복지사의 기능과 역할을 소개하고, 전인적인 진료를 위한 다양한 프로그램을 지도한다.

(6) 의료에 관련된 조사연구에의 참여 기능

전인진료시스템을 구축하고, 지역사회의 의료에 대한 만족도를 높여가기 위해서는 의료전달체계의 운영상의 문제점을 평가하여 병원기능이나 전달체계의 지속적인 개선이 필요하다. 또한 역학조사 또는 지역사회의 질병구조와 의료실태, 의료욕구 등이 객관적으로 파악될 수 있어야 한다.

의료사회복지사는 보건 및 의료 영역에서 사회사업적 개입이 필요한 욕구를 측정하고 프로그램 개발을 위한 자료를 지속적으로 수집한다. 병원기능과 전달체계의 개선사항 등에 대한 기초자료를 조사해야 한다. 더 나아가 의료사회복지사는 환자 및 그 가족, 지역사회의 잠재적인 환자들에 대해 더 나은 사회사업적 개입을 위해 욕구조사는 물론이고 학술적인 연구활동에도 참여해야 한다.

〈표 11-1〉 의료사회복지사의 역할

역 할	내 용
1. 개인력 조사 및 평가	• 환자의 심리사회적, 경제적 환경 및 가정환경 등을 조사하고 사정한다.
2. 심리사회적 상담	• 환자와 가족이 질병으로 인해 겪게 되는 심리사회적인 문제를 평가하고 상담한다.
3. 정보제공	• 환자와 가족에게 필요한 정보를 제공한다.
4. 퇴원계획활동	• 환자와 상담을 통해서 적절한 퇴원이 이루어지도록 한다.
5. 지역사회 자원연결 및 사후관리	• 환자가 퇴원 후에도 지속적인 서비스를 받을 수 있도록 지역사회자원을 연결해 주고 사후관리한다.
6. 경제적 지원활동	• 경제적인 문제로 인해 치료에 어려움이 있는 환자에게 자선기금 등을 지원한다.
7. 협의진료활동	• 환자에게 가장 적절한 치료계획을 세우기 위해 타 진료과와 협의진료한다.

자료 : 한인영 · 최현미(2000: 206).

2. 정신보건사회복지

1) 정신보건사회복지란?

정신보건사회복지(social work in mental health, Psychiatric Social Work : PSW)는 정신보건+사회복지이다. 정신보건 또는 정신의료 현장에서의 정신질환자 및 그 가족, 정신질환의 가능성을 가진 사람들 및 그 가족 등에 대한 정신적 건강은 물론이고 사회적 건강을 추구함으로써 이들의 삶의 질을 향상시키고자 하는 사회적 노력이다.

정신보건사회복지는 의료사회복지의 연장선상에 놓여 있고, 의료사회복지(정확히는 의료사회사업)에서 전문화된 영역이다. 현대사회에서는 각종 정신적인 스트레스에의 노출이 심해지고, 이에 따라 정신건강의 중요성이 날로 부각되고 있다. 정신건강 및 정신보건사업에 대한 움직임과 논의들이 가속화되고 있다.

정신보건사회복지는 정신장애를 가진 사람들(정신질환자)과 그 가족들에 대한 원조활동을 말하는 것이고, 보다 구체적으로는 정서적 · 정신적 어려움을 가진 클라이언트와 그 가족을 대상으로 정신과 병동이나 사회재활기관(사회복귀시설이나 정신요양시설 등)에서 전문사회사업적 지식과 기술을 활용하여 정신건강 및 보건 관련 타 전문직과 협력적 관계에서 손상된 심리적 · 사회적 기능 회복, 재활, 예방 등의 목적으로 이루어지는 전문사회사업적 실천활동을 말한다. 또한 정신보건 영역에서 다루는 질환들은 대체로 만성적인 질환들이 많기 때문에 단순히 병원 안에서 환자의 증상을 완화시키는 것뿐 아니라 환자가 성공적으로 사회에 적응할 수 있도록 지속적인 원조까지도 정신보건사회복지에 포함된다.

정신보건사회복지는 정신의학과 관련하여 치료기관을 중심으로 활동하는 정신의료사회사업(Psychiatric Social Work : PSW)이 있다. 이는 치료기관에서 이루어지는 사회사업활동을 말하며 정신질환을 가진 사람과 그 가족을 위하여 정신의학과 협동관계(therapeutic team)를 이루어 서비스를 제공한다. 그리고 지역사회를 중심으로 한 정신보건사회사업이 있다(community based mental health social work). 지역사회정신보건사회사업은 병원에서 증상 회복과 치료가 끝난 뒤에도 치료와 재활의 연속성을 위하여 지역사회를 기반으로 하여 예방, 치료, 재활과 사회복귀 등을 촉진시키는 활동을 말한다. 자발적인 전문가 집단과 지역주민의 참여를 기반으로 지역사회자원을 적극적으로 활용하는 치료, 예방, 재활 프로그램 및 시스템을 포함한다. 정신장애인에 대한 관리와 서비스는 병원에서만 이루어질 수 없고 지역사회와 함께 해야 하기 때문에 지역사회 차원에서 정신보건사회복지를 실천하는 지역사회정신보건사회사업으로 점차 변모하는 추세이다. 지역사회 중심의 정신보건사회사업의 분야는 사례관리, 주거재활, 직업재활, 지역사회지지 프로그램, 가족에 대한 개입과 자원화, 사회적응 기술의 향상, 지역사회자원 발굴과 동원 등이 포함된다(박종삼 외, 2002: 386).

2) 정신보건사회복지는 어떻게 발달해 왔는가? – 발달과정

정신보건사회복지는 의료사회복지의 연장선상에서 발달해 왔다. 정신의료사회사업, 즉 정신과 병원에서의 개별사회사업의 형태와 내용으로 발달해 왔다.

최초의 정신의료사회사업의 발전은 1890년 영국의 민간사회복지단체가 주축이 되어 일부 정신질환자의 사후지도와 봉사활동을 한데서 시작되었다. 이들은 정신병원에 있는 전문가 medical supervisor들의 지도 · 감독하에 위탁가정이나 사회복지시설 요양원에 불우한 정신병 환자들을 의뢰하였고, 또 퇴원 환자들에 있어서는 단체의 주선으로 그들이 지역사회에 스스로 적응할 수 있도록 지도하여 환자의 사후치료에 주력하였다. 이것이 정신의료사회사업 발전의 주축이 되었다(안향림 · 박정은, 1998: 27).

이후 영국에서는 정신보건사회사업활동이 아동상담소, 정신병원, 지역사회정신보건센터를 중심으로 그 범위를 넓혀갔고, 1929년에는 런던경제대학에 정신보건사회사업 훈련센터가 설치되었다. 1959년에 정신보건법이 제정되었고, 1961년 영국정신보건사회복지사협회(BAPSW)가 창립되었다. 1960년대부터 정신건강정책에서 지역사회정신건강보호가 상당히 강조되었고, 지역사회정신건강서비스 개발에 주력했다. 이 시기 지역사회정신보건센터의 주요 기능은 입원환자 치료, 외래환자 치료, 응급환자 진료, 개방

병동에서의 부분입원, 지역사회 자문, 의뢰 및 교육 프로그램 등이었다(이영호 외, 2006: 35-38).

미국에서는 1904년 맨해튼 주립병원(Manhattan State Hospital)에서 아돌프 마이어(Adolf Meyer)가 환자의 생활에 영향을 미치는 사회적 힘에 대한 이해를 넓히고, 정신질환의 환경적 원인을 이해하기 위하여 그의 부인에게 환자의 가족을 방문하게 하였다. 또한 환자의 가족, 학교, 지역사회가 정신질환의 발병 초기에 관여하도록 권유하였으며, 특히 회복기의 환자에게 작업요법과 오락요법을 시도하였고, 사후지도계획을 통하여 정신보건사회사업의 원리를 최초로 실시하였다(Perlman, 이영호 외, 2006: 39 재인용).

또한 1905년 보스턴의 매사추세츠 종합병원(Massachusetts General Hospital)의 정신과 내에 제임스 푸트남(Dr. James J. Putnam)의 지도 · 감독하에 임상연구소가 설립되어 최초로 사회복지사를 채용하여 환자를 진료케 하면서 정신보건사회사업이 제도권에 들어오게 되었다.

이후 1913년에는 보스턴정신병원에서 의사인 어네스트 소다드(Ernest E. Southard)와 정신의료사회복지사인 메리 자렛(Mary C. Jarret)이 병원에 독립된 사회사업부서를 두고, 정신의학자와 정신의료사회복지사의 협동체계를 통하여 환자를 치료하였다. 이러한 활동이 정신의료사회복지사업의 발달에 직접적인 동기가 되었다. 이 과정에서 메리 자렛은 '정신의료사회복지사'라는 용어를 최초로 사용하였다.

제1차 세계대전 중 정신장애인이 급증하여 미국적십자사가 군인과 그의 부양가족에게 사회사업서비스를 실시하였고, 급기야 육군과 해군 그리고 보훈병원에 정신의료사회복지사가 채용되었다. 그 결과로 정신의료사회사업의 범주와 기능이 규정되고 훈련시설도 발달하게 되었다. 1918년 스미스 대학(Smith College)에서 최초로 정신의료사회복지사 양성을 위한 교과과정을 개설하였고, 1920년 정신의료사회복지사 협회가 발족되었다(안향림 · 박정은 외, 1998: 27-30).

미국에서 원래 정신의료사회복지사는 정신의학자의 보조자로 간주하였다. 그리하여 사회복지사의 과업은 정신장애인이나 정신지체아에 대한 배경정보를 정신의학자에게 제공하는 데 제한되었다. 정신의료사회복지사는 환자의 사회적 · 정서적 적응에 필연적인 지역사회자원이나 기관들과 환자 간을 연결하는 매체로서, 환자의 욕구와 행위에 관계하는 가족과 함께 사회력 · 개인력 조사, 가족 접촉 및 상담, 환경 조정에 주력하였다. 그러다가 사회복지사들이 더 많은 전문교육을 받고 사회사업대학의 교과과정에서 정신의학적 정보와 정신분석학이론을 삽입함으로써 사회복지사는 치료적 책임을 더욱 많이 맡게 되었다. 1920~30년대에는 진보적인 진료소에서는 사회복지사들에게 정신요법을 허용하였고, 사회사업 분야에서도 사회사업에서 환자를 치료하는 동안에 케이스워크를 실행할 것인가, 정신요법을 실행할 것인가에 대한 논의들이 이루어지기도 했다(이영호 외, 2006: 40).

1946년 국민정신보건법(National Mental Health Act)이 제정되었고, 1950년대에는 정신약물학(항정신성의약품 개발)의 급속한 발달로 의학모형이 절정을 이루게 되었고, 그럼으로써 정신질환을 반드시 병원에서 치료할 필요성이 감소되었다. 또한 이 시기에 병원 중심의 치료환경에 대한 사회과학자들의 비판과 문제제기에 따라 탈시설화에 대한 경향이 증가하였다. 따라서 정신장애환자를 퇴원시켜 집에서 지역사회자원을 활용하여 재활할 수 있는 지역사회정신보건센터를 중심으로 하는 지역사회정신보건체계가 가능해졌다.[2] 1963년에는 케네디(Kennedy) 대통령에 의해 지역사회정신보건센터법(Community Mental Health Center Act)이 만들어졌다. 1950년대까지 사회복지사들은 클라이언트에게 케이스워크나 정신요법을 주로 실시하였다. 점차 사회복지사들은 집단치료나 가족치료, 병실환경 등에 관심을 기울였고, 치료공동체 프로그램을 운영하였다. 그리고 지역사회정신건강사업이 확대되면서 사회적 재활과 직업재활에 중점을 두게 되었으며, 이에 따라 정신보건사회복지사는 환자나 장애인 개인의 역할보다도 조직의 조정과 사회자원체계들에 더 많은 관심을 갖고 역할을 수행하게 되었다.

2) 미국에서 정신의료기관 내에서 치료하던 의료행위가 지역사회정신보건체계로 변모한 이유로 ① 탈의료기관현상 –항정신성의약품 개발, ② 의료비용 절감 차원–1960년대 전후해서 개인의 정신적 욕구가 다양해지면서 증가된 의료비를 절감하기 위해 지역사회 차원에서 치료, ③ 정신장애에 대한 사회적 책임에 대한 인식 확산–정신질환은 재입원율이 높고, 회복과 재활이 어렵기 때문에 개인과 가족의 경제적 · 심리적 희생과 고통이 크다는 사회적 책임인식 확산, ④ 1960년대 이후 다양한 개인적인 정신적 욕구 증가–획일적이고 비인간화된 관료제적 정신병원시설로는 대처 한계. 정신의료기관이 도시에 집중되어 의료접근성 한계(고수현 외, 2002). 여기에 1960년대 미국사회 전체를 지배하던 인도주의 이념, 케네디 대통령의 지역사회정신보건센터법 제정과 정신병원시설 유지비용 절감 등의 요인도 큰 영향을 미쳤다.

우리나라의 정신의학 분야에서의 사회복지사의 활동은 1945년 대한신경정신의학회가 조직되어 정신의학의 체계적인 연구가 시작되면서 심리학자와 사회복지사(권기주)가 함께 청소년문제에 관심을 갖고 연구한 데서 비롯된다. 가장 직접적인 계기는 한국전쟁으로 미군병원에서 정신보건사회복지사가 정신과의사와 함께 일하던 것이었고, 특히 랄프 모건(Ralph W. Morgan)이라는 정신보건사회복지사의 역할이 한국 정신과의사들에게 많은 영향을 미쳤다. 그는 전쟁신경증을 가진 군인들을 돕는 과정에서 한국 정신과의사들에게 사회복지사의 필요성을 인식시켜 주었다.

1958년 서울 시립아동상담소가 개설되면서 정신의학자, 정신보건사회복지사(하상락), 심리학자 및 법률전문가들이 팀 접근을 시도하였다. 1963년 가톨릭대학 부속 성모병원에서 전임 사회복지사를 채용하여 환자의 개인력 조사, 가족상담, 집단요법 등을 수행하였다. 1973년 의료법시행령이 개정되어 종합병원에 환자의 갱생, 재활과 사회복귀를 위한 상담과 지도를 위하여 사회복지사 1인 이상을 두도록 명시되면서 종합병원 내 사회복지사의 활동이 확대되기에 이르렀다. 1977년 시행된 의료보험에서 정신보건사회복지사의 치료활동에 대한 보험청구를 할 수 있게 규정되었고,[3] 이로 인하여 정신과 전문병원에서 사회복지사의 채용이 급속히 늘어나게 되었다.

1995년 정신보건법이 제정됨으로써 이제 우리나라도 정신보건사회사업이 지금까지의 병원 중심의 활동에서 그 활동 영역을 확대하여 지역사회(사회복귀시설, 정신보건센터, 이 시설들은 정신보건법에 의한 새로운 시설)까지 나아갈 수 있는 전기가 마련되었다. 지역사회정신보건의 개념이 시작되었다. 지역사회정신보건의 목적은 1차 예방인 정신장애의 발생 저지 및 새로운 정신장애 발생사례의 감소, 2차 예방인 정신장애의 총 사례 수와 유병기간의 감소를 위한 정신장애의 조속한 발견 및 신속한 치료, 그리고 3차 예방인 정신장애로 인해 부차적으로 갖게 되는 정신적 결함이나 사회적 장애의 감소이다(박종삼 외, 2002: 393).

2001년부터 5년 주기로 전국 규모의 정신질환실태 역학조사를 실시하여 정신건강정

3) 정신보건사회복지사만이 청구할 수 있는 건강보험수가 내용은 개인력 조사, 사회사업조사, 사회사업지도, 가정방문이다.

책의 기초 자료를 수집하였고, 2008년에는 「정신보건법」을 개정하여 정신질환자 인권 보호제도를 강화하고, 퇴원 및 처우 개선 심사청구제도를 개선하는 등 정신건강증진서비스 향상을 위한 제도적 기반을 마련하였다. 2011년에는 「자살 예방 및 생명존중문화 조성을 위한 법률」을 제정하여 자살예방정책 강화를 위한 법적 기반을 마련하였다. 2016년에는 관계 부처 합동으로 국민 정신건강의 증진, 중증 정신질환자의 지역사회 통합, 중독으로 인한 사회적 폐해 최소화 및 자살률 감소를 주요 내용으로 하는 「정신건강종합대책」을 발표하고, 1995년 법 제정 이후 21년 만에 「정신보건법」을 「정신건강증진 및 정신질환자 복지서비스 지원에 관한 법률」로 전부 개정하여 종합대책 추진의 법적 근거를 마련하였다.

또한 정신보건법의 제정으로 정신보건전문요원의 자격제도가 마련되었고, 정신보건사회복지사들도 더욱 전문적인 자격을 갖추기 시작하였다.[4)]

우리나라 정신의료사회복지사들의 역할은 초창기에는 정신과의사의 지도 · 감독하에 환자와 가족들을 돕는 역할을 했으나 환경치료의 운영, 의료보험수가의 제도화, 낮병원(day hospital) 프로그램의 활성화 등으로 인하여 정신의료사회복지사의 역할이 더욱 확대되었으며, 그 중요성도 더욱 커지게 되었다. 특히 1995년 정신보건법의 제정(시행은 1997년)으로 사회복귀를 위한 재활 프로그램이 도입되고, 지역사회를 중심으로 한 생활훈련시설, 주거시설, 작업훈련시설, 종합훈련시설(생활훈련과 작업훈련 실시) 등 사회복귀시설이 활성화되고 지역사회정신보건센터를 통하여 지역의 정신보건사업이 활발하게 전개됨으로써 정신보건사회복지사들의 역할은 더욱 확대되고 있다(박종삼 외, 2002).

3) 정신보건사회복지의 기능과 정신보건사회복지사의 역할

정신보건 영역에서 사회사업적 개입(=사회복지 실천적 개입)은 환자의 질병보다는 질병

4) 정신보건사회복지의 발달과정에 대해서는 안향림 · 박정은(1998); 이영호 외(2006); 박종삼 외(2002); 한국정신보건사회사업학회 편(2000) 참조. 발달과정 서술과정에서 정신의료, 정신보건 등의 용어로 혼용. 가급적 정신보건 또는 정신보건사회복지 등으로 통일할 필요. 정신의료현장에서의 정신의료사회사업, 정신의료사회사업가, 정신보건사회사업, 정신보건사회사업가, 정신보건사회복지, 정신보건사회복지사 등으로의 역사적 변천을 반영해야 할 것이다.

으로 인해 위축된 문제해결능력의 향상, 사회적 기능의 회복과 재활에 일차적 목적이 있다. 치료의 영역에서는 환자 개인과 환자집단 및 가족집단을 위한 전문적인 서비스 프로그램과 그 기술훈련이 요구되고, 재활 영역에서는 지역사회와의 거리를 가깝게 하는 재활치료를 실현하기 위한 일상생활 훈련과 지역사회 주민들의 정신질환자에 대한 편견을 없애기 위한 교육 및 홍보, 지역사회자원을 활용하여 사회 적응을 돕는 일은 물론 재가복지서비스 개발이 필요하다. 특히 예방 영역에서는 정신보건교육과 자문, 위기개입, 정신질환의 조기 발견과 조기 치료를 돕는 일, 정신건강에 대한 올바른 인식 등을 돕는 일이다(한국정신보건사회사업학회 편, 2000: 27-28).[5)]

이러한 정신보건사회복지의 기능에 따른 정신보건사회복지사의 역할은 그 구체적인 활동의 장(場)이 어디인가에 따라 다르다.

정신의료기관(종합병원 정신과, 정신과 전문병원, 낮병원)은 정신증상과 질환을 단기적으로 치료하여 퇴원을 시키는 것에 초점을 둔다. 정신보건사회복지사는 정신과의사, 정신보건임상심리사, 정신보건간호사 등 전문직으로 이루어진 치료팀 내에서 활동한다.

주로 치료과정에서 초기단계에서는 환자의 개인력, 사회력, 가족력에 대한 심리사회적 사정, 사회환경과 경제능력에 대한 조사(가정환경조사 평가)를 한다. 치료진행단계에서는 환자와 가족을 위한 상담 및 교육활동, 치료활동(가족치료, 집단치료 등), 병실 내에서의 다양한 집단 프로그램과 사회기술훈련을 실시하며, 환자와 가족 간의 관계를 조정하고 직장이나 학교 등 외부 기관과 연락하고 조정하는 역할을 한다. 이 과정에서 지역사회 자원동원과 프로그램 참여를 위한 자원조직과 활용 등의 역할을 수행한다. 퇴원단계에서는 퇴원 후 사회적응을 위하여 재활계획을 세우고 지도하며, 가족 내로의 통합을 원조하고 재활병동 및 낮병원 서비스와의 연계, 다양한 지역사회기관이나 사회복귀시설, 정신요양시설로의 의뢰를 위한 업무, 사후지도를 위한 가정방문 등의 역할을 담당한다(박종삼, 1993; 박종삼 외, 2002: 390).

5) 박경일(2004)은 정신장애인을 돕기 위한 접근방법으로 개별적 접근, 집단적 접근, 지역사회 접근으로 분류하였다. 개별적 접근에는 약물치료접근, 심리사회적 사정, 개별면담, 일상생활 기술훈련을 포함시키고, 집단적 접근에는 집단활동, 사회기술훈련, 자조모임, 가족교육 및 치료를, 지역사회접근에는 부분입원(낮병원, 밤병원)과 주간보호, 직업재활, 사례관리 등을 포함시켰다.

오늘날 정신보건사회복지사들의 정신의학적 지식(교육과 훈련)이 확장되고, 정신과 의사들이 진료환자 수의 절대적인 증가로 인해 전인적 진료보다는 생물학적으로 환자를 이해하는 경향이 증가하면서, 그리고 만성정신질환자들의 욕구가 다양해지면서 정신의료기관에서의 사회복지사의 역할 중 치료활동이 중요하게 인식되고 있다. 개별치료나 가족치료, 집단치료, 의도적으로 계획된 집단활동을 통한 행동치료 등의 치료활동이 이루어진다. 물론 정신과 의사만큼 환자의 증상에 깊이 관여하거나 무의식적인 동기와 그에 관련된 요인을 다루지는 않지만, 치료과정에서 일어나는 환자의 불안, 거부, 기타 심리적 측면에서의 도움(예 : 약물치료를 직접시행하지는 않지만 이에 대한 기초지식을 활용, 환자나 가족상담)이 필요한 경우 면접기술 등을 활용하여 그들의 질병이나 치료에 대한 불필요한 불만과 공포를 철회할 수 있도록 도와주며, 병원시설과 프로그램 등 구체적인 치료활동 내용, 서비스의 한계 등에 관한 설명을 한다(안향림 · 박정은, 1998: 40).

사회복귀시설은 정신질환자들의 지역사회 내에서의 사회복귀를 촉진시키기 위한 목적으로 운영되고, 이 기관에서는 주로 정신의료기관에서 퇴원한 사람들이나 정신요양시설에서 회복가능성이 높아 사회복귀를 준비하는 사람들, 재가정신장애인들의 사회적응을 원조하며, 생활훈련, 직업재활을 위한 직업훈련 및 직업기회 제공, 주거시설에서의 훈련 및 거주 프로그램을 운영한다. 사회복귀시설에서의 정신보건사회복지사의 역할은 다음과 같다(박종삼, 1993).

① 개별적인 재활계획상담, ② 사회복귀 촉진을 위한 상담과 원조, ③ 사회적응기술 및 대인관계기술 지도, ④ 금전 사용 및 여가활동 지도, ⑤ 직업훈련과 취업과 관련된 지도, ⑥ 가족교육과 상담, ⑦ 정신장애인 가족자조모임 운영, ⑧ 단기 · 위기 지향적 가족상담, ⑨ 사회복귀를 위한 각종 프로그램 실시, ⑩ 지역사회 자원동원과 후원조직의 운영, ⑪ 지역사회를 위한 정신건강교육, ⑫ 의료기관과 지역사회기관과의 연결 업무, ⑬ 지역정신보건심의위원회에서의 자문활동, ⑭ 정신보건과 관련된 조사 · 연구 활동 등이다.

지역사회정신보건센터는 지역사회 중심의 통합적인 정신질환자 관리체계를 구축함으로써 지역주민들의 정신건강을 촉진(상담, 교육, 캠페인 등)하고, 정신적 · 사회적으로 문제를 가진 사람들을 조기 발견하여 치료 및 재활기관과 연결시켜서 질병의 만성화를 방지하고, 퇴원환자들의 재입원을 예방하기 위한 사회적 원조활동(사례관리, 사회복귀훈련 등) 및 재가정신장애인들에 대한 각종 원조활동(예 : 주간보호 프로그램)을 실시하며, 지역주민들에 대한 정신보건 교육활동을 통하여 지역 전체의 정신건강을 도모하는 역할을 담당한다.

정신보건사회복지사의 역할에는 ① 정신건강에 대한 상담 및 지도, ② 지역주민의 정신건강 증진을 위한 교육과 홍보활동, ③ 정신질환자의 조기 발견 및 조치, ④ 의료기관이나 재활기관으로의 연결 업무, ⑤ 재가정신장애인들을 위한 가정방문 지도, ⑥ 지역의 정신보건실태 파악, ⑦ 정신보건에 관한 자문과 교육, ⑧ 지역사회기관들과의 연락 및 협조체계 구축, ⑨ 지역사회자원의 개발 및 활용, ⑩ 지역사회정신질환에 대한 역학조사 등이 있다.

정신요양시설에서는 가족의 보호가 어려운 만성정신질환자를 입소시켜서 요양과 사회복귀 촉진을 위한 생활훈련 등을 주로 한다. 이 시설에서의 주된 업무는 생활훈련 및 관리, 환경치료 프로그램 운영을 통한 자치회활동 지원, 공적부조 관련 업무 등을 하며, 지역사회와의 연대 프로그램을 통하여 기능의 호전이 있는 경우에는 지역사회나 가정으로 복귀시키는 연결 업무도 담당한다.

정신보건사회복지사들의 구체적인 역할로는 ① 심리 · 사회적 상담 및 개별지도, ② 각종 집단 프로그램 실시, ③ 생활훈련 실시, ④ 대인관계기술 및 작업능력 강화, ⑤ 가족상담 및 가정방문, 가족교육, ⑥ 무연고자를 위한 후원자 연결 업무, ⑦ 지역사회자원 동원과 후원조직 육성, ⑧ 국민기초생활수급자를 위한 행정업무 등이다.

4) 우리나라 정신보건사회복지의 현황

(1) 정신질환 인구

2016년 보건복지부는 "정신질환실태 역학조사" 결과 17개 정신질환의 평생유병률(평생 동안, 한 가지 이상의 정신질환에 한 번 이상 이환된 적이 있는 비율)은 25.4%였다. 18세 이상 우리 국민의 25.4%는 평생 중 한 번 이상은 17가지 정신질환 중 한 가지 이상을 경험하였다는 의미이다. 남녀별로는 남자 28.8%, 여자 21.9%로 남자의 평생유병률이 여자의 약 1.3배였다. 알코올과 니코틴 사용장애를 제외한 모든 정신장애 평생유병률은 13.2%로 나타났다. 17개 정신질환의 일년유병률(지난 1년 동안 한 가지 이상의 정신질환에 한 번 이상 이환된 적이 있는 비율)은 11.9%(남자 12.2%, 여자 11.5%)로 9명 중에 한 명이 정신질환에 이환되었다고 밝혔다. 이 중 불안장애, 기분장애, 조현병적 장애의 1년 유병률은 5.3%(약 306만 명)이고, 알코올사용장애의 1년 유병률은 5.0%(약 139만 명)이다. 〈표 11−2〉에서 보면 남자는 알코올사용장애가 가장 많은 반면, 여자는 불안장애가 가장 많다.

〈표 11−2〉 정신장애 1년 유병률 및 추정환자 수(2016년도 "정신질환실태 역학조사")

구분	남 자		여 자		전 체	
	유병률 (%)	추정 환자수(명)	유병률 (%)	추정 환자수(명)	유병률 (%)	추정 환자수(명)
알코올사용장애	5.0	982,402	2.1	409,414	3.5	1,391,816
조현병 스펙트럼 장애	0.2	32,880	0.2	30,481	0.2	63,361
기분장애	1.3	250,130	2.5	499,472	1.9	749,602
불안장애	3.8	752,765	7.5	1,495,239	5.7	2,248,004
모든 정신장애* 니코틴사용장애 제외	9.3	1,830,948	11.1	2,209,040	10.2	4,039,988

* 지난 1년 사이에 한 번이라도 정신장애를 앓은 적이 있는 대상자.
자료 : 보건복지부, 2018년 정신보건사업안내.

(2) 정신보건사업 현황과 정신보건서비스 전달체계

2018년 정신보건사업안내(보건복지부, 2018)에 따르면 우리나라에서 현재 이루어지고 있는 정신보건사업은 2017년 기준 광역형정신건강복지센터 16개소, 기초정신건강복지센터 227개소, 중독관리통합지원센터 50개소가 설치 · 운영되고 있으며, 정신건강증진시설로는 정신의료기관 1,449개소 정신재활시설 336개소, 정신요양시설 59개소가 운영되고 있다. 또한 정신건강위기상담전화 운영(자살예방사업 일환, 정신건강전화 : 1577−0199/희망의 전화 : 국번없이 129), 정신요양시설 운영, 정신재활시설 , 정신질환자의 권익보호 및 편견해소와 인식개선사업, 정신보건전문인력양성 및 교육 등이다. 정신보건시설의 설치 · 운영에 초점이 맞춰져 있으며, 지역사회 중심의 종합적인 정신보건사회복지체계 확립을 위해 노력하고 있다.

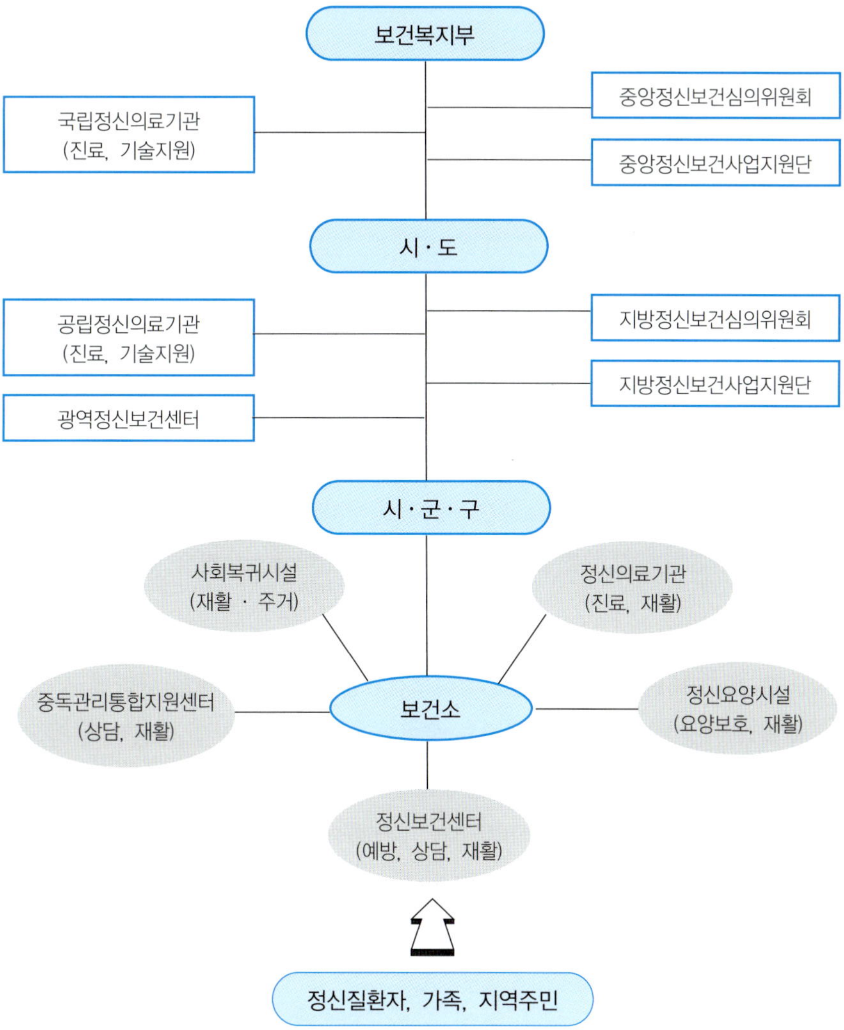

자료: 보건복지부, 2018년 정신보건사업 안내.

[그림 11-1] 정신보건서비스 전달체계

[그림 11-1]은 우리나라 정신보건서비스의 전달체계이다. 그림에서 보면 보건소가 지역사회 내의 포괄적인 정신보건서비스 제공을 위한 기획·조정역할을 담당하고, 정신보건복지센터, 사회복귀시설, 중독관리통합지원센터, 정신의료기관, 정신요양시설 상호간의 연계체계를 구축함으로써 지역사회 정신보건사회복지의 기반을 마련하고 있다.

(3) 정신보건기관 및 시설 현황

우리나라 정신보건시설은 정신보건법에 의한 정신의료기관, 정신질환자사회복귀시설, 정신요양시설, 정신건강증진센터, 중독관리통합지원센터 등을 포함한다.

"정신의료기관은 의료법에 의한 의료기관 중 주로 정신질환자의 진료를 행할 목적으로 설치된 병원과 의원 및 병원급 이상의 의료기관에 설치된 정신과"

"정신질환자사회복귀시설은 정신질환자를 정신의료기관에 입원시키거나 정신요양시설에 입소시키지 아니하고 사회복귀 촉진을 위한 훈련을 행하는 시설"

사회복귀시설의 종류는 생활훈련시설, 작업훈련시설, 주거시설, 종합훈련시설

"정신요양시설은 정신의료기관에서 의뢰된 정신질환자와 만성정신질환자를 입소시켜 요양과 사회복귀촉진을 위한 훈련을 행하는 시설"을 말한다(정신보건법 제3조).

〈표 11-3〉은 2016년 12월 말 현재 정신보건기관 및 시설 현황을 나타낸 것인데, 표에서 보면 우리나라 정신보건서비스 체계를 살펴볼 수 있다. 치료 및 수용 위주의 서비스가 큰 비중을 차지하는 것을 볼 수 있다. 전체 2,071개 정신보건시설 가운데에서 73% 정도에 해당하는 시설이 입원 또는 정신요양시설로 구성되어 있고, 상대적으로 지역사회 중심의 재활과 사회복귀에 초점을 둔 지역사회이용시설은 아직도 부족한 실정이다. 우리나라 정신보건서비스는 주로 치료 중심의 접근이 이루어지고 있다는 사실을 알 수 있다.

〈표 11-3〉 **정신보건기관 · 시설현황** (2016. 12월말 현재)

구 분		기관수	인원수*	주 요 기 능
계		2,071	189,152	–
정신건강증진센터		224 (2015년)	79,834 (2014년말 등록인원)	–일반인 및 경증 정신질환자 대상 지역사회 내 정신질환 예방, 정신질환자 발견 · 상담 (아동 · 청소년, 자살 예방, 정신건강 증진 사업수행) –중증 정신질환자 사례 관리 및 사회 복귀 지원 –정신보건시설 간 연계 체계 구축 등 지역사회정신보건사업 기획 · 조정 * 기초 209(국비 184, 지방비 25), 광역 15(국비 14, 지방비 1)
정신의료기관	국 · 공립	18	6,790	• 정신질환자 진료, 지역정신보건사업 지원
	민 간	1,495	76,265	• 정신질환자 진료
정신요양시설		59	13,519 (정원) 10,181 (현원)	• 만성정신질환자 요양보호 및 작업 치료, 사회 복귀 훈련 등의 서비스 제공
사회복귀시설		225	7,041 (정원) 6,674 (현원)	• 정신질환자의 지역사회 복귀를 위한 사회 적응 훈련 · 작업 훈련 등 제공
중독관리통합 지원센터		50	9,408 (등록)	• 알코올 등 중독 문제 사례 관리·상담사업, 음주 폐해 예방 및 교육사업 등

* 의료기관은 병상수

자료 : 보건복지부(2017), 2016 보건복지백서 참조.

(4) 정신건강전문요원제도 운영

우리나라에서는 정신건강서비스 욕구 증가에 따른 정신건강서비스의 양적 · 질적인 확충을 위해 1997년부터 정신보건전문요원제도를 도입하였다. 정신보건법 제7조에서는 정신보건 분야에 관한 전문지식과 기술을 갖추고 수련기관에서 수련을 받은 자에게 정신보건전문요원의 자격증을 교부할 수 있고, 정신보건전문요원은 정신보건임상심리사, 정신보건간호사, 정신보건사회복지사로 한다고 규정하고 있다. 시행령에서 정신보건전문요원의 업무범위와 한계, 자격기준 등을 명시하고 있다. 〈표 11-4〉는 정신보건 전문요원의 업무범위 및 한계를 나타낸 것이다.

〈표 11-4〉 **전문요원의 업무의 범위 및 한계**

종 별	업무의 범위 및 한계
공 통	1. 사회복귀시설의 운영 2. 정신질환자의 사회복귀 촉진을 위한 생활훈련 및 작업훈련 3. 정신질환자와 그 가족에 대한 교육·지도 및 상담 4. 법 제25조 제1항[6]의 규정에 의한 진단 및 보호의 신청 5. 정신질환 예방활동 및 정신보건에 관한 조사·연구 6. 기타 정신질환자의 사회적응 및 직업재활을 위하여 보건복지부장관이 정하는 활동
정신건강 임상심리사	1. 정신질환자에 대한 심리평가 2. 정신질환자와 그 가족에 대한 심리상담
정신건강 간호사	1. 정신질환자의 병력에 대한 자료수집, 병세에 대한 판단·분류 및 그에 따른 환자관리 활동 2. 정신질환자에 대한 간호
정신건강 사회복지사	1. 정신질환자에 대한 개인력조사 및 사회조사 2. 정신질환자와 그 가족에 대한 사회사업지도 및 방문지도

자료 : 한국정신건강전문요원협회 홈페이지 참조.

또한 정신보건사회복지사 1급을 취득하기 위해서는 교육법에 의한 대학원에서 사회복지학 또는 사회사업학을 전공한 석사학위 이상 소지자로서 보건복지부장관이 지정한 전문요원 수련기관에서 3년 이상 수련을 마쳐야 한다. 또는 2급 정신보건사회복지사 자격취득 후 정신보건시설 또는 보건소에서 5년 이상 정신보건 분야의 임상실무경험이 있어야 한다. 또한 2급 정신보건사회복지사가 되기 위해서는 사회복지사업법에 의한 사회복지사 1급 자격소지자로서 보건복지부장관이 지정한 전문요원 수련기관에서 1년 이상 수련을 마쳐야 한다.

6) 정신보건법 제26조는 응급입원조항이다. 제1항에서 정신질환자로 추정되는 자로서 자신 또는 타인을 해할 위험이 큰 자를 발견한 자는 그 상황이 매우 급박하여 자의입원 내지 시·도지사에 의한 입원(정신질환으로 자신이나 타인을 해할 위험이 있다고 의심되는 자를 발견한 정신과전문의 및 정신보건전문요원은 시·도지사에게 진단보호신청)을 시킬 수 없는 때에는 의사와 경찰관의 동의를 얻어 응급입원 의뢰가 가능하다.

1997년 3월 정신보건전문요원제도('16. 5. 29. 법 개정으로 '정신건강전문요원'으로 제도 개편, '17. 5. 시행)가 도입된 이래로 2016년 12월 말 현재 18,264명의 정신보건전문요원(정신보건간호사 9,942명, 정신보건 임상심리사 3,078명, 정신보건 사회복지사 5,244명)이 배출되어 지역사회 정신건강증진센터, 정신의료기관, 정신요양시설, 사회복귀시설 등에서 정신보건 업무를 수행하고 있다.

정신보건전문요원을 양성하는 수련기관은 2016년 12월 말 기준으로 총 279개소로서 정신의료기관, 사회복귀시설, 정신요양시설, 정신건강증진센터 등으로 이루어져 있다. 수련과정 수는 374개이고, 수련정원은 총 1,343명이다. 전문요원수련기관 지도 · 감독 강화 및 업무 효율성 차원에서 2007년 9월 전문요원 관련 업무 중 일부가 국립병원으로 이관되었는데, 수련기관 신규 지정, 정원 조정에 따른 심사업무 및 자격증 교부 심사 업무 및 수련기관 지도 · 감독 업무는 국립정신건강센터에서 수행 중에 있다. 그동안 정신보건전문요원제도는 수련기관 및 자격 요원 수에서 양적 성장을 이루었으나 질적 성장은 다소 저조한 편이다. 정신보건법 전면 개정에 따른 보수교육 의무화 및 수련과목 개편 등을 통해 수련기관 및 정신보건전문요원의 질적 향상을 추진할 계획이다(보건복지부, 2017).

〈표 11-5〉는 2018년 현재 정신보건전문요원 자격증 교부 현황을 나타낸 것이다. 누적수치로 보면 정신건강간호사가 가장 많고, 정신건강사회복지사, 정신건강임상심리사의 순이다. 사회복지사 전체 중 정신보건사회복지사 수는 0.5% 정도밖에 되지 않는다. 정신보건사회복지사는 1995년 정신보건법이 제정되기 이전에는 의료기관에서 주로 활동하였으나, 지역사회 중심의 정신건강복지사업이 활성화되면서 의료기관뿐 아니라 지역사회 내 사회복귀시설이나 정신건강복지센터 등에서도 많은 수의 정신보건사회복지사가 활동하고 있다.

〈표 11-5〉 정신건강전문요원 자격증 교부 현황

구분	자격증 교부자 수		총계
정신보건 사회복지사	1급	1,297	14,891명
	2급	3,137	
	계	4,434	
정신건강 임상심리사	1급	1,227	
	2급	1,346	
	계	2,573	
정신건강 간호사	1급	2,470	
	2급	5,414	
	계	7,884	
사회복지사 (2017)	1급	138,808	938,040
	2급	785,787	
	3급	13,445	

자료 : 보건복지부(2018). 2018보건복지통계연보.

참고문헌

강흥구(2004). 『의료사회복지실천론』. 현학사.

고수현 외(2002). 『사회복지개론』. 대학출판사.

김규수(2004). 『의료사회복지실천론』. 형설출판사.

대한의료사회복지사협회 홈페이지 www.kamsw.or.kr

박종삼 외(2002). 『사회복지학개론』. 학지사.

박종삼(1993). "우리나라 정신보건사회사업의 현실과 과제". 한국정신보건사회사업학회 창립총회 및 세미나자료집.

보건복지부(2007). 2007 시 · 도 정신보건사업평가지표.

보건복지부(2016). 2016년도 정신질환실태 역학조사.

보건복지부(2018). 2018 보건복지백서.

보건복지부(2018). 2018 보건복지통계연보.
보건복지부(2018). 2018년 정신보건사업 안내.
보건복지부(2018). 정신보건전문요원제도 운영 안내.
보건복지부 · 한국사회복지협의회. 2005년 사회복지시설평가.
안향림 · 박정은(1998). 『정신의료사회사업』. 홍익제.
이영호 외(2006). 『정신보건사회복지의 이해』. 학지사.
이윤로 · 이선영(2002). 『정신보건사회복지론』. 학지사.
이윤로 · 홍영수(2006). 『의료사회사업론』. 학지사.
임춘식 외(2007). 『사회복지학개론』. 공동체.
정원철(2000). 『정신보건사회사업론』. 학문사.
한국정신건강전문요원협회 홈페이지 http://www.kamhp.or.kr
한국정신보건사회사업학회 편(2000). 『정신보건전문요원 수련교재』. 양서원.
한인영 · 최현미(2000). 『의료사회사업론』. 학문사.
Perlman, H. H.(1975). "Social Work in Psychiatric Setting". In S. Arieti(Ed.), *American Handbook of Psychiatry*(2nd ed., Vol. 5). New York: Basic Books, Inc.

CHAPTER 12

다문화 사회복지

Introduction to social Welfare

최근에는 한국사회를 흔히 다문화사회라고 말한다. 다문화사회는 다양한 인종과 민족이 함께 사는 사회이다. 2018년 말 현재 우리나라에 장 · 단기 체류외국인 수는 약 230만에 달하고, 전체 인구 중 4~5% 정도를 차지할 정도이다. 물론 어느 정도의 외국인이 국내에 정착해야 다문화사회인지에 대한 기준은 명확하지 않다.

한국사회는 1980년대 말~1990년대 초 외국인노동자들이 유입된 이래 1999년 체류외국인이 381,116명(등록외국인 168,950명, 그 외 단기체류)에서 2018년 230만 명 이상으로 증가했다. 세계화, 개방화로 인해 국가 간 이동이 보편화되고, 우리나라의 정치, 경제, 사회적 수준이 향상됨에 따라 국내 정착 외국인 수는 지속적으로 증가할 전망이다.

다문화사회는 다양한 인종과 민족이 함께 어우러져 사는 사회이지만, 다른 한편으로 주류 사회 내에서 소수계층 내지는 소외계층임으로 해서 각종 사회적 차별로 인한 인권문제, 사회적 갈등, 사회적 적응의 어려움으로 인한 빈곤, 자녀양육의 문제 등 다양한 어려움에 직면하게 된다. 또한 한국사회는 뿌리 깊은 단일민족의식으로 인해 다문화가족의 생활 전반에 다양한 편견과 차별을 야기시키는 면도 있다. 한국사회는 과거에 비해 급속도로 진행되고 있는 외국인노동자와 결혼이민자들의 국내 유입에 따른 인종, 민족적 다양성이 나타나고 있고, 외국인들의 정주가 증가하면서 다양하게 나타나는 사회적 갈등을 해소하고 사회통합의 필요성이 제기되면서 다문화사회에 적응하고자 하는 사회적 공감대가 형성되고 있다.

다문화 사회복지는 상대적으로 소외계층인 다문화 외국인 또는 다문화가정을 대상으로, 그들이 기본적인 삶과 인간적인 삶을 영위할 수 있도록 거시적, 미시적으로 원조하는 비교적 새로운 사회복지 분야 · 영역이다. 우리나라에서 일반적으로 다문화가정이라 하면 결혼이민자, 외국인노동자, 그 밖의 외국인 거주자, 외국인과의 사이에서 태어난 자녀들로 이루어진 가정을 말한다. **그렇지만 이 장에서는 결혼이민자가 포함된 가족에 한정해서 살펴보고자 한다.** 2008년 제정된 다문화가족지원법에서도 "다문화가족을 「재한외국인처우기본법」 제2조 제3호의 결혼이민자와 「국적법」 제2조에 따라 출생 시부터 대한민국 국적을 취득한 자로 이루어진 가족"으로 정의하고 있다.

1. 다문화사회 현황

우리나라는 1980년대 초까지만 하더라도 적극적인 노동력 수출 국가였다. 이주를 받아들이는 측면보다는 주로 이주를 가는 쪽이 많았다. 1960년대 초 일제 강점기 만주와 시베리아로의 이주, 하와이를 기점으로 한 미국이주, 1960, 70년대의 독일이주 광부와 간호사, 1970, 80년대의 중동 건설노동자로의 인력송출 등의 역사를 가지고 있다. 한편, 우리나라는 일제 강점기 이후 미군정하에서 시작된 미군의 주둔으로 주둔미군과 국내여성들 사이에서 태어난 혼혈인들에 대한 사회적인 냉대와 차별의 역사도 있다(최명민 외, 2009).

우리나라는 1960년대 이래 아주 단기간에 고도의 경제성장을 이루어내면서 1980년대 후반부터 국내 노동시장의 인력불균형을 맞이하였고, 이에 대응하기 위한 수단으로 외국인 노동자들을 받아들이게 되었다. 또한 1988년 서울 올림픽도 우리나라가 아시아의 주요한 이주 노동력 유입국가의 위상을 갖게 한 계기가 되기도 했다(오경석, 2007). 1993년부터 '산업기술연수생제도'[1]를 실시함으로써 3D업종의 인력난을 해소하

1) 산업기술연수생제도는 외국인노동자를 노동자가 아닌 연수생으로 편법적으로 활용한 정책으로 연수생의 작업장 이탈에 따른 불법 체류자 양산이라는 비난을 받았다. 이후 2004년부터는 고용허가제와 산업기술연수생제도를 동시에 실시함으로써 외국인노동자들 간의 형평성 문제를 낳기도 했다. 2007년부터는 고용허가제로 일원화했다(김

고자 했고, 본격적으로 외국인노동자들이 합법적, 불법적으로 유입되기 시작했다.

그리고 무엇보다도 다문화사회 논의의 계기를 마련하게 된 것은 1990년대 중반 이후 결혼 이주를 통한 외국인 이주여성의 비율(결혼이주민, 결혼이민자)이 급격히 증가한 데 있다.

출입국 · 외국인정책 통계월보(법무부, 2018. 11월호)에 따르면, 2018년 현재 총 체류외국인 수는 2,336,689명이고, 중국 45.9%(1,072,288명), 베트남 8.3%(194,103명), 태국 8.3%(193,809명), 미국 6.4%(149,991명), 우즈베키스탄 3.0%(69,919명) 등의 순이다. 그리고 취업자격 체류외국인은 594,461명이고, 이 중 전문인력 47,769명, 단순기능인력 546,692명으로 90% 이상이 단순기능인력취업에 해당한다.

결혼이민자는 2018년 11월 현재 158,600명으로 여성이 절대적으로 많고(83%), 주로 서울, 경기 지역에 거주하고 있다. 국적별로는 중국이 가장 많고, 베트남, 일본, 필리핀의 순이다. 결혼이민자 330,188명 중 귀화자는 160,653명이고, 외국인은 169,535명이다. 다문화 가족의 자녀수는 2017년 기준으로 222,455명이다(표 12-1, 2, 3, 4 참조).

〈표 12-1〉 결혼이민자의 연도별 증감 현황

구분	2013	2014	2015	2016	2017	'18년 11월
인원	150,865	150,994	151,608	152,374	155,457	158,600
증감률 (전년대비, %)	1.6	0.1	0.2	0.5	2.0	2.2

〈표 12-2〉 결혼이민자의 거주지역별 분포 현황 (2018.11.30. 현재, 단위 : 명)

계	서울	부산	경기	강원	충북	충남	전북	전남
156,771	27,497	7,268	44,889	3,633	5,163	9,080	6,008	6,587
	경북	경남	제주	울산	대구	인천	광주	대전
	7,983	10,255	2,607	3,372	5,375	10,193	3,492	3,369

미나, 2008).

〈표 12-3〉 결혼이민자의 국적별 · 성별 현황 (2018.11.30. 현재, 단위 : 명)

구분 \ 국적	계	중국	한국계 중국	베트남	일본	필리핀	캄보디아	타이	몽골	기타
전체	158,600	58,581	21,839	42,228	13,716	11,812	4,489	4,364	2,422	20,988
	(100%)	(36.9%)		(26.6%)	(8.6%)	(7.4%)	(2.8%)	(2.8%)	(1.5%)	(13.2%)
남자	26,679	12,651	7,480	2,158	1,233	414	209	95	144	9,775
여자	131,921	45,930	14,359	40,070	12,483	11,398	4,280	4,269	2,278	11,213

주: 여성 83.2%, 남성 16.8%

〈표 12-4〉 시·도별 결혼이민자 현황

구분 \ 국적	결혼이민자	국적취득여부		다문화자녀
	인원	귀화자	외국인	인원
전국	330,188	160,653	169,535	222,455
서울	73,753	32,061	41,692	31,052
부산	12,337	6,841	5,496	10,181
대구	8,815	4,943	3,872	7,501
인천	22,626	10,143	12,483	13,609
광주	6,284	3,372	2,912	5,597
대전	6,106	3,346	2,760	5,255
울산	6,296	3,346	2,950	4,962
세종	1,225	691	534	973
경기	100,529	47,161	53,368	56,584
강원	6,989	3,538	3,451	6,824
충북	9,882	5,005	4,877	8,381
충남	15,636	8,162	7,474	13,021
전북	10,900	5,817	5,083	11,256
전남	11,906	6,514	5,392	13,167
경북	13,990	7,507	6,483	13,721
경남	18,725	9,738	8,987	16,720
제주	4,189	2,468	1,721	3,651

자료: 행정안전부, 지방자치단체 외국인주민현황(2017).

2. 다문화가족 증가 배경

「다문화가족지원법」에서는 다문화가족을 결혼이민자와 한국국적인 자로 이루어진 가족이라고 정의하고 있다. 한국보건사회연구원에 따르면 현재 다문화가족의 증가 추세가 지속될 경우 2050년 결혼이민자와 자녀를 포함한 결혼이민 인구는 226만 명으로 총인구의 5%를 상회할 것으로 전망하고 있다. 1990년대 중반 이후 급속하게 결혼이민자들에 의한 다문화가족이 증가한 데는 다양한 배경들이 작용해 왔다.

첫째, 교통 · 통신의 발달, 냉전체제의 붕괴, 국지적 분쟁 확대, 국제이주에 대한 다양한 정보 확대 등으로 1990년대 이후 세계적으로 국제이주가 급속히 증가해 국내에서도 외국인노동자들을 비롯한 다양한 외국인들이 생활함으로써 다문화사회의 도래에 대한 분위기가 조성되었다.

둘째, 사회 전체의 고학력화 · 여성의 경제활동참가 증가 · 결혼연령 상승(만혼화 경향) · 독신여성 증가 · 농촌거주를 꺼리는 사회적 분위기 확대 등의 사회문화적 가치 측면에서의 변화, 결혼적령기의 성비 불균형 등으로 농촌총각을 비롯한 많은 남성들이 배우자를 구하지 못하는 현상이 발생되어, 한국여성의 결혼조건을 충족시키지 못하는 남성들이 저개발국 여성(중국 조선족, 동남아 여성)을 선택하는 경향을 보였다.

셋째, 우리나라의 경제수준이 향상되고, 저임금 외국인 노동자고용정책으로 외국인의 한국으로의 이주가 많아졌고, 주변국 여성들이 결혼을 통한 한국이주를 빈곤에의 탈출로 생각하는 경향이 확대되었다.

넷째, 기타 통일교 등 종교단체의 국제결혼 주선과 국제결혼 중매업체들의 적극적인 상술과 노총각 구제 차원의 국제결혼을 독려하는 사회적 분위기가 확대되었다.

3. 다문화가족의 위험요인들

결혼이민자들은 기본적으로 언어의 한계와 문화적 차이로 인한 사회적 적응의 어려움에 봉착하게 되고, 특히 우리 사회의 자문화 중심적 사고와 문화적 다양성에 대한 인식의 결여, 동화주의적[2] 정책과 시혜적 수준의 서비스 제공 등으로 인해 그 어려움은 배가되는 모습을 보여주고 있다.

1) 경제적 빈곤

결혼이민자와 결혼하는 한국 남성들은 농촌총각 또는 도시저소득근로자를 포함하여 상대적으로 경제적으로 넉넉하지 못한 경우가 많다. 따라서 다문화가족의 경우 경제적 빈곤에 시달리게 되고, 경제적 빈곤으로 인해 정상적인 결혼생활을 유지하기 어려운 상황에 봉착하기도 한다. 국제결혼을 하는 농촌총각의 약 20%가 기초생활보장수급자이고, 2005년도 가구당 최저생계비를 기준으로 할 때 국제결혼 가정의 절반이 넘는 52.9%가 최저생계비 이하의 소득 수준인 것으로 나타나 이들 가정의 절대빈곤문제가 매우 심각한 것으로 조사되었다(박옥임, 2007).

2) 가족갈등 및 가족해체

결혼이민자 가족들의 경우 언어소통의 어려움, 가족생활에 대한 문화적 차이, 외국 신부를 맞는 가족(시부모 등)의 일방적인 기대 등으로 인해 가족 간 갈등이 심화되고, 급

2) 카스트레스와 밀러(Castles & Miller, 2003: 171-201; 김미나, 2008 재인용)는 국가들의 이주민 수용방식을 차별적 포섭·배제모델, 동화주의모델, 다문화주의모델로 유형화했다. **차별적 포섭·배제모델**은 이민자를 3D업종의 노동시장과 같은 특정 경제적 영역에만 받아들이고, 복지 혜택, 국적 및 시민권, 선거권 및 피선거권 부여와 같은 사회적·정치적 영역에서는 이민을 받아들이지 않아 원치 않는 외국인의 정착을 원칙적으로 차단한다. 외국인과의 접촉을 배제하거나 최소화함으로써 사회갈등을 회피하고자 한다. **동화주의모델**(용광로 모형)은 주류문화를 통한 사회통합을 목표로 하고, **다문화주의모델**(샐러드 볼(salad bowl) 모형)은 주류문화뿐 아니라 다양한 문화가 공존하는 가운데 집단 간 상호존중의 질서가 자리 잡도록 하는 것을 정책 목표로 한다.

기야는 이혼하고 모국 귀국이나 불법체류자로 전락하는 경우가 증가하고 있는 실정이다. 2008년 한국인 남편과 외국인 처와의 이혼율은 2007년 대비 39.5%가 증가하였다. 이들의 평균동거기간은 2.7년으로, 동거기간 4년 미만이 이혼가정의 90.2%를 차지하고 있다(윤혜미, 2009).

특히 결혼이민자 배우자들이 스스로 경제적으로 의존적인 경우가 많아 부모로부터 독립하지 못한 채 부부생활에 부정적 영향을 미치는 가정이 많기도 하다. 따라서 폭언이나 욕설 등 언어폭력과 신체적 폭력 등의 가정폭력, 아내의 행동에 대한 남편 및 가족들의 통제 등으로 가족갈등이 더욱 심해질 수 있다는 것이다.

3) 임신, 출산 및 자녀양육(교육)의 어려움

결혼이민 여성들은 모국의 음식과의 차이로 인해 음식섭취에 어려움을 겪음으로써 임산부의 건강 및 태아의 건강에 저해요인으로 작용하게 되고, 언어장벽으로 인해 임신 및 출산관련 정보가 미흡하고, 출산 후에도 언어소통이나 경제적 어려움, 가족들의 무관심 등으로 건강관리의 어려움을 갖게 된다. 또한 여성 결혼이민자 중 23.6%가 실질적 의료보장체계 안에 들어가 있지 못하여 모성건강의 위험도가 높기도 하다(최현미 외, 2008).

자녀양육에 있어서도 언어소통의 어려움 등으로 자녀의 정상적인 발달을 지연시키는 경우(언어장애나 말더듬과 같은 언어문제 호소)가 있고, 자녀들의 무시 등으로 인한 갈등이 심한 경우도 나타나고 있다. 또한 자녀들의 경우는 또래 아이들로부터 집단따돌림을 당한 경험이 있다는 비율이 17.6%에 달한다는 보고도 있다(보건복지부, 2005). 자녀들은 이러한 현실문제로부터 도피할 수 있는 TV나 컴퓨터에 몰입하거나 일탈행동 또는 학교부적응 문제를 드러내기도 한다는 것이다(박옥임, 2007).

4) 사회 · 문화적 적응 및 통합의 어려움

한국사회의 외국인과 외국문화에 대한 시각은 이중적이거나 서열화되어 있어 외국인의 피부색과 출신국가에 의해 결정되고 있다고 할 수 있다. 흑인이냐 백인이냐의 인종적 기준의 토대 위에 잘사는 나라에서 왔느냐 혹은 한국보다 못사는 나라에서 왔느냐라는 사회구조적 기준이 더하여 흑인이나 흑인에 가까운 피부색을 가지는 외국인과 후진국 및 개발도상국에서 온 외국인을 상대적으로 차별하는 경향이 있다(최명민 외, 2009). 미국 또는 백인중심의 문화관으로 다른 서구인과 그들 문화에 대한 이해가 부족하거나, 인종에 관계없이 영어를 사용하는 외국인에 대하여 무조건적으로 우호적인 태도를 보이곤 한다.

또한 한국의 가부장제적 가족중심문화, 연고주의 등 폐쇄적 사회연결망 구조 속에서 사회에 적응하거나 관계를 넓혀가기 어려운 상황에 직면해 있기도 하다. 농촌지역거주, 저소득층, 교육수준이 낮은 계층의 배우자인 경우가 많고, 이들에게는 가부장제적 전통수준과 기대수준이 상대적으로 높음으로써 가부장적 권위를 가진 남편과 시부모 부양의 전통에 대한 복종, 가사와 농사일의 이중부담, 전통적 며느리 역할수행이 강요되어 문화적 갈등 및 가족갈등이 확대되는 면이 있다.

4. 우리나라 다문화 사회복지의 내용

다문화가족의 통합과 관련된 사업은 여성가족부와 보건복지부, 교육부, 농림수산식품부, 문화체육관광부 등의 정부부처에서 시행되고 있다. 다문화가족 내 이주여성에 대한 지원, 2세들에 대한 통합과 복지차원의 접근은 여성가족부와 보건복지부를 중심으로 시행해 왔고, 교육부는 다문화가족 자녀들에 대한 교육을 지원하고 있다. 농림수산식품부의 경우는 다문화가족 중의 상당수가 농촌에 거주하는 상황을 반영해 농촌지역 거주 다문화가족에 대해 지원을 하였다(최현미 외, 2008). 2018년 현재 결혼이민자의 국내사회적응과 복지 측면의 지원과 관련해서는 여성가족부가 대체로 수행하고 있다. 또한 다문화가족 지원을 위하여 5년마다 다문화가족 정책에 관한 기본계획을 수립하여야 한다(다문화가족지원법 제3조의 2).

1) 법적인 지위관련 지원

결혼이민자의 법적 지위와 관련하여 보건복지부와 법무부에서 제정된 주요 관련법은 「다문화가족지원법」, 「결혼중개업의 관리에 관한 법률」, 「재한외국인 처우기본법」, 「국적법」, 「출입국관리법」 등이다.

국적법에 따르면 결혼이민자는 귀화에 의한 국적취득 중 간이귀화요건에 해당하며, '배우자가 대한민국의 국민인 외국인으로서 ① 혼인한 상태로 대한민국에 2년 이상 계속하여 주소가 있는 자, ② 혼인한 후 3년이 지나고 혼인한 상태로 대한민국에 1년 이상 계속하여 주소가 있는 자, ③ 배우자의 사망이나 실종 등 자신의 귀책사유 없이 혼인생활을 할 수 없었던 자, ④ 한국국적의 미성년자녀를 양육 또는 양육예정인 자의 경우 귀화허가를 받을 수 있도록 명시되어 있다.

〈표 12-5〉 다문화가족 관련법

관련법	해당부처	제정일시	제정목적
다문화 가족지원법	보건복지부	2008.3.21. (2015.12.22 개정)	다문화가족 구성원이 안정적인 가족생활을 영위하고 사회구성원으로서의 역할과 책임을 다할 수 있도록 함으로써 이들의 삶의 질 향상과 사회통합에 이바지함
결혼중개업의 관리에 관한 법률	보건복지부	2007.12.14	결혼중개업의 건전한 지도, 육성과 이용보호를 통한 건전한 결혼문화 형성

관련법	해당부처	제정일시	제정목적
재한외국인 처우기본법	법무부	2007.5.17	재한외국인이 대한민국에 적응하여 개인능력을 최대한 발휘하도록 하고 대한민국 국민과 재한외국인이 상호 이해하고 존중함으로써 대한민국의 발전과 사회통합에 기여
국적법	법무부	1948. 12.20 2008.3.14 (전문개정)	대한민국의 국민이 되는 요건을 정함
출입국 관리법	법무부	1963. 3. 5 (2010.5.14 개정)	대한민국에 입국하거나 대한민국에서 출국하는 모든 국민 및 외국인의 출입국관리를 통한 안전한 국경관리, 대한민국에 체류하는 외국인의 체류관리와 사회통합 등에 관한 사항 규정

자료 : 김명성(2009).

2) 경제적 보호

「국민기초생활보장법」에서는 수급자의 범위에 '외국인에 대한 특례' 조항을 두고 있다(법 5조의 2, 시행령 제4조). 국내에 등록·체류하고 있는 외국인 중 대한민국 국민과 혼인하여 본인 또는 배우자가 임신 중이거나, 대한민국 국적의 미성년 자녀를 양육하고 있는 경우(이혼, 배우자 사망인 경우도 포함), 배우자의 대한민국 국적인 직계존속(부모, 조부모 등)과 생계나 주거를 같이하고 있는 경우 국민기초생활보장 대상자가 될 수 있도록 규정하고 있다.

3) 교육지원

다문화가족에 대한 교육지원에는 결혼이민자 본인에 대한 언어교육지원과 다문화가족 자녀 교육지원이 포함된다. 한국어교육지원, 결혼이민자 통·번역서비스, 다문화가족 방문교육서비스, 한국문화이해 교육, 취업교육 등이 실시되고 있다. 또한 다문화가족 자녀들의 언어발달 및 학교생활적응을 위한 각종 멘토링사업, 언어영재교실(엄마·아빠나라 언어습득 지원), 다문화교육 및 공연 프로그램 등이 실시되고 있다.

4) 가족 내 갈등 예방과 해소를 위한 상담관련 서비스 제공

다문화가족은 언어소통 및 문화적 소통의 어려움으로 인한 가족 간 갈등과 가정폭력, 가족해체 등이 증폭되고 있는 현실이다. 우리나라의 결혼이민자들은 언어의 차이, 일상생활양식의 차이, 가족구조의 차이(부계가족 체계), 젠더구조의 차이(한국사회의 경직된 성 분리체계) 등에서 문화적 차이를 두드러지게 인식하고 있다(김이선 외, 2006). 따라서 가족 통합을 위한 가족교육을 실시하며 지원내용으로는 부모역할 교육, 부부갈등해결 프로그램, 이중언어환경조성사업, 가족관계향상 프로그램 등, 성평등교육은 배우자부부교육 등, 인권교육은 다문화이해교육 등, 상담관련 서비스는 가족상담, 사례관리 등, 방문상담서비스 등이 있다. 또한 이주여성 긴급지원센터 1577－1366(9개 언어) 등이 운영되고 있다.

5) 다문화가족지원센터 운영

다문화가족의 안정적인 정착과 가족생활을 지원하기 위해 한국어 · 문화교육, 가족교육 · 상담, 자녀지원, 직업교육 및 다문화 인식개선 등 다양한 프로그램을 통합적으로 제공 및 연계하는 원스톱 서비스 기관으로 다문화가족지원센터를 운영하고 있다. 2018년 현재 전국에 217개 다문화가족지원센터가 설치 · 운영되고 있고, 아래의 서비스를 기본으로 제공하고 있다.

① **한국어 교육** : 결혼이민자, 중도입국자녀를 대상으로 수준별 정규 한국어 교육(1~4단계, 각 100시간) 및 진학반, 취업대비반 등 지역별 특성에 따른 심화과정(특별반) 운영

② **통역 · 번역** : 다문화가족, 다문화가족을 직 · 간접적으로 지원하는 개인 또는 기관을 대상으로 베트남어, 중국어, 영어, 타갈로그어, 몽골어, 태국어, 러시아어,

인도네시아어, 캄보디아어, 일본어, 네팔어 등 센터별 1~4개 언어로 통역·번역 서비스 지원

③ **상담 및 사례관리** : 다문화가족지원센터 이용자를 대상으로 심리검사, 법률상담, 위기가족 긴급지원, 외부상담기관 연계 등 다문화가족 구성원 간 관계 증진을 위한 상담 및 사례관리 서비스 제공

④ **결혼이민자 대상 사회적응교육, 취업교육 지원** : 다문화가족지원센터 이용자를 대상으로 취업기초 소양교육, 취업훈련전문기관(새일센터, 워크넷 등) 연계, 소비자·경제교육, 다문화이해교육, 자조모임 등

⑤ **가족교육** : 다문화가족지원센터 이용자를 대상으로 1회 6개월을 원칙으로 하며, 부부교육, 가족관계 향상 프로그램, 부모역할교육, 부부갈등해결 프로그램 등 교육프로그램 운영

⑥ **다문화가족 자녀 언어발달 지원** : 만 12세 이하 다문화가족 자녀를 대상으로 다문화가족 자녀의 언어발달을 위한 언어발달정도 평가, 언어교육, 부모 상담 및 교육방법 안내 등 서비스

⑦ **방문교육**(자녀생활) : 소득기준에 따라 무료 또는 차등 부담으로 만3세~만12세 이하 다문화가족 자녀, 중도입국자녀를 대상으로 1회 10개월을 원칙으로 독서코칭, 숙제지도 등 자녀생활서비스 제공

⑧ **다문화가족 이중언어 환경조성** : 영유아 자녀를 둔 다문화가족을 대상으로 가정 내 이중언어 사용을 위한 인식개선 교육 및 부모-자녀 상호작용(놀이, 동화·동요 등의 활용방법) 코칭 서비스 등 제공

[그림 12-1]은 여성가족부의 다문화가족 지원을 위한 추진체계이다.

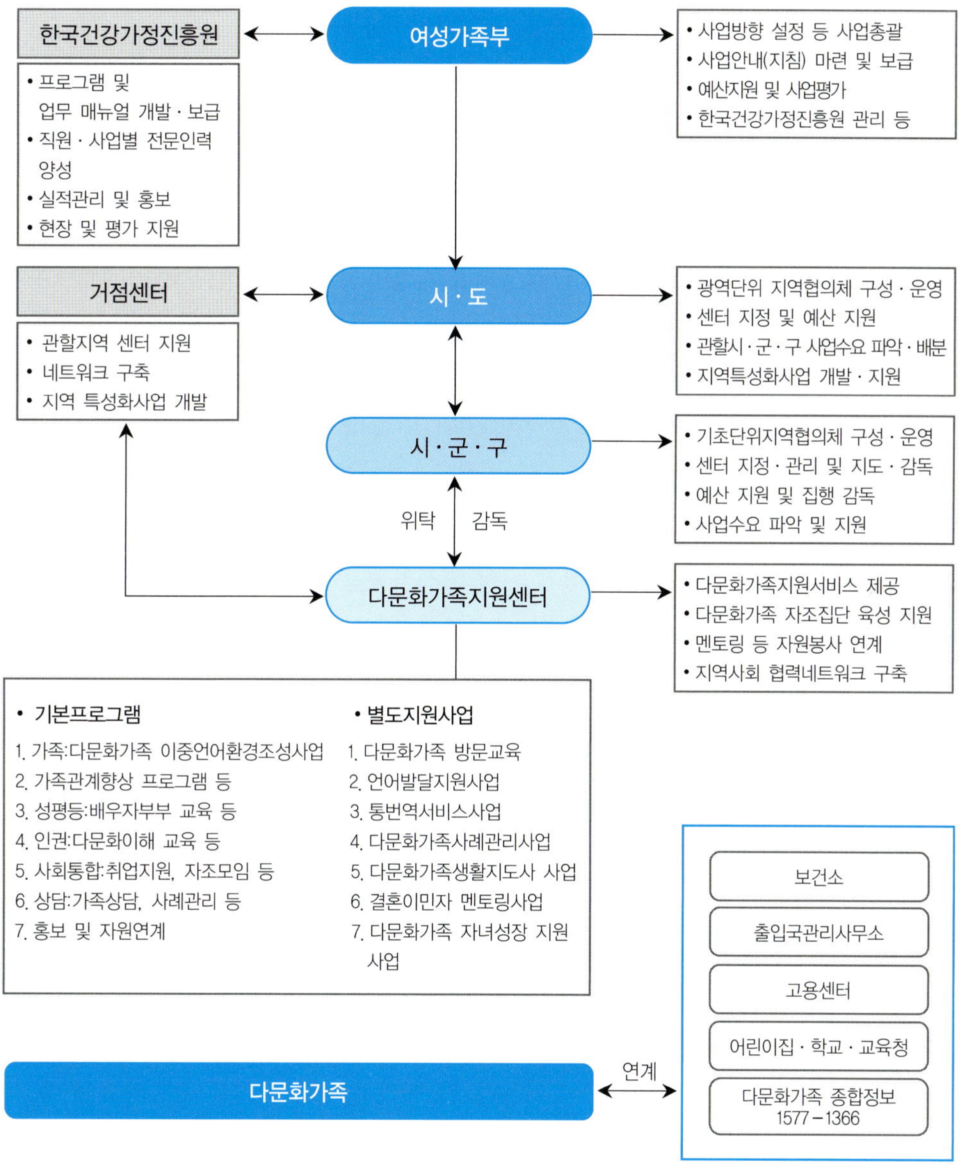

자료 : 여성가족부 홈페이지.

[그림 12-1] **다문화가족 지원 추진체계**

5. 우리나라 다문화 사회복지의 과제

UN 인권위원회에서는 한국정부가 '단일민족국가'라는 용어를 사용하여 순혈주의 담론을 표방하는 것 자체가 이미 다민족사회로 진입한 한국사회에서 외국인에 대한 차별이 될 수 있다는 것을 지적한 바 있다(UN Committee on Elimination of Racial Discrimination, 2007; 윤혜미, 2009 재인용). 또한 결혼이민자들은 언어소통 및 문화적 소통의 어려움으로 인해 가정 내에서 각종 스트레스를 경험하고, 교육 · 문화 · 의료 · 사회참여, 취업 등에서 차별과 편견을 경험하고 있고, 결혼한 남성들이 대체로 학력수준이나 경제적 수준이 열악함으로써 생활수준이 더욱 열악해질 수 있다. 또한 이들의 자녀들 또한 한국어 능력의 상대적 지체와 외모 차이 등으로 또래들로부터의 소외를 경험하게 되어 학교생활 적응과 학업발달의 부정적 결과를 가져온다. 따라서 결혼이민자들과 결혼이민자 자녀들은 개인적으로 무력감을 경험하게 되어 경제적 빈곤 등 다양한 사회생활의 어려움을 겪게 된다. 이들 중 상당수가 소위 사회문제의 '고위험군'의 특성을 가지고 있다.

이미 다문화사회에 접어든 시점에서 결혼이민자들을 포함한 다문화 외국인들과의 통합[3]과제가 현 시점에서 우리 사회의 과제라는 점, 이들이 지역사회의 일원으로 우리들과 함께 거주하고 함께 살아가야 한다는 점, 그리고 이들의 인권, 인간존엄성 확보, 인간다운 생활의 보장, 삶의 질 향상 측면에서 이들의 삶에 주목하고 원조해야 한다.

1) 서비스 제공자의 문화적 역량(문화적 유능성)에 관한 관심의 증대

한국사회는 이미 다문화사회이다. 그렇지만 한국사회는 여전히 가부장적 문화, 자문화중심주의적 입장에서, 이주민들이 가능한 한 빨리 언어와 문화를 습득하고 한국 사람으로서 적응하도록 지원하는 문화적 동화에 초점을 두고 사회복지서비스를 비롯한

3) 베리(Berry, 1993; 최명민 외, 2009 재인용)의 문화적응모델에 따르면 통합이란 새로운 문화와 상호작용하는 동시에 자신의 문화에 가치를 두는 것이다(본국 문화와의 동일시도 높고, 새로운 문화와의 동일시 정도도 높은 문화적응 유형). 이에 반해 동화는 새로운 문화에의 동일시 정도는 높고, 본국문화와의 동일시 정도는 낮은 경우이다.

각종 지원정책을 실시하고 있다. 다문화가족지원센터를 비롯한 다양한 사회복지기관과 각종 사회단체 등에서의 서비스와 지원도 동일한 맥락에서 이루어지고 있다. 실천분야에서 국제결혼여성(결혼이주민여성)을 위해 가장 빈번히 제공되는 서비스는 한국생활 적응 및 문화이해(한국어 교육, 한국요리강습, 전통문화체험, 생활예절교육, 문화유적탐방의 순서 등)이고 가족관계교육이 그 다음으로 자주 제공되고 있어 여성의 가사능력 향상이라는 가부장적 문화와 한국문화의 교육이라는 자문화 중심적 관점이 주를 이루고 있다(최현미 외, 2008).

서비스 제공자들은 외국인들의 자국문화와 언어 등에 대한 고려 없이 일반 내국인 대상자들과 동일한 입장에서 서비스를 제공하고 있다. 휴먼서비스 제공자들은 특히 대상자들의 욕구에 충실한 서비스를 제공해야 한다는 입장에서 본다면, 다문화집단의 욕구를 효과적으로 충족시킬 수 있도록 문화적 역량 또는 문화적 유능성을 갖추어야 한다는 것은 다문화사회의 피할 수 없는 현실적 요구가 되고 있다. 문화적 역량이 다양한 휴먼서비스 전문직들의 주요 가치와 신념을 반영하는 전문적 역량의 주요 요소로 강조되고 있다는 사실 또한 한국사회복지계가 문화적 역량에 관심을 가져야 할 이유이다(최현미 외, 2008).

맥파터(Mcphatter, 1997)는 문화적 역량은 문화적 인식, 다문화에 대한 지식과 개입기술의 세 가지 요소로 구성된다고 보았다. 즉 문화적 역량이란 서비스 제공자가 자신의 인종과 문화적 유산이 실천활동에 미치는 영향에 대한 지식과 타 인종 클라이언트 집단의 문화적 유산, 역사적 배경, 생애경험, 가치관, 가족구조, 도움을 구하는 데 대한 태도와 적응전략 등 다른 민족의 특성에 대한 지식을 갖추는 것(윤혜미, 2009 재인용)이고, 기존의 주요 서비스 모델이나 개입전략과 관련된 이론과 원칙들의 적용에 있어 문화적 변용을 모색하는 능력인 것이다. 덧붙여 서비스과정에서의 언어능력도 문화적 역량에 중요한 요소일 것이다. 특히 질병이나 위기상황과 같은 고도의 스트레스 상황에 있는 외국인 서비스 대상자들에게 자국 언어로 서비스를 제공한다면 더욱 적절하고 효과적인 서비스를 제공할 수 있을 것이다.

따라서 휴먼서비스 분야에서 다문화관련 서비스 제공자들이 다문화 역량을 갖출 수 있는 교육이 충분히 제공될 수 있어야 하고, 나아가 문화적 역량을 갖춘 전문가를 양성해야 할 것이다.

2) 다문화가족을 위한 서비스 및 프로그램의 다양화

다문화가족을 위한 서비스나 프로그램들은 주로 다문화가족지원센터나 관련 사회단체 등에서 실시되고 있고, 한국어 교육을 포함한 한국문화적응 프로그램, 가족관계 지원 및 강화 프로그램이나 서비스 등에 집중되고 있다. 문화와 언어소통의 어려움으로 인한 문화적응 스트레스뿐만 아니라 한국사회의 차별과 편견, 낮은 사회경제적 지위, 고실업률, 낮은 교육수준, 열악한 건강 및 정신건강 등의 문제를 가지고 있는 결혼이민자를 포함한 다문화가족들에게 있어 경제적 · 사회적 안정이 더욱 중요할 수 있다. 취업과 관련한 기술훈련, 창업지원서비스, 고용지원서비스 등은 다문화가족이 새로운 사회에서 뿌리를 내리는 데 도움을 줄 것이다. 더 나아가 각 문화에 내재하는 장점, 자원, 자산, 개인적 자산 등을 충분히 활용할 수 있는 장(場)이나 취업을 지원하는 프로그램이 많이 마련될 필요가 있다.

또한 결혼이주여성에게 같은 국적 출신의 이주여성이야말로 가장 훌륭한 조언자이자 정보제공자가 될 수 있다. 국제결혼가족(다문화가족)을 일구면서 거쳐 온 과정의 일련의 경험들은 결혼 초기의 국제결혼가족에게 매우 유용한 정보가 될 수 있다. 그러므로 국제결혼한 가정 간 교류의 활성화는 이주여성의 적응에 긍정적으로 작용할 뿐 아니라 초기의 어려움을 겪는 남편이나 가족들에게도 힘이 될 수 있다. 같은 국적 이주여성들의 자조집단이 활성화될 수 있는 서비스나 프로그램이 마련될 필요가 있고, 이주여성들의 문화를 지켜갈 수 있도록 하는 장(場)이 많이 마련될 필요가 있고, 이러한 장(場)에서 한국인들과의 조화로움을 경험할 수 있는 프로그램들이 다양하게 전개될 수 있어야 할 것이다.

3) 지역사회서비스 네트워크 구축

최근 결혼이민여성들을 포함한 다문화가족 지원이 본격화되면서 여러 중앙정부부처들이 관계하고 있고, 지방정부와 다양한 민간단체들에서 유사한 프로그램이나 서비스가 제공되고 있다. 이에 따라 서비스 중복 문제가 발생하고 있다. 예를 들어 결혼이주여성들은 여성회관에서 요리강습을 받고, 지역사회복지관에서 비슷한 요리강습을 받는다든지, 자녀들이 교육부 소관 Wee-center에서 상담 받고, 다문화가족지원센터에서 실시하는 멘토링 프로그램에 참여하는 모습을 볼 수 있다. 따라서 서비스 중복을 조정할 수 있는 협의기구가 필요할 것이고, 다문화관련 서비스를 제공하는 기관들 간의 서비스 네트워크가 구축될 필요가 있다. 더 나아가 중앙정부 차원에서 부처 간 정책의 조정 및 서비스 단일 창구화하는 노력이 요구된다.

4) 다문화사회에 대한 인식개선 과제

한국 사회는 단일민족의식이 강했고, 외국인과 더불어 살아온 경험이 적었다. 그리고 역사적 경험 내에서 미국 또는 백인 중심의 문화관을 가져 다른 서구인들과 그들 문화에 대한 이해가 부족하거나 차별적인 태도를 보이고 있기도 하다. 또한 혼혈인에 대한 편견과 차별이 심한 편이다. 따라서 다문화 외국인들과의 통합보다는 다문화 외국인들의 한국문화에 대한 동화를 요구하고 있다. 다문화사회에 대한 국민들의 인식개선이 절대적으로 요구된다. 다문화가족이 점차 증가하는 현 상황에서 이러한 편견과 차별의식을 해소하고 소수자의 인권을 보호하기 위한 교육과 홍보사업이 절실히 요청된다.

참고문헌

김명성(2009). “사회통합 차원에서의 다문화가족 지원정책의 현황과 개선방안에 관한 연구”. 『사회복지실천』 8호. 서울여대 사회복지센터.

김미나(2008). “다문화정책의 변화과정과 정책기제: 중앙과 지방정부의 정책을 중심으로”. 『충청지역연구』 1권 1호. 충청지역발전연구원.

김이선 · 김민정 · 한건수(2006). 『여성결혼이민자의 문화적 갈등경험과 소통증진을 위한 정책과제』. 한국여성개발원.

박옥임(2007). “농촌 다문화가족의 복지”. 『한국지역사회생활과학회 학술대회 자료집』.

법무부(2018). 『출입국 · 외국인정책 통계월보』. 11월호.

보건복지부(2005). 『국제결혼 이주여성 실태조사 및 보건 · 복지 지원정책방안 보고서』.

여성가족부 홈페이지 http://www.mogef.go.kr

오경석(2007). “어떤 다문화주의인가: 다문화사회 논의에 관한 비판적 조망”. 오경석 외. 『한국에서의 다문화주의: 현실과 쟁점』. 한울 아카데미.

윤혜미(2009). “결혼이민자 가족을 위한 임파워먼트 기반의 사회복지실천 연구”. 『한국사회복지학』 61(4).

최명민 · 이기영 · 최현미 · 김정진(2009). 『문화적 다양성과 사회복지』. 학지사.

최현미 외(2008). 『다문화가족복지론』. 양서원.

행정안전부 홈페이지 www.mois.go.kr

Barry, B.(2002). *Culture and Equality: An Egalitarian Critique of Multiculturalism.*

Castles, S. & Miller, M. J.(2003). *The age of migration: International population movement in the modern world*. N.Y.: The Guilford Press.

Mcphatter, A.(1997). “Cultural competence in child welfare: what is it? How do we achieve it? What happens without it?”. *Child Welfare 76*(1).

PART 4

한국사회복지의 전망

우리나라는 해방 후 서구의 사회복지제도와 관점, 방법들을 받아들이면서 지난 반세기 동안 사회복지정책 및 서비스의 급속한 발전이 있었다. 그렇지만 우리나라에서 사회복지(학)는 그 정체성이 다소 미약하고, 고유한 관점과 방법들을 발전시키지 못해 다양하게, 급속하게 변화하는 현실에 대응할 수 있는 역량이 크지 않다.

한국사회복지가 나아가야 할 방향과 과제를 전망해 본다.

CHAPTER

13 한국사회복지의 전망과 과제

Introduction to social Welfare

사회복지란 인간의 욕구와 문제를 해결하여 모든 국민이 인간다운 생활과 행복한 생활을 영위할 수 있도록 도와주는 시책과 노력을 의미하며, 모든 국민이 골고루 잘 사는 복지국가를 만드는 것을 그 목표로 한다(차흥봉, 2001). 사회복지는 인간존엄 사상에 기초하고 있고, 국가 또는 사회의 책임사상에 기반하고 있다.

우리나라는 해방 후 서구의 사회복지제도를 받아들이면서 지난 반세기 이상 동안 사회복지정책 및 서비스의 급속한 발전이 있었다. 80년대에 접어들면서 그동안의 경제성장을 기반으로 하여 빈부격차를 비롯한 사회적 갈등이나 새로운 여러 가지 사회문제들을 해결하기 위한 사회복지정책, 사회복지적 통합정책을 강조해 왔고, IMF 경제위기를 겪으면서 1999년부터는 생산적 복지의 이념 하에 사회복지제도를 확대시켜 왔다. IMF 경제위기와 김대중 정부의 등장은 한국 사회복지정책 변화의 전환점이 되었다(홍경준 · 송호근, 2003). 노무현 참여정부가 들어선 이후 사회복지사업의 지방이양이 이루어지고, 복지수요자들에 대한 맞춤형 통합서비스 제공을 강조하기에 이르렀다. 사회의 인식변화, 즉 사회적 약자 및 소외자들에 대한 국가나 사회의 책임인식, 균형성장(성장과 분배의 조화 · 선순환) 등에 대한 인식에 있어서도 많은 변화를 가져온 것이 사실이다.

그렇지만 선진 복지국가들처럼 복지국가시대를 경험하지도 않고 신자유주의의 이념적 조류에 편승되어 빈부격차가 더욱 심해지고, 사회양극화, 소득 · 취업 · 생활의 양극화를 초래하고 있다. 세계화의 확산, 세계시장의 개방압력이 거세지고 있고(개방화), 세계경제의 전반적인 퇴조경향과 그동안의 발전에 대한 견제 등 다양한 외적인 요인들이 성장과 분배의 균형강조경향에서 성장 강조중심으로 변화하도록 요구하고 있다. 분배 또는 복지에 대해서 성장론자들의 성장모델에서 주장하는 성장이후 분배 또는 경제성장의 낙리효과(trickle- down effects)[1]에 대한 논의와 인식이 다시 확산되는 모습을 보이고 있다. 지속성장을 위한 요건으로 사회통합(social cohesion)이 강조되고 있는 차제에 여러 가지를 둘러싼 사회적 갈등(계층 간 불평등과 불신, 양극화)을 심화시킬 수 있는 사회 · 경제적 환경이 조성되고 있다.

또한 저출산고령화 사회에 따른 사회경제적 도전에 직면하고 있다. 2020년경에 현재 65세 이상 노인인구비율이 15.6%에 달하고, 생산가능인구 4~5명 정도가 노인 1명을 부양해야 하는 사회경제적 부담이 크게 되어 노인문제가 큰 사회문제로 등장할 전망이다. 그리고 개인 중심의 가치관이 확산되고, 핵가족화가 진전되어 가족의 부양기능이 약화됨으로써 아동보육문제, 청소년문제, 노인부양문제 등이 증폭될 전망이다.

사회 · 경제적 환경요건이 진전되는 상황에서 증폭된 사회문제를 해결하고, 다양한 사회복지 수요에 대응해야 하는 과제를 안고 있다. 2000년대 한국사회복지의 과제에 대해 차흥봉(2001)은 다음과 같은 점을 강조한 바 있다.

첫째, 인간존엄에 기초한 더불어 잘 사는 사회를 만들자는 목적적 가치를 실현하는 사회복지정책을 강화해서 계층 간 불평등과 불신, 사회적 불안을 해소해야 한다는 점

둘째, 경제성장과 사회복지를 병행 · 발전시켜야 한다는 점

셋째, 20세기 후반기에 발전된 제도적 틀 위에 기존의 사회복지정책과 제도의 내실화를 기해야 하고, 구체적으로 사회보험 적용대상 확대, 보험료 부담의 형평성 제고, 보험급여수준 적정화, 보험재정의 안정성 확보, 사회복지서비스 부문에서 공적 및 민간서비스전달체계 확립, 지역사회 중심의 재가복지사업 확대, 보건의료와 복지욕구에 대한 통합적 서비스 체계를 만들어 가는 것이 중요하다는 점

넷째, 사회복지의 필요성에 대한 인식을 확대시키고, 사회복지에 대한 재정을 확대해야 한다는 점

1) 경제성장에 따라 빈곤이 해소될 수 있다는 효과이다. 1960년대 이후 권위주의적 산업화가 산출한 고도성장이 다양한 문제점을 산출했지만, 동시에 절대빈곤층을 줄이고 소득불평등을 완화시켰다는 사실을 강조할 때 사용된다.

다섯째, 우리의 사회문제를 해결하기 위한 자기역할노력에 주력하고, 전문성을 향상시켜 가야 한다는 점 등을 제시했다.

우리나라 사회복지는 아직도 사후적, 잔여적, 소극적, 복지시설 중심의 복지를 지향하고 있어 예방적, 제도적, 적극적, 지역사회 중심적인 복지를 지향하기 위한 노력이 가속화될 필요가 있다.

1. 복지의 필요성과 성장과 분배의 균형에 대한 인식변화 – 복지의식 향상

인간은 누구나 인간다운 생활을 누리기를 원하고, 인간존엄과 더불어 함께 잘 사는 사회분배정의가 실현되어야 한다. 그렇지만 자본주의 사회는 본질적으로 부익부 빈익빈의 빈부격차의 개연성을 상대적으로 많이 가지고 있기 때문에 본인의 의도와는 별개로 경쟁에서 탈락하는 소외 · 빈곤자들이 생길 수밖에 없다. 개인의 잘못보다는 사회구조적 · 기능적인 문제로 인해 나타나는 개인과 개별가정의 문제를 개인과 가족에게 책임지울 것이 아니라 국가나 사회가 책임져야 한다. 또한 어떤 개인의 문제가 누구에게나 보편적으로 나타나는 사회문제가 되고, 개인이 감당하기 어려운 경우도 국가가 책임져야 한다. 사회복지는 국가 또는 사회가 지원할 책임이 있다는 사상에서 출발한다. 사회공동체 구성원들의 인권과 사회정의 실현을 위해 사회복지는 우리 사회를 지속적으로 발전시켜 가기 위해서 절대적으로 필요한 것이다.

나아가 경제성장이 먼저인가 분배복지가 먼저인가의 문제가 항상 논란의 대상이 되는데, 경제성장이 없는 상태에서 분배만을 고집해서는 안 되겠지만 우리나라의 경제발전단계에서는 분배와 성장의 균형을 유지함으로써 더 큰 성장을 가져올 수 있을 것이다. 이러한 복지의 필요성과 균형성장에 대한 국민의 복지의식 향상을 위한 적극적이고 지속적인 노력이 요구된다.

2. 농촌복지 및 결혼이민자 등 새로운 소외계층에 대한 관심

농촌의 고령화가 확대되고 있고, 농촌총각들의 결혼 등의 문제에 직면해 결혼을 전제로 한 결혼이민여성들이 증가하고 있다. 이들은 의사소통과 문화적인 괴리 등의 문제, 인권침해의 문제, 경제적인 어려움과 양육의 어려움 등 다양한 문제를 나타내고 있고, 그 자녀들 또한 정상적인 양육환경을 제공받지 못함으로써 학교생활 부적응을 비롯한 여러 가지 문제를 나타내고 있다.

한국인 남성과 결혼한 결혼이주민 여성이 1990년대 중반부터 급증하고 있고, 국제결혼비율이 점차 높아지고, 여러 업종에 코리안 드림을 꿈꾸고 들어오는 외국인 노동자들을 포함해 다문화가족은 상당히 빠른 속도로 증가하고 있다(행정안전부 통계에 의하면 2017년 현재 외국인 주민수 1,861,084명, 외국인주민자녀수 222,455명). 결혼이주민 가족의 사회문화적 적응 지원을 위한 통합적 가족지원 전달체계 구축을 통해 가족안정성을 제고하고, 다문화 사회통합 분위기 확산을 위해 다문화가족지원센터를 운영하고 있기는 하지만, 아직도 다문화가족들의 법적인, 사회적인 삶이 열악한 상황에 놓여있는 것은 부인할 수 없을 것이다. 이들에 대한 적극적인 대책이 요구된다. 북한이탈주민(새터민)들과 그 가족들에 대해서도 같은 맥락에서 적극적인 대처가 필요하다.

그리고 사회복지시설이나 기관들이 도시에 편재(偏在)되어 있어 농촌거주민들의 사회복지서비스에의 접근도는 아주 낮다. 농촌지역에 대한 특별한 사회복지정책이 마련될 필요가 있고, 복지시설 및 기관 설치가 확대되어야 할 것이다. 코리안 드림을 품고 우리나라 노동현장에 투입된 외국인 노동자들 특히 조선족 동포들의 열악한 노동조건과 차별문제도 우리 사회가 해결해 가야 할 숙제일 것이다. 거리의 노숙자들, 부랑인들을 어떻게 우리 사회가 안고 가야 할 것인가를 깊이 고민해야 할 것이다.

3. 사회복지서비스 전달체계 개선 및 민간과 정부의 적정한 역할분담

우리나라 사회복지정책과 서비스 집행 · 전달은 중앙정부—특별시 · 광역시 · 도—시 · 군 · 구—민간사회복지시설 및 기관의 체계를 따라 주로 이루어지고 있다. 그렇지만 사회복지 관련 업무는 그 대상에 따라 정부의 여러 부처에 분산 · 관리되고 있을 뿐 아니라 주무부처인 보건복지부도 독자적인 일선조직체계를 가지고 있지 못하고 행정안전부의 일선조직체계에 의존하는 이원적인 수직적 체계를 가지고 있다. 이처럼 정책결정기관과 집행기관의 분리로 인해 전문행정과 책임행정을 수행하기 어렵고, 행정편의 위주 혹은 공급자 중심의 서비스 전달이 이루어짐으로써 전문성과 그 효율성이 확보되기 힘들다.

따라서 중앙정부 차원의 구조조정을 통해 복지 관련 업무의 재편 · 통합이 이루어질 필요가 있고, 시범사업으로 종료되었던 보건복지사무소, 사회복지사무소 등과 같은 보건복지부의 독자적인 서비스전달체계를 갖출 필요가 있다. 지역주민의 참여를 확대하고 수요자 중심의 복지서비스 전달체계를 구축하기 위해 읍 · 면 · 동 사무소를 주민복지센터로 전환하여 클라이언트 중심의 다양한 복지서비스가 한곳에서 동시에 제공될 수 있는 one-stop 통합맞춤형서비스 체계를 구축할 필요가 있다(임춘식 외, 2007: 509).

또한 총체적인 복지역량의 극대화를 위해 공공과 민간부문의 협력체제에 기초한 실질적인 네트워킹과 연계협조가 요구된다. 최근까지도 네트워크에 대해 강조하고 있지만, 인식은 되어있어도 여러 가지 이유로 실질적인 연계협조가 이루어지지 않는 실정이다.

사회복지서비스 전달체계의 가장 하위단위인 사회복지전담공무원[2]이 절대적으로 부

2) 사회복지사업법 제8조 규정에 의한 사회복지사 자격을 가진 자 중에서 공개제한경쟁시험을 거쳐 시 · 군 · 구 및 읍 · 면 · 동 행정기관에 배치되어 공공부조 및 사회복지서비스 업무를 전담하는 공무원을 말한다. 공적인 사회복지행정의 전문성을 제고하고, 생활보호대상자 관리의 합리화를 위해 1987년부터 사회복지전문요원을 배치하였다. 1992년 사회복지전담공무원으로서의 법적 지위가 변경되었으며, 2017년 말 현재 전국에 20,989명이 활동 중

족함으로써 업무과중을 나타내 보이고 있고, 사회복지업무를 효율적 · 전문적으로 집행할 수 없는 상황이다. 사회복지전담공무원을 대폭 확충할 필요가 있다. 그리고 민간 사회복지서비스 전달체계는 취약한 재정문제로 인해 서비스의 부실화 우려와 안정성이 떨어지는 문제가 있고, 사적 사회복지서비스 전달체계에 종사하는 사회복지전문인력들이 취약한 재정으로 인해 낮은 수준의 보수와 열악한 근로조건에 직면해 있어 그 전문성이 훼손될 우려가 크다. 민간사회복지시설 · 기관들이 활성화될 수 있도록 해야 할 것이다.

사회복지서비스 전달체계가 그 기능을 충분히 발휘하고, 효율적 · 효과적 · 전문적인 서비스를 제공하기 위해서는 중앙정부와 지방정부, 그리고 공적 기관과 사적 기관 간의 역할이 명확하게 분담되어야 하고, 전달체계의 하위체계 혹은 단위를 구성하는 복지기관들이 적절한 기능을 수행해야 하고, 서비스 기관들 간의 유기적인 관계를 유지해야 한다(김상균 · 최일섭 외, 2002).

4. 사회복지운동의 전개

우리나라 사회복지운동은 상대적으로 다른 사회운동에 비해 매우 저조한 편이다. 사회복지운동은 사회복지 목표를 달성하기 위해 관련당사자와 관련자들의 주체적인 참여와 행동을 전제로 하는 집합행동 성격의 사회운동(social action)이다. 우리나라 사회복지환경은 공적 전달체계인 중앙정부나 지방정부가 재정적인 지원을 하고, 민간 전달체계는 서비스의 직접적인 제공과 프로그램 운영의 책임을 맡는 형태로 이루어짐으로써 민간조직들은 중앙이나 지방정부에 눈치를 볼 수밖에 없다. 따라서 사회복지운동조직 구성에서부터 어려움을 가지고 있다. 그리고 사회복지는 공공조직과의 유기적인 관계체제를 유지해야 하기 때문에 공공조직과의 친화관계를 유지하게 되었고, 이에 따라

이다.

다른 사회운동조직들과의 연대도 어려운 상황이다.

사회복지운동은 민간사회복지단체나 기관을 대상으로 전개될 수 있고, 전 국민이나 지역주민의 복지의식 개발이나 반복지적 행동에 대한 저항이나 교정을 중심으로 전개할 수도 있으며, 더 나아가 정부의 복지정책 · 재정확보 · 전달체계 등 거국적 차원에서도 전개할 수 있다. 사회복지는 취약계층에 대한 책임, 사회적 책임을 담보해야 하기 때문에 사회복지운동이 활성화될 필요가 있다(박종삼 외, 2002: 504-506).

5. 우리나라 사회복지의 국제화 추진

우리나라 사회복지체계는 아직도 전혀 국제적이지 못하다. 국내의 여러 가지 사회문제들에 대해서도 잔여적 복지모델에 입각해 소극적으로 대응하고 있다. 그렇다 하더라도 오늘날의 각종 사회문제는 더 이상 지역적 · 국내적인 문제만은 아니다. 세계화의 흐름 속에서 국제적인 영향이 더욱 크게 다가오는 시점이다. 우리나라의 사회복지문제는 그 원인이 더 이상 우리나라에 한정되어 있는 것이 아니라 국제적 맥락에서 이해되어야 할 때가 된 것이다. 쌀시장 개방, FTA 등 국제무역개방으로 농업이 피해를 입게 되면 농민들의 빈곤화는 가속화될 것이다. 따라서 사회복지문제를 전문적으로 다루는 사회복지계에서의 국제적인 움직임과 우리 사회문제와의 연결고리와 그 영향 등에 대해 천착할 필요가 있다.

또한 우리나라는 1960년대 이후 괄목할 만한 경제성장을 이룩해 왔고, 세계적인 경제대국으로 성장해 온 것도 사실이다. 국내적인 사회복지문제들에 더욱 전문적이고 내실있는 정책과 제도들이 만들어져야 함은 물론이고, 이제는 전쟁과 기아, 질병으로 고통받고 있는 해외빈곤지역들에도 관심을 기울여야 할 때인 것이다. 사회복지의 이념적 지향은 인종, 성별, 연령, 민족과 관계없이 모든 인간의 존엄함과 인간다운 생활의 권리추구이다. 더 이상 국제적인 사회복지문제를 외면해서는 안 될 것이다. 민간기관들이 세계 각처에서 일어나는 전쟁, 기아, 질병의 문제에 부분적으로 노력하고 있지만, 이를 위해서는 국가 전체적인 관심과 실질적인 지원책 마련, 전문사회복지사들의 국제적인 감각과 국제사회복지에 대한 관심 향상, 국제사회복지문제에 대한 교육 등이 이루어져 국제사회복지에 대한 전문적인 역량이 향상되어야 할 것이다.

참고문헌

김상균(2005). 한국사회복지학의 좌표. 2005년 한국사회복지학회 춘계학술대회 기조강연.

김상균 · 최일섭 외(2002). 『사회복지개론』. 나남출판.

김승권 외(2010). 2009 전국다문화가족실태조사. 한국보건사회연구원.

김철수(2003). "경제수준. 사회수준. 그리고 사회복지수준". 『한국사회복지학』 Vol.55. 한국사회복지학회.

박종삼 외(2002). 『사회복지학개론』. 학지사.

보건복지부(2010). 2010 보건복지 통계연보.

심상용(2006). "우리나라 근로빈곤의 사회구조적 원인에 대한 실증연구(1982-2004)". 『한국사회복지학』 Vol.58. No.4. 한국사회복지학회.

윤홍식(2006). "새로운 사회적 위험과 한국사회복지의 과제 : 사적(가족)영역으로부터의 접근". 『2006년 한국사회복지학회 추계학술대회 자료집』.

이광찬(2002). "21세기 한국사회복지정책의 전망과 과제". 『2002년 한국사회복지학회 춘계학술대회 자료집』.

임춘식 외(2007). 『사회복지학개론』. 공동체.

차흥봉(2001). 21세기 한국 사회복지의 도전과 과제. 2001년 한국사회복지학회 춘계학술대회 기조강연.

행정안전부 홈페이지 www.mois.go.kr

홍경준 · 송호근(2003). "한국사회복지정책의 변화와 지속 : 1990년 이후를 중심으로". 『한국사회복지학』 Vol.55. 한국사회복지학회.

찾아보기

저/자/약/력

■ **도광조**

숭실대학교 대학원 사회복지학과 박사(사회복지방법론 전공)
경북대학교 대학원 사회학과 박사
현, 동양대학교 사회복지학과 교수
〈저서〉 사회복지실천론, 사회복지실천기술론 외

■ **김금자**

동양대학교 대학원 사회복지학과 박사 수료
영주시통합복지서비스센터 팀장 역임
현, 동양대학교, 단양군평생학습센터 강의
영주시청 시정평가단 위원
영주시 풍기읍 지역사회보장협의체 위원

■ **곽미정**

상명대학교 대학원 행정학 박사
현, 김포대학교 보건복지과 교수
〈저서〉 노인복지론, 사회복지프로그램개발과 평가 외

■ **오현숙**

대구대학교 대학원 철학 박사(사회복지 전공)
현, 호산대학교 휴먼복지학부장
〈저서〉 사회복지법제론, 사회복지정책론, 정신건강론 외

■ **이영희**

충남대학교 대학원 경제학 박사
대전과학기술대학교 보건복지과 교수
〈저서〉 사회복지조사론, 사회복지정책론, 사회복지행정론 외

■ **정명희**

평택대학교 대학원 사회복지학 박사
현, 중원대학교 사회복지학과 교수
〈저서〉 다문화사회의 이해와 복지, 지역사회복지론, 정신건강론 외

사회복지학개론

1판 1쇄 발행 — 2019년 2월 28일
1판 2쇄 발행 — 2021년 3월 5일

저 자 – 도광조 김금자 곽미정 오현숙 이영희 정명희
발 행 인 – 강철원
발 행 처 – 양성원
주 소 – 경기도 파주시 검산로 173번길 29-20
전 화 – 031-946-3861(代)
팩 스 – 031-946-3864
이 메 일 – tnwpub@naver.com
홈페이지 – tnwpub.co.kr
출판등록 – 2015년 8월 31일 제2015-000211호

ISBN 979-11-6126-180-5

정가 19,000원